Etablierungschancen und Einflussmöglichkeiten kleiner Parteien im politischen Geschehen Deutschlands

Jan Knipperts

Etablierungschancen und Einflussmöglichkeiten kleiner Parteien im politischen Geschehen Deutschlands

Verlag Dirk Koentopp

Knipperts, Jan:
Etablierungschancen und Einflussmöglichkeiten kleiner Parteien im politischen Geschehen Deutschlands
Osnabrück: Verlag Dirk Koentopp, 2011
ISBN 978-3-938342-28-2

Titelfoto: "Steigung Schild 3D" von Schneemann (Fotolia.com)

ISBN 978-3-938342-28-2

Herstellung: Books on Demand GmbH

Printed in Germany

Inhaltsverzeichnis

Abbildungsverzeichnis

Tabellenverzeichnis

Danksagung

Sehr herzlich möchte ich an erster Stelle Prof. Dr. Ralf Kleinfeld danken, der diese Arbeit betreute und mich stehts mit großem Engagement unterstützte. Für die Erstellung des Zweitgutschtens und viele fruchtbare Anregungen danke ich Frau Dr. Maria Kreiner. Darüber hinaus gebührt mein ganz besonderer Dank meinen Eltern für ihre Unterstützung, ihre Anregungen und für ihren Einsatz bei der Endkorrektur. Silvia Klinkowsi danke ich sehr für ihre unermüdliche Geduld und viele anregende Gespräche während der Schreibphase. Sie gab mir stehts den für die Entstehung dieser Arbeit nötigen Rückhalt.

Weiterhin danke ich Christian Sauer und Kai Linnenbank für zahlreiche anregende Gespräche und Diskussionen, die in diese Arbeit einflossen. Besonders hervorheben möchte ich an dieser Stelle die Gespräche, die ich mit Prof. Dr. Roland Czada und Lars Kampelmann über kleine Parteien führte, da diese überhaupt erst meine Aufmerksamkeit auf die in dieser Arbeit behandelten Fragestellungen lenkten und somit letztlich für die Entstehung der Arbeit ausschlaggebend sind.

Jan Knipperts im Mai 2011.

1 Geleitwort von Prof. Dr. Ralf Kleinfeld

Welche Chancen haben kleine Parteien auf dem Wählermarkt, sich zu etablieren und Einfluss auszuüben? Vorliegende Studie zu diesem Thema wurde am Fachbereich Sozialwissenschaften der Universität Osnabrück Ende 2010 als Master-Arbeit im Studiengang Demokratisches Regieren und Zivilgesellschaft angefertigt. Ihr Verfasser, Jan Knipperts, greift ein für die parteienstaatliche Demokratie wichtiges Thema auf, das jedoch sowohl in der Parteien-, Partizipations- und Parlamentarismus-Forschung bislang wissenschaftlich eher randständig behandelt worden ist. Wichtig ist dieses Thema insofern, weil es zum einen den Öffnungsgrad eines etablierten Parteiensystem anzeigt, also das Maß, indem neue Wählergruppen angezogen sowie neue Interessen und Themen im politischen Raum artikuliert und adressiert werden können. Wichtig ist das Thema aber auch vor dem Hintergrund der Veränderungsprozesse im deutschen Parteiensystem und dem Wählerverhalten in Deutschland: Wachsende Nichtwählerzahlen und die nachlasssende Bindungskraft der beiden etablierten Großparteien CDU und SPD vergrößern den potentiell für kleine Parteien zur Verfügung stehenden politischen Raum. Die Arbeit verfolgt mit Blick auf das Parteienwesen in Deutschland mehrere Ziele: In historischer Perspektive soll geklärt werden, warum es auf der Ebene von Bund und Ländern immer nur wenigen der zu Wahlen kandidierenden Parteien der Einzug in ein Parlament gelungen ist. Gleichzeitig unternimmt die Arbeit den Versuch, jene Faktoren zu identifizieren, mit denen der Auf- oder Abstieg von Parteien aus der Forschungsliteratur erklärt wird. Schließlich möchte die Arbeit allgemein einen theoretischen Rahmen für die Analyse der Chancen und Restriktionen der Entwicklung kleiner Parteien zur Verfügung stellen. Die Studie zeigt, dass es sich bei Kleinst- und Kleinparteien in Deutschland um ein reales parteipolitisches Phänomen handelt. Bevor sich eine Kleinpartei etabliert, muss sie in Deutschland aber eine Reihe von Hürden überwinden. Als Faktoren, die auf die Entwicklung kleiner Parteien einwirken, untersucht die Arbeit die Kooperationsmuster zwischen kleinen Parteien, die föderale Mehrebenen-Struktur des deutschen Parteiensystems, sozio-ökonomische und sozio-kulturelle Rahmenbedingungen sowie die Existenz und Nutzung von sog. Gelegenheitsfernster (windows of opportunity). Dabei ist die Entstehung und Entwicklung kleiner Parteien besonders abhängig von ihrem definitorischen Gegenpart, den großen Parteien, ihrer Integrationskraft, den von ihnen vertretenen Interessen sowie von der Resonanz der großen Parteien in den Medien. Im zweiten Teil der Arbeit werden exemplarisch vier deutsche Kleinparteien (Bündnis 90/ Die Grünen, Die Linke, die NPD und die Piratenpartei Deutschland) analysiert (Genese und Entwicklung, Organisation und Programmatik, Chancen und Restriktionen). Im Vergleich der vier Parteien stellen sich die Aufstiegschancen der „Grünen“ derzeit am besten dar, vor allem falls es den Grünen weiterhin gelingt, sich in der politischen Mitte zu positionieren, was bedeuten könnte, eine dritte Volkspartei zu werden. Die besondere Stärke vorliegender Studie sehe ich in der sorgfältigen Definition, Beschreibung und Typologisierung des Phänomens „Kleinparteien“ und ihrer besonderen Situation in der deutschen Parteiendemokratie. Hier leistet die Studie von Jan Knipperts Pionierarbeit. Dabei gelingt es dem Verfasser auf der Grundlage der Auswertung vorliegender Forschungsergebnisse und einer sorgfältig durchgeführten vergleichenden Fallanalyse Faktoren herauszufiltern, die zum Erfolg oder Misserfolg kleiner Parteien beitragen. Grundsätzlich räumt der Verfasser kleinen Parteien - trotz allen kritischen Vorbehalten - eine potentiell konstruktive und demokratiefördernde Rolle ein, als Flügelpartei, als Scharnierpartei oder als Regionalpartei. Bilanziert wird dabei eine insgesamt wachsende Bedeutung vor allem der etablierten kleinen Parteien in Deutschland.

Prof. Dr. Ralf Kleinfeld

Osnabrück, im Mai 2011

2 Einleitung

Das lange Zeit als besonders stabil geltende Parteiensystem der Bundesrepublik hat in den vergangenen Jahrzenten bedeutende Veränderungen erfahren, denn es entwickelte sich von einem System mit Zweiparteiendominaz zu einem pluralistischen Parteiensystem. In den 1950er Jahren war es der Union aus CDU/CSU und der SPD gelungen, alle kleinen Parteien bis auf die *FDP* aufzureiben oder in die Bedeutungslosigkeit zu verbannen. Über Jahrzehnte beherrschten die beiden großen Volksparteien das Bild und die wenigen kleinen Parteien, denen es noch gelang sich dauerhaft oberhalb der "Fünf-Prozent-Hürde" zu etablieren, wurden als Abspaltungen oder Ergänzungen der beiden großen Parteien interpretiert. Einzig die *FDP* nahm eine Sonderrolle "als Mehrheitsbeschafferin in der Mitte"[1] ein. Erneute Bewegung kam erst in den 1980er Jahren mit der Partei *Die Grünen* und nach der Wiedervereinigung auch mit der in den neuen Bundesländern starken *PDS* in das deutsche Parteiensystem, denn erstmals gelang es zwei neue Parteien sich neben den Volksparteien im deutschen Parteiensystem zu etablieren. Den erst seit 1980 bestehenden *Grünen* gelang es bereits 1998, als Koalitionspartner der *SPD,* eine Regierungsbeteiligung zu erreichen. Die Bindungskraft der beiden Volksparteien nahm seither weiter ab und bei der Bundestagswahl 2009 konnten Union und SPD ljeweils weniger als ein Fünftel der Wahlberechtigten mobilisieren.[2] Die Unionsparteien mussten hierbei ihr schlechtestes Ergebnis seit 1953 hinnehmen und die *SPD* fiel gar auf ihren historischen Tiefstwert. In der Politikwissenschaft führten diese Veränderungen zu einer stark kontrovers geführten Diskussion über die Zukunft der großen Parteien oder gar des Typus der Mitgliederpartei an sich. Zugleich ist in den letzten Jahren der Anteil der Nicht- und Wechselwähler stetig gestiegen und der Anteil der Stammwähler ging derart deutlich zurück, dass Decker 2007 zu dem Ergebnis kommt, "[...] dass von den Unionswählern heute nur noch 25 Prozent, von den SPD-Wählern sogar nur noch 20 Prozent zur sicheren Stammwählerschaft gerechnet werden können. Die restlichen 75 bzw. 80 Prozent sind lediglich mobilisierbare Wechselwähler, die von den Parteien

---

[1] Vgl. Gerd Mielke, 'Rezension des Bandes: Uwe Jun, Henry Krekenbom, Viola Neu (Hrsg.) (2006) Kleine Parteien im Aufwind. Zur Veränderung der deutschen Parteienlandschaft.' In: *Zeitschrift für Vergleichende Politikwissenschaft (ZfVP)*, (2008):2, S. 141–143, S. 141

[2] Vgl. Oskar Niedermayer, 'Von der Zweiparteiendominanz zum Pluralismus: Die Entwicklung des deutschen Parteiensystems im westeuropäischen Vergleich', In: *Politische Vierteljahresschrift*, 51 (2010), S. 1–13, S. 4

gezielt umworben werden müssen."[3] Bei der Landtagswahl in Baden Württemberg am 27.03.2011 zeigte sich dieser Trend ebenfalls, denn es gelang der Partei Bündnis 90/Die Grünen erstmals, die SPD zu überflügeln und eine Grün-Rote-Koalition mit einem grünen Minsiterpräsidenten zu begründen. Diese tiefgreifenden Veränderungen des Wahlverhaltens und des Parteiensystems führen nicht nur zu einer "Schwäche" der Volksparteien, sondern könnten auch eine weiter fortschreitenden Fragmentierung des deutschen Parteiensystems mit sich bringen, also die Möglichkeiten für die Etablierung von weiteren Kleinparteien bieten. So ließe sich auch der stetig gestiegene Stimmenanteil der unter "Sonstige" zusammengefassten Parteien, insbesondere bei Landtags- und Europawahlen, deuten.[4]

Angesichts dieser Problemkonstellationen erscheint eine ausführliche Betrachtung der "kleinen Konkurrenten" mehr als angebracht, doch obwohl Parteien und Parteiensysteme eines der primären Forschungsfelder der Politikwissenschaft darstellen, existieren in Deutschland bislang kaum Forschungen zu den kleinen Parteien. Richard Stöss sprach bereits 1975 bezüglich der kleinen Parteien von einer "Terra incognita der Parteienforschung"[5], doch auch die Forschungen der letzten 35 Jahre haben nur sehr vereinzelt Licht auf die kleinen Parteien geworfen.

Die Gründe hierfür sind vielfältig: Zunächst scheinen diese politischen Vereinigungen keine wesentlichen Bedeutung für das politische System zu besitzen, da sie durch ihre marginalen Wahlerfolge weit von jeglicher Regierungsbildung entfernt sind. Auch genießen kleine Parteien in Deutschland keinen besonders guten Ruf. Das Wählen von Parteien, die bisher nur unterhalb der "Fünf-Prozent-Hürde" agierten, wird als "Wegwerfen der eigenen Stimme" gewertet und die Parteien als "die Aussichtslosen" oder ähnliches betitelt. Oft werden alle diese Parteien verallgemeinert und als politisch radikal oder reine "Spaßparteien" ohne ernstzunehmendes Parteiprogramm angesehen. Diese negative Grundeinstellung zu den kleinen Parteien lässt nicht nur viele Wähler vor der Wahl einer solchen Vereinigung zurückschrecken, sondern hemmt auch das Interesse vieler Forscher und ihrer potentiellen Geldgeber. So wurde nicht nur die öffentliche Wahrnehmung der Entwicklung von Parteien und dem Parteiensystem in Deutschland, sondern auch die diese betreffende Forschung und wissenschaftliche Diskussion über lange Zeit einzig am Modell der Volkspartei ausgerichtet. Selbst die zugenommenen Zahl etablierter Parteien nach der Wiedervereinigung änderte an der Wahrnehmung des politischen Systems und der Kleinparteien im wissenschaftlichen

[3] Frank Decker, 'Parteiendemokratie im Wandel', In: Derselbe und Viola Neu (Hrsg.), *Handbuch der deutschen Parteien*, (Wiesbaden: VS Verlag für Sozialwissenschaften, 2007), S. 19–61, S. 30

[4] Vgl. ders., 'Parteiendemokratie im Wandel' (Anm. 3), S. 30 f.

[5] Vgl. Richard Stöss, 'Terra incognita der Parteienforschung: Splitterparteien in der Bundesrepublik', In: *Zeitschrift für Parlamentsfragen*, (1975), S. 254–266

Diskurs kaum etwas. Zu einem gesteigerten Interesse der Politikwissenschaft an den kleinen Parteien führte erst das Ergebnis der Bundestagswahl 2005, durch welches *SPD* und *CDU* in eine Große Koalition gezwungen wurden und die drei im Parlament vertretenen, kleinen Parteien deutlich gestärkt hervorgingen.[6] Zudem wird die wissenschaftliche Betrachtung der kleinen Parteien durch beträchtliche Zugangsprobleme erschwert: Die bestehenden Veröffentlichungen über kleine Parteien sind häufig bereits älteren Datums und bedürfen angesichts der hier stattfindenden raschen Veränderungen sowie des gesellschaftlichen Wandels dringend einer erneuten Prüfung. Allerding würde das Sammeln empirischer Daten bei mehr als hundert registierter, nicht etablierter Parteien in der Bundesrepublik einen enormen Aufwand bedeuten. Wenn dieses Vorhaben überhaupt gelingen sollte, denn die kleinen Parteien erweisen sich als "[...] in besonderer Weise unzugänglich und sperrig gegenüber den umfassenden Informationsbedürfnissen von Wissenschaftlern".[7] Deutliche Informationslücken gibt es insbesondere bezüglich der Mitgliederstruktur. Auch werden die Parteien unterhalb der fünf Prozent in Statistiken häufig unter der Kategorie "Sonstige" zusammengefasst und nicht weiter einzeln geführt, so dass auch hier nur unter erschwerten Umständen Informationen zu erhalten sind. Die zuverlässigsten und zugänglichsten Informationen stellen hierbei, neben den Angaben aus Rechenschaftsberichten, die bei den Landes- und dem Bundeswahlleiter hinterlegten Unterlagen sowie die Wahlergebnissse selbst dar. Doch auch hier offenbart sich ein Problem, denn die kleinen Parteien nehmen häufig nicht an allen Wahlen teil und selbst wenn, dann häufig nicht in allen Bundesländern oder Wahlkreisen. Auch bei einer Untersuchung auf Basis der gut zugänglichen Wahlergebnisse, etwa zu regionalen Hochburgen einer Partei, würde die verwertbare Fallzahl drastisch sinken. Insbesondere die Anwendung quantitativer Verfahren ist so aus Ermangelung an validen Daten nur unter stark erschwerten Bedingungen möglich. Einzige Ausnahmen in der als mangelhaft zu bewertenden, bisherigen Betrachtung kleiner Parteien, bilden extreme Parteien und diejenigen, denen eine erfolgreiche Etablierung gelungen ist. So schafften es neben den zahlreichen Veröffentlichungen über die rechtsextremen Parteien einzig die etablierten Kleinparteien *FDP*, die *Grünen* und die *PDS/Linkspartei*, die Aufmerksamkeit der politikwissenschaftlichen Fachwelt zu erhalten.[8] Doch werden diese Parteien zumeist als Bestandteil eines politischen Lagers oder als Einzelphänomene untersucht. Veröffentlichungen, welche die Kleinparteien im Parteiensystem der Bun-

[6] Vgl. Mielke, 'Zeitschrift für Vergleichende Politikwissenschaft (ZfVP), Nr. 2, 2008' (Anm. 1), S. 141

[7] Richard Stöss und Oskar Niedermayer, 'Einleitung', In: *Stand und Perspektiven der Parteienforschung in Deutschland* (Wiesbaden: VS Verlag für Sozialwissenschaften, 1993), S. 7–34, S. 16

[8] Vgl. Uwe Jun, Henry Kreikenbom und Viola Neu, 'Vorwort der Herausgeber', In: Uwe Jun, Henry Kreikenbom und Derselbe (Hrsg.), *Kleine Parteien im Aufwind. Zur Veränderung der deutschen Parteienlandschaft*, (Frankfurt / New York: Campus Verlag, 2006), S. 11–12, S. 11

desrepublik allgemein betrachten und über Einzelfälle hinausgehen, gibt es bislang kaum. Auch die meisten der eher allgemein gehaltenen Werke über deutsche Parteien vernachlässigen die Kleinparteien.

Einen der ersten bedeutende Beiträge zur Analyse der kleinen Parteien bildet die Dissertation von Manfred Rowold aus dem Jahr 1974, in welcher Rowold neben einer Analyse der existenziellen Rahmenbedingungen auch eine empirische Darstellung des gesamten parteipolitischen Spektrums zwischen 1961 und 1972 liefert. 1974 folgte mit *The Minor Parties of the Federal Republic of Germany* von Stephen L. Fisher eine weitere Studie zu den kleinen Parteien. Dieser behandelt alle kleinen Parteien, die seit 1949 zu Bundestagswahlen zumindest eine Landesliste eingereicht haben, und unterscheidet dabei zwischen extremistischen und nicht extremistischen Parteien. Beide Autoren ordnen die kleinen Parteien in einen breiten wissenschaftlichen Kontext ein und beschränken sich nicht darauf, die Entwicklungen einzelner Parteien darzustellen.[9] Derartige Studien folgten leider erst wieder ab den 1990er Jahren. Dazwischen finden sich die angesprochenen Untersuchungen von kleinen Parteien als Einzelphänomen, so beispielsweise das Parteien-Handbuch von Richard Stöss (1980) und verschiedene Artikel zum Aufstieg der *Grünen* in den 1980er Jahren und der *PDS* nach der Wiedervereinigung.

Seit Ende der 1990er Jahre sind vier nennenswerte Monographien erschienen, die auf die Situation der Kleinparteien in Deutschland eingehen. Den Anfang machte 1998 die Habilitationsschrift von Dirk van den Boom, welche unter dem Titel *Politik diesseits der Macht?* veröffentlicht wurde. Mit seinem Definitionsvorschlag und der Auswahl näher untersuchter Parteien zeigt er, dass es sich bei Kleinparteien nicht etwa nur um Exoten oder Extremisten handelt. Van den Boom untersuchte etwa 30 Parteien und zeigt die typischen Funktionen von Kleinparteien wie etwa "Entwicklungsfeld neuer politischer Ideen" auf.[10]

Im Jahr 2004 erschien mit *Kleinparteien in Deutschland. Aufstieg und Fall nicht-etablierter politischer Vereinigungen* von Andreas Schulze die bisher umfangreichste Arbeit zum Thema. Der Autor griff für seine Forschungen auch auf nicht publiziertes Material zurück und führte mit über 100 Personen Interviews. Neben einer ausführlichen Geschichte der deutschen Kleinparteien bietet der Band einen sehr interessanten Vergleich dreier nicht etablierten Parteien (*Ökologisch-Demokratische Partei (ÖDP), Deutsch Soziale Union (DSU)* und *Bund Freier Bürger (BFB)*) mit den etablierten Parteien *FDP, Bündnis 90 / Die Grünen* und der *PDS*. Zudem ist dies der ein-

[9] Vgl. STÖSS, 'Zeitschrift für Parlamentsfragen 1975' (Anm. 5), S. 258 f.

[10] Vgl. BURKHART GUTLEBEN, *Kleinparteien im Aufwind?* ⟨URL: `http://duepublico.uni-duisburg-essen.de/servlets/DerivateServlet/Derivate-20466/Kleinparteien%20im%20Aufwind.pdf`⟩ – Zugriff am 05.07.2010, S. 1 f.

zige Band, der für den Aufstieg und das Scheitern von Kleinparteien maßgebliche Faktoren anführt.

Die dritte hier anzuführende Publikation ist *Parteien im Wettbewerb* von Jan Köhler aus dem Jahr 2006. Diese rechtswissenschaftliche Arbeit sieht Parteien als Akteure in einem politischen Wettbewerb und analysiert, wie weit dieser durch rechtliche Bestimmungen beeinflusst ist. Hier geht Köhler besonders auf die Kleinparteien ein. Diese Arbeit rückt somit mehr den institutionellen Rahmen und das deutsche Parteiensystem insgesamt in den Mittelpunkt und geht nicht, wie die beiden vorherigen, auf einzelne Parteien ein.[11]

Ebenfalls 2006 erschien Olaf Janduras Arbeit zum Thema *Kleinparteien in der Mediendemokratie.* Wie bereits am Titel erkennbar, geht es in diesem Werk primär um die Möglichkeiten, die sich den kleinen Parteien durch Massenmedien und Informationsgesellschaft eröffnen. Allerdings liefert Jandura hier einen wesentlichen Beitrag zur Definition von Kleinparteien, auf den ich noch eingehen werde.

Im Mai 2005 fand eine, gemeinsam vom Arbeitskreis "Parteienforschung" der Deutschen Vereinigung der Politikwissenschaft, des Bildungswerks Thüringen, der Konrad-Adenauer-Stiftung und der "Aproxima" Agentur für Markt- und Sozialforschung ausgerichtete, Konferenz zu Situation und Wahlchancen von Kleinparteien und Wähler–gemeinschaften statt. Die im Rahmen der Veranstaltung entstandenen Diskussionsergebnisse wurden von Uwe Jun, Henry Kreikenbom und Viola Neu in Form eines Sammelbandes, im Jahr 2006 unter dem Titel *Kleine Parteien im Aufwind. Zur Veränderung der deutschen Parteienlandschaft* herausgegeben.

Es zeigt sich, dass die Kleinparteien erst in den letzten 10 bis 15 Jahren allmählich ihren Weg in wissenschaftliche Veröffentlichungen gefunden haben, doch die Anzahl der Forscher, die sich mit diesem Gegenstand in Deutschland befassen, ist immer noch äußerst gering. Zudem werden primär einzelne Parteien oder für Kleinparteien relevante Aspekte des deutschen Parteiensystems betrachtet. Die bisherigen Aussagen lassen sich ebenso auch auf Veröffentlichungen in Fachzeitschriften beziehen. Hier gibt es eine Fülle von Veröffentlichungen zur Parteienforschung und ihren Methoden sowie Analysen einzelner Parteien. Doch auch hier werden kleine Parteien, die nicht als reine "Spaßparteien" aufgefallen oder dem radikalen Spektrum zuzuordnen sind, kaum berücksichtigt.

In eine ähnliche Richtung wie die vorliegende Arbeit gehen einzig Andreas Schulzes *Kleinparteien in Deutschland* und der Sammelband *Kleine Parteien im Aufwind.* Eine einzelne Arbeit, die sich der Thematik in der von mir beabsichtigten Weise widmet, existiert für die deutschen Kleinparteien bislang nicht. Die von Schulze er-

[11] Vgl. Gutleben, 'Kleinparteien im Aufwind?' (Anm. 10), S. 2 f.

arbeiteten Faktoren und Thesen zum Aufstieg von Kleinparteien und die von ihm getroffene Auswahl wurden zudem teils stark kritisiert.[12] Dieser Kritik muss sich eine weitere Arbeit, die in diese Richtung gehen will, natürlich stellen. Die Beiträge in dem von Jun, Kreikenbom und Neu herausgegebenen Sammelband orientieren sich sehr an Ergebnissen der Bundestagswahl 2005, so dass die hier konstatierten Trends und Hypothesen durchaus eine erneute Prüfung anhand neuerer Wahlergebnisse nahelegen.

Insgesamt scheint das Interesse an den kleinen Parteien und ihre Erwähnung in wissenschaftlichen Veröffentlichungen im letzten Jahrzehnt spürbar zugenommen zu haben, doch wird die Anzahl der Studien zu Kleinparteien dem Untersuchungsgegenstand bisher keineswegs gerecht, denn unter den Kleinparteien herrscht eine ständige Fluktuation von Gründungen und Auflösungen[13], weswegen bereits Jan Köhler in seiner Arbeit sehr richtig anmerkt, dass eine kontinuierliche Beobachtung der Kleinparteien, verbunden mit einer jährlichen Bestandsaufnahme, ausgesprochen wünschenswert wäre.[14]

Mit dieser Arbeit betrete ich somit einen bisher nur mit geringer Aufmerksamkeit bedachtes Terrain aus dem Kernbereich der politischen Wissenschaften, welches durch die aktuellen Entwicklungen des deutschen Parteiensystems an Brisanz gewinnt. Mein Ziel ist es, ein ausführliches Bild der Situation der kleinen Parteien zu liefern und neben den institutionellen Hürden auch auf die öffentliche Wahrnehmung sowie auf die sich aus den vorherigen Punkten ergebenden Wettbewerbsvor- und nachteile einzugehen. Hierbei soll interdisziplinär vorgegangen werden, wobei neben politikwissenschaftlichen auch soziologische, rechtswissenschaftliche, ökonomische und geschichtswissenschaftliche Ansätze berücksichtigt werden, um ein möglichst umfassendes Bild der Kleinparteien in der Bundesrepublik bieten zu können. Insbesondere möchte ich versuchen, diejenigen Faktoren zu erarbeiten, die für Erfolge und Etablierung von Kleinparteien günstig sind. Auch die Geschichte kleiner Parteien in Deutschland soll ausführlich betrachtet werden, da die Besonderheiten des deutschen Parteiensystems und der Umgang mit kleinen Parteien zumeist aus historischen Erfahrungen resultieren. Anschließend möchte ich die bis dahin erarbeiteten Erkenntnisse praktisch anwenden und in Form eines Vergleichs verschiedener kleiner Parteien und ihrer individuellen Entwicklungen vervollständigen. Ein Großteil der bisherigen

---

[12] Vergleiche hierzu z.B. Gutleben, 'Kleinparteien im Aufwind?' (Anm. *10), S. 2 f.*

[13] Dirk van den Boom, *Politik diesseits der Macht? Zu Einfluss, Funktion und Stellung von Kleinparteien im politischen System der Bundesrepublik Deutschland,*, (Opladen: Leske + Budrich Verlag, 1999), S. 60

[14] Vgl. Jan Köhler, *Parteien im Wettbewerb: Zu den Wettbewerbschancen nicht-etablierter politischer Parteien im Rechtssystem der Bundesrepublik Deutschland*, (Baden Baden: Nomos, 2006), Schriften zum Parteienrecht 30, S. 29

Arbeiten beschäftigt sich ausschließlich mit ausgesuchten Kleinparteien, deren Erfolge stets unterhalb der Fünf-Prozent-Hürde blieben. Zumeist werden extremistische Parteien dabei ausgeklammert. Ich entschloss mich daher dazu, nicht etablierte mit etablierten kleinen Parteien zu vergleichen, um mögliche Karrierewege herausstellen zu können.Auch möchte ich extremistische Parteien in meine Betrachtung mit einbeziehen, um die negativen Auswirkungen radikaler Positionen auf das Etablierungspotential einer Partei herausstellen zu können. Durch diese Vorgehensweise liefert die vorliegende Arbeit sowohl einen Rahmen für die Betrachtung und Analyse kleiner Parteien, als auch die für die Erfolge solcher Parteien verantwortlichen Faktoren, welche es erlauben, dass Etablierungspotential einer Partei zu beurteilen. Damit isr die vorliegende Arbeit hoch aktuell und ebenso relevant für die politikwissenschaftliche Diskussion. Auch sollen durch diese Arbeit bisherige Forschungsergebnisse an der heutigen Situation erneut geprüfet werden. Im Anhang dieser Arbeit sind die wesentlichen Daten zu den näher betrachteten Parteien in übersichtlicher Form als Tabellen und Grafiken zusammengefasst.

Die diesem Buch zugrundeliegende Master-Thesis entstand zwischen Mai und November 2010 und wurde für diese Veröffentlichung stetig erweitert und aktualisiert. Bezüglich der berücksichtigten Wahlen und Ereignisse befindet sich die vorliegende Fassung auf dem Stand vom April 2011. Die angegebenen Daten zu Mitgliederzahlen und organisatorischem Aufbau der Parteien wurden im August 2010 direkt bei den einzelnen Parteien erfragt.

3 Der Untersuchungsgegenstand "Kleinpartei"

Wendet man sich in den Sozialwissenschaften einem Untersuchungsgegenstand zu, steht man zunächst vor der Aufgabe, ihn in Hinblick auf die eigene Forschung möglichst präzise zu beschreiben. [15] Um die kleinen Parteien und ihre Möglichkeiten im politischen System der Bundesrepublik betrachten und analysieren zu können, muss somit zunächst einmal geklärt werden, was überhaupt unter einer Kleinpartei zu verstehen ist. Diese Frage ist bei weitem nicht so trivial, wie sie vielleicht auf den ersten Blick anmutet, denn bereits bezüglich des Untersuchungsgegenstandes "politische Partei" stößt man bei der Begriffsbildung auf unerwartete Schwierigkeiten, da die Politikwissenschaft auf die Frage nach den Merkmalen, Strukturen oder Funktionen der politischen Parteien keine allgemein anerkannte Antwort besitzt. [16] Der Parteiforschung ist es schwer gefallen, sich auf einheitliche Begriffsdefinitionen, Funktionszuweisungen, Kategorien und Typen zu einigen[17], was dazu führte, dass die Begrifflichkeiten in der moderne Forschung von einer Vielzahl an Parteientypologien und einzelnen Parteitypen geprägt ist. So gibt es beispielsweise die Typen der Mitgliederpartei, der Volkspartei, der Links- oder Rechtspartei und nicht zuletzt den der Kleinpartei.

[15] Melanie Haas, Uwe Jun und Oskar Niedermayer, 'Die Parteien und Parteiensysteme der Bundesländer –Eine Einführung', In: Uwe Jun, Melanie Haas und Derselbe (Hrsg.), *Parteien und Parteiensysteme in den deutschen Ländern*, (Wiesbaden: VS Verlag für Sozialwissenschaften, 2008), S. 9–38, S. 10

[16] Vgl. ders., 'Die Parteien und Parteiensysteme der Bundesländer –Eine Einführung' (Anm. 15), S. 10 f.

[17] Vgl. Uwe Jun, 'Parteienforschung', In: Uwe Andersen (Hrsg.), *Parteien in Deutschland: Krise oder Wandel?* (Schwalbach: Wochenschau Verlag, 2009), S. 11–38, S. 13

3.1 Zum Begriff der politischen Partei

Um den in dieser Arbeit untersuchten Gegenstand der Kleinpartei in der Bundesrepublik Deutschland genau charakterisieren zu können, muss zunächst der Begriff der Partei definiert werden. Der Parteibegriff kann sowohl juristisch als auch sozialwissenschaftlich bestimmt werden.[18]

In den Sozialwissenschaften ist ein klar umrissener Begriff des Forschungsgegenstandes unerlässlich, doch handelt es sich hierbei um Parteien und Parteiensysteme, so stößt man bei der Begriffsbildung auf unerwartete Schwierigkeiten.[19] Denn in der wissenschaftlichen Literatur existiert leider kein anerkannter einheitlicher Begriff der politischen Partei. Häufig wird hierfür als Begründung angeführt, dass es in der sozialwissenschaftlichen Forschung keine einheitliche Parteientheorie gebe, sondern nur Klassifikationstheorien, auf deren Grundlage Parteien charakterisiert werden können.[20] Der oder die interessierte Leser/in stößt auf eine Vielzahl an Vorschlägen, was und zu welchem Zweck eine Partei ist und sein soll.[21] Die Vielzahl der wissenschaftlichen Parteibegriffe entstand vor allem durch das Variieren zweier Variablen, welche die Begriffsbestimmung beeinflussen: So stellt sich zunächst die Frage nach dem Definiendum. Ein Parteienbegriff, welcher vor allem auf das amerikanische Parteiensystem bezogen wird, wird sicherlich anders formuliert sein, als einer, der die Parteien des früheren Ostblocks oder die asiatischer Staaten erfassen soll. Auch richtet sich eine Definition immer nach dem spezifischen Blickwinkel auf das Objekt, weshalb ein Soziologe die politische Partei sicherlich anders definieren wird als ein Jurist.[22] Die Parteienbegriffe variierten so je nach Demokratie-, Organisations- oder Repräsentationsverständnis des jeweiligen Autors.[23]

[18] Kritisch zu dieser Trennung:Walter Seuffert, 'Zu den Grundlagen des Begriffs der politischen Partei', In: Theodor Eschenburg, Theodor Heuss und Georg August Zinn (Hrsg.), *Festgabe für Carlo Schmid zum 65. Geburtstag: dargebracht von Freunden, Schülern und Kollegen*, (Tübingen: Mohr, 1962), S. 199–212

[19] Vgl. Haas, Jun und Niedermayer, 'Die Parteien und Parteiensysteme der Bundesländer –Eine Einführung' (Anm. 15), S. 10

[20] Vgl. Stöss und Niedermayer, 'Einleitung' (Anm. 7), S. 26 f.

[21] Vgl. Haas, Jun und Niedermayer, 'Die Parteien und Parteiensysteme der Bundesländer –Eine Einführung' (Anm. 15), S. 11

[22] Vgl. Rainer Linnemann, *Die Parteien in den neuen Bundesländern. Konstituierung, Mitgliederentwicklung, Organisationsstrukturen*, (Münster / New York: Waxmann, 1994), S. 1

[23] Vgl. Uwe Andersen, 'Parteien – zentrale Akteure des politischen Systems', In: Derselbe (Hrsg.), *Parteien, Parteisystem, Parteiforschung*, (Schwalbach: Wochenschau Verlag, 2009), S. 5–9, S. 13

Als möglichst knappe, griffige Minimaldefinition könnte die folgende dienen:

> Eine Gruppe gleichgesinnter Bürger, die sich die Durchsetzung gemeinsamer politischer Vorstellungen zum Ziel gemacht haben.[24]

Unter diese Definition würden allerdings auch Bürgerinitiativen, Vereine und andere politische Vereinigungen fallen. Die politische Partei unterscheidet sich von diesen primär durch eine Reihe spezifischer Aufgaben. Mittlerweile hat sich die Forschung hierzu auf drei Kernmerkmale des Parteienbegriffs geeinigt: Die Teilnahme an Wahlen zur Erlangung öffentlicher Ämter, das Ziel der direkten politischen Einflussnahme und ein dauerhafter Organisationscharakter sind hier zu nennen.[25] Da in der vorliegenden Arbeit ausschließlich Parteien in der Bundesrepublik Deutschland betrachtet werden sollen, empfiehlt es sich ergänzend die juristische Definition der politischen Partei hinzuzuziehen. Diese orientiert sich am Parteiengesetz, welches die Parteien in § 2 Absatz I folgendermaßen definiert:

> "Parteien sind Vereinigungen von Bürgern, die dauernd oder für längere Zeit für den Bereich des Bundes oder eines Landes auf die politische Willensbildung Einfluss nehmen und an der Vertretung des Volkes im Deutschen Bundestag oder einem Landtag mitwirken wollen, wenn sie nach dem Gesamtbild der tatsächlichen Verhältnisse, insbesondere nach Umfang und Festigkeit ihrer Organisation, nach der Zahl ihrer Mitglieder und nach ihrem Hervortreten in der Öffentlichkeit eine ausreichende Gewähr für die Ernsthaftigkeit dieser Zielsetzung bieten. Mitglieder einer Partei können nur natürliche Personen sein."[26]

Die bereits in Artikel 21 Abs. I S. 1 des Grundgesetzes festgeschriebene Hauptfunktion der Parteien liegt in der politischen Willensbildung des Volkes. Das Parteiengesetz konkretisiert diese Hauptfunktion durch eine Reihe weiterer Aufgaben.[27] Auf diese verschiedenen Funktionskataloge, welche die Politikwissenschaft für die politischen Parteien hervorgebracht hat, soll an späterer Stelle noch ausführlicher eingegangen werden.

---

[24] Rainer-Olaf Schulze, 'Partei', In: Dieter Nohlen und Derselbe (Hrsg.), *Lexikon der Politikwissenschaft*, Band 2, (München: Verlag C.H. Beck, [2]2005), S. 656–658, S. 656

[25] Vgl. Andersen, 'Parteien – zentrale Akteure des politischen Systems' (Anm. 23), S. 13

[26] Bundesministerium der Justiz, *Gesetz über die politischen Parteien*, ⟨URL: `http://www.gesetze-im-internet.de/partg/`⟩ – Zugriff am 26.08.2010, § 2 I

[27] Vgl. ders., 'Gesetz über die politischen Parteien' (Anm. *26), § 1 II*

Die juristische Definition der politischen Partei besteht folglich aus zwei Ebenen: Einer Funktionsebene, welche sich in der Aufgabe der politischen Willensbildung des Volkes manifestiert und einer Organisationsebene, "[...] die bestimmte Ansprüche des Gesetzgebers an die Anzahl der Mitglieder und Wähler sowie inhaltliche Ausrichtung stellt."[28]

Im Folgenden soll darauf verzichtet werden, der existierenden Fülle an Definitionen für politische Parteien eine weitere hinzuzufügen. Lediglich soll festgehalten werden, dass unter dem Begriff der politischen Partei Organisationen verstanden werden sollen, welche die in der Gesellschaft vorhandenen Interessen bündeln und umsetzen sollen. Hierfür nehmen sie spezifische Aufgaben wahr und stellen sich mit ihrer politischen Vorstellung im politischen Wettbewerb zur Wahl. Unter diese Basisdefinition können auch Wählervereinigungen und Bürgerinitiativen gezählt werden. Im Interesse dieser Arbeit stehen allerdings primär die Organisationen, die den rechtlichen Status einer Partei genießen, so dass verwandte Organisationsformen nur am Rande mitberücksichtigt werden können, um den Rahmen einer Abschlussarbeit nicht zu sprengen. Auf den rechtlichen Status einer Partei wird im weiteren Verlauf noch ausführlich eingegangen werden.

[28] Kai Oliver Thielking, *Zwischen Bibel und Grundgesetz. Christliche Kleinparteien in der Bundesrepublik Deutschland*, (Marburg: Tectum Verlag, 1999), S. 17

3.2 Zur Differenzierung zwischen "kleinen" und "großen" politischen Parteien

Nachdem nun grob skizziert wurde, was unter einer politischen Partei verstanden wird, möchte ich mich dem eigentlichen Untersuchungsgegenstand dieser Arbeit widmen, der Kleinpartei.

Aus wissenschaftlicher Perspektive bezeichnet der Begriff "Kleinpartei" eine Subkategorie des Parteibegriffes. Solche Parteitypen sind "Konstrukte, die dazu dienen, die reale Parteienvielfalt zu vereinfachen und auf charakteristische Erscheinungsformen hin zu ordnen"[29] Es handelt sich hierbei natürlich um ein stark vereinfachtes Abbild der Realität, doch erlaubt es diese Vereinfachung den Untersuchungsgegenstand zu analysieren, Vergleiche zu ziehen und sich so der Wirklichkeit anzunähern.[30]

Wie vielfältig bereits der Typus der Kleinpartei definiert wurde, zeigt ein Blick auf die in den Medien und in der, die kleinen Parteien behandelnden, Forschungsliteratur synonym verwendeten Begriffe wie "Splitterparteien", "sonstige Parteien" oder "andere Parteien". Auch zeigt sich hier die Vielfalt an Blickwinkeln, aus denen heraus diese Parteien betrachtet werden, denn die unterschiedlichen Definitionen, Kategorien und Typen variieren je nach Demokratie-, Organisations- oder Repräsentationsverständnis des jeweiligen Autors.[31] Auch unterscheiden sich die vielen Typologien in der Parteienforschung hochgradig in Konstruktion, Komplexität und Zweck, neue empirische Erkenntnisse über Parteien führten zur Bildung neuer Typologien oder zu Überarbeitung und Neukonstituierung der alten.[32] Ziel der Bildung von Typen oder ganzer Typologien ist die "generalisierende Abbildung oder der Ausdruck einer Vielzahl von einzelnen Objekten einer hoch differenzierten Realität in einem einzigen Begriff."[33] Durch Typenbildung kann also eine Reduktion der Komplexität sowie eine Generalisierung durch Ordnung oder Gruppierung der zu untersuchenden Phänomene erfolgen, doch geht die Typenbildung nicht darüber hinaus. Ihre Erklärungskraft und damit ihr theoretischer Stellenwert ist deutlich geringer als ihre häufige Verwendung in der Politikwissenschaft suggeriert, doch weist Dieter Nohlen treffend darauf hin, dass gerade in Bereichen, in denen eine umfassende Theorie noch aussteht,

---

[29] ELMAR WIESENDAHL, 'Parteitypen', In: DIETER NOHLEN und RAINER-OLAF SCHULZE (Hrsg.), *Lexikon der Politikwissenschaft*, (München: Verlag C.H. Beck, [2]2005), S. 673–675, S. 673

[30] Vgl. ders., 'Parteitypen' (Anm. 29), S. 673

[31] Vgl. JUN, 'Parteienforschung' (Anm. 17), S. 13

[32] Vgl. BERND HOFMANN, *Annäherung an die Volkspartei: Eine typologische und parteiensoziologische Studie*, (Wiesbaden: VS Verlag für Sozialwissenschaften, 2004), S. 19

[33] Ders., *Annäherung an die Volkspartei: Eine typologische und parteiensoziologische Studie* (Anm. 32), S. 19 f.

problemadäquate Unterscheidungen wissenschaftlich weiterführend sein können und hier die Typenbildung oder Klassifikation ein wichtiges Instrumentarium sein kann.[34] Dass die Parteienforschung in ihrer Geschichte eine kaum mehr zu überblickende Vielfalt an Parteitypen hervorgebracht hat, legt nahe, dass sich diese Methode als für das Verständnis von Parteien besonders geeignet erwiesen hat.[35]

Im Folgenden möchte ich daher verschiedene Möglichkeiten der Typologisierung und Definition von Kleinparteien aufzeigen und gemäß ihrer Brauchbarkeit für diese Arbeit bewerten, um am Ende dieses Abschnittes eine adäquate Definition des Untersuchungsgegenstandes liefern zu können. Bezüglich des Begriffs der "Kleinpartei" geht es zumeist einfach darum, die große Masse der nicht im Parlament vertretenen Parteien zu bezeichnen und von den etablierten "Volksparteien" abzugrenzen. "Klein" scheint hierbei lediglich eine oftmals willkürlich gesetzte Messgröße zu sein, denn eine niedrige Mitgliederzahl ist lediglich ein Indikator für die Einordnung als Kleinpartei.[36] Als Indikatoren zur Klassifizierung einer Partei als Kleinpartei stehen der Wähleranteil, die Zielgruppe (und damit zusammenhängend die Vielfalt der vertretenden Themen), die regionale oder überregionale Verbreitung, die Organisationsstruktur und die verfügbaren finanziellen Ressourcen als Indikatoren zur Verfügung. Doch auch etliche qualitative Faktoren, wie das Regierungsbildungspotential, die Einflussmöglichkeiten innerhalb des politischen Systems oder die gesellschaftliche Verwurzelung der Partei[37], sollten für eine Definition herangezogen werden, da ein Mangel an diesen Faktoren unmittelbar den geringen Einfluss einer Partei offenlegt.

3.2.1 Differenzierung nach dem Kriterium des Wählerzuspruchs

Der zentrale Orientierungspunkt des Handelns von Parteien ist die Gunst der Wähler, um die sie mehr oder minder erfolgreich mit ihren politischen Zielen und Ideologien werben. Eine Möglichkeit der Differenzierung von Parteien liegt somit in ihren Wahlerfolgen, was auch die sicherlich am häufigsten verwendete Variante zur Klassifizierung von Parteien anhand ihres Erfolges darstellt.

---

[34] Vgl. Dieter Nohlen, 'Typologie', In: Derselbe und Rainer-Olaf Schulze (Hrsg.), *Lexikon der Politikwissenschaft*, Band 1, (München: Verlag C.H. Beck, [2]2005), S. 1043–1044, S. 1043 f.

[35] Vgl. Hofmann, *Annäherung an die Volkspartei: Eine typologische und parteiensoziologische Studie* (Anm. 32), S. 20

[36] Vgl. van den Boom, *Politik diesseits der Macht? Zu Einfluss, Funktion und Stellung von Kleinparteien im politischen System der Bundesrepublik Deutschland,* (Anm. 13), S. 4

[37] Vgl. Uwe Jun und Henry Kreikenbom, 'Nicht nur im Schatten der Macht. Zur Situation kleiner Parteien im deutschen Parteiensystem', In: Uwe Jun, Derselbe und Viola Neu (Hrsg.), *Kleine Parteien im Aufwind. Zur Veränderung der deutschen Parteienlandschaft*, (Frankfurt / New York: Campus Verlag, 2006), S. 13–36, S. 21

In der jüngeren Parteienforschung konkurrieren mindestens drei terminologische Raster, um die deutschen Parteien hinsichtlich ihrer Wahlerfolge zu klassifizieren.[38] Warum eine Klassifizierung ausschließlich anhand der Wahlerfolge problematisch bleibt, möchte ich anhand der bekannten Definition des Begriffs Kleinparteien aus der Habilitationsschrift von Dirk van den Boom verdeutlichen. Er definiert Kleinparteien als solche, die nicht

> "[..] in signifikantem Maße aktiv und gestaltend am Entscheidungsprozess und an der Auswahl politischen Führungspersonals teil [haben]."[39]

Zu dieser Definition wurde von Uwe Jun und anderen kritisch angemerkt, dass kleine Parteien, die in Parlamenten und sogar Regierungskoalitionen vertreten sind, wie etwa *FDP, Bündnis 90/Die Grünen*, oder die Linkspartei nicht unter diese Definition fallen, da diese sich ausschließlich auf die "nicht sichtbaren" Parteien unter der Fünf-Prozent-Hürde beziehe.[40]

Sieht man also die "kleinen" Koalitionspartner der beiden Volksparteien auch als Kleinparteien an, dann greift die Definition von Dirk van den Boom deutlich zu kurz. Um auch diese Parteien zu berücksichtigen, empfiehlt Jun eine zusätzliche Unterscheidung zwischen etablierten und nicht etablierten Kleinparteien. Hierbei definiert er eine etablierte Kleinparteien als solche, die es

> "bei mindestens drei aufeinanderfolgenden Wahlen in das jeweilige Parlament schafft und somit in der Lage ist, sich die für Wahlerfolge und mittel- bis langfristige Einflussnahme notwendige Infrastruktur aufzubauen."[41]

Diese Unterscheidung der Kleinparteien liefert einen guten Rahmen für eine wissenschaftliche Betrachtung. Insbesondere der Verweis auf einen notwendigen Ausbau der internen Strukturen ist hier bedeutend, wie noch zu zeigen sein wird. Die Unterscheidung zwischen etablierten und nicht etablierten Parteien benötigt jedoch stets eine deutliche Erklärung, denn etablieren meint schlicht, "einen sicheren Platz innerhalb einer Ordnung oder Gesellschaft einnehmen".[42] Dies könnte der als gesichert geltende Platz einer Partei sein, wenn diese den Sprung ins Parlament oder

---

[38] Vgl. Gutleben, 'Kleinparteien im Aufwind?' (Anm. 10), S. 5

[39] van den Boom, *Politik diesseits der Macht? Zu Einfluss, Funktion und Stellung von Kleinparteien im politischen System der Bundesrepublik Deutschland,* (Anm. 13), S. 21

[40] Jun und Kreikenbom, 'Nicht nur im Schatten der Macht. Zur Situation kleiner Parteien im deutschen Parteiensystem' (Anm. 37), S. 22

[41] Ders., 'Nicht nur im Schatten der Macht. Zur Situation kleiner Parteien im deutschen Parteiensystem' (Anm. 37), S. 22

[42] Wissenschaftlicher Rat der Dudenredaktion (Hrsg.), *DUDEN Das große Fremdwörterbuch: Herkunft und Bedeutung der Fremdwörter*, (Mannheim; Leipzig; Wien; Zürich: Dudenverlag, 2000)

gar zur Regierungsverantwortung geschafft und sich damit in einem Parteiensystem etabliert hat. Aber auch das langjährige Bestehen einer Kleinpartei in einem Parteiensystem, verbunden mit einem hohen Bekanntheitsgrad in der Bevölkerung könnte als Etablierung der Partei verstanden werden, auch wenn diese keine nennenswerten Wahlerfolge vorweisen kann. Ein Beispiel wäre hier etwa die *Nationaldemokratische Partei Deutschlands (NPD)*, die sich seit über vier Jahrzehnten im politischen System der BRD hält, es dabei aber nur selten bei Wahlen über die Fünf-Prozent-Marke schaffte. Fraglich bleibt hier zudem der Umgang mit Regionalparteien oder anderen Parteien, die in bestimmten Gebieten und Wahlkreisen regelmäßig hohe Wahlerfolge erzielen, auf Bundesebene aber kaum eine Rolle spielen. Letztlich stellt sich die Frage, ob eine Partei, die sich gemäß der Definition Juns im Parteiensystem etabliert hat, überhaupt noch als Kleinpartei im klassischen Sinne angesehen werden kann. Immerhin gehen mit ihren Wahlerfolgen ja auch vermehrte Ressourcen wie Gelder und Parteimitglieder einher. Anstelle der "etablierten Kleinpartei" eine andere Terminologie zu verwenden, würde meiner Ansicht nach dem Untersuchungsgegenstand gerechter werden und zudem für mehr Klarheit und eine bessere Differenzierbarkeit der Kategorien sorgen. Eine solche wird an späterer Stelle noch herausgestellt werden.

In den explizit auf die kleinen Parteien ausgerichteten Beiträgen und Monographien findet sich eine Reihe an weiteren Typologien und Definitionen für die kleinen Parteien, die alternativ zu der Unterscheidung von etablierten und nicht etablierten Kleinparteien verwendet werden können. So unterscheidet etwa Olaf Jandura in seinem Werk *Kleinparteien in der Mediendemokratie* begrifflich zwischen „Großparteien", „Kleinparteien" und „Kleinstparteien". Er nimmt hier eine Terminologie auf, die ursprünglich von Rowold und Immerfall eingeführt wurde[43] und passt sie entsprechend an. In dem ursprünglichen Schema werden Kleinstparteien definiert als alle Parteien, die es nicht vermocht haben, in mindestens zwei Bundesländern in die Landtage einzuziehen. Sie bilden die größte Gruppe innerhalb des Parteiensystems, doch aufgrund ihres geringen Stimmenanteils stellen sie eine zu vernachlässigende Größe dar. Kleinparteien stellen den nächstgrößeren Parteientyp dar, sie haben somit in mindestens zwei Landtagen den Sprung ins Parlament geschafft, sind aber noch keine Großparteien.[44] Da jedoch die Abgrenzung zwischen Klein- und Großparteien in diesem Schema recht schwammig bleibt, plädierte Joachim Raschke dafür,

[43] Vgl. Manfred Rowold und Stefan Immerfall, 'Im Schatten der Macht. Nicht-etablierte Kleinparteien', In: Alf Mintzel und Heinrich Oberreuter (Hrsg.), *Parteien in der Bundesrepublik Deutschland*, (Bonn: Bundeszentrale für politische Bildung, ²1992), Schriftenreihe Studien zur Geschichte und Politik 282, S. 362–420

[44] Vgl. Olaf Jandura, *Kleinparteien in der Mediendemokratie*, (Wiesbaden: VS Verlag für Sozialwissenschaften, 2007), S. 19 f.

zusätzlich ein Höchstwahlergebnis von 10 Prozent in die Definition von Kleinparteien aufzunehmen. Er erweitert zudem das Dreierraster um eine vierte Kategorie, die der "Mittelparteien". Diese setzt er zwischen 10 und 20 Prozent an, Großparteien entsprechend bei einem Wahlergebnis von über 20 Prozent.[45] Diese Abgrenzung führt jedoch zu einer ganzen Reihe anderer Probleme, so tritt hier die Problematik kurzfristiger Wahlerfolge oder auch Wahlniederlagen auf und insbesondere die ausgeprägte Heterogenität der Kleinstparteien stellt ein Abgenzungsproblem dar. So beispielsweise bei unter für sie günstigen Umständen erzielten Wahlergebnissen von Protestparteien. Gemäß Raschkes Kriterien wäre die rechtsextremistische *Deutsche Volksunion (DVU)* 1999 zu einer Kleinpartei aufgestiegen, da sie in Brandenburg und in Sachsen-Anhalt im Parlament vertreten war. In Sachsen-Anhalt lag ihr Ergebnis sogar bei 12,9 Prozent[46], so dass man sogar über eine Zuordnung als "Mittelpartei" nachdenken könnte. Doch bereits bei den nächsten Wahlen büßte die Partei diesen Status wieder ein und in Sachsen-Anhalt fiel sie sogar unter fünf Prozent zurück. In Brandenburg konnte sie sich mit 6,1 Prozent im Parlament halten.

Das Wahlergebnis als einzige Größe zu verwenden erscheint mir daher zu unzuverlässig und die verwendeten Kategorien zu willkürlich gesetzt, um der Komplexität des Untersuchungsgegenstandes gerecht zu werden. Für eine Betrachtung speziell der kleinen Parteien ist zudem zu bedenken, dass diese von der Volatilität der Wahlentscheidung wesentlich stärker betroffen sind als Großparteien.[47] Kleinparteien, die den Sprung über die Fünf-Prozent-Hürde und damit den Einzug in ein Parlament geschafft haben, droht durch die relative Nähe ihres Wahlergebnisses zur Sperrklausel bereits bei geringen Stimmenverlusten der Rückfall in die Gruppe der nicht etablierten Parteien. Für Kleinstparteien könnte dies gar das endgültige Aus bedeuten.[48] Durch die institutionellen Rahmenbedingungen wird diese Gefahr noch verschärft, denn insbesondere durch die Anbindung der Parteifinanzierung an das Wahlergebnis ist dieser Vorgang für Kleinstparteien oft existenzgefährdend. Der Verlust des durch den parlamentarischen Prozess gewährten Zugangs zu Informationen, die nun fehlenden hauptamtlichen Mitarbeiter und die verminderte finanzielle Ausstattung

[45] Vgl. Joachim Raschke und Gudrun Heinrich, *Die Grünen: Wie sie wurden, was sie sind,* (Köln: Bund Verlag, 1993), S. 831

[46] Vgl. Statistisches Landesamt Sachsen-Anhalt, *Wahl des Landtages von Sachsen-Anhalt am 26. April 1998*, ⟨URL: `http://www.stala.sachsen-anhalt.de/wahlen/lt98/index.html`⟩ – Zugriff am 05.09.2010

[47] Vgl. Uwe Kranenpohl, *Mächtig oder Machtlos? Kleine Fraktionen im deutschen Bundestag 1949 –1994*, Band 205, Studien zur Sozialwissenschaft, (Opladen/Wiesbaden: Westdeutscher Verlag, 1999), S. 41

[48] Vgl. ders., *Mächtig oder Machtlos? Kleine Fraktionen im deutschen Bundestag 1949 – 1994* (Anm. 47), S. 41

erschweren eine Neuaufstellung der Partei und damit eine Wiederwahl beträchtlich.[49] Die kleinen Parteien, deren Ergebnis nie oberhalb der fünf Prozent lag, sind naturgemäß noch stärker von dem Wohlwollen ihrer Wählerschaft abhängig. Hier kann schon ein minimaler Stimmenverlust den Verlust der staatlichen Finanzierung und damit zumeist das Aus für die Partei bedeuten. Dagegen stellt für Großparteien ein Stimmenverlust keine Existenzbedrohung dar, sondern führt höchstens zu beschränkteren Einflussmöglichkeit im Parlament, beispielsweise wenn eine Regierungspartei abgewählt wird und in die Opposition wechseln muss.[50] Für die kleinen Parteien bleibt also festzuhalten, dass mit einem Wahlerfolg nicht automatisch ein längerfristiger Aufstieg verbunden ist.

Da es sich bei der Wählerattraktivität also eher um ein Sekundär- oder Folgephänomen handelt[51], empfiehlt sich die Hinzunahme von weiteren Merkmalen, wie z.B. bei Uwe Juns Etablierungskriterien. Ein wesentliches Merkmal in Juns Definition ist neben mindestens drei aufeinanderfolgenden Wahlergebnissen auch der Aufbau der für Wahlerfolge und mittel- bis langfristige Einflussnahme notwendigen Infrastruktur.[52] Durch den Aufstieg der Partei und die damit verbundeneVerfügbarkeit größerer Ressourcen findet zumeist eine enorme Veränderung der Parteistruktur statt.

Durch eine Betrachtung und Einbeziehung dieser Veränderungen kann die vorgestellte Typologisierung anhand der Wahlerfolge untermauert und die aufgezeigte Abgrenzungsproblematik zwischen den Kategorien abgechwächt werden.

[49] Vgl. Jandura, *Kleinparteien in der Mediendemokratie* (Anm. 44), S. 22

[50] Vgl. ders., *Kleinparteien in der Mediendemokratie* (Anm. 44), S. 22

[51] Vgl. Heinrich Oberreuter, 'Parteiensystem im Wandel –Haben die Volksparteien Zukunft?' In: Volker Kronenberg und Tilman Mayer (Hrsg.), *Volksparteien: Erfolgsmodell für die Zukunft? Konzepte, Konkurrenzen und Konstellationen.* (Freiburg: Herder Verlag, 2009), S. 43–59, S. 45

[52] Jun und Kreikenbom, 'Nicht nur im Schatten der Macht. Zur Situation kleiner Parteien im deutschen Parteiensystem' (Anm. 37), S. 22

3.2.2 Weitergehende Differenzierung anhand struktureller Merkmale

Neben den Wahlergebnissen als Differenzierungsmerkmal lassen sich für eine Beschreibung von Klein- und Großparteien weitere strukturelle Merkmale heranziehen. So können etwa die Erfüllung der Funktionen von Parteien im deutschen Parteiensystem, ihre Anfälligkeit für wechselhaftes Wahlverhalten, ihre Mitgliederstärke bzw. Organisationsdichte und ihre Kommunikationsgeschwindigkeit herangezogen werden.[53] Auch die Ausprägung des Vertretungsanspruchs von Parteien sollte als weiteres Merkmal mitberücksichtigt werden.[54]

3.2.2.1 Erfüllung der Parteifunktionen

Zu den Funktionen von Parteien im Parteiensystem hat die Politikwissenschaft eine Vielzahl von Aufgaben- und Funktionskatalogen hervorgebracht. Die Vielfalt an Parteitheorien und Parteibegriffen führte zu ständigen Erweiterungen der Parteifunktionen. So kam Elmar Wiesendahl nach einer Auswertung der Parteienforschung der 1960er und 1970er Jahre bereits 1980 auf einen Umfang von 18 Parteifunktionen.[55] Um diese Funktionsfülle handhabbarer zu machen, hat Klaus von Beyme vorgeschlagen, die Funktionsliste auf vier grundlegende Funktionen zu verkürzen, die in fast allen allen Funktionskatalogen der Parteienliteratur vorhanden sind und über welche bei zahlreichen politikwissenschaftlichen Autoren Konsens besteht.[56]

[53] Vgl. Kranenpohl, *Mächtig oder Machtlos? Kleine Fraktionen im deutschen Bundestag 1949 -1994* (Anm. 47), S. 39 ff.

[54] Vgl. Jandura, *Kleinparteien in der Mediendemokratie* (Anm. 44), S. S. 21; ausführlicher Alf Mintzel, 'Abschied von einem Phantom. Zu theoretischen Konzepten umd empirischen Analysen der "Volkspartei" in vergleichender Perspektive', In: Jürgen W. Falter, Christian Fenner und Michael Th. Greven (Hrsg.), *Politische Willensbildung und Interessenvermittlung : Verhandlungen der Fachtagung der DVPW vom 11.-13. Oktober 1983 in Mannheim / im Auftrag der Deutschen Vereinigung fur Politische Wissenschaft*, (Opladen: Westdeutscher Verlag, 1984), S. 61–77

[55] Vgl. Elmar Wiesendahl, *Parteien und Demokratie*, Band 18, Sozialwissenschaftliche Studien, (Opladen: Leske und Budrich, 1980), S. 188

[56] Vgl. Klaus von Beyme, 'Funktionswandel der Parteien in der Entwicklung der Massenmitgliederpartei zur Partei der Berufspolitiker', In: Oscar W. Gabriel, Oskar Niedermayer und Richard Stöss (Hrsg.), *Parteiendemokratie in Deutschland*, Band 372, (Bonn: Bundeszentrale für politische Bildung, ^{2}2001), S. 315–339, S. 317 f.

1. Die Zielfindungsfunktion (Ideologie und Programmatik);
2. Die Artikulation und Aggregation von gesellschaftlichen Interessen;
3. Die Mobilisierung und Sozialisierung der Bürger im System, vor allem in Wahlkämpfen;
4. Die Elitenrekrutierung und Regierungsbildung.

Eine etwas ausführlichere Liste der Funktionen, welche die Parteien im politischen System der Bundesrepublik wahrnehmen sollen, ergibt sich aus §1 II des Parteiengesetzes. Maßgebliche Abweichungen zwischen den von der Politikwissenschaft konstatierten und den im Parteiengesetz festgeschriebenen Aufgaben sind nicht festzustellen.[57] Aus dem Wortlaut des Gesetzes ergeben sich folgende acht Aufgaben für politische Parteien: Sie sollen

1. auf die Gestaltung der öffentlichen Meinung Einfluss nehmen;
2. die politische Bildung anregen und vertiefen;
3. die aktive Teilnahme der Bürger am politischen Leben fördern;.
4. zur Übernahme öffentlicher Verantwortung befähigte Bürger heranbilden;
5. sich durch Aufstellung von Bewerbern an den Wahlen in Bund, Ländern und Gemeinden beteiligen.
6. auf die politische Entwicklung in Parlament und Regierung Einfluss nehmen;
7. die von ihnen erarbeiteten politischen Ziele in den Prozess der staatlichen Willensbildung einführen;
8. für eine ständige lebendige Verbindung zwischen dem Volk und den Staatsorganen sorgen.[58]

Mit dieser handhabbaren Liste von Funktionen/Aufgaben, welche die Parteien im deutschen politischen System erfüllen sollen, ist nun die Grundlage für einen Differenzierungsversuch von Groß- und Kleinparteien anhand der Erfüllung ihrer Aufgaben gegeben.

An dieser Stelle muss allerdings bedacht werden, dass nicht davon ausgegangen werden kann, dass alle Kleinstparteien überhaupt eine Mitarbeit im Parlament anstreben. Zwar wird unter einer politischen Partei im Allgemeinen eine "Gruppe gleichgesinnter Personen [verstanden], die sich in unterschiedlicher organisatorischer Form

---

[57] Vgl. Köhler, *Parteien im Wettbewerb: Zu den Wettbewerbschancen nicht-etablierter politischer Parteien im Rechtssystem der Bundesrepublik Deutschland* (Anm. 14), S. 37

[58] Bundesministerium der Justiz, 'Gesetz über die politischen Parteien' (Anm. *26), § 1 II*

an der politischen Willensbildung beteiligt und danach strebt, politische Positionen zu besetzen und ihre Ziele in einem Gemeinwesen durchzusetzen"[59], doch gilt dies sicherlich für die *Anarchistische Pogo-Partei Deutschlands*[60] nicht im selben Maße wie für *Bündnis 90/ Die Grünen*. Bereits das Erreichen des zur Teilhabe an der staatlichen Parteifinanzierung benötigten Mindestanteils an Wählerstimmen gehört sicherlich zu einem der wichtigsten Ziele vieler kleiner Parteien und mag für einige sogar das Hauptziel darstellen.

Generell lässt sich festhalten, dass die Ausstattung mit Ressourcen einen wesentlichen Einfluss darauf hat, wie gut eine Partei die von ihr verlangten Aufgaben erfüllen kann. Eine kleine Partei mit geringer Wähler- und Mitgliederzahl kann daher die klassischen Parteifunktionen lediglich in einem Rahmen erfüllen, der ihren im Vergleich zu größeren und im Parlament vertretenen Parteien stark beschränkten Mitteln entspricht.[61]

So wird eine politische Programmatik im Sinne der Zielfindungsfunktion von Parteien ausserhalb des Parlaments (Kleinstparteien) oft nur recht oberflächlich oder lediglich für einzelne Politikfelder entwickelt. Die geringen Ressourcen werden also für die Bereiche genutzt, die gemäß Parteiprogramm am dringlichsten erscheinen. Am schwierigsten sind für kleine Parteien jedoch Artikulation und Aggregation von gesellschaftlichen Interessen, denn um Ansichten und Meinungen der Bürger sammeln und als Teil eines politischen Programms vertreten zu können, ist zunächst ein enger Kontakt zur Bevölkerung notwendig, welcher bereits durch den geringen öffentlichen Bekanntheitsgrad, die fehlende Medienaufmerksamkeit und die nur geringen personellen und finanziellen Ressourcen stark erschwert ist. Diese Problematik gilt ebenso für die Mobilisierungsfunktion, da die fehlende Bekanntheit der Partei in der Öffentlichkeit auch die Gewinnung neuer Mitglieder und erst recht die Aktivierung von Wählern erschwert. Fast unmöglich für Kleinstparteien ist die Funktion der Elitenrekrutierung. Solange sie nicht einmal im Parlament vertreten sind, können Kleinstparteien auch keine attraktiven Posten besetzen und bleiben auf reine Idealisten angewiesen.[62] Ohne im Parlament vertreten zu sein, scheidet die Regierungsbildungsfunktion naturgemäß gänzlich aus. Allerdings gibt es neben den klassischen Parteifunktionen spezifische Aufgaben im politischen System, die insbesondere von Kleinstparteien erfüllt werden. Auf diese werde ich noch ausführlich eingehen.

---

[59] Jürgen R. Winkler, 'Parteien und Parteiensysteme', In: Hans-Joachim Lauth (Hrsg.), *Vergleichende Regierungslehre. Eine Einführung*, (Wiesbaden: VS Verlag für Sozialwissenschaften, ^{2}2006), S. 181–201, S. 182

[60] Welche daher auch nicht zur Bundestagswahl 2009 zugelassen wurde

[61] Vgl. Köhler, *Parteien im Wettbewerb: Zu den Wettbewerbschancen nicht-etablierter politischer Parteien im Rechtssystem der Bundesrepublik Deutschland* (Anm. 14), S. 37

[62] Vgl. ders., *Parteien im Wettbewerb: Zu den Wettbewerbschancen nicht-etablierter politischer Parteien im Rechtssystem der Bundesrepublik Deutschland* (Anm. 14), S. 37

In der Gruppe der Kleinparteien sind dagegen deutlich mehr Ressourcen vorhanden, was eine entsprechend effizientere Erfüllung der klassischen Parteifunktionen ermöglicht. Durch erste Wahlerfolge erhalten diese Parteien auch in deutlich höherem Maße die Aufmerksamkeit der Medien und damit einen höheren Bekanntheitsgrad in der Bevölkerung. Wie effektiv die Parteiressourcen für die Erfüllung der im Grundgesetz festgeschriebenen Aufgaben genutzt werden und welcher Grad an Motivation dahinter steht, kann zudem bereits viel über die "Ernsthaftigkeit" der Partei aussagen. Über die Anzahl der zur Verfügung stehenden Ressourcen und die Erfüllung der Parteifunktionen können die Parteien auch kategorisiert und Parteikarrieren empirisch erfasst werden.

Die Erfüllung klassischer Parteifunktionen lässt sich somit gut als Indikator zur Einordnung von Parteien in die oben genannte Typologie zur Abgrenzung der einzelnen Typen verwenden. Daneben lassen sich weitere, aus den besonderen Situationen von Kleinst- und Kleinparteien resultierende, Merkmale heranziehen, die ich im Folgenden aufzeigen möchte.

3.2.2.2 Merkmale in der Organisationsstruktur

Auch in der Binnenstruktur lassen sich beträchtliche Unterschiede zwischen den einzelnen Parteitypen aufzeigen. Das deutsche Parteiengesetz schreibt vor, dass die Gliederung der Parteien in Form von Gebietsverbänden zu geschehen habe. Diese "[...] gebietliche Gliederung muß so weit ausgebaut sein, daß den einzelnen Mitgliedern eine angemessene Mitwirkung an der Willensbildung der Partei möglich ist."[63] Alle Parteien in Deutschland haben demnach ihre Struktur entsprechend der territorialen Gliederung der Bundesrepublik angepasst.[64] Die Binnenstruktur der Parteien ist hierarchisch aufgebaut und reicht von der untersten Gliederungsstufe, dem Ortsverein, über Kreisverband, Bezirksverband, Landesverband bis hin zum Bundesverband. Die genauen Bezeichnungen der einzelnen Gliederungsstufen unterscheiden sich leicht zwischen den einzelnen Parteien, so wird der Ortsverein bei *CDU*, *FDP* und *Bündnis 90/Die Grünen* als Ortsverband bezeichnet. In der *SPD* ist mit dem Unterbezirk eine weitere Stufe zwischen Ortsverein und Kreisverband eingeführt worden.[65] Daneben sind mit den Parteien häufig andere soziologische Gruppen, wie Jugend- und Frauenverbände und bei manchen Parteien auch mehrere Stiftungen verknüpft.[66] Zudem existieren zahlreichen funktionale interessen- bzw. politikfeldbezogene Gremien. Diese werden als Arbeitsgemeinschaften, Arbeitskreise oder Ausschüsse bezeichnet und sind oftmals bereits auf der Ebene der Landkreise etabliert. Sie dienen den Parteien dazu, "[...] zwischen Mitgliedern, Sympathisanten, aber auch Verantwortungsträgern in unterschiedlichen gesellschaftlichen Bereichen Kontakte herzustellen und somit die Partei mit dem vorpolitischen Raum zu verknüpfen und ein Netz von Ansprechpartnern aufzubauen."[67]

Der Aufbau einer solch komplexen Organisationsstruktur erfordert natürlich ein beträchtliches Maß an finanziellen und personellen Ressourcen sowie die zum Aufbau der Organisation erforderliche Zeit. Kurzum, die Partei muss sich in mehreren Wahlen behaupten, um die erforderlichen Mittel zu erhalten. So wird es kaum verwundern, dass die nach dem Kriterium des Wählerzuspruchs definierten Großparteien eine deutlich ausgeprägtere binnenstrukturelle Differenzierung als die Klein- oder Kleinstparteien aufweisen. Gerade innerhalb der Gruppe der Kleinstparteien gibt es nur relativ wenige Parteien, die in der Lage sind, einigermaßen flächendeckend aktiv

[63] lBundesministerium der Justiz, 'Gesetz über die politischen Parteien' (Anm. 26), §7 I
[64] Vgl. Jandura, *Kleinparteien in der Mediendemokratie* (Anm. 44), S. 22 f.
[65] Vgl. ders., *Kleinparteien in der Mediendemokratie* (Anm. 44), S. 22 f.
[66] Vgl. Paul Lucardie, 'Zur Typologie der politischen Parteien', In: Frank Decker und Viola Neu (Hrsg.), *Handbuch der deutschen Parteien*, (Wiesbaden: VS Verlag für Sozialwissenschaften, 2007), S. 62–68, S. 71
[67] Jandura, *Kleinparteien in der Mediendemokratie* (Anm. 44), S. 23

zu werden und auch wenn eine solche Partei in einem Bundesland einen ordnungsgemäß gewählten Landesvorstand unterhält, beschränkt sich die politische Aktivität oftmals auf ein bestimmtes Schwerpunktgebiet. Nur wenige Kleinstparteien versuchen überhaupt Organisations–strukturen unterhalb der Ebene der Landesverbände aufzubauen, da ihnen hierfür die notwendigen Mitglieder und damit das Personal fehlen. Wenn eine Kleinstpartei in der Lage ist, Kreisverbände zu unterhalten, dann nur in ausgesuchten regionalen Schwerpunkten, wo genügend Mitglieder an einem Ort zusammenleben. Für Ortsvereine steht naturgemäß noch seltener genügend aktives Personal zur Verfügung.[68]

Da ihre territoriale Binnenorganisation zumeist erst auf der Landesebene beginnt, besitzen kleine Parteien keine oder nur gering ausgeprägte Strukturen, um den vorpolitischen Raum zu erfassen. Großparteien können neu auftauchende gesellschaftliche Interessen schneller aufnehmen, da ihnen ihre Vorfeldorganisationen als Sensoren im sozialen System dienen. Lediglich auf ihre Klientelgruppe können Klein(st)parteien ähnlich sensibel reagieren, laufen aber hierdurch Gefahr, andere Teile des sozialen Systems zu vernachlässigen.[69] Eine Ausnahme stellen hier diejenigen Kleinstparteien dar, die gemäß ihrer Ausrichtung ohnehin auf eine bestimmte Region festgelegt sind, wie beispielsweise die *Bayernpartei*. Diese beschränkt sich logischerweise auf lediglich ein Bundesland, in dem sie entsprechend versucht Bezirks-, Kreis- und Ortsverbände aufzubauen.[70] Auch die Einbindung der Mandatsträger in den vorpolitischen Raum lässt sich als Indikator für den Organisationsgrad und die Verwurzelung der Partei in der Gesellschaft verwenden, denn Groß- und Kleinparteien unterscheiden sich in der Anzahl an Parlamentariern, die ein bestimmtes Gebiet repräsentieren. Während Abgeordnete von Großparteien meist nur einen Wahlkreis betreuen, sind Abgeordnete von Kleinparteien aufgrund der geringen personellen Ressourcen zumeist für mehrere Wahlkreise verantwortlich.[71]

---

[68] Vgl. van den Boom, *Politik diesseits der Macht? Zu Einfluss, Funktion und Stellung von Kleinparteien im politischen System der Bundesrepublik Deutschland,* (Anm. 13), S. 75 f.

[69] Vgl. Kranenpohl, *Mächtig oder Machtlos? Kleine Fraktionen im deutschen Bundestag 1949 –1994* (Anm. 47), S. 41 f.

[70] Vgl. ders., 'Bayernpartei (BP)', In: Frank Decker und Viola Neu (Hrsg.), *Handbuch der deutschen Parteien,* (Wiesbaden: VS Verlag für Sozialwissenschaften, 2007), S. 165–168, S. 167

[71] Vgl. Jandura, *Kleinparteien in der Mediendemokratie* (Anm. 44), S. 24

[72] Es obliegt den NPD-Kreisverbänden, Ortsverbände oder bei sehr geringer Mitgliederzahl sogenannte Stützpunkt zu gründen. Über deren Anzahl lagen dem Autor leider keine genauen Informationen vor.

Partei	Ortsverbände	Kreisverbände	Landesverbände	Mitglieder
SPD	ca. 10.000	396	16	512.520
CDU	11.200	336	16	521.149
Die Linke	3.500	354	16	78.700
FDP	2.200	465	16	70.116
Grüne	1624	415	16	48.163
NPD	?[72]	191	16	6.800
Piraten	240	69	16	12.117
MLPD	-	-	7	2.300

Tabelle 1: Organisationsstruktur ausgesuchter Parteien

Ergänzend lässt sich als ein weiterer interessanter Aspekt für die innere Verfasstheit von Parteien ihre Binnenorganisation in Bezug auf Arbeitsgemeinschaften und Vorfeldorganisationen betrachten. Diese haben ebenfalls die Aufgabe, die Partei mit dem vorpolitischen Raum zu verknüpfen. Sie stellen Kontakte zwischen Mitgliedern, Sympathisanten und Verantwortungsträgern aus unterschiedlichen gesellschaftlichen Bereichen her und bauen so ein Netz von Ansprechpartnern auf.[73] Hierbei sollen möglichst große Teile der Gesellschaft angesprochen und an die Partei gebunden werden, dies geschieht dadurch, dass anders als bei Parteien selbst ausschließlich bestimmte Interessenlagen von den Vorfeldorganisationen angesprochen werden, wobei unterschiedliche gesellschaftliche Segmente, wie beispielsweise Arbeitnehmer oder Selbstständige, gezielt angesprochen werden. Damit erhalten die Vorfeldorganisationen einen indirekten Zugang zu Personen, die nicht direkt für die Partei zu gewinnen wären.[74]

Art und Umfang dieser Organisationen unterscheiden sich zwischen den einzelnen Parteien beträchtlich. So ist das Netz an Vorfeldorganisationen bei der *SPD* und den Unionsparteien deutlich stärker ausgebreitet als bei den kleineren Parteien.[75]

Für die nicht in den Parlamenten etablierten Kleinstparteien zeigt die Untersuchung von Dirk van den Boom auf, dass die meisten dieser Parteien eine allzu starke Binnengliederung mit eigenständigen Organisationen vermeiden, da für sie der effektive Nutzen eher gering ist und der Arbeitsaufwand das Potential der wenigen aktiven

[73] Vgl. JANDURA, *Kleinparteien in der Mediendemokratie* (Anm. 44), S. 23

[74] Vgl. THOMAS POGUNTKE, 'Parteiorganisation in der Bundesrepublik Deutschland: Einheit oder Vielfalt?' In: OSCAR W. GABRIEL, OSKAR NIEDERMAYER und RICHARD STÖSS (Hrsg.), *Parteiendemokratie in Deutschland*, Band 372, (Bonn: Bundeszentrale für politische Bildung, ^{2}2001), S. 253–273, S. 258

[75] Vgl. JANDURA, *Kleinparteien in der Mediendemokratie* (Anm. 44), S. 23

Mitglieder schnell übersteigen würde. Diese Parteien beschränken sich daher zumeist auf die vom Parteiengesetz vorgeschriebenen Gremien. Wenn Arbeitsgemeinschaften vorhanden sind, beschränken sich diese darauf, für die Gesamtpartei politische Aussagen zu einzelnen Politikfeldern zu erarbeiten und die Beschlussfassungen für die Gremien vorzubereiten. Noch geringer ist die Anzahl interner Verbände, wobei die Ansprache der Jugend durch eigene Jugendvebände zumeist oberste Priorität besitzt.[76]

Umfang und Aktivität der Vorfeldorganisationen erscheinen somit als ein weiterer geeigneter Aspekt, um Aussagen über die Etablierung einer Partei machen zu können.

So werden der hierarchische Parteiaufbau und das ausdifferenzierte Netz von Vorfeldorganisationen bei *CDU/CSU* und *SPD* als typische Merkmale einer Massenintegrationspartei, d.h. einer auf Massenmitgliedschaft ausgerichteten Partei, angesehen. Die *FDP* ist dagegen aus der Tradition der individuellen Repräsentationspartei hervorgegangen, was auch an der geringen Anzahl an Mitgliedern und Vorfeldorganisationen ersichtlich wird.[77] Dieser Hinweis auf die organisatorische Tradition stellt an dieser Stelle sicherlich einen interessanten und bedenkenswerten Einwand dar, doch zumindest für die Schwelle von einer Kleinst- zu einer Kleinpartei und damit für eine gesicherte Etablierung oberhalb der Fünf-Prozent-Hürde stellt der Aufbau einer umfassenden Binnenorganisation inklusive des Aufbaus von Vorfeldorganisationen sicherlich einen essentiellen Schritt dar. Inwieweit Organisationsform und Status der Massenintegrationspartei das Ziel kleiner Parteien bildet, ist eine andere Frage und hängt unter anderem von der Programmatik und dem erklärten Ziel der einzelnen Parteien ab.

3.2.2.3 Kommunikationsgeschwindigkeit

Eng mit der Binnenstruktur der Partei verbunden ist auch der parteiinterne Kommunikationsfluss. Je geringer die Organisationsstruktur der Partei ausdifferenziert ist, desto schneller gelangen Informationen zur Parteiführung bzw. zur Parteibasis.[78] Hier sind kleine Parteien im Vorteil, denn das "stark ausdifferenzierte Geflecht unterschiedlicher, eher koexistierender als kooperierender Gremien"[79] innerhalb der Großparteien hemmt den Informationsfluss. Abstim-mung- und Willensbildungspro-

[76] Vgl. van den Boom, *Politik diesseits der Macht? Zu Einfluss, Funktion und Stellung von Kleinparteien im politischen System der Bundesrepublik Deutschland,* (Anm. 13), S. 82 f.

[77] Vgl. Poguntke, 'Parteiorganisation in der Bundesrepublik Deutschland: Einheit oder Vielfalt?' (Anm. 74), S. 258 f.

[78] Vgl. Jandura, *Kleinparteien in der Mediendemokratie* (Anm. 44), S. 24

[79] Kranenpohl, *Mächtig oder Machtlos? Kleine Fraktionen im deutschen Bundestag 1949 –1994* (Anm. 47), S. 42

zesse erweisen sich als wesentlich langwieriger als bei Kleinparteien, denn die erforderlichen Kommunikationsflüsse reduzieren sich bei diesen lediglich auf eine geringe Zahl an Funktionsträgern. Insbesondere, wenn diese über längere Zeiträume im Amt verbleiben und sich Kommunikationsnetzwerke ausbilden können, werden Abstimmungsprozesse stark beschleunigt. Diese Chance befähigt Kleinparteien, zu einem neuen Problemfeld schneller einen parteiinternen Abstimmungsprozess herbeizuführen und die Position der Partei in den parlamentarischen Willensbildungsprozess einzubringen, was das Manko der geringeren Binnenstrukturierung und mangelnden Vorfeldorganisationen teilweise aufzuheben vermag. So können Klein- und selbst Kleinstparteien Themen schneller besetzen als Großparteien und darüber hinaus auch parlamentarisch wahrgenommen werden.[80] Dies ermöglicht ihnen, die spezielle Funktion als Agendasetter im politischen System wahrzunehmen, wie noch im Verlauf dieser Arbeit aufgezeigt wird.

[80] Vgl. KRANENPOHL, *Mächtig oder Machtlos? Kleine Fraktionen im deutschen Bundestag 1949 –1994* (Anm. 47), S. 42 f.

3.2.2.4 Ausprägung des Vertretungsanspruchs

Mit der Konzentration von Klein- und insbesondere Kleinstparteien auf von anderen Parteien vernachlässigte Themenfelder geht ein Rückhalt der Partei in einer bestimmten Klientel einher.[81] Diese Zuwendung zu einer bestimmten sozialen Gruppe variiert naturgemäß sehr nach den Themenschwerpunkten der einzelnen Parteien. So beschränken sich einige Parteien auf regionale Schwerpunkte, wie etwa die *Rheinlandpartei*, die *Bayernpartei* oder der *Südschleswigsche Wählerverband (SSW)* und Parteien, die sich einem bestimmten Problemfeld besonders zuwenden, finden ihre Wählerklientel entsprechend in den von der gewählten Problematik besonders betroffenen Bevölkerungskreisen (beispielsweise die Piratenpartei). Hier unterscheiden sich die kleineren Parteien grundlegend von den größeren und im Parlament vertretenen Parteien. Gemeinhin folgt mit den ersten Wahlerfolgen eine stetige Erweiterung des Themenspektrums und damit auch der Wählerklientel.

Das Erfassen einer möglichst großen Wählerklientel wurde insbesondere vom Typus der Volkspartei perfektioniert. In der politikwissenschaftlichen Forschung wird dieser meist in Anlehnung an das 1965 von Otto Kirchheimer entwickelte Modell der "Catch-all-party" beschrieben. Kirchheimer untersuchte den Wandel westeuropäischer Parteiensysteme in den 1950er und 1960er Jahren und stellte eine zunehmende Herausbildung und Dominanz eines neuen Parteityps fest, welcher zu einer zunehmenden Integration und breiten Beteiligung der Bevölkerung führe.[82] Aus kalkulierten Erwägungen heraus öffnet sich die Partei für alle Wählergruppen.[83] In Deutschland werden insbesondere *SPD* und *CDU* mit dem Begriff der Volkspartei in Verbindung gebracht und in den zurückliegenden Jahrzehnten haben sich diese Parteien in der Tat dadurch ausgezeichnet, "[...] dass sie auf gesellschaftlich-kulturelle Wandlungsprozesse programmatisch, strategisch und auch personell zukunftsfähig reagiert haben".[84] Der Typus der Volkspartei brach in Deutschland zudem mit der Tradition, begrenzte, weltanschaulich oder interessenspezifisch festgesetzte politische Positionen in einzelnen Parteien zu organisieren. Dieser traditionell in Deutschland verankerte Partikularismus wurde nach 1945 durch das Entstehen der Volksparteien gebrochen, denen es gelang, die unterschiedlichen Interessen in eine gemeinsame Partei zu integrieren. Dies führte neben einer Attraktivität der Parteien für ein größt-

[81] Vgl. JANDURA, *Kleinparteien in der Mediendemokratie* (Anm. 44), S. 24

[82] Vgl. HOFMANN, *Annäherung an die Volkspartei: Eine typologische und parteiensoziologische Studie* (Anm. 32), S. 51

[83] Vgl. JUN und KREIKENBOM, 'Nicht nur im Schatten der Macht. Zur Situation kleiner Parteien im deutschen Parteiensystem' (Anm. 37), S. 19

[84] VOLKER KRONENBERG und TILMAN MAYER, 'Vorwort der Herausgeber', In: VOLKER KRONENBERG und Derselbe (Hrsg.), *Volksparteien: Erfolgsmodell für die Zukunft? Konzepte, Konkurrenzen und Konstellationen*, (Freiburg: Herder, 2009), S. 7–9, S. 8

mögliches Wählerpotential zu einer gesteigerten Regierungs- und Leistungsfähigkeit, worin sich der "gute Ruf" der Volksparteien begründet.[85] Die "Catch-all-party" wird von Kirchheimer folgendermaßen charakterisiert:

> "Sie gibt die Versuche auf, sich die Massen geistig und moralisch einzugliedern und lenkt ihr Augenmerk in stärkerem Maße auf die Wählerschaft; sie opfert also eine tiefere Durchdringung für eine weitere Ausstrahlung und einen rascheren Wahlerfolg."[86]

Im Parteiinneren führt dies zu deutlichen Veränderungen, so erfährt die Parteiführung einen Machtzuwachs auf Kosten der Parteimitglieder und ideologische Grundsatztreue wird zu Gunsten kurzfristiger Taktiken aufgegeben.[87]

In den letzten Jahrzehnten konnte allerdings eine stetige Weiterentwicklung des Typus "Volkspartei" festgestellt werden. Etwa beschreibt Klaus von Beyme eine Weiterentwicklung der deutschen Parteien von den Volksparteien hin zu den professionalisierten Wählerparteien, in welchen die Karrieremotivation der Parteimitglieder und eine wachsende Berücksichtigung der Bedeutung der Massenmedien bei der Formulierung und Darstellung von Politik eine zunehmende Rolle spielen. Die programmatische Entideologisierung, um durch einen möglichst breiten wirtschaftlichen und sozialen Interessenausgleich eine möglichst große Wählerklientel aufrechterhalten zu können, wird weiter perfektioniert und führt zu einer zunehmenden inhaltlichen Annäherung der Parteien.[88]

Etwa sind SPD und CDU in allen gesellschaftlichen Gruppen repräsentiert, unabhängig von den unterschiedlichen programmatischen Schwerpunkten. Um für diese große Wählerklientel attraktiv zu bleiben, versuchen sie nicht, "[..] eine spezifische Interessenpolitik für eine bestimmte Gruppe/Klasse/Schicht zu betreiben, was eine Abwendung von der Programmatik der Volkspartei bedeuten würde.[89]

Hier liegt der wesentliche und für diese Arbeit relevante Unterschied, denn kleine Parteien vertreten im Gegensatz zu größeren noch häufiger Partikularinteressen. Dies führt zu einer klar bestimmbaren Wählerklientel, welche durch die Partei direkt angesprochen und vertreten werden kann.

---

[85] Oberreuter, 'Parteiensystem im Wandel –Haben die Volksparteien Zukunft?' (Anm. 51), S. 45

[86] Otto Kirchheimer, 'Der Wandel des westeuropäischen Parteiensystems', In: *Politische Vierteljahresschrift (PVS)*, 6 (1965):1, S. 2–41, S. 27

[87] Vgl. Elmar Wiesendahl, 'Volkspartei', In: Dieter Nohlen und Rainer-Olaf Schultze (Hrsg.), *Lexikon der Politikwissenschaft*, Band 2, (München: Verlag C.H. Beck, ^{3}2005), S. 1117–1119, S. 1117

[88] Vgl. Klaus von Beyme, *Parteien im Wandel: von den Volksparteien zu den professionalisierten Wählerparteien*, (Wiesbaden: Westdeutscher Verlag, 2002), S. 191 ff.

[89] Neu, 'Bundestagswahl in Deutschland am 27. September 2009. Wahlanalyse', S. 17

Aus diesem Grund ist es auch bei der wissenschaftlichen Betrachtung kleiner Parteien oft möglich, konkretere Aussagen über die typische Wählerklientel zu machen als dies bei einer großen Partei möglich wäre.

3.3 Kleinparteien im Sinne dieser Arbeit

Wie ausführlich dargelegt wurde, gibt es neben dem reinen Wählerzuspruch eine Reihe an strukturellen Merkmalen, welche sich je nach Parteigröße verändern und sich daher als Kriterien für die Differenzierung zwischen den eingangs vorgestellten Kategorien anbieten. Ein andauernder Erfolg einer Partei setzt deutliche interne Veränderungen voraus, weshalb es eine Betrachtung der internen Strukturen einer Partei erlaubt, diese wesentlich differenzierter und genauer im Parteiensystem verorten zu können, als dies allein über erreichte Wahlergebnisse möglich wäre. Um Parteien für eine wissenschaftliche Betrachtung handhabbar machen zu können, erscheint zudem eine Kategorisierung in Form eines Dreierrasters sinnvoll. Hierfür sind die Begriffe "Großpartei", "Kleinpartei" und "Kleinstpartei" meiner Ansicht nach am eindeutigsten und sollen daher in der vorliegenden Arbeit verwendet werden.

Für eine Definition dieser drei Begriffe greife ich auf die bereits genannten Definitionen von Dirk van den Boom und Uwe Jun zurück, welche ich den obigen Aussagen entsprechend ergänzen möchte.

Kleinstpartei

> Kleinstparteien sind solche, die nicht "[..] in signifikantem Maße aktiv und gestaltend am Entscheidungsprozess und an der Auswahl politischen Führungs–personals teil [haben]."[90] Ihre Organisationsstruktur ist nur rudimentär entwickelt und besteht aufgrund ihrer geringen Mitgliederzahlen und des daraus entstehenden Personalmangels häufig nur aus den oberen Ebenen. Eine Programmatik ist zumeist nur recht oberflächlich oder lediglich für einzelne Politikfelder entwickelt.

Kleinpartei

> Eine Partei, die bereits bei mehreren aufeinanderfolgende Wahlen den Sprung in das jeweilige Parlament schaffte, entsprechende finanzielle und personelle Ressourcen akquirieren konnte und hierdurch in der Lage ist,

[90] VAN DEN BOOM, *Politik diesseits der Macht? Zu Einfluss, Funktion und Stellung von Kleinparteien im politischen System der Bundesrepublik Deutschland,* (Anm. 13), S. 21

sich die für weitere Wahlerfolge und mittel- bis langfristige Einflussnahme notwendige Infra- und Organisationsstruktur aufzubauen.[91] Allerdings reichen ihre politischen Erfolge selbst nicht aus, um als führende Größe in die Regierung gewählt zu werden. Hier kann sie lediglich als "kleiner" Koalitionspartner Erfolge verbuchen.

Großpartei

Eine Partei, welche die Unterstützung eines Großteils der Wähler genießt und bei Wahlen realistische Chancen besitzt, die Regierung zu stellen. Ihr Programm ist umfangreich und im Rahmen des vertretenen ideologischen Flügels äußerst vielseitig, um die Partei für ein maximales Wählerpotential attraktiv zu halten. Ihre umfangreichen Ressourcen ermöglichen ausgeprägte und komplexe Infra- und Organisationsstrukturen.

Anhand der Organisationsstruktur und der Fähigkeit, die Parteifunktionen zu erfüllen sowie der Ausprägung des Vertretungsanspruchs lassen sich auch Grenzfälle klar zuordnen. Die "Etablierung" einer Partei soll im Folgenden den gesicherten Aufstieg in die nächst "größere" Kategorie bezeichnen. Da ich die häufig verwendeten Bezeichnungen "nicht etablierte" oder auch "nicht arrivierte" Parteien für die Kleinstparteien, die nicht in Parlamenten vertreten sind, für missverständlich halte, wie bereits am Beispiel der *Nationaldemokratischen Partei Deutschlands (NPD)* deutlich gemacht wurde, möchte ich in dieser Arbeit auf die Termini "außerparlamentarisch" und "innerparlamentarisch" ausweichen.

[91] Vgl. Jun und Kreikenbom, 'Nicht nur im Schatten der Macht. Zur Situation kleiner Parteien im deutschen Parteiensystem' (Anm. 37), S. 22

4 Theoretische Annahmen zu den Einflussmöglichkeiten kleiner Parteien

Bisher ist erarbeitet worden, was im Kontext dieser Arbeit unter kleinen Parteien zu verstehen ist. In einem zweiten Schritt ist nunmehr von Interesse, welche Rolle die Klein- und Kleinstparteien im Parteiensystem der Bundesrepublik einnehmen und wo Partizipationsmöglichkeiten für diese Parteien liegen könnten. Hierfür soll zunächst auf die von der Politik- und Rechtswissenschaft konstatierten speziellen Funktionen und Idealtypen kleiner Parteien eingegangen werden. Um Formen und Entwicklungsmöglichkeiten von Kleinparteien betrachten und auch mögliche Trends und Entwicklungen des deutschen Parteiensystems mitberücksichtigen zu können, muss auf eine breite und interdisziplinäre Theoriebasis zurückgegriffen werden.

Da sich die kleinen Parteien in Deutschland als ausgesprochen heterogen erweisen, ist es sehr schwierig, für die Vielzahl an kleinen Parteien gültige und verallgemeinerbare Aussagen zu machen. [92] Um diesem Problem zu begegnen und die kleinen Parteien als Analysegegenstand für die vorliegende Arbeit handhabbar zu machen, ist es notwendig, die "[...] gegenwärtig, gleichzeitig nebeneinander existierende Vielfalt politischer Parteien zu Erkenntniszwecken mittels Typologisierung oder Klassifizierung [...][93] in eine gedanklichen Ordnung zu bringen.

Parteien werden seit Jahrzehnten von Politikwissenschaftlern auf verschiedene Weisen kategorisiert. So wurden "Parteitypen" bereits nach ihren Zielvorstellungen (Klassen- oder Weltanschauungspartei), nach ihrer ideologischen Ausrichtung (kommunistisch, sozialistisch) nach einem weiteren weltanschaulichen Hintergrund (christlich) oder einer weiteren Zielsetzung (regionalistisch, autonomistisch), nach ihrer Mitgliederstruktur (Honoratiorenpartei), Wählerstruktur (Interessen-, Volkspartei) oder auch nach ihrer Organisationsstruktur (Kader-, Massen-, Wählerpartei) benannt und

[92] Vgl. van den Boom, *Politik diesseits der Macht? Zu Einfluss, Funktion und Stellung von Kleinparteien im politischen System der Bundesrepublik Deutschland,* (Anm. 13), S. 73

[93] Theo Stammen, 'Analyse der nationalen Parteiensysteme', In: Derselbe und Dirk Berg-Schlosser (Hrsg.), *Parteien in Europa –Nationale Parteiensysteme, Transnationale Parteienbeziehungen, Konturen eines europäischen Parteiensystems,* (München: C.H. Beck, [2]1978), S. 62

zusammengefasst.[94] Leider entstand in der Politikwissenschaft bis heute kein Konsens über die Einteilungsmerkmale, so dass je nach Forschungsinteresse zwischen völlig unterschiedlichen Parteitypen unterschieden wird. Die genannten Begriffe / Parteitypen weisen laut Hans-Jörg Dietsche methodisch zudem das Problem auf, dass sie eine Partei nur aus einem bestimmten Blickwinkel heraus betrachten und die Partei als Betrachtungsobjekt einzig aufgrund eines augenfälligen Strukturmerkmals auf eine Definition festlegen. Andere Seiten und weniger auffällige Merkmale der untersuchten Partei werden so vollkommen außer Acht gelassen.[95] Rudolf Steininger bringt die Probleme der Klassifikationsprobleme von Parteien auf einen Nenner, wenn er schreibt:

> "Die Parteien orientieren sich an so vielen unterschiedlichen Prinzipien, angefangen bei der Kaderpartei, dem Honoratiorenclub bis hin zur Mitgliederpartei mit ihren unterschiedlichen Prinzipien der Zugehörigkeit, dass jede konzeptuelle Festlegung auf eine bestimmte Strukturform auch Parteien ausschließt, die man aufgrund anderer Überlegungen vielleicht sinnvoll in den Begriff einbeziehen könnte. Strukturkonzepte schaffen so mehr Probleme, als sie lösen können."[96]

Findet sich bereits bei den innerparlamentarischen Parteien eine für die Typenbildung nur schwer zu handhabende Menge an unabhängigen Merkmalen, so gewinnt dieses Problem bei der Vielzahl und Vielfalt der Klein- und Kleinstparteien nochmals an Brisanz.

Einige sehr interessante Anmerkungen und Vorschläge für die Typologisierung politischer Parteien macht Paul Lucardie in seinem im *Handbuch der deutschen Parteien (2007)* veröffentlichten Beitrag "Zur Typologie der politischen Parteien". Lucardie sieht eine Schwäche der bisherigen Ansätze darin, dass diese versuchen "[...] zu viele relativ unabhängige Merkmale zu gemeinsamen Typen zusammenzufassen" und schlägt daher vor, die Parteien "nach verschiedenen Merkmalsdimensionen oder Perspektiven einzuteilen" und somit statt einer Typologie mehrere Subtypologien zu verwenden, um der Komplexität des Untersuchungsgegenstandes gerecht zu werden. Er unterscheidet hierbei folgende fünf Dimensionen oder Aspekte:

---

[94] Vgl. Hans-Jörg Dietsche, *Die kleinen Parteien im Zweikräftefeld des deutschen Volksparteiensystems*, Band 486, Europäische Hochschulschriften, (Frankfurt am Main: Peter Lang GmbH. Europäischer Verlag der Wissenschaften, 2004), S. 44

[95] Vgl. ders., *Die kleinen Parteien im Zweikräftefeld des deutschen Volksparteiensystems* (Anm. 94), S. 44

[96] Rudolf Steininger, *Soziologische Theorie der politischen Parteien*, (Frankfurt a. M., New York: Campus Verlag, 1984), S. 53

1. Programmatik oder Ideologie;
2. Ziele oder Funktionen im politischen System;
3. Ursprung oder Genese der Partei;
4. Aufbau und Struktur der Parteiorganisation;
5. Wählerschaft oder soziologische Basis der Partei.[97]

So erhält man statt einer gleich fünf Typologien, die relativ unabhängig voneinander sind und die zu untersuchenden Parteien nicht einfach "in Schubladen stecken", da theoretisch mehr als tausend Möglichkeiten denkbar sind, die Merkmale zu unterschiedlichen Typen zu kombinieren. Allerdings merkt Lucardie selbst an, dass sich insbesondere die Kleinparteien nicht so leicht einordnen lassen und manchmal ganz andere Merkmale in zum Teil überraschender Weise kombinieren.[98] Die von ihm zur Bildung der "Subtypologien" vorgeschlagenen Merkmale ergeben jedoch zusammen ein vielschichtiges und umfassendes Bild einer Partei, was vorzüglich mit dem Anspruch dieser Arbeit, die kleinen Parteien aus möglichst vielen Perspektiven auf ihre Entwicklungsmöglichkeiten hin zu untersuchen, harmoniert. Dieser Vorschlag Lucardies soll daher den groben Rahmen für die folgende Betrachtungsweise der kleinen Parteien bilden und die Vergleichbarkeit der im zweiten Teil dieser Arbeit betrachteten Parteien ermöglichen. Eine vollständige Typologisierung der vielen und äußerst heterogenen Kleinstparteien in der Bundesrepublik ist für die Fragestellung dieser Arbeit jedoch nicht notwendig und würde auch deutlich zu weit führen, dennoch muss der Untersuchungsgegenstand so strukturiert werden, dass sich die in vielen Aspekten höchst unterschiedlichen kleinen Parteien vergleichen lassen. Denn gerade in den Unterschieden zwischen den Parteien liegt auch ihr individuelles Potential für eine Etablierung. Um eine für diese Arbeit geeignete und ausreichend präzise Typisierung bzw. einen Rahmen für die Betrachtung der kleinen Parteien zu finden, müssen erst einmal die Anforderungen hierfür formuliert werden.

Von besonderem Interesse für die Fragestellung dieser Arbeit sind die Funktionen und Partizipations- / Etablierungsmöglichkeiten kleiner Parteien im deutschen Parteiensystem, also in einem Zweikräfte-Volksparteiensystem. Die Parteien müssen somit nach ihrer Funktion und der Art, wie sie am politischen Entscheidungsprozess partizipieren ebenfalls unterschieden und entsprechend typisiert werden.[99] Hierfür bietet sich eine wettbewerbsorientierte Vorgehensweise an. Etwa verwendet Hans-Jörg Dietsche in seiner Arbeit, bei welcher ebenfalls das Hauptinteresse in der Frage

[97] LUCARDIE, 'Zur Typologie der politischen Parteien' (Anm. 66), S. 62 f.
[98] Vgl. ders., 'Zur Typologie der politischen Parteien' (Anm. 66), S. 75 f.
[99] Vgl. DIETSCHE, *Die kleinen Parteien im Zweikräftefeld des deutschen Volksparteiensystems* (Anm. 94), S. 68

besteht, wie sich die kleinen Parteien im demokratischen Wettbewerb um die Wählerstimmen gegen die Großparteien durchsetzen können, die Wahlerfolge gegenüber den Großparteien als Grundlage für eine Typenbildung.[100] Er folgt hierbei den klassischen wettbewerbstheoretischen Ansätzen, als deren prominenteste Vertreter Downs, Sartori und Budge genannt werden können. Der politische Wettbewerb wird hier als "Wählermarkt" verstanden, in dem sich Parteien und Wähler als Anbieter und Kunden politischer Konzepte begegnen.[101] Dietsche folgt hier insbesondere dem Ansatz von Anthony Downs[102] und gelangt über diesen zu einer Typologie der kleinen Parteien anhand der von ihnen genutzten "Marktlücken" in der Integrationsleistung der beiden Volksparteien.

Diese Vorgehensweise erscheint mir vielversprechend, um die Strategien und Handlungen von Parteien analysieren und Aussagen über die Chancen einer weiteren Etablierung machen zu können. Ergänzt werden soll dieses "Marktlückenmodell" durch die bisher in der Forschungsliteratur herausgestellten spezifischen Funktionen kleiner Parteien und deren Möglichkeiten, sich auch mit nur geringen Wahlerfolgen in den politischen Prozess einzubringen.

Durch eine diesen funktionalistischen und wettbewerbstheoretischen Ansätzen entsprechende Betrachtung der zu untersuchenden Parteien ergeben sich weitere Merkmale, mit denen ich die von Lucardie vorgeschlagenen Punkte ergänzen möchte, um das Konzept für Kleinst- und Kleinparteien besser anwendbar zu machen.

Eigene "Parteitypen" sollen nur dort gebildet werden, wo die Vielfalt an auftretenden Merkmalen dies erfordert. Insbesondere für die Betrachtung ideologischer und programmatischer Merkmale muss dies erfolgen. Diese Merkmale entscheiden darüber, wie weit eine Partei in der Lage ist, mit Großparteien zu koalieren und welche "Marktlücken" sie besetzten kann. Zudem lässt sich so auch auf die der Parteigründung zugrundeliegenden Motive und die Zielgruppe der Partei schließen. Durch eine grobe Klassifizierung der Parteien gemäß der im Bereich der kleinen Parteien häufig vorkommenden ideologischen Grundlagen lässt sich außerdem eine knappe und übersichtliche Darstellung der am häufigsten in der Bundesrepublik von kleinen Parteien vertretenen Ideologien und programmatischen Schwerpunkte geben. Die einzelnen Kategorien müssen dabei recht grob gehalten werden, um der Heterogenität des Untersuchungsgegenstandes gerecht zu werden.

---

[100] Vgl. Dietsche, *Die kleinen Parteien im Zweikräftefeld des deutschen Volksparteiensystems* (Anm. 94), S. 68 ff.

[101] Vgl. Anthony Downs; Rudolf Wildenmann (Hrsg.), *Ökonomische Theorie der Demokratie*, (Tübingen: J.C.B. Mohr (Paul Siebeck), 1968)

[102] Siehe ders., *Ökonomische Theorie der Demokratie* (Anm. 101)

Die von Lucardie vorgeschlagene Vorgehensweise wird so, der Fragestellung der Arbeit entsprechend, durch eine weitere Typologie anhand des "Marktlückenmodells" erweitert. Da für letzteres insbesondere die Ausrichtung der Partei im politischen Spektrum von Bedeutung ist, soll auf die im Bereich der Kleinst- und Kleinparteien wesentlichen ideologischen bzw. programmatischen "Typen" besonders eingegangen werden. Die weiteren von Lucardie genannten Aspekte werden in der vorliegenden Arbeit an unterschiedlicher Stelle bearbeitet, jedoch werden hier nicht für jeden Aspekt neue Parteitypen gebildet. Vielmehr soll durch die Erarbeitung theoretischer Grundlagen zu den einzelnen Aspekten und einen abschließenden Vergleich herausgestellt werden, wie weit diese das Etablierungspotential der untersuchten Partei mitbestimmen. Der Aspekt, "Aufbau und Struktur der Parteiorganisation" wurde überdies bereits bezüglich der Einordnung einer Partei als Klein- oder Kleinstpartei behandelt. Diese Vorgehensweise führt zu einer ausführlichen und umfassenden Betrachtung einer Partei, welche auch die internen Parteistrukturen mit einschließt.

4.1 Zur Gründung politischer Parteien

Für das Selbstverständnis einer Partei besitzt ihre Gründungsgeschichte eine elementare Bedeutung, denn eine Neugründung erfolgt schließlich stets unter gewissen Rahmenbedingungen: Zunächst aus der Abgrenzung der neuen Partei zu den innerparlamentarischen "großen" Parteien, weiterhin ihre Position zu gesellschaftlichen Themen und schließlich der eigentliche politische Grund für den Mobilisierungsimpuls. Diese Rahmenbedingungen prägen die politischen Leitvorstellungen einer Partei weit über ihre Gründungsphase hinaus.[103] Zunächst soll daher erarbeitet werden, welche Faktoren zu Neugründungen von Parteien verantwortlich sind. Für die Klärung der Frage nach der Entstehung von modernen Parteien können in der Politikwissenschaft drei Ansätze unterscheiden werden: institutionelle Theorien, historische Krisensituationstheorien und Theorien der Modernisierung / des sozialen Wandels.[104]

Diese drei Gründungsmuster möchte ich daher kurz vorstellen. Anschließend sollen sie durch weitere Ansätze ergänzt werden, um einen umfassenden Überblick über die Entstehungs- und Aufstiegsbedingungen von Parteien bieten zu können.

---

[103] Vgl. UDO ZOLLEIS, SIMON PROKOPF und FABIAN STAUCH, *Die Piratenpartei. Hype oder Herausforderung für die deutsche Parteienlandschaft?* Band 55, aktuelle analysen, (München: Hanns Seidel Stiftung, 2010), S. 7

[104] Vgl. SCHULZE, 'Partei' (Anm. 24), S. 656

Insbesondere sollen hier die "klassischen" Ansätze durch die Ergebnisse der wenigen Arbeiten, die sich gezielt mit den kleinen Parteien befassen, ergänzt werden. Die in diesem Teil der Arbeit vorgenommenen theoretischen Vorarbeiten sollen an späterer Stelle wieder aufgegriffen werden, um die aktuellen Bedingungen für kleine Parteien in der Bundesrepublik prüfen zu können.

4.1.1 Parteien als Repräsentanten gesellschaftlicher Konflikte

Für das deutsche Parteiensystem lässt sich von den ersten Ansätzen von 1848 über das Kaiserreich bis zum Ende der Weimarer Republik eine bemerkenswerte Stabilität feststellen, obwohl das Deutsche Reich weltpolitische Bedeutung erfuhr und die Sozialstruktur in Folge der Industrialisierung einem dramatischen Wandel unterworfen wurde. Selbst der Erste Weltkrieg, welcher das deutsche Nationalgefühl erschütterte und zu einem Wechsel von Wahlrecht, Staatsform und Verfassung führte, veränderte an den Positionen der einzelnen Parteien kaum etwas.[105]

Stein Rokkan und Seymour Martin Lipset haben die Stabilität von Parteiensystemen auf gesellschaftliche Konfliktstrukturen zurückgeführt und entwickelten 1967 die sogenannte "Cleavage-Theorie". Diese geht davon aus, dass Parteigründungen, ihr Fortbestehen und ihr Wegfallen durch langfristige gesellschaftliche Konfliktstrukturen (cleavages) verursacht und beeinflusst werden, welche sich in Abhängigkeit von der Sozialstruktur, den Wertehaltungen der Wähler und dem Handeln der politischen Eliten herausbilden.[106] Die Struktur der westeuropäischen Parteiensysteme wurde hiernach durch die gesellschaftlichen Konfliktkonstellationen während der Industrialisierung und Demokratisierung geprägt, wobei in den einzelnen Gesellschaften unterschiedlich strukturierte Konfliktkonstellationen entstanden, aus denen sich die unterschiedlichen Parteiensysteme entwickelten. Seit den 1920er Jahren seien die Hauptcleavages und damit die Parteiensysteme in den westeuropäischen Demokratien "eingefroren".[107] Die häufigsten und stärksten Konflikte entstanden traditionell zwischen den unterschiedlichen sozialen Schichten und brachten so die einflussreichs-

[105] Vgl. Mario Rainer Lepsius, 'Parteiensystem und Sozialstruktur: Zum Problem der Demokratisierung der deutschen Gesellschaft', In: Derselbe (Hrsg.), *Demokratie in Deutschland: soziologisch-historische Konstellationsanalysen; ausgewählte Aufsätze*, (Göttingen: Vandenhoeck & Ruprecht, 1993), Kritische Studien zur Geschichtswissenschaft 100, S. 25–50, S. 31

[106] Vgl. Winkler, 'Parteien und Parteiensysteme' (Anm. 59), S. 194

[107] Vgl. Seymour M. Lipset und Stein Rokkan, 'Cleavage Structures, Party Systems, And Voter Alignments: An Introduction', In: Seymour M. Lipset und Derselbe (Hrsg.), *Party Systems and Voter Alignments: Cross-National Perspectives*, (New York: The Free Press, 1967), S. 1–64, S. 50 ff.

ten Parteien hervor, während religiöse, kulturelle und regionale Konflikte seltener und weniger erfolgreich politisiert wurden. Auch verblassten diese Strukturen zunächst angesichts des im 19 Jahrhundert in Europa aufkommenden Nationalismus.[108] Die traditionellen Konfliktlinien, die stark genug waren, um die Struktur der westeuropäischen Parteiensysteme zu prägen und langlebige, stabile Parteien hervorbrachten, sind laut Lipset und Rokkan:

1. Kapital gegen Arbeit;
2. Kirche gegen Staat;
3. Stadt gegen Land;
4. Zentrum gegen Peripherie.[109]

Der erstgenannte Konflikt zwischen Arbeit und Kapital übte gleichzeitig die stärkste Wirkung auf die Entwicklung der Parteisysteme aus, denn der Klassenkonflikt führte in nahezu allen westlichen Demokratien zum Aufstieg sozialistischer bzw. sozialdemokratischer Parteien. Konflikte zwischen Staat und Kirche und darunter auch Konflikte zwischen den Anhängern unterschiedlicher Konfessionen führten zur Herausbildung unterschiedlicher religiöser Parteien. Für Deutschland ist hier insbesondere die Herausbildung und Stabilität des Zentrums im konfessionell geteilten Deutschen Reich zu nennen. Der Konflikt Stadt gegen Land bestand zunächst durch den im Zuge der Industrialisierung entstandenen Konflikt zwischen dem aufstrebenden städtischen Bürgertum und dem auf dem Land herrschenden Adel, welcher sich zu einer Kluft zwischen städtischen Angestellten und Arbeitern einerseits und Landwirten andererseits entwickelte. Der letztgenannte Konflikt zwischen Zentrum und Peripherie bezeichnet die gegensätzlichen Interessen von Angehörigen ethnischer- bzw. regionaler Minderheiten (Peripherie) und den Angehörigen der Mehrheitskultur (Zentrum), welcher zur Bildung von Regionalparteien und Parteien ethnischer Minderheiten führte.[110]

Diese grundlegenden Konfliktstrukturen prägten für lange Zeit die deutsche Gesellschaft und führten zur Bildung entsprechender Parteien und ebenso zu den von ihnen mobilisierten politischen Gruppen und Milieus. Doch gab es neben diesen sich als äußerst stabil erweisenden Konfliktdimensionen auch neue, wie etwa den Interessenskonflikt Einheimische - Vertriebene nach dem Zweiten Weltkrieg. Auch hier entstand mit dem *Bund der Heimatvertriebenen und Entrechteten (BHE)* eine Partei, welche aber

[108] Vgl. Peter Mair, 'Cleavages', In: Richard S. Katz und William Crotty (Hrsg.), *Handbook of Party Politics*, (London / Thousand Oaks / New Delhi: Sage, 2006), S. 371–375, S. 371

[109] Vgl. Wilhelm Bürklin und Markus Klein, *Wahlen und Wählerverhalten*, (Opladen: Leske + Budrich Verlag, 1998), S. 20

[110] Vgl. Winkler, 'Parteien und Parteiensysteme' (Anm. 59), S. 195

nach Lösung des Konfliktes durch die Integration der Vertriebenen keinen weiteren Bestand hatte. Doch ab etwa der Mitte der 1960er Jahre kam es zu wesentlichen Veränderungen der Cleavage-Strukturen. Gesellschaftliche Veränderungen führten dazu, dass alte Konfliktstrukturen an Strahlkraft verloren und sich eine neue Konfliktdimension auftun konnte: Materialismus gegen Postmaterialismus. Umweltschutz, Vorteile und Gefahren von Atomenergie, Gleichberechtigung von Frauen und Minderheiten, gerechte Bildungschancen, tolerantere Moralvorstellungen u.ä. waren neu aufkommende Forderungen und Streitpunkte, welche die Gesellschaften neu prägten und zur Bildung von postmaterialistischen Parteien führten.[111] Die beständigen Wahlerfolge der *Grünen* zeigen deutlich, dass sich die Cleavage-Struktur der Bundesrepublik geändert hat und sich eine neue Konfliktlinie quer zur Rechts-Links-Achse der traditionellen Politik bilden konnte. Auch die *PDS* wurde zunächst als Repräsentantin einer neuen Ost-West-Konfliktlinie gesehen[112] Wobei dieser Konflikt von anderen als "geradezu mustergültig im Sinne des Zentrum-Peripherie-Konfliktes"[113] gedeutet wird. Da eine Abschwächung dieses Wertekonfliktes jedoch absehbar war, schätzte man die Chancen der Postkommunisten auf eine andauernde Etablierung eher gering ein. Die Partei schaffte es jedoch, ihre Wählerbasis auszubauen und die "bevorzugte Adresse des sozialen Protestes zu werden".[114]Der Schwerpunkt ihrer Wählerschaft verlagerte sich auf die unteren Schichten, wobei der stärkste Zuwachs bei den Arbeitslosen lag.[115] Der Partei gelang es also, neben der Ost-West-Konfliktlinie, auch die sozial Schwachen und damit die traditionelle Konfliktlinie Kapital gegen Arbeit aufzunehmen. Allerdings in der zeitgemäßen Form "freier Markt vs. umverteilender Sozialstaat"[116]

Es wird heutzutage größtenteils angenommen, dass in den westlichen Industrienationen die klassischen Konfliktlinien weiter an Einfluss verlieren und auch die Bedeutung sozialer Konflikte insgesamt in den westlichen Industrienationen nachlässt. Dafür spricht unter anderem, dass sich die neuen Konflikte nicht wirtschaftlicher Art, welche Lipset als "post-materialistisc issues" beschreibt, nicht mehr auf Inter-

[111] Vgl. Seymour Martin Lipset, 'How Do Political Parties Arise?' In: *Current Contents*, March 19 (1990):12, S. 16, S. 16

[112] Vgl. Gero Neugebauer und Richard Stöss, *Die PDS: Geschichte, Organisation, Wähler, Konkurrenten*, (Opladen: Leske+Budrich, 1996), S. 302

[113] Ulrich Eith, 'Alte und neue Konfliktlinien des Wahlverhaltens –Handlungsoptionen und Herausforderungen für Parteiführungen', In: *Politische Studien*, 60 Mai/Juni (2009):425, S. 16–23, S. 20

[114] Viola Neu, 'Linkspartei.PDS (Die Linke)', In: Frank Decker und Derselbe (Hrsg.), *Handbuch der deutschen Parteien*, (Wiesbaden: VS Verlag für Sozialwissenschaften, 2007), S. 314–328, S. 321

[115] Vgl. ders., 'Linkspartei.PDS (Die Linke)' (Anm. 114), S. 321

[116] Eith, 'Politische Studien, Nr. 425, Bd. 60, 2009' (Anm. 113), S. 20

essensgegensätze zwischen bestimmten, klar abgrenzbaren sozialen Gruppen zurückführen lassen. Diese seien eher "Wertegemeinschaften", als über ihre Interessenlage abgrenzbare sozialstrukturelle Gruppierungen. Um diese Konflikte formieren sich zunächst soziale Bewegungen, die sich später in einer politischen Partei konsolidieren können.[117] Hierzu wurde jedoch angemerkt, dass soziale Bewegungen seit jeher ein Ausdruck für gesellschaftliche Modernisierung und den damit verbundenen sozialen Wandel zu sein scheinen. Bereits im 19. Jahrhundert wurde die Arbeiterbewegung als "soziale Bewegung" bezeichnet und diese entstand im Zuge des Übergangs von einer Agrar- zu einer Industriegesellschaft.[118] Heute könnte eine Verschiebung des Zentrums gesellschaftlicher Konflikte vom Produktions- in den Reproduktionsbereich durch das Anwachsen des Dienstleistungssektors und der Freizeitkultur zugrunde gelegt werden.[119] Neu ist also nicht die Entstehung von Parteien aus sozialen Bewegungen, sondern vielmehr Art und Vielfalt der "post-materialistisc issues" abseits der klassischen Konfliktlinien. Die im letzten Vierteljahrhundert entstandenen "neuen sozialen Bewegungen" führten, Lipset und Rokkan entsprechend, auch zu einer Vielzahl neuer Parteien. Neben den aus der Umweltbewegung entstandenen *Grünen* und anderen ökologisch ausgerichteten Parteien, lassen sich hier für Deutschland feministische Parteien, wie *Die Frauen* und auch spirituelle Parteien, beispielsweise *Die Violetten*, als Repräsentanten dieser Bewegungen anführen. Für diese Parteien ist typisch, dass sie sich auf der Rechts-Links-Achse nicht eindeutig zuordnen lassen. Müller-Rommel bezeichnete sie daher bereits in den 1980er Jahren als "Parteien neuen Typs", welche eine zunehmende Konkurrenz für die alt-etablierten Parteien darstellen, da diese die "neuen" Themen nicht adäquat repräsentieren würden.[120]

In enger Verbindung mit der Cleavage-Theorie steht das sozial-moralische Milieu[121] als die wichtigste lokale und regionale Umgebung des Wählers, welche zwischen gesellschaftlichen Konfliktlinien und dem Individuum vermittelt. Die "Milieu-Theorie" sieht den Grund für die lang anhaltende Stabilität des deutschen Parteiensystems in einer von Umbrüchen und Veränderungen gezeichneten Zeit vor allem darin begründet, dass das Parteiensystem "[...] Ausdruck struktureller Konflikte war,

---

[117] Vgl. Franz Urban Pappi, 'Cleavage', In: Dieter Nohlen und Rainer-Olaf Schulze (Hrsg.), *Lexikon der Politikwissenschaft*, (München: Verlag C.H. Beck, [2]2005), S. 104–106, S. 105

[118] Vgl. Hiltrud Nassmacher, 'Auf–und Abstieg von Parteien. Ansätze zur vergleichenden Betrachtung von Aufstieg und Niedergang von Parteien im Wettbewerb.' In: *Zeitschrift für Politik (ZfP)*, 2 (1989):1, S. 169–190, S. 172

[119] Vgl. ders., 'Zeitschrift für Politik (ZfP), Nr. 1, Bd. 2, 1989' (Anm. 118), S. 173

[120] Vgl. Ferdinand Müller-Rommel, 'Parteien neuen Typs in Westeuropa: Eine vergleichende Analyse', In: *Zeitschrift für Parlamentsfragen*, (1982):3, S. 369–391, S. 388

[121] Vgl. Lepsius, 'Parteiensystem und Sozialstruktur: Zum Problem der Demokratisierung der deutschen Gesellschaft' (Anm. 105)

die bereits vor der Gründung des Kaiserreichs bestanden."[122] Die Parteien blieben auf diese einmal von ihnen mobilisierten, politischen Gruppen fixiert. Lepsius beschreibt hier vier Milieus für das Kaiserreich und die Weimarer Republik: katholisch, konservativ-protestantisch (ländlich bäuerlich), protestantisch-bürgerlich (städtisch-bürgerlich, liberal) und sozialdemokratisch.[123] Entsprechend dieser Milieus bildeten sich Gesinnungsgemeinschaften heraus, welche das gesamte Leben der Menschen prägten ("Von der Wiege bis zur Bahre"). Die klassischen Parteibindungen und ihre Milieus brachen mit der nationalsozialistischen Diktatur zumeist weg, konnten sich aber in der Bundesrepublik in Form von Subkulturen erneut etablieren.[124] Diese regionale Umgebung wird als eine "Opportunitätsstruktur für soziale Kontakte und interpersonelle Kommunikation" aufgefasst, in welcher eine regelmäßige Bestätigung der eigenen politischen Überzeugungen stattfinden kann. Das eigene Milieu bildet auch den räumliche Kontext für die direkten persönliche Beobachtungen und Erfahrungen des Individuums, welche dessen individuelle Überzeugungen prägen.[125] In diese Richtung weist ebenfalls die von Lazarsfeld begründete "schichtspezifische Sozialisationshypothese" , welche besagt, dass die individuelle Wahlentscheidung stark durch die Eltern und die eigene primäre Sozialisation vorbestimmt ist und Veränderungen im Wahlverhalten daher immer in einem Zusammenhang mit Prozessen des sozialen Wandels betrachtet werden müssen.[126]

Allerdings hat sich die zentrale These der Milieutheorie, die Existenz relativ geschlossener und nur selten aufbrechende Sozialmilieus, durch die Entwicklungen der letzten Jahrzehnte für die heutigen modernen Gesellschaften als nicht mehr gültig herausgestellt. Um den gesellschaftlichen Veränderungen seit den 1960er Jahren gerecht zu werden, wurden in verschiedensten Forschungsansätzen neue Milieus hinzugefügt oder es wurde statt von Milieus von Lebensstilen gesprochen, um den postmaterialistischen Verhältnissen gerecht zu werden.

So geht heute etwa das Sinus Institut, welches auf der Basis eines eigenen Milieumodells Sozialstrukturforschung für Marketing- und Dienstleistungsunternehmen,

[122] Vgl. LEPSIUS, 'Parteiensystem und Sozialstruktur: Zum Problem der Demokratisierung der deutschen Gesellschaft' (Anm. 105), S. 32

[123] Vgl. ders., 'Parteiensystem und Sozialstruktur: Zum Problem der Demokratisierung der deutschen Gesellschaft' (Anm. 105), S. 31 ff.; Zusammenfassung nach ANDREAS SCHULZE, *Kleinparteien in Deutschland: Aufstieg und Fall nicht-etablierter politischer Vereinigungen*, (Wiesbaden: Deutscher Universitäts-Verlag, 2004), S. 41

[124] Vgl. ders., *Kleinparteien in Deutschland: Aufstieg und Fall nicht-etablierter politischer Vereinigungen* (Anm. 123), S. 41

[125] Vgl. HERMANN DÜLMER und DIETER OHR, 'Rechtsextremistische Wahlabsicht und regionaler Kontext: Mehrebenenanalysen zur Rolle sozialer Milleus und regionaler Gruppenkonflikte in Deutschland', In: *Politische Vierteljahresschrift (PVS)*, 49 (2008):3, S. 491–517, S. 492

[126] Vgl. BÜRKLIN und KLEIN, *Wahlen und Wählerverhalten* (Anm. 109), S. 19

aber auch für politische Parteien betreibt, von einer "Landschaft der sozialen Milieus" aus, die sich in ständiger Bewegung und Veränderung befindet. Dabei bleiben die milieukonstituierenden Merkmale, die Wertorientierungen der Menschen, auch in turbulenten Zeiten relativ konstant, dennoch bleibt ein Wertewandel längerfristig nicht ohne Einfluss auf die Milieustruktur.[127] Die so genannten Sinus-Milieus werden daher regelmäßig erweitert und aktualisiert, wodurch gesellschaftliche Veränderungen schnell erfasst werden können. So erscheint beispielsweise die in der Vergangenheit übliche Gruppierung der Milieus zu größeren Lebenswelt- Segmenten aufgrund der anhaltenden Fragmentierung von Lebens- und Wertewelten nicht mehr sinnvoll. Das aktuelle Sinus-Modell besteht aus zehn Milieus, die bei Bedarf noch in Submilieus differenziert werden können und so der jeweiligen Forschungsfrage angepasst werden können.[128] Die Sinus-Typologie ist im Gegensatz zur Medien- und Marktforschung im Bereich der sozialwissenschaftlichen Forschung bisher eher unüblich und von daher wenig rezipiert.[129] Da jedoch kaum Daten über die Wähler der Kleinstparteien verfügbar sind, bieten sich die Sinus-Milieus an, um die Wählerschaft gesellschaftlich grob verorten zu können.

Der Cleavage Theorie von Lipset und Rokkan kommt der Verdienst zu, eine systematische Erklärung für die langfristige Stabilität der Parteiensysteme in westlichen Demokratien geschaffen zu haben. Ergänzend lassen sich nun soziologische Ansätze hinzunehmen, um die gesellschaftlichen Gruppen, die sich um einen Cleavage bildeten, genauer zu beleuchten. Doch besitzen diese Erklärungsmodelle eine elementare Schwäche, da sie die politischen Bindungen zwischen Parteien und Wählern ausschließlich auf gruppenbezogene Repräsentationsangebote zurückführen. So können kurzfristige Schwankungen in den Wahlergebnissen nur unzureichend erklärt werden.[130] Der soziale Wandel der letzten Jahrzehnte hat die ursprünglichen Konfliktlinien und Milieus verblassen lassen, was sich noch durch das Aufkommen neuer Konfliktlinien und Veränderungen der wesentlichen Konflikte in der Gesellschaft erklären ließe. Doch die durch zunehmende Individualisierung und zunehmenden Einfluss der Medien entstandenen Veränderungen des Wahlverhaltens lassen sich allein mit der Cleavage-Theorie nicht mehr erklären. Hier müssen beispielsweise sozialpsychologi-

[127] Vgl. Sinus Institut / Sinus Sociovision GmbH, *Die Sinus-Milieus: Update 2010 Hintergründe und Fakten zum neuen Sinus-Milieumodell,* ⟨URL: `http://www.sinus-institut.de/uploads/tx_mpdownloadcenter/Update_2010_Hintergruende_und_Fakten.pdf`⟩ – Zugriff am 20.09.2010, S. 2

[128] Vgl. ders., 'Die Sinus-Milieus: Update 2010 Hintergründe und Fakten zum neuen Sinus-Milieumodell' (Anm. 127), S. 9 f.

[129] Vgl. Ulrich Schneekloth und Ingo Leven, 'Woran bemisst sich eine "gute"' allgemeine Bevölkerungsumfrage? Analysen zu Ausmaß, Bedeutung und zu den Hintergründen von Nonresponse in zufallsbasierten Stichprobenerhebungen am Beispiel des ALLBUS', In: *ZUMA-Nachrichten*, 27 November (2003):53, S. 16–57, S. 32

[130] Vgl. Bürklin und Klein, *Wahlen und Wählerverhalten* (Anm. 109), S. 23

sche Ansätze, die auch kurzfristige Einflussfaktoren mitberücksichtigen, ergänzend hinzugezogen werden. [131]

4.1.2 Abspaltung aus bestehenden Parteien

Entstehungsgründe für neue Parteien können auch parteiinterne Faktoren darstellen. Werden von der Parteilinie abweichende Meinungen nicht integriert, oder werden Defizite in der innerparteilichen Demokratie sichtbar, so können diese Konflikte zu einer Abspaltung von Parteimitgliedern und zur Gründung von neuen Parteien führen. Für die Volksparteien ist es nur schwer möglich, die Vielzahl an Strömungen innerhalb ihres ideologischen Flügels zu integrieren. Hier kommt es leicht zu "Flügelkämpfen" und zu Konflikten zwischen Basis und Parteiführung, die zu Abspaltungen führen können. Durch eine Neugründung soll sichergestellt werden, dass die Standpunkte der "Abweichler" im politischen Marktgeschehen besser vertreten werden.[132]

Beispielhaft sei hier die Partei *Wahlalternative Arbeit und soziale Gerechtigkeit (WASG)* genannt. Hierbei handelt es sich um eine 2004 gegründete linke Abspaltung von der *SPD*, die durch den 2003 eingeleiteten Kurswechsel der Sozialdemkoraten in der Sozial- und Arbeitsmarktpolitik ausgelöst wurde.[133] Schon 1917, am Beispiel der *Unabhängigen Sozialdemokratischen Partei Deutschlands (USPD)* zeigt sich, dass derartige Abspaltungen schon früh zu neuen Parteien im deutschen Parteinsystem führten.

4.1.3 Wählergemeinschaften

Bei Wählergemeinschaften handelt es sich um Vereinigungen, die zu kommunalen Wahlen antreten, ohne den rechtlichen Status einer Partei zu besitzen. Diese parteifreien Gruppierungen bestehen in Westdeutschland seit 1945, besitzen dabei aber unübersehbare Schwerpunkte in Süddeutschland. Seit 1990 haben sich auch in den neuen Bundesländern zahlreiche Wählergemeinschaften gegründet und sind zu festen Bestandteilen des kommunalen Parteiensystems geworden.[134] Bis in die 1990er Jahre wurde in der Politikwissenschaft zumeist angenommen, dass die Volksparteien auch den ländlichen Raum erobern und die Wählergemeinschaften verdrängen

[131] Vgl. Bürklin und Klein, *Wahlen und Wählerverhalten* (Anm. 109), S. 29

[132] Vgl. Zolleis, Prokopf und Stauch, *Die Piratenpartei. Hype oder Herausforderung für die deutsche Parteienlandschaft?* (Anm. 103), S. 7

[133] Vgl. Eith, 'Politische Studien, Nr. 425, Bd. 60, 2009' (Anm. 113), S. 20 f.

[134] Vgl. Marion Reiser, 'Wählergemeinschaften in Ost–und Westdeutschland', In: Uwe Jun, Henry Kreikenbom und Viola Neu (Hrsg.), *Kleine Parteien im Aufwind. Zur Veränderung der deutschen Parteienlandschaft*, (Frankfurt / New York: Campus Verlag, 2006), S. 277– 297, S. 277

würden, doch verläuft der aktuelle Trend eher zu Gunsten der Wählergemeinschaften.[135] Diese bestehen aus politisch gleichgesinnten und interessierten Bürgern, sie treten speziell für spezifische Anliegen der Bürger ihrer Region ein und erweisen sich dadurch als äußerst heterogen. Es können Wählergemeinschaften auch als "politischer Arm" von lokalen Vereinen, wie Sportvereinen oder der Freiwilligen Feuerwehr entstehen. So treten etwa in einigen Gemeinden Thüringens der örtliche Fußballverein und die Freiwillige Feuerwehr bei Kommunalwahlen mit unterschiedlichen politischen Konzepten gegeneinander an.[136]

In der Tradition der deutschen "Parteienskepsis" sehen sich Wählergemeinschaften häufig als "Verfechter einer harmoniebetonten Sachpolitik". Die Wählergemeinschaften können so Parteienverdrossenheit auf lokaler Ebene für sich nutzen, weshalb sie sich oft bewusst als Nicht- oder Antiparteien darstellen.[137]

Für diese Arbeit sind die Wählergemeinschaften insofern von Bedeutung, dass sich aus ihnen leicht Parteien bilden können und sie auf kommunaler Ebene auch die Funktionen von Parteien erfüllen. Möchte eine Wählergemeinschaft über den kommunalen Rahmen hinaus aktiv werden, so muss sie sich um den Status einer Partei bemühen. Sich in Deutschland als Partei zu konstituieren ist für jede relevante Gruppe eine der ersten Erwägungen. Etwa wurde unter der Bezeichnung *Die Freien Wähler (FW / FWG)* ein bundespolitischer Zusammenschluss verschiedener Wählergemeinschaften gegründet, um überregional agieren zu können.[138]

4.2 Zur Genese politischer Parteien

In der Parteienliteratur wurde eine Reihe von Faktoren ausgemacht, welche zu einem Auf- oder auch Abstieg von Parteien führen, bzw. diesen begünstigen. Hierunter fallen besonders erfolgversprechende Strategien oder Vorgehensweisen ebenso wie Marktlücken in der Integrationsfähigkeit der Volksparteien. Die Aufstiegs- oder Etablierungschancen stehen hier im Vordergrund, allerdings ergibt sich meist im Umkehrschluss die Gefahr eines Abstiegs.

---

[135] Vgl. Lars Holtkamp und Thomas R. Eimer, 'Totgesagte leben länger.... Kommunale Wählergemeinschaften in Westdeutschland', In: Uwe Jun, Henry Kreikenbom und Viola Neu (Hrsg.), *Kleine Parteien im Aufwind. Zur Veränderung der deutschen Parteienlandschaft*, (Frankfurt / New York: Campus Verlag, 2006), S. 250– 276, S. 250

[136] Vgl. Reiser, 'Wählergemeinschaften in Ost–und Westdeutschland' (Anm. 134), S. 295 f.

[137] Vgl. ders., 'Wählergemeinschaften in Ost–und Westdeutschland' (Anm. 134), S. 277

[138] Vgl. Hans-Georg Wehling, 'Freie Wähler (FW/FWG)', In: Frank Decker und Viola Neu (Hrsg.), *Handbuch der deutschen Parteien*, (Wiesbaden: VS Verlag für Sozialwissenschaften, 2007), S. 288–294, S. 290 f.

4.2.1 Kooperationen

Auch wenn im politischen Wettbewerb alle Parteien als Rivalen im Konkurrenzkampf um Wählerstimmen gelten, so liegt in Kooperationen mit anderen Gruppierungen, die eine ähnliche Anschauung vertreten, eine bedeutende strategische Option für kleine Parteien. Durch eine Zusammenarbeit ergeben sich deutlich besserere Aussichten auf eine Überlebensfähigkeit und Festigung im politischen System. Allerdings wohnt einer solchen Zusammenarbeit auch immer das Risiko eines Identitätverlustes inne, doch angesichts der knappen Ressourcen kleiner Parteien überwiegen hier die Vorteile. Gerade wenn zwei Parteien dieselbe Wählerschaft ansprechen, erscheinen Kooperationen sinnvoll, um die ohnehin kleine Wählerklientel nicht weiter zu spalten. Bündnisse zwischen Parteien können in den unterschiedlichsten Formen zustandekommen und reichen von bloßem inhaltlichen Zusammenwirken über gemeinsame Initiativen, Wahlkreisabsprachen, offene Listen, Wahlbündnisse bis hin zu einer Fusion beider Organisationen.[139] So sahen sich etwa *Grüne* und *Piraten*, die bei der bei Thüringer Landtagswahl 2009 kooperierten, als "freundschaftlich verbundene Konkurrenten".[140] Durch eine Fusion bereits exxistierender Parteien entsteht institutionell eine neue Partei. Die heutige *Die Linke* ist eine solche Variante einer Parteigründung: Sie entstand 2007 aus einer Fusion der oben bereits vorgestellten *WASG* mit der *PDS* zur *Linkspartei.PDS.*[141] Ein solcher Zusammenschluss soll politisch sich nahestehende Kräfte bündeln und auch die in den jeweiligen ursprünglichen Parteien vertretenen Wählerschichten zusammenführen.[142] Durch Kooperationen bei Wahlen erlangten in Deutschland insbesondere Parteien aus dem rechtsextremen Spektrum Bekanntheit. So kam es häufiger zu Wahlabsprachen zwischen *DVU* und *NPD.* Es wurden Kooperationskonzepte entwickelt, nach denen abwechselnd eine Partei die andere bei Wahlen organisatorisch oder finanziell unterstützte oder jeweils nur eine Partei mit Kandidaten der anderen Partei auf ihrer Liste zu Wahlen antrat.[143] Diese Zusammenarbeit, die von den Parteien durch pompöse Bezeichnungen wie "Deutschland-Pakt" medienwirksam in Szene gesetzt wurde scheiterte zumeist angesichts programmati-

139 Vgl. Schulze, *Kleinparteien in Deutschland: Aufstieg und Fall nicht-etablierter politischer Vereinigungen* (Anm. 123), S. 362 f.

140 Zitiert nach Christoph H. Hochstätter und ZDNet.de, *Piratenpartei und Grüne kooperieren bei der Thüringer Landtagswahl*, ⟨URL: `http://www.zdnet.de/news/digitale_wirtschaft_internet_ebusiness_piratenpartei_und_gruene_kooperieren_bei_der_thueringer_landtagswahl_story-39002364-41501640-1.htm`⟩

141 Vgl. Eith, 'Politische Studien, Nr. 425, Bd. 60, 2009' (Anm. 113), S. 20 f.

142 Vgl. Zolleis, Prokopf und Stauch, *Die Piratenpartei. Hype oder Herausforderung für die deutsche Parteienlandschaft?* (Anm. 103), S. 7

143 Vgl. Armin Pfahl-Traughber, 'Deutsche Volksunion (DVU)', In: Frank Decker und Viola Neu (Hrsg.), *Handbuch der deutschen Parteien*, (Wiesbaden: VS Verlag für Sozialwissenschaften, 2007), S. 250–255, S. 251

scher Unterschiede und personeller Reibereien nach vergleichsweise kurzer Zeit.[144] Doch trotz der bisher schon häufiger gescheiterten Zusammenarbeit planten beide Parteien erneut bis zum Jahresende 2010 zu fusionieren.[145] Die Fusion schien zunächst perfekt, insbesondere nachdem der ehemalige *DVU*-Parteivorsitzende Frey auf Forderungen von rund einer Million Euro verzichtete, wodurch die Schulden der DVU kein Hindernis mehr darstellten. Die Pläne wurden jedoch vom Landgericht München im Januar 2011 vorerst gestoppt. Mehrere DVU-Landesverbände hatten gravierende Verfahrensfehler bei der Urabstimmung beklagt und so das Verfahren in Gang gebracht.[146]

Ein besonderes Beispiel für eine erfolgreiche Zusammenarbeit von Organisationen mit ähnlichen Ansichten stellen *Bündnis 90 / Die Grünen* dar. Diese entstanden in den 1980er Jahren durch Fusion mehrerer Umweltparteien, mit der deutschen Vereinigung kamen die ostdeutsche *Grüne Partei* und 1993 das *Bündnis 90* aus DDR-Oppositionsgruppen hinzu. Trotz Flügelkämpfen und Integrationsschwierigkeiten gelang es recht schnell, eine arbeitsfähige Gesamtpartei aufzubauen.[147]

Kooperationen zwischen Parteien sind jedoch nicht nur innerhalb eines Staates oder eines Parteiensystems denkbar, auch transnationale Parteienkooperationen sind möglich. Bereits im 19. Jahrhundert gab es verschiedenste "Internationale" der sozialdemokratischen, sozialistischen und kommunistischen Parteien. Solche "transnationalen" Parteienbünde sind heute besonders auf europäischer Ebene von Bedeutung, denn die Kooperation nationaler Parteien in der Europäischen Union bildet die Grundlage für das europäische Parteiensystem und kann verschiedene Formen annehmen. Sie reicht von einer losen, spontanen Zusammenarbeit und Koordination über die Bildung einer gemeinsamen Fraktion im Europäischen Parlament bis hin zum Zusammenschluss zu "Politischen Parteien auf europäischer Ebene". Die Bildung einer europäischen Partei ist jedoch bislang keine Bedingung für die Teilnahme an einer Europawahl, so dass bisher zumeist einzelne nationale Parteien antreten[148], die dann im Europaparlament gebündelt werden.

---

[144] Vgl. Eckhard Jesse, 'Nationaldemokratsche Partei Deutschlands (NPD)', In: Frank Decker und Viola Neu (Hrsg.), *Handbuch der deutschen Parteien*, (Wiesbaden: VS Verlag für Sozialwissenschaften, 2007), S. 336–344, S. 342 f.

[145] Vgl. Spiegel online, *NPD und DVU wollen bis Jahresende fusionieren*, ⟨URL: `http://www.spiegel.de/politik/deutschland/0,1518,718082,00.html`⟩ – Zugriff am 20.09.2010

[146] Vgl. ders., *Gericht stoppt Fusion von DVU und NPD*, ⟨URL: `http://www.spiegel.de/politik/deutschland/0,1518,742080,00.html`⟩ – Zugriff am 27.01.2011

[147] Vgl. Schulze, *Kleinparteien in Deutschland: Aufstieg und Fall nicht-etablierter politischer Vereinigungen* (Anm. 123), S. 365

[148] Vgl. Jochen Dehling, *Europäische Parteien*, ⟨URL: `http://www.bpb.de/themen/OGDP6Y,0,0,Europ%E4ische_Parteien.html`⟩ – Zugriff am 10.09.2010

Bezüglich einer transnationalen Kooperation mit anderen Parteien spielt natürlich auch das Selbstverständnis der jeweiligen Partei eine große Rolle. So bietet sich ein engerer Kontakt mit einer "Schwesterpartei" in einem anderen Staat natürlich für Parteien, die in ihren Programmen eine in vielen Staaten verbreitete Ideologie oder eine globale Thematik vertreten, eher an, als für eine Regionalpartei. Beispielsweise existieren vielfältige Verbindungen zwischen ökologischen Parteien aus verschiedenen Staaten und internationalen Umweltorganisationen. Immer wieder hervorgehoben wurden auch Verbindungen extremistischer Parteien untereinander und zu gleichgesinnten Organisationen. Neben den tradionell stark international ausgerichteten linksextremen Parteien besitzen auch die rechtsextremen Parteien, trotz ihrer nationalistisch ausgelegten Programmtiken, zahlreiche grenzüberschreitende Kooperationen mit gleichgesinnten Parteien und Organisationen im Ausland. Bemerkbar machen sich diese Verbindungen insbesondere durch internationale Treffen der rechten Szene oder transnational organisierte Aktionen, wie etwa eine europaweite „Anti-Islamisierungskampagne“.[149] Ebenfalls eng vernetzt sind die christlichen Kleinparteien in Europa und auch spirituelle Parteien halten Kontakte zu ähnlichen Gruppierungen.

Für viele Kleinstparteien stellt sich bei übernationalen Kooperationen auch die Frage nach den Kosten und dem zu erwartenden Nutzen, was dazu führt, dass derartige Aktivitäten häufig auf einem niedrigen Niveau stecken bleiben.[150] Gerade bei den gemäßigteren Kleinstparteien dürften internationale Kooperationen somit eher zur Ausnahme gehören.

4.2.2 Föderalistische Systeme

Der föderalistische Charakter des politischen System der Bundesrepublik wirkt positiv für die Etablierungschancen der kleinen Parteien. Denn wenn ein Staat in verschiedene Einheiten, wie Bundeländer oder Provinzen strukturiert ist, die über eigene Parlamente verfügen, so wachsen die Chancen kleiner Parteien, sich zunächst in diesen politischen Sub-Systemen zu etablieren. In kleineren Einheiten wie Kommunen oder Landkreisen kann die Partei bereits, mit ihren geringen Ressourcen entsprechenden Mitteln, Teile der Bevölkerung für sich gewinnen. Durch diese ersten Hochburgen lässt sich nicht nur eine erste (Stamm-)Wählerschaft gewinnen, sondern auch eine größere Bekanntheit in der Bevölkerung. Politische Erfolge auf kommunaler oder gar

[149] Vgl. Bundesministerium des Innern, *Verfassungsschutzbericht 2009*, ⟨URL: `http://www.verfassungsschutz.de/vsbericht_2009.pdf`⟩ – Zugriff am 22.08.2010, S. 118 f.

[150] Vgl. van den Boom, *Politik diesseits der Macht? Zu Einfluss, Funktion und Stellung von Kleinparteien im politischen System der Bundesrepublik Deutschland,* (Anm. 13), S. 86 f.

Landesebene können so auch die Aufmerksamkeit zumindest lokaler Medien bedeuten und die Partei so aus der anonymen Masse der "Sonstigen" herausheben und ihre Bekanntheit unter den potentiellen Wählern steigern. Insbesondere bei Systemen mit Elementen des Mehrheitswahlrechts bietet sich kleinen Parteien so die Möglichkeit, sich im Wahlkampf zunächst nur auf bestimmte Wahlkreise zu konzentieren, um dort erfolgreich zu sein und Mandate zu gewinnen.[151] So könnte eine erste Basis für den landesweiten Durchbruch geschaffen werden.

Diese "Hochburgen-Strategie" führte in der Geschichte der Bundesrepublik bereits mehrmals zu Erfolgen, so etwa 1994 bei der *PDS*, die sich im Wahlkampf sehr stark auf ihre Kandidaten in Ost-Berlin konzentrierte, schließlich in vier Wahlkreisen triumphierte und mit diesen Direktmandaten den Sprung in den Bundestag schaffte. Das föderative System der Bundesrepublik bietet kleinen Parteien ein Experimentierfeld, da sie auf regionaler oder kommunaler Ebene schneller mediale und öffentliche Aufmerksamkeit erlangen können. Die kleinen Parteien können die Landesebene für ihre Profilbildung nutzen und die Akzeptanz ihrer politischen Vorstellungen und ihres personalpolitischen Angebotes beim Wähler testen und so ihre Chancen im Parteienwettbewerb verbessern.[152]

Schulze führt hierzu an, dass die Größe (bzw. Einwohnerzahl) eines Bundeslandes tatsächlich ein Indiz für die Etablierungschance einer außerparlamentarischen Kleinstpartei sein kann. Hierbei stellt ein kleines Bundesland mit geringer Einwohnerzahl die erfolgversprechendste Umgebung dar, denn naturgemäß verfügen hier auch die großen Parteien über mitgliederschwächere Verbände als in den großen Bundesländern und es müssen weniger Wahlberechtigte überzeugt werden um das erforderliche Quorum zu erreichen. Das Wirken der kleinen Parteien lässt sich transparenter gestalten und sie können schneller und näher beim Bürger sein.[153] [154] Auch zeigt sich auf Länderbene bisher eine deutlich höhere "Koalitionsoffenheit" der großen Parteien[155], was die Chancen auf eine Regierungsbeteiligung kleiner Parteien erhöht.

Gute Beispiele stellen hier die spektakulären Erfolge von Kleinstparteien in den Stadtstaaten dar: Anfang der 1990er Jahre waren die beiden Volksparteien sowie ihre potentiellen Koalitionspartner bei der Hamburger Bürgerschaftswahl in eine Krise

[151] Vgl. SCHULZE, *Kleinparteien in Deutschland: Aufstieg und Fall nicht-etablierter politischer Vereinigungen* (Anm. 123), S. 356

[152] Vgl. JUN und KREIKENBOM, 'Nicht nur im Schatten der Macht. Zur Situation kleiner Parteien im deutschen Parteiensystem' (Anm. 37), S. 28

[153] Vergleiche hierzu die Ausführungen zu den Regionalparteien.

[154] Vgl. SCHULZE, *Kleinparteien in Deutschland: Aufstieg und Fall nicht-etablierter politischer Vereinigungen* (Anm. 123), S. 357

[155] Vgl. WOLFGANG ISMAYR, 'Das politische System Deutschlands', In: Derselbe (Hrsg.), *Die politischen Systeme Westeuropas*, (Wiesbaden: VS Verlag für Sozialwissenschaften, 2004), S. 445–486, S. 476

geraten, die in der undemokratischen und gegen Wahlrechtsgrundsätze verstoßenden Aufstellung des CDU-Kandidaten ihren Höhepunkt fand. Durch eine Klage beim Hamburgischen Verfassungsgericht wurden Neuwahlen am 4. Mai 1993 erreicht. Bis zu diesen Neuwahlen entstand aus einer Wählervereinigung die *STATT Partei*, welche es vermochte, das parteienkritische Potential zu binden und mit 5,6 Prozent in die Hamburger Bürgerschaft einzuziehen. Ähnliche Erfolge konnte auch die regionale Kleinstpartei *Arbeit für Bremen und Bremerhaven (AFB)* verbuchen, welche erfolgreich die mangelnde Bekämpfung der Arbeitslosigkeit durch die Regierungsparteien kritisierte und auf Anhieb ein zweistelliges Ergebnis bei der Bremer Bürgerschaftswahl 1995 erzielte.[156] Ein weiteres Beispiel stellt die Schill-Partei (*Partei Rechtsstaatlicher Offensive*) dar, die der hohen Kriminalitätsrate in Hamburg mit einer "Null-Toleranz-Politik" begegnen wollte. Die Partei erreichte 19,4 Prozent bei der Hamburger Bürgerschaftswahl 2001.[157] All diesen zuletztgenannten Parteien ist gemein, dass sie ihre Wahlerfolge auf einer Protesthaltung der Wählerschaft oder Versäumnissen der Regierungspolitik begründeten und nach ersten Erfolgen nicht weiter ausbauen konnten. Das Beispiel der PDS oder auch der Grünen in den 1980er Jahren zeigt, dass sich die föderalistischen Strukturen durch kleine Parteien nutzen lassen. Doch insbesondere rechtsextreme und konservativ rechtspopulistische Parteien konnten bisher nennenswerte Wahlerfolge zumeist in einzelnen Ländern, Wahlkreisen oder Kommunen verzeichnen, ohne von diesen Hochburgen aus den Sprung auf die Bundesebene zu schaffen.[158] Die angeführten Beispiele zeigen, dass eine ausführliche Vorbereitung auf eventuell zu übernehmende Ämter und ein über bloßen Populismus hinausgehendes Parteiprogramm für die Wiederwahl und weitere Etablierung der Partei unabdingbar sind, aber auch, dass sich durch Populismus und Protestwahl durchaus kurzfristige Wahlerfolge erzielen lassen.

4.2.3 Ökonomische Faktoren

Immer wieder kontrovers diskutiert wurde die Wirkung wirtschaftlicher Faktoren auf das Wahlverhalten und damit auch auf das Parteiensystem. In der modernen Wahlforschung werden zwei grundlegende Erwägungen des Wählers für seine Wahlentscheidung unterschieden: Der erste folgt dem von Anthony Downs begründeten

[156] Schulze, *Kleinparteien in Deutschland: Aufstieg und Fall nicht-etablierter politischer Vereinigungen* (Anm. 123), S. 358

[157] Vgl. Florian Hartleb, 'Schill-Partei (Partei Rechtsstaatlicher Offensive)', In: Frank Decker und Viola Neu (Hrsg.), *Handbuch der deutschen Parteien*, (Wiesbaden: VS Verlag für Sozialwissenschaften, 2007), S. 374–381, S. 375 f.

[158] Vgl. Jun und Kreikenbom, 'Nicht nur im Schatten der Macht. Zur Situation kleiner Parteien im deutschen Parteiensystem' (Anm. 37), S. 24

Ansatz zum rationalen Wahlverhalten: Eine positive Wirtschaftslage stärkt die aktuell regierenden Parteien, während ökonomische Krisenzeiten diese schwächen. Der Wähler macht also die Wirtschaftspolitik der regierenden Parteien direkt für die wirtschaftliche Gesamtsituation verantwortlich und belohnt oder sanktioniert diese entsprechend bei Wahlen. Dies ist die sogenannte "Incumbency-Hypothese", welche auf der retroperspektiven Bewertung der wirtschaftspolitischen Kompetenz der Regierung in der letzten Legislaturperiode beruht.[159]

Diese Annahme lässt jedoch ausser Acht, dass Parteien ganz unterschiedliche soziale Gruppen und damit auch sehr spezifische ökonomische Interessenlagen vertreten (s.o.) und dies unabhängig von der aktuellen ökonomischen Situation. Daher wird inzwischen zwischen dem Einfluss der wirtschaftlichen Gesamtsituation und dem der individuellen ökonomischen Situation unterschieden. So sieht die "Policy-" oder "Klientel-Hypothese" eher linke und Arbeiterparteien als Profiteure von hoher Arbeitslosigkeit, während Inflation und schwaches Wirtschaftswachstum eher bürgerlichen oder konservativen Parteien zugute kommen.[160] So kann der Wähler davon ausgehen, dass eine bestimmte Partei entsprechend ihrem Parteiprogramm und der traditionell von ihr vertretenen Arbeitsmarktpolitik immer noch mehr für seine persönliche Situation tut als die Konkurrenz, ganz unabhängig von deren aktueller Regierungsbeteiligung. Beide Hypothesen lassen sich empirisch bestätigen, wie Kellermann und Rattinger anhand ihrer Studie zum Einfluss der Wirtschaftslage auf die Wahlergebnisse der Bundestagswahlen 2002 und 2005 nachweisen konnten.[161] Insbesondere hängt dies davon ab, wie weit die Wähler die Regierung in der Verantwortung für wirtschaftliche Probleme sehen und wie weit ihr eine Problemlösungskompetenz für die jeweilige persönliche Situation zugetraut wird. Generell läßt sich anhand dieser Ergebnisse festhalten, dass Wähler, die der Ansicht sind, dass die Regierung keine oder nur wenig Verantwortung für ökonomische Probleme trage, in ihrem Wahlverhalten eher der "Klientel-Hypothese" entsprechen. Sie wählen die Partei, die sie in diesem Bereich am kompetentesten ansehen. Wähler, die

[159] Vgl. Charlotte Kellermann und Hans Rattinger, 'Wirtschaftslage, Arbeitslosigkeit und zugeschriebene Regierungsverantwortung als Bestimmungsfaktoren des Wahlverhaltens bei den Bundestagswahlen 2002 und 2005', In: Frank Brettschneider, Oskar Niedermayer und Bernhard Wessels (Hrsg.), *Die Bundestagswahl 2005: Analysen des Wahlkampfes und der Wahlergebnisse*, (Wiesbaden: VS Verlag für Sozialwissenschaften, 2007), S. 369–393, S. 373 f.

[160] Vgl. ders., 'Wirtschaftslage, Arbeitslosigkeit und zugeschriebene Regierungsverantwortung als Bestimmungsfaktoren des Wahlverhaltens bei den Bundestagswahlen 2002 und 2005' (Anm. 159), S. 374

[161] Vgl. ders., 'Wirtschaftslage, Arbeitslosigkeit und zugeschriebene Regierungsverantwortung als Bestimmungsfaktoren des Wahlverhaltens bei den Bundestagswahlen 2002 und 2005' (Anm. 159), S. 391

der Regierung eine hohe Verantwortung für die wirtschaftliche Situation zusprechen, handeln gemäß der "Incumbency-Hypothese" und belohnen oder bestrafen die Regierungsparteien bei Wahlen entsprechend ihrer Erfolge in der letzten Legislaturperiode. Interessant ist hier besonders, dass Menschen, die direkt von den Auswirkungen wirtschaftlicher Probleme wie etwa Arbeitslosigkeit betroffen sind, eher entsprechend der "Incumbency-Hypothese" verfahren, während sich die Wähler, die selbst nicht direkt betroffen sind, eher entsprechend der "Policy-Hypothese" verhalten.[162]

Kommen wir nun zur konkreten Bedeutung der beiden genannten Hypothesen für kleine Parteien. Für die Kleinparteien ist insbesondere die Annahme, dass Oppositionsparteien von wirtschaftlichen Krisen profitieren, von Bedeutung. Im Umkehrschluss werden sie entsprechend abgestraft, wenn sie an einer Regieurngskoalition beteiligt sind. Hinzu kommt, dass diese Parteien im Gegensatz zu den Volksparteien eine kleinere Stammwählerschaft besitzen, deren direkte Betroffenheit von ökonomischen Krisen sich entsprechend stark auswirkt. Auch das der jeweiligen Partei zugewiesene Problemlösungspotential in wirtschaftlichen Fragen spielt hier natürlich eine große Rolle. So ergab die hier zugrundegelegte Untersuchung von Charlotte Kellermann und Hans Rattinger, dass die *FDP* während ihrer Phase in der Opposition (1998 - 2009) an einer positiven wirtschaftlichen Entwicklung partizipieren konnte. Als Oppositionspartei wurden die Liberalen wohl nicht für die positiv empfundene Entwicklung belohnt, doch offenbar waren viele Wähler der Ansicht, "[..] dass der eigene ökonomische Wohlstand durch das Parteiprogramm der *FDP* "abgesichert" wird.[163] Entsprechend ihrer wirtschaftsliberalen Ausrichtung profitiert die Partei von einer positiven wirtschaftlichen Entwicklung. Aktuell, mit der Regierungsbeteiligung der *FDP*, ist die gegenteilige Entwicklung der Fall, wie Umfragetiefs zeigen.[164]

Die Wählerschaft der Linkspartei hatte sich seit 2005 von einer durchschnittlichen Wählerstruktur ("Volkspartei der neuen Bundesländer") in Richtung der unteren Schichten verlagert, wobei hier der größte Zuwachs bei Arbeitlosen lag.[165] Durch ihre feste Etablierung im gesamtdeutschen Parteiensystem ist die Partei zu einer typischen linken Oppositionspartei geworden. Auch wenn in der Theorie diese spezifische Wählergruppe eher der "Klientel-Hypothese" zugeordnet wird, zeigen die genannten Befunde eher ein Wahlverhalten im Sinne der "Incumbency-Hypothese". Die Links-

[162] Vgl. Kellermann und Rattinger (2007, S. 390)

[163] Kellermann und Rattinger, 'Wirtschaftslage, Arbeitslosigkeit und zugeschriebene Regierungsverantwortung als Bestimmungsfaktoren des Wahlverhaltens bei den Bundestagswahlen 2002 und 2005' (Anm. 159), S. 389

[164] Vgl. hierzu etwa Jörg Schönenborn, *ARD-DeutschlandTrend vom 07.10.2010*, ⟨URL: `http://www.tagesschau.de/inland/deutschlandtrend/deutschlandtrend1158.html`⟩ – Zugriff am 08.10.2010

[165] Vgl. Neu, 'Linkspartei.PDS (Die Linke)' (Anm. 114), S. 321

partei wird also nicht nur gewählt, weil man sich von ihrer Politik eine Verbesserung der eigenen spezifischen Situation verspricht, sondern auch um die Regierungsparteien "abzustrafen". Für die Grünen konnte Ferdinand Müller-Rommel 1993 mit einer quantitativen-empirischen Studie nachweisen, dass sie ihre höchsten Wahlergebnisse bei niedrigen Inflationsraten, aber auch bei geringem Wirtschaftswachstum erzielten. Als mögliche Gründe führt er an, dass grünen Parteien in der öffentlichen Meinung zumeist keine große Prolemlösungskompetenz im Bereich der Wirtschaftspolitik zugesprochen werde, die Wähler erwarteten eher Kompetenz in den Bereichen Ökologie, Zukunftsverantwortung und Soziales. Hinzu kommt, dass die klassischen Wähler der *Grünen* zumeist materiell abgesichert seien und Berufe ausübten, die weniger stark von ökonomischen Krisen bedroht sind.[166] Fraglich ist, inwiefern sich die Wählerschaft der *Grünen* in den letzten 17 Jahren verändert hat. In den 1980er Jahren wurden die *Grünen* überwiegend von Angehörigen der "neuen Mittelschichten", insbesondere jüngeren und gebildeten Wählern in den Universitätsstädten gewählt, die sich mit Forderungen nach Umweltschutz und Gleichberechtigung von den etablierten Parteien nicht mehr vertreten fühlten. Diese bilden auch heute noch das Hauptwählerreservoir der *Grünen*, allerdings hat sich die Alterskohorte in die mittleren Jahrgänge verschoben und der durchschnittliche grüne Wähler ist wertkonservativer geworden.[167] Unabhängig von Alter und vertretenen Werten zeigte sich auch 2005 ein überdurchschnittlich hohes Einkommen bei den Wählern der Grünen[168], so dass sich die Rahmenbedingungen für Müller-Rommels Ergebnisse in dieser Hinsicht seit 1993 kaum verändert haben. Die Wahlerfolge ökologischer Parteien scheinen im Ergebnis also weniger stark von der ökonomischen Situation abzuhängen als bei anderen Parteien.

Für die Kleinstparteien unterhalb der Fünf-Prozent-Hürde scheinen ökonomische As-pekte weniger starke Auswirkungen zu haben, da eher die nicht regierende Volkspartei oder eine der Kleinparteien gewählt werden als eine nahezu unbekannte Kleinstpartei.[169] Entscheidender erscheint hier die Tatsache, dass wirtschaftliche Krisen in der direkt betroffenen Gruppe ein Protestpotential gegen die Regierungsparteien erzeugen können. Gemäß der "Incumbency-Hypothese" führt dies zur Wahl der Oppositionspartei, doch ebenso, wie die persönlich am stärksten betroffene Gruppe könnte

[166] Vgl. Ferdinand Müller-Rommel, *Grüne Parteien in Westeuropa: Entwicklungsphasen und Erfolgsbedingungen*, (Opladen: Westdeutscher Verlag, 1993), S. 109 f.

[167] Vgl. Lothar Probst, 'Bündnis 90 / Die Grünen', In: Frank Decker und Viola Neu (Hrsg.), *Handbuch der deutschen Parteien*, (Wiesbaden: VS Verlag für Sozialwissenschaften, 2007), S. 173 –188, S. 179 f.

[168] Vgl. ders., 'Bündnis 90 / Die Grünen' (Anm. 167), S. 180

[169] Siehe hierzu auch den Abschnitt über die öffentliche Wahrnehmung kleiner Parteien in dieser Arbeit (4.2)

es auch zu Protestwahlen von radikalen Kleinstparteien führen. So führte man in den 1960er Jahren das Aufkommen rechtsextremer Parteien häufig auf ökonomische Faktoren wie Wirtschaftskrisen zurück. Heute wird diesen nur eine mittelbare Wirkung im Zusammenwirken und gleichzeitigen Auftreten mit anderen sozialen und politischen Faktoren zugestanden, denn nur so lässt sich erklären, dass nicht jede Rezessionsperiode in allen Gebieten zum Aufkommen rechtsextremer Parteien führte. Das Protestpotential, das sich während ökonomischer Krisen aufbauen kann, kann von radikalen Parteien nur dann aktiviert werden, wenn zeitgleich "strukturelle Krisenerscheinungen" auftreten, welche von den innerparlamentarischen Parteien offensichtlich nicht gelöst werden können. Auf die Entstehung rechter Parteien können sich Wirtschaftskrisen also unter bestimmten Bedingungen begünstigend auswirken.[170] Auch Leggewie stellte in einer empirischen Untersuchung eine deutliche Kausalität zwischen dem Anstieg rechtsextremer Parteien bei gleichzeitigem Problemlösungsdefizit der Regierungsparteien fest.[171] Für die Erfolge rechtsextremer Parteien scheint also weniger die eigentliche schlechte wirtschaftliche Lage verantwortlich, als vielmehr der durch sie ausgelöste Frust über die mangelnde Kompetenz der innerparlamentarischen Parteien, die Krise zu lösen. Dieser Motivation dürften auch die Wahlerfolge der Linkspartei in den wirtschaftlich schwachen Bevölkerungsschichten zuzuordnen sein, da diese Partei in ihrer ideologisch-programmatischen Ausrichtung auch deutlich linksextreme Stömungen aufweist [172] und so Protestwähler des linken Spektums an sich binden kann.

Wirtschaftliche Faktoren, insbesondere Rezessionen, können also die Integrationskraft der Volksparteien bei den am härtesten betroffenen Wählergruppen verringern und so zu Marktlücken für entprechend radikale Klein(st)parteien führen. Gemäßigtere Parteien können von ökonomischen Krisen besonders profitieren, wenn sie sich während der Krise in der Opposition befinden. Ansonsten spielt die programmatische Ausrichtung und damit verbunden das der Partei zugetraute Problemlösungspotential in diesem Bereich die entscheidende Rolle. Eine für oppositionelle Kleinparteien besonders nutzbare Konstellation ergibt sich hier aus einer Großen Koalition, da sich dann keine der Volksparteien in der Opposition befindet und sich ein Wahlverhalten entsprechend der "Incumbency-Hypothese" direkt positiv für die Kleinparteien auswirkt.[173]

---

[170] Vgl. Nassmacher, 'Zeitschrift für Politik (ZfP), Nr. 1, Bd. 2, 1989' (Anm. 118), S. 174

[171] Vgl. Claus Leggewie, 'Die Zwerge am rechten Rand –Zu den Chancen einer neuen Rechtspartei in der Bundesrepublik Deutschland', In: *Politische Vierteljahresschrift (PVS)*, (1987), S. 361–383, S. 375

[172] Vgl. Neu, 'Linkspartei.PDS (Die Linke)' (Anm. 114), S. 323

[173] Ders., 'Parteien und Wähler im Wahljahr 2009', In: *Politische Studien*, 60 Mai/Juni (2009):425, S. 24–40, S. 3

4.2.4 Das "Marktlückenmodell"

Aus den zuvor angesprochenen Faktoren, welche zu günstigen Bedingungen für Gründung und Ausfstieg einer Partei führen können, lässt sich bereits gut erkennen, dass in einem System mit zwei großen Volksparteien deren Integrationskraft die ausschlaggebende Größe für einen möglichen Erfolg kleinerer Parteien darstellt. Eine Schwäche im politischen Profil einer innerparlamentarischen Partei, insbesondere einer Volkspartei, kann also zu einer Marktlücke für eine neue Partei werden. Hierbei spielen insbesondere die mit der jeweiligen Partei besonders in Verbindung gebrachten Politikfelder eine große Rolle, so werden die *SPD* besonders an ihren Erfolgen im Themenfeld "Soziale Gerechtigkeit" und die Unionsparteien besonders an ihrer Wirtschaftskompetenz gemessen. Was ein "Versagen" der Partei in ihrem jeweiligen Fachgebiet für Folgen haben kann, zeigt sich deutlich anhand der drastischen Verluste der *SPD* nach den Sozialstaatsreformen der Agenda 2010.[174]

Auch die parteipolitische Zusammensetzung der Regierung kann die Entstehung neuer Parteien beeinflussen. Die Chancen für die Entstehung oder Etablierung eine kleinen Partei erscheinen dann günstiger, wenn sie ein Alternativprogramm zu einer der an der Regierung beteiligten Partei vertritt. Eine regierende Partei wird zumeist an ihren individuellen Erfolgen in der laufenden Legislaturperiode gemessen, wodurch - insbesondere in Krisensituationen - die von kleineren Parteien vertretene Alternativprogramme dem Wähler reizvoll erscheinen können. Für diesen Zusammenhang ist insbesondere der Zwang zu Koalitionskompromissen bedeutend, da durch den Zwang zu Kompromisslösungen das eigentliche ideologische Profil der einzelnen Parteien nicht so klar hervortreten kann, was die Integrationskraft der regierenden Parteien sogar bei ihren Stammwählern schwächen kann. Daher führt auch eine Große Koalition leicht zu Marktlücken an den Rändern des Parteiensystems, da sich beide Parteien für eine erfolgreiche Zusammenarbeit und Kompromissfindung ideologisch in Richtung politischer Mitte bewegen müssen.[175]

An dieser Stelle zeigt sich deutlich der politische Wettbewerb "[..] in Form eines Ringens der unterschiedlichen Interessen und Überzeugungen um die inhaltliche Bestimmung der verbindlichen staatlichen Entscheidungen".[176] Hierbei siegt diejenige Überzeugung, die es schafft, in Regierungsentscheidungen und Gesetzen berücksich-

[174] Vgl. NEU, 'Politische Studien, Nr. 425, Bd. 60, 2009' (Anm. 173), S. 32

[175] Zu den Auswirkungen einer Großen Koalition siehe auch Ders., 'Politische Studien, Nr. 425, Bd. 60, 2009' (Anm. 173), S. 3; EITH, 'Politische Studien, Nr. 425, Bd. 60, 2009' (Anm. 113), S. 22

[176] KÖHLER, *Parteien im Wettbewerb: Zu den Wettbewerbschancen nicht-etablierter politischer Parteien im Rechtssystem der Bundesrepublik Deutschland* (Anm. 14), S. 47

tigt zu werden.[177] Aus solch einer wettbewerbsorientierten Perspektive werden die Parteien von den "wettbewerbstheoretischen Ansätzen" analysiert. Diese stellen die Dynamiken des Parteienwettbewerbs und das strategische Handeln der Parteien als Akteure in den Mittelpunkt und eignen sich somit dafür, Wettbewerbsvor- und nachteile einzelner Parteitypen auftzuzeigen.[178] Prominente Vertreter solcher Konzepte sind Downs, Sartori und Budge.

Versteht man diesen Wettbewerb der Parteien als einen "Wählermarkt", in welchem Parteien als Anbieter und die Wähler als Nachfrager politischer Konzepte fungieren, so gelang es bisher dem Typus der "Catch-All"- oder Volkspartei durch ein besonders breites Angebot für Wähler aus nahezu allen politischen Lagern attraktiv zu sein. Durch eine auf Stimmenmaximierung ausgelegte Programmatik, die für alle Wählerschichten akzeptabel erscheint, kann ihnen eine besonders breite Integration von den extremistischen äußeren Rändern eines politischen Flügel bis weit in die politische Mitte gelingen.[179] In einem System, wie dem der Bundesrepublik, mit zwei Volksparteien, einer sozialdemokratisch "linkeren" und einer christlich-konservativ "rechteren" Partei, kann somit nahezu das gesamte Themenspektrum von diesen beiden Parteien abgedeckt werden. Die beiden Parteien wechseln sich bei der Regierungsbildung ab, denn wenn die Wähler mit der Regierungsarbeit einer Partei unzufrieden sind, so wenden sie sich bei den nächsten Wahlen der anderen zu und umgekehrt.[180] Für die Masse der anderen, kleineren Parteien ist es daher recht schwierig, sich neben diesen beiden Volksparteien zu etablieren und selbst gestaltend tätig zu werden. Gelingen kann dies nur in den sogenannten "Marktlücken", also dort, wo die Integrationskraft der Volksparteien nicht mehr ausreicht. Typischerweise ist dies an drei Stellen im politischen bzw. im thematischen Spektrum der Fall: An den äußeren Rändern des Parteiensystems kann es zu einer "weltanschaulichen Lücke" kommen, denn durch ihr Bemühen, für eine möglichst breite Wählerschicht attraktiv zu sein, können extremistische Positionen nicht vollständig abgedeckt werden. Die Großparteien verschieben ihre ideologischen Ausrichtungen in Richtung Mitte - wo sich die Mehrzahl der po-

---

[177] Vgl. Köhler, *Parteien im Wettbewerb: Zu den Wettbewerbschancen nicht-etablierter politischer Parteien im Rechtssystem der Bundesrepublik Deutschland* (Anm. 14), S. 47

[178] Vgl. Peter Matuschek, *Erfolg und Misserfolg konservativer Parteien: Die spanische AP-PP und das portugiesische CDS-PP im Vergleich.* (Wiesbaden: VS Verlag für Sozialwissenschaften, 2008), S. 24

[179] Vgl. Hans-Jörg Dietsche, 'Eine "Renaissance" der kleinen Parteien? Zu den Entwicklungsmöglichkeiten kleiner Parteien im deutschen Volksparteiensystem', In: Uwe Jun, Henry Kreikenbom und Viola Neu (Hrsg.), *Kleine Parteien im Aufwind. Zur Veränderung der deutschen Parteienlandschaft*, (Frankfurt / New York: Campus Verlag, 2006), S. 58–74, S. 65

[180] Vgl. ders., 'Eine "Renaissance" der kleinen Parteien? Zu den Entwicklungsmöglichkeiten kleiner Parteien im deutschen Volksparteiensystem' (Anm. 179), S. 65

tentiellen Wähler verorten lässt - und sind so ab einem gewissen Punkt nicht mehr fähig, die extremistischen Wähler auf ihrem Flügel zu integrieren. Diese wenden sich nun von der Großpartei ab, da sie sich nicht mehr vertreten fühlen, wodurch hier eine Marktlücke für extremistische Parteien entsteht.[181]

Doch ist es für kleine Parteien auch möglich, sich genau in dem ideologischen Bereich mit den meisten potentiellen Wählern, also in der Mitte zwischen den beiden großen Volksparteien zu etablieren. In der politischen Mitte um den Median-Wähler überschneiden sich die Positionen der beiden Großparteien oft, da beide um diese Positionen und Wähler konkurrieren. Jede der beiden großen Parteien versucht durch übertriebene programmatische Forderungen die Unterschiede herauszustellen und das eigene Programm als einzig adäquate Lösung zu präsentieren. Doch um ihre Stammwähler nicht zu enttäuschen und sich von der konkurrierenden Volkspartei abzugrenzen, müssen sie hierbei auch ihre ideologischen Wurzeln wahren. Dies kann dazu führen, dass sich diejenigen Wählergruppen abwenden, die zwar in der politischen Mitte zu verorten und an sich mit dem Status quo des politischen Systems zufrieden sind, aber den ideologischen Ansätzen beider Großparteien eher kritisch gegenüberstehen. Hierdurch entsteht eine Marktlücke zwischen den beiden Großparteien, die von einer entsprechenden Kleinpartei genutzt werden kann. Ein entscheidender Vorteil dieser "Marktlücke" ist zudem, dass hier ein möglicher Koalitionspartner für beide Volksparteien entstehen kann.[182]

Die dritte Möglichkeit liegt darin, sich parallel zu einer Volkspartei auf regionaler Ebene einzubringen. Da die Volksparteien für möglichst alle Wähler attraktiv sein und vor allem die breiten Wählerschichten in der politischen Mitte an sich binden wollen, erweist sich ein Eingehen auf regionale Besonderheiten und Problemlagen als schwierig. Ein Eingehen auf die spezifischen Interessen einer ethnischen Minderheit oder eines Gebietes mit ausgeprägtem Regionalbewusstsein wird soweit erschwert, dass hier eine entsprechende Kleinpartei als mit den Problemen der Menschen vertrauter und damit als bessere politische Vertretung dieser Klientel auftreten kann.[183]

Aus diesen drei Möglichkeiten lassen sich, in Anlehnung an das Konzept des Idealtypus von Max Weber, drei Typen von kleinen Parteien herausstellen:[184]

[181] Vgl. DIETSCHE, *Die kleinen Parteien im Zweikräftefeld des deutschen Volksparteiensystems* (Anm. 94), S. 91; vergleiche hierzu auch DOWNS, *Ökonomische Theorie der Demokratie* (Anm. 101), S. 126 f.

[182] Vgl. DIETSCHE, *Die kleinen Parteien im Zweikräftefeld des deutschen Volksparteiensystems* (Anm. 94), S. 91 f.

[183] Vgl. ders., *Die kleinen Parteien im Zweikräftefeld des deutschen Volksparteiensystems* (Anm. 94), S. 92 f.

[184] Vgl. ders., 'Eine "Renaissance" der kleinen Parteien? Zu den Entwicklungsmöglichkeiten kleiner Parteien im deutschen Volksparteiensystem' (Anm. 179), S. 65 f.

4.2.4.1 Flügelpartei

Mit dem Begriff der Flügelpartei werden die politischen Parteien bezeichenet, die sich am äußersten Rand des politischen Spektrums links oder rechts neben den Volksparteien befinden. Begriffe wie "Radikale" oder "Extremisten" wären hier zu einseitig gewählt und würden dem Gegenstand nicht gerecht werden, da diese Parteien sich "[...] an eine anspruchsvolle Wählerschaft [wenden], die nicht notwendigerweise extremistisch ist, sich aber durch die immer weiter Richtung Mitte gerückte Großpartei, die dadurch ihre ideologische Ausrichtung verwaschen hat, nicht mehr vertreten fühlt."[185] Diese Parteien stellen daher ein "Korrektiv" der ihren ideologischen Flügel vertretenden Großpartei dar, welches bestimmte ideologische Grundannahmen nicht einem machtpolitischen Pragmatismus opfern möchte. Dabei kann das Vorgehen der Flügelpartei von der Betonung besonders weltanschaulicher Grundpositionen (*Die Linke*, oder die *Grünen* gegenüber der *SPD*) bis hin ideologischem Rigorismus reichen (*NPD,DVU, Republikaner* oder auf der linken Seite *MLPD*), wobei letzteres Vorgehen gemeinhin in eine absolute parlamentarische Isolation führt.[186] Hier bliebe dann nur der Weg, als "Protestpartei" Wähler zu mobilisieren. So ist etwa die Wahl einer rechten Partei häufig auch eine Trotzreaktion, um Protest an der derzeitigen politischen und gesellschaftlichen Situation zu üben. Dies zeigte sich besonders auffällig in den Wahlergebnissen der *Deutschen Volksunion (DVU)*. Die Partei erreichte 1998 12,9 Prozent der Wählerstimmen in Sachsen-Anhalt, auch am 19.09.2004 haben 6,1 Prozent die *DVU* in Brandenburg gewählt. In beiden Bundesländern hat die Partei allerdings keine wirkliche Struktur, sie wird aus München finanziert und beschränkt ihre politische Arbeit in einem hohen Maße auf Wahlwerbung über Plakate und einige Radiospots. Die Wähler haben daher nur wenig Möglichkeiten sich mit dieser Partei tatsächlich zu identifizieren. Stattdessen bietet sich die *DVU* mit ihrem Wahlkampf ganz klar als Protestpartei an. So stand der Wahlkampf in Brandenburg beispielsweise unter dem Motto „Schnauze voll!“. Es sollten also direkt die Wähler geworben werden, die bei der Wahl einfach nur ihren Protest ausdrücken wollten.

Der Idealtypus der Flügelpartei ist jedoch bemüht, auf den parlamentarischen Entscheidungsprozess Einfluss zu gewinnen. Dies geschieht zumeist durch eine Zusammenarbeit mit der Großpartei, um Teile ihres ideologischen Programms in der praktischen Politik verwirklichen zu können und der Grundposition ihres politischen Flügels - die ja auch die Großpartei vertritt - an die Macht zu verhelfen.

[185] DIETSCHE, *Die kleinen Parteien im Zweikräftefeld des deutschen Volksparteiensystems* (Anm. 94), S. 98 f.

[186] Vgl. ders., *Die kleinen Parteien im Zweikräftefeld des deutschen Volksparteiensystems* (Anm. 94), S. 99

Partizipieren können solche Parteien, wenn die Zusammenarbeit mit der Großpartei zu einer Regierungskoalition führt.[187] So verlor die *SPD* durch die "Hartz"-Reformen die Wähler, die an den sozialdemokratischen Grundsätzen und Versprechen eines beständigen Mehr an sozialer Teilhabe festhalten und diese durch die Realpolitik der Rot/Grünen-Regierung und der anschließenden Großen Koalition außer Kraft gesetzt sehen. Profitiert hat hiervon insbesondere die Linkspartei, die sich so zu einer gesamtdeutschen linken Flügelpartei entwickeln konnte.

4.2.4.2 Scharnierpartei

Für Parteien, die sich ideologisch in der Mitte zwischen zwei Großparteien etablieren konnten und einen möglichen Koalitionspartner für beide Seiten darstellen, entstand der anschauliche Begriff der "Scharnierpartei" oder "hinge party". In der Bundesrepublik wurde er speziell durch das Koalitionsverhalten der *FDP* geprägt. So war es für die Liberalen in der Vergangenheit charakteristisch, dass sie in der Wirtschafts- und Sozialpolitik eher rechts von der *CDU* standen, in wichtigen Fragen der Innenpolitik wie Kulturpolitik und Rechtspolitik dagegen deutlich links von dieser und womöglich auch von der *SPD*. Die Balance zwischen diesen beiden Dimensionen ermöglichten es der *FDP* als eine zu beiden Großparteien hin bündnisfähige Scharnierpartei zu erscheinen.[188]

4.2.4.3 Regionale Partei

Dieser Idealtypus bezeichnet eine Partei, die nur in einem bestimmten Gebiet erfolgreich ist und Mandate erringt. Meist sind diese Parteien auf eine möglist breite Wählerschaft hin ausgrichtet und vertreten, zumindest ideologisch gesehen, nichts anderes als die Volksparteien auch. Sie sind gewissermaßen alternative Volksparteien in einer abgrenzbaren Region[189], den Unterschied macht hier die verstärkte Aufnahme regionalistischer Anliegen und Interessen, welche eine auf die gesamte Nation ausgelegte Volkspartei nur schwer berücksichtigen kann (s.o.). Die regionale Partei begibt sich so in direkte Konkurrenz zu einer der beiden Volksparteien und versucht diese in einer bestimmten Region zu verdrängen bzw. zu ersetzen.[190]

[187] Vgl. Dietsche, *Die kleinen Parteien im Zweikräftefeld des deutschen Volksparteiensystems* (Anm. 94), S. 99

[188] Vgl. Gerhard Lehmbruch, *Parteienwettbewerb im Bundesstaat: Regelsysteme und Spannungslagen im politischen System der Bundesrepublik Deutschland*, (Wiesbaden: Westdeutscher Verlag, ^{3}2000), S. 50

[189] Vgl. Dietsche, 'Eine "Renaissance" der kleinen Parteien? Zu den Entwicklungsmöglichkeiten kleiner Parteien im deutschen Volksparteiensystem' (Anm. 179), S. 68

[190] Vgl. ders., 'Eine "Renaissance" der kleinen Parteien? Zu den Entwicklungsmöglichkeiten kleiner Parteien im deutschen Volksparteiensystem' (Anm. 179), S. 68

4.3 Funktionen und Einflussmöglichkeiten kleiner Parteien

Wie ich bereits aufgezeigt habe, erfüllen auch Kleinst- und Kleinparteien durchaus die Parteifunktionen, wie sie in der politik- und rechtswissenschaftlichen Literatur vielfach herausgearbeitet und in §2 I des Parteiengesetzes kodifiziert worden sind. Natürlich geschieht dies in einem deutlich kleineren und ihren geringen Ressourcen und Möglichkeiten entsprechendem Maße. Zu unterscheiden ist hier zwischen inner- und außerparlamentarischen Parteien, da die Wahrnehmung der Funktionen kleiner Parteien stark von ihrer Position im deutschen Parteiensystem abhängt. Die meisten außerparlamentarischen Parteien füllen lediglich Nischenfunktionen, diese erbringen sie primär für ihre Mitglieder und aufgrund ihres geringen Wirkungsgrades kaum für das politische System insgesamt. Die innerparlamentarischen Klein- und Kleinstparteien sind dagegen ein integraler Bestandteil des politischen Willensbildungs und Entscheidungsprozesses.[191] Doch entgegen einer weitläufigen Meinung ist die Existenz von Kleinstparteien außerhalb der Parlamente keinesfalls eine zu vernachlässigende Größe, sie sind ganz im Gegenteil sogar für eine funktionierende Parteiendemokratie notwendig, da sie spezifische, für die Systemstabilität notwendige Aufgaben erfüllen.[192]

Auf diese besonderen Aufgaben der Kleinen Parteien möchte ich nun ausführlicher eingehen, denn aus ihnen ergeben sich auch Partizipationsmöglichkeiten für kleine Parteien.

4.3.1 Agenda-Setting

Unter Punkt 3.2.2.3 bin ich bereits darauf eingegangen, dass der einfachere organisatorische Aufbau kleiner Parteien diesen eine deutlich höhere Kommunikationsgeschwindigkeit als den großen Parteien erlaubt. Kleinparteien können daher zu einem neuen Problemfeld schneller einen parteiinternen Abstimmungsprozess führen und die Position der Partei in den parlamentarischen Willensbildungsprozess einbringen.[193] Da kleine Parteien häufig ihre Schwerpunkte auf einzelne Politikfelder setzen

[191] Vgl. Jun und Kreikenbom, 'Nicht nur im Schatten der Macht. Zur Situation kleiner Parteien im deutschen Parteiensystem' (Anm. 37), S. 26

[192] Vgl. Jan Köhler, 'Nicht-etablierte Parteien: Funktionen und Rechtsfragen', In: Uwe Jun, Henry Kreikenbom und Viola Neu (Hrsg.), *Kleine Parteien im Aufwind*, (Frankfurt / New York: Kleine Parteien im Aufwind. Zur Veränderung der deutschen Parteienlandschaft, 2006), S. 39–57, S. 41

[193] Vgl. Kranenpohl, *Mächtig oder Machtlos? Kleine Fraktionen im deutschen Bundestag 1949 –1994* (Anm. 47), S. 42 f.

- oder gar als Ein-Themen-Parteien auftreten - und entsprechend ein vornehmlich von diesem Bereich betroffenes Wählerklientel besitzen, sind sie in der Lage, auftretende Problemfelder oder dringenden Handlungsbedarf in ihrem Politikfeld frühzeitig zu erkennen und im Parlament (sofern sie dort vertreten sind) und/oder den Medien aufzuzeigen. Doch selten handelt es sich hierbei um völlig neue politische Konzepte, vielmehr werden längst bekannte Konflikte aufgegriffen, die bei den innerparlamentarischen Parteien jedoch nur unzureichend Beachtung gefunden haben.[194]Rudolf Wildenman sprach hierzu bereits 1968 treffend von einer doppelten Signalfunktion kleiner Parteien:

> "Sie benennen nicht nur die von den Großparteien vergessenen, verdrängten, jedenfalls vernachlässigten Themen; ihre Resonanz bei den Bürgern zeigt auch das Ausmaß des Kritik- und Protestpotentials an, das durch die Vernachlässigung der Themen in der Gesellschaft entstanden ist."[195]

Im Aufgreifen bereits bekannter, aber wenig beachteter Themen oder gar in der Kreation neuer politischer Konzepte könnte somit eine Chance kleiner Parteien liegen, an Bekanntheit zu gewinnen und Wähler zu mobilisieren, um sich in den Parlamenten zu etablieren. Doch auch ohne oder mit nur sehr geringen Wahlerfolgen können selbst Kleinstparteien Themen auf die politische Agenda bringen, wenn sie es schaffen, dass sie selbst und ihr Anliegen öffentlich wahrgenommen werden. Zwar geschieht es höchst selten, dass eine kleine Partei allein durch ein neues, oder vernachlässigtes altes Anliegen den Sprung ins Parlament schaffen, doch reichen bereits Achtungserfolge um Resonanz bei den bisher erfolgreichen Parteien auszulösen und diese dazu zu bringen, sich selbst um die aufgegriffene Thematik zu kümmern.[196]

Ein klassisches Beispiel stellen hier die *Grünen* in den 1980er Jahren dar: Die erst 1980 gegeründete Partei wurde vornehmlich von der Ökologie-, der Anti-Atomkraft-, der Friedens- sowie der Frauenbewegung getragen. Durch verschiedene kleinere Wahlerfolge, bis hin zu 5,6 Prozent bei der Bundestagswahl 1983, gelang es der Partei die damalige Regierungskoalition aus *CDU / CSU* und *FDP* zu verunsichern.[197] Das Reaktorunglück von Tschernobyl im April 1986 machte die Gefahren der Kernenergie

[194] Vgl. Köhler, 'Nicht-etablierte Parteien: Funktionen und Rechtsfragen' (Anm. 192), S. 38

[195] Rudolf Wildenmann, *Gutachten zur Frage der Subventionierung politischer Parteien aus öffentlichen Mitteln*, (Meisenheim am Glan: Verlag Anton Hain, 1968), S. 59 zit. nach Köhler, *Parteien im Wettbewerb: Zu den Wettbewerbschancen nicht-etablierter politischer Parteien im Rechtssystem der Bundesrepublik Deutschland* (Anm. 14), S. 38 f.

[196] Vgl. Martin Morlok, 'Zur Notwendigkeit, kleine Parteien zum Gegenstand der Parteirechtswissenschaft zu machen', In: *Mitteilungen des Instituts für Deutsches und Europäisches Parteienrecht und Parteienforschung*, (1999), S. 92–100, S. 93

[197] Vgl. ders., 'Mitteilungen des Instituts für Deutsches und Europäisches Parteienrecht und Parteienforschung 1999' (Anm. 196), S. 93

offensichtlich und wirkte als "window of opportunity" für die Partei und das von ihr vertretene Politikfeld. Um der aufkommenden Oppositionspartei vor den Bundestagswahlen 1987 begegnen und eigene Handlungserfolge im Bereich des Umweltschutzes vorweisen zu können, wurde von der Regierungskoalition bereits im Juni 1986 ein Bundesumweltministerium geschaffen.

Die Furcht vor einem zunehmenden Erfolg der Konkurrenz kann die Anliegen kleiner Parteien also auf die politische Tagesordnung bringen und gleichzeitig den Bekanntheitsgrad der kleinen Partei in der Bevölkerung erhöhen. So sind es häufig die so genannten Protestparteien, die Großparteien dazu zwingen, sich einer konfliktträchtigen Thematik anzunehmen, um so mögliche Wahlerfolge der Protestpartei zu verhindern. Ist das Thema erst einmal von den Großparteien aufgenommen, so verschwinden die Protestparteien zumeist wieder in der politischen Bedeutungslosigkeit. Ihr Ziel, auf eine bestimmte Problematik aufmerksam zu machen und diese in den Gesetzgebungsprozess zu bringen, haben sie dennoch erfüllt.[198]

4.3.2 Wettbewerbsbelebung

Eng verbunden mit der genannten Rolle der kleinen Parteien als Agenda-Setter ist auch ihre Funktion, den politischen Wettbewerb zu beleben. Die Konkurrenz zwischen den Parteien stellt einen wichtigen Mobilisierungsfaktor für das Parteiensystem dar und die Existenz der kleinen Parteien als Konkurrenten und Wettbewerber erhöht den Druck auf die größeren Parteien und hält diese in Bewegung.[199] Wie bereits gezeigt, können neue technische und gesellschaftliche Entwicklungen neue Probleme aufwerfen, welche die altetablierten Parteien nicht rasch genug aufgreifen können. Auch Einstellungsänderungen und Phänomene des Wertewandels werden von Großparteien oft nicht mit der wünschenswerten Geschwindigkeit rezipiert.[200] Hier sind die kleinen Parteien im Vorteil und können als Wettbewerber das Verhalten der größeren Parteien beeinflussen und so der Gefahr einer Verkrustung der bisherigen Einflussstrukturen der Kartellierung bisher einigermaßen erfolgreicher Wettbewerber gegen neue Konkurrenten entgegentreten. Kleine Parteien halten somit den Zutritt zur Konkurrenz der politischen Parteien offen, zeigen Marktzutrittschancen auf, nehmen diese in Anspruch und beleben so den politischen Wettbewerb und die politische

[198] Vgl. Alf Mintzel und Heinrich Oberreuter, 'Zukunftsperspektiven des Parteiensystems', In: Alf Mintzel und Derselbe (Hrsg.), *Parteien in der Bundesrepublik Deutschland*, Band 282, (Bonn: Bundeszentrale für politische Bildung, [2]1992), S. 485–508, S. 502

[199] Vgl. Köhler, *Parteien im Wettbewerb: Zu den Wettbewerbschancen nicht-etablierter politischer Parteien im Rechtssystem der Bundesrepublik Deutschland* (Anm. 14), S. 38

[200] Vgl. Morlok, 'Mitteilungen des Instituts für Deutsches und Europäisches Parteienrecht und Parteienforschung 1999' (Anm. 196), S. 93

Diskussion.[201] Ein Zweck des politischen Wettbewerbs ist die Produktion von politischen Problemlösungsalternativen, welche durch die Artikulation und Diskussion möglichst vieler Interessen und Überzeugungen in einem durch die Suche nach Mehrheiten motivierten Wettstreit entstehen. Die kleinen Parteien tragen so, als politische Wettbewerber, durch Anreicherung der politischen Diskussion zu einer Bestimmung des Allgemeinwohls bei.[202]

4.3.3 Systemkonforme Äußerung für politischen Protest

Kleinparteien erfüllen darüber hinaus eine weitere, äußerst bedeutsame Funktion: Die Einbeziehung mitunter auch radikaler Positionen in den parlamentarischen Willensbildungsprozeß.[203] Kleine Parteien, die sich programmatisch sehr deutlich von den größeren Parteien unterscheiden, dienen als "Auffangbecken für Meinungen jenseits des politischen "mainstream".[204] Ihre Mitglieder sehen keine Möglichkeit ihre Meinungen und Anliegen durch eine Mitarbeit in den großen Parteien zu erreichen.

Die Funktion dieser Parteien geht weit über eine bloße "Resteverwertungsfunktion"[205] hinaus: Sie stabilisieren das politische Sytsem, indem sie radikale und partikulare Interessen und ihre Vertreter durch ihre Organisation in Kleinstparteien öffentlich machen.[206] Radikale und extremistische Gruppierungen können so ein systemkonformes Ventil erhalten, statt sich im Untergrund oder gar in der Gewalt ein Ventil zu suchen.[207] Van den Boom spricht hier anschaulich davon, dass extremistische und radikale Interessen in den Kleinstparteien "umweltfreundlich gelagert"[208] werden. Das Veröffentlichen der radikalen Politikziele durch die Gründung von Parteien ermöglicht es zudem gemäßigteren Kräften, diese in den öffentlichen Diskurs miteinzubeziehen und ihnen entgegenzutreten.

---

201 Vgl. MORLOK, 'Mitteilungen des Instituts für Deutsches und Europäisches Parteienrecht und Parteienforschung 1999' (Anm. 196), S. 93

202 Vgl. KÖHLER, *Parteien im Wettbewerb: Zu den Wettbewerbschancen nicht-etablierter politischer Parteien im Rechtssystem der Bundesrepublik Deutschland* (Anm. 14), S. 49 f.

203 Vgl. MINTZEL und OBERREUTER, 'Zukunftsperspektiven des Parteiensystems' (Anm. 198), S. 502

204 Vgl. KÖHLER, *Parteien im Wettbewerb: Zu den Wettbewerbschancen nicht-etablierter politischer Parteien im Rechtssystem der Bundesrepublik Deutschland* (Anm. 14), S. 41

205 So MINTZEL und OBERREUTER, 'Zukunftsperspektiven des Parteiensystems' (Anm. 198), S. 502

206 Vgl. VAN DEN BOOM, *Politik diesseits der Macht? Zu Einfluss, Funktion und Stellung von Kleinparteien im politischen System der Bundesrepublik Deutschland,* (Anm. 13), S. 267

207 Vgl. KÖHLER, *Parteien im Wettbewerb: Zu den Wettbewerbschancen nicht-etablierter politischer Parteien im Rechtssystem der Bundesrepublik Deutschland* (Anm. 14), S. 41

208 VAN DEN BOOM, *Politik diesseits der Macht? Zu Einfluss, Funktion und Stellung von Kleinparteien im politischen System der Bundesrepublik Deutschland,* (Anm. 13), S. 267

Die nun öffentlich wahrnehmbare Entstehung neuer "nicht mainstream-kompatibler" Parteien sowie eine zu- oder abnehmende Bedeutung dieser Parteien kann als eine seismographische Funktion für Veränderungen im politischen System gewertet werden.[209] Aus dieser Funktion leitet Richard Stöss eine zweifache Abhängigkeit der Großparteien von den Kleinstparteien ab: So signalisiert das Aufkommen neuer Kleinstparteien den innerparlamentarischen Parteien Integrationsdefizite und ermöglichst es ihnen die vernachlässigten Themen zu adaptieren. Die Höhe des Wahlerfolges der Kleinstparteien gibt ihnen hierbei das Ausmaß der eigenen Defizite an.

Ein weiterer möglicher Grund für die Gründung einer neuen Partei kann auch die Unzufriedenheit mit Personal oder Binnenstruktur der etablierten Parteien sein. Auch die Hoffnung auf weniger Parteihierarchien und Bürokratie kann politsche Aktivisten zur Mitarbeit in einer Kleinstpartei oder zur Gründung einer neuen Partei bewegen. Die bereits erwähnte höhere Kommunikationsgeschwindigkeit innerhalb von kleinen Parteien lässt hier viele auf eine höhere Umsetzbarkeit politisch idealistischer Forderungen hoffen.[210] Es steht also nicht das Parteiprogramm, sondern der Aufbau einer neuen Organisation im Vordergrund.

Die Freiheit zur Gründung einer Partei und die daraus entstandenen und entstehenden Kleinstparteien geben somit den partikularen Interessen politisch Unzufriedener eine Möglichkeit zur Artikulation und Aktivierung. Diese Befriedigung von "Hyde-Park-Corner-Bedürfnissen"[211] durch die Bereitstellung eines institutionell anerkannten Raumes ist eine wesentliche, aktive und systemstabilisierende Funktion kleiner Parteien.[212]

4.3.4 Legitimationsfunktion

Freie Wahlen erfordern es, dass sich die Bürger frei zwischen unterschiedlichen Alternativen entscheiden können. Damit sich die legitimierende Wirkung einer Wahl voll und ganz entfalten kann, ist eine gewisse Auswahl notwendig. Stünde nur eine bestimmte Gruppe oder Anzahl an Parteien zur Wahl, so wäre diese legitimierende Wirkung in Gefahr. Auch wenn kleine Parteien nur dürftige Wahlergebnisse erzielen und kaum wahrgenommen werden, stellen sie durch ihre bloße Existenz und Teil-

---

209 Vgl. KÖHLER, *Parteien im Wettbewerb: Zu den Wettbewerbschancen nicht-etablierter politischer Parteien im Rechtssystem der Bundesrepublik Deutschland* (Anm. 14), S. 41

210 Vgl. VAN DEN BOOM, *Politik diesseits der Macht? Zu Einfluss, Funktion und Stellung von Kleinparteien im politischen System der Bundesrepublik Deutschland,* (Anm. 13), S. 266

211 MINTZEL und OBERREUTER, 'Zukunftsperspektiven des Parteiensystems' (Anm. 198), S. 502

212 Vgl. KÖHLER, *Parteien im Wettbewerb: Zu den Wettbewerbschancen nicht-etablierter politischer Parteien im Rechtssystem der Bundesrepublik Deutschland* (Anm. 14), S. 41

habe an Wahlen einen Teil der für eine funktionierende Demokratie unabdingbaren Vielfalt dar.[213]

4.3.5 Offenhaltung der innerparteilichen Kommunikation

Aus den Funktionen kleiner Parteien als Agenda-Setter und der durch sie erfolgenden Belebung des politischen Wettbewerbs wird bereits ersichtlich, dass die großen Parteien die kleinen nicht einfach ignorieren können. Die Konkurrenz durch die kleinen Parteien kann jedoch auch das interne Geschehen in den größeren Parteien beeinflussen. Insbesondere da in den Volksparteien eine Vielzahl unterschiedlicher politischer Strömungen vereint ist, werden (auch geringe) Erfolge einer kleinen Partei bestimmte Positionen innerhalb der großen Parteien stärken. Wenn neue oder bisher nicht im Parlament vertretene Parteien durch veränderte gesellschaftliche Rahmenbedingungen eine realistische Chance auf politische Erfolge haben, ist es für die großen Parteien schon aus Wettbewerbsgründen notwendig, sich mit dem aufkommenden Konkurrenten und dessen Programmatik auseinanderzusetzen (s.o.). Falls sich gemeinsame Positionen mit der kleineren Partei finden lassen, muss sich die Großpartei parteiintern auch mit den restlichen von der kleineren Partei vertretenen Positionen auseinandersetzen. Die Offenheit und die Bereitschaft der Großpartei, auf abweichende Positionen einzugehen, wird steigen. Dies ist insbesondere der Fall, wenn parteiinterne Dissidenten aufgrund der Erfolge der aufkommenden Konkurrenz die Drohung aussprechen können, zu dieser überzulaufen (oder gar eine eigene Partei zu gründen), falls sie weiterhin ignoriert und übergangen werden.[214] Gerade da durch die heutigen Massenmedien solche "Flügelkämpfe" und innerparteilichen Diskussionen sehr schnell einer breiten Öffentlichkeit zugänglich sind, besteht hier ein ernormes Druckmittel. Um es mit Begriffen der Rational-Choice Theorie auszudrücken: Je aussichtsreicher die "Exit-Option", desto wirkungsvoller die "Voice-Option".[215] Die Existenz kleiner Parteien sorgt so für eine "Offenhaltung der innerparteilichen Kommunikation und Demokratie"[216] innerhalb der großen Parteien.

---

[213] Vgl. Köhler, *Parteien im Wettbewerb: Zu den Wettbewerbschancen nicht-etablierter politischer Parteien im Rechtssystem der Bundesrepublik Deutschland* (Anm. 14), S. 39

[214] Vgl. ders., *Parteien im Wettbewerb: Zu den Wettbewerbschancen nicht-etablierter politischer Parteien im Rechtssystem der Bundesrepublik Deutschland* (Anm. 14), S. 40

[215] Vgl. Morlok, 'Mitteilungen des Instituts für Deutsches und Europäisches Parteienrecht und Parteienforschung 1999' (Anm. 196), S. 94

[216] Ders., 'Mitteilungen des Instituts für Deutsches und Europäisches Parteienrecht und Parteienforschung 1999' (Anm. *196), S. 94*

4.3.6 Träger von Elementen der direkten Demokratie

In zahlreichen Bundesländern und Kommunen stehen den Bürgern unterschiedliche Möglichkeiten der direkten Demokratie zur Verfügung. Hier können sich auch die nicht im Parlament vertretenen Kleinstparteien auf außerparlamentarischer Ebene am politischen Geschehen beteiligen. Bürgerbegehren, Bürgerentscheide und Volksentscheide brauchen Trägerorganisationen, als welche häufig kleine Parteien fungieren.[217] Für diese Parteien liegt hier sowohl eine Möglichkeit, die Aufmerksamkeit der Medien zu erlangen und ihren Bekanntheitsgrad zu steigern, als auch eigne politische Ziele zu verwirklichen. Insbesondere regional ausgerichtete Parteien profitieren natürlich von solchen Möglichkeiten.

Anschauliche Beispiele hierfür lieferte bereits zweimal die *Ökologisch-Demo-kratische Partei (ÖDP)* in Bayern: Im Juni 1997 wurde das von der Partei initiierte Volksbegehren „Schlanker Staat ohne Senat“ abgehalten, welches die Abschaffung des Bayrischen Senats - einer zweiten Kammer, in der Vertreter aus Verbänden und Wirtschaft saßen, ohne dorthin gewählt worden zu sein - bewirkte.[218] Zudem gelang es der Partei im Juni 2010 durch ein ebenfalls von ihr initiiertes Volksbegehren die Lockerung des Rauchverbots in Bayern aufzuheben.[219]

4.3.7 Bewahrung politischer Traditionen

Kleinparteien können auch als Bewahrer politischer Ideen und Konzepte dienen, die bereits vor längerer Zeit entwickelt wurden und von der Mehrheit der Parteien nicht mehr vertreten werden. In diesem Sinne sind etwa die kommunistischen Parteien Bewahrer einer politischen Tradition. In diesem Fall wird eine politische Idee, die bereits in Funktion war und wieder verworfen worden ist, in einer Partei “aufbewahrt”.[220] Aber auch der umgekehrte Fall ist möglich. So etwa die *Humanwirtschaftspartei* (bis 2001 *Freisoziale Union (FSU)*), welche sich auf der einen Seite auf die Arbeiten Silvio Gesells[221] vom Anfang des 20. Jahrhunderts bezieht und ihr Selbstverständnis aus diesen zieht, auf der anderen Seite als politische Innovationskraft auftritt und

[217] Vgl. Köhler, *Parteien im Wettbewerb: Zu den Wettbewerbschancen nicht-etablierter politischer Parteien im Rechtssystem der Bundesrepublik Deutschland* (Anm. 14), S. 40

[218] Vgl. van den Boom, *Politik diesseits der Macht? Zu Einfluss, Funktion und Stellung von Kleinparteien im politischen System der Bundesrepublik Deutschland,* (Anm. 13), S. 135 f.

[219] Siehe hierzu Spiegel online, *Strenges Rauchverbot in Bayern*, ⟨URL: `http://www.spiegel.de/politik/deutschland/0,1518,704631,00.html`⟩ – Zugriff am 05.07.2010

[220] Vgl. Köhler, *Parteien im Wettbewerb: Zu den Wettbewerbschancen nicht-etablierter politischer Parteien im Rechtssystem der Bundesrepublik Deutschland* (Anm. 14), S. 42

[221] Johann Silvio Gesell (1862 - 1930) war Begründer der Freiwirtschaftslehre.

eine grundlegende Wirtschaftsreform fordert.[222] Hier wird ein noch nicht ausprobiertes politisches Konzept "aufbewahrt", um vielleicht eines Tages in den politischen Meinungsbildungsprozess zu gelangen und innovativ wirken zu können. Kleinparteien halten so die allgemeine politische Diskussion und das Bewusstsein wach, dass immer noch andere Alternativen bestehen und auch vertreten werden oder dass alte Konzepte nicht vollends im Dunkel der Geschichte verschwunden sind.[223] Ausdrücklich gilt dies auch für die extremistischen Parteien! Sie halten Konzepte und politische Ideen wach, die aus gutem Grund verworfen wurden. Dies zwingt die großen Parteien und die öffentliche Diskussion sich weiterhin mit diesen auseinanderzusetzen, ihnen stets entgegenzutreten und immer wieder zu verdeutlichen, warum diese Ideologien geächtet worden sind. Auch müssen sie sich, für die Erfüllung dieser Aufgabe, auf ihre eigenen ideologischen Grundlagen besinnen und können diese nicht zu einer Selbstverständlichkeit verkommen lassen.[224]

4.4 Programmatiken oder Ideologien der kleinen Parteien in Deutschland

Einen systematischen Überblick über die derzeit in der Bundesrepublik aktiven Klein- und Kleinstparteien zu geben, würde den Rahmen dieser Arbeit bei weitem sprengen. Da allerdings die jeweils vertretene Programmatik bzw. der ideologische Hintergrund der Partei auch einen starken Einfluss auf ihre Möglichkeiten "Marktlücken" wahrzunehmen ausübt und damit auch ihr Etablierungspotential mitbestimmt, darf dieser Aspekt in der vorliegenden Arbeit nicht vernachlässigt werden. Daher möchte ich folgend auf die wesentlichen programmatischen Typen der zur Zeit aktiven kleinen Parteien in der Bundesrepublik eingehen. Hierfür werden die kleinen Parteien gemäß ihrer Programmatik bzw. ihrer "ideologischen Familien"[225] klassifiziert. Diese Vorgehensweise ermöglicht die Handhabung dieses extrem heterogenen Untersuchungsgegenstandes in der vorliegenden Arbeit und bietet die Möglichkeit einen Überblick über die ideologische Vielfalt der kleinen Parteien in Deutschland zu geben. Durch diese weitere Typenbildung werden die Ergebnisse zudem robuster gegenüber der häufigen Veränderungen im Bereich der Kleinstparteien.

---

[222] Vgl. van den Boom, *Politik diesseits der Macht? Zu Einfluss, Funktion und Stellung von Kleinparteien im politischen System der Bundesrepublik Deutschland,* (Anm. 13), S. 272

[223] Vgl. ders., *Politik diesseits der Macht? Zu Einfluss, Funktion und Stellung von Kleinparteien im politischen System der Bundesrepublik Deutschland,* (Anm. 13), S. 272

[224] Vgl. Köhler, *Parteien im Wettbewerb: Zu den Wettbewerbschancen nicht-etablierter politischer Parteien im Rechtssystem der Bundesrepublik Deutschland* (Anm. 14), S. 42

[225] Vgl. Klaus von Beyme, *Parteien in westlichen Demokratien,* (München: Piper, 1982)

Auch möchte ich bereits an dieser Stelle bereits versuchen, Aussagen über eine potentielle Wählerklientel des jeweiligen Parteityps zu machen. Entsprechend der Heterogenität der zu einem programmatischen Typ zusammengefassten Parteien kann dies an dieser Stelle jedoch nur sehr grob und nicht in allen Fällen erfolgen. Ein ausführliches Eingehen auf die Wählerklientel erfolgt in den Einzelbetrachtungen ausgewählter kleiner Parteien an späterer Stelle. Auch die schlechte Datenlage, insbesondere im Bereich der Kleinstparteien, erschwert es zudem oft sehr, die Wählerschaft einer Kleinstpartei zu bestimmen. In der vom Statistischen Bundesamt herausgegebenen repräsentativen Wählerstatistik werden die Kleinstparteien beispielsweise nur unter "Sonstige" geführt und allenfalls Parteien, die kurzzeitige Erfolge verbuchen konnten, wie etwa die Hamburger Schill-Partei, besonders herausgehoben. Hierdurch entstehen zwei wesentliche Probleme bezüglich der Aussagekraft dieser Daten für die vorliegende Arbeit: Bei einer Betrachtung der Wähler der unter "Sonstige" kategorisierten Parteien muss bedacht werden, dass die meisten dieser Parteien nur verschwindend geringe Prozentzahlen erreicht haben und das beobachtete Wahlverhalten entsprechend von den erfolgreichsten Parteien in dieser Kategorie geprägt und somit verzerrt wird. Bei den letzten Bundestagswahlen war dies zumeist die *NPD* und in der Bundestagswahl 2009 die *Piratenpartei*, beides Parteien, die z.B. überwiegend von jungen Männern gewählt werden, wie ich bei der ausführlichen Betrachtung dieser Parteien im weiteren Verlauf der Arbeit noch darlegen werde. Um diesen Effekt abzumildern, werden die innerparlamentarischen Parteien und die Kleinstparteien gemeinsam betrachtet. Dennoch zeigt sich, dass die Präferenz für die kleinen Parteien bei Männern deutlich ausgeprägter war. Etwa erhielten *FDP, Grüne, Linke* und die unter "Sonstige" subsumierten Kleinstparteien bei der Bundestagswahl 2005 zusammen 32,4 Prozent der Zweitstimmen der Männer und nur 28,9 Prozent von denen der Frauen.[226] Ähnlich zeigt sich das Bild für 2002 und 2009: Bei der Bundestagswahl 2002 gaben 24,1 Prozent der männlichen und 22 Prozent der weiblichen Wähler ihre Stimmen den kleinen Parteien.[227] 2009 waren es 46,1 und 40,5 Prozent.[228] Die Werte schwanken hier, insbesondere aufgrund des zunehmenden Erfolges der Partei *Die Linke*, der Unterschied zwischen den Geschlechtern bleibt

[226] Vgl. Doreen Namislo, Karin Schorn und Margitta von Schwarzenberg, 'Wählerverhalten bei der Bundestagswahl 2005 nach Geschlecht und Alter. Ergebnisse der Repräsentativen Wahlstatistik', In: *Statistisches Bundesamt –Wirtschaft und Statistik*, (2006):3, S. 220–237, S. 229

[227] Vgl. Tim C. Werner, 'Wählerverhalten bei der Bundestagswahl 2002 nach Geschlecht und Alter. Ergebnisse der Repräsentativen Wahlstatistik', In: *Statistisches Bundesamt –Wirtschaft und Statistik*, (2003):3, S. 171–188, S. 180

[228] Vgl. Bundeswahlleiter, 'Repräsentative Ergebnisse der Männer und Frauen nach Altersgruppen', S. Zweitstimmen in den Ländern nach Parteien und Geschlecht 2009

jedoch deutlich sichtbar. Besonderen Zuspruch fanden die unter "Sonstige" geführten Kleinstparteien bei jungen Männern zwischen 18 und 24 Jahren. Der Rückhalt der Kleinstparteien nahm bei den Wählerinnen und Wählern mit zunehmendem Alter ab und diese spielten bei den über 60-jährigen so gut wie keine Rolle mehr.[229] So wird deutlich, dass diese Daten durch die erfolgreicheren Kleinstparteien verzerrt sind und sich keine allgemeingültigen Aussagen für diese Kategorie machen lassen.

Für die folgende Typologie bleibt festzuhalten, dass es sich hier lediglich um ein grobes Raster handelt, um die programmatische Vielfalt der kleinen Parteien auf ein handhabbares Maß zu reduzieren. Die Parteien werden aufgrund von offensichtlichen Gemeinsamkeiten gruppiert, was aber keineswegs bedeutet, dass diese auch parallele politische Ausrichtungen besitzen müssen. Einige Parteien können durchaus auch unter zwei Kategorien gleichzeitig fallen, so ließe sich beispielsweise die *Tierschutzpartei* sowohl als "ökologische Partei" wie auch als "Single-Issue Partei" einordnen.[230] Die einzelnen Kategorien müssen derart grob gefasst werden, um der Vielfalt der Kleinstparteien in der Bundesrepublik gerecht zu werden. Viele der hier einzuordnenden Kleinstparteien lassen sich nicht klar in einem ideologischen rechts-links Spektrum verorten und einige vertreten vollkommen irrational erscheinende Ziele, was es schwer macht, sie in eine der gängigen Typologien einzuordnen. Dirk van den Boom versucht in seiner 1999 erschienenen Dissertation die programmatisch äußerst heterogenen Kleinsptarteien in der Bundesrepublik "[...] jenseits politischen Lagerdenkens zu systematisieren".[231] An Van den Booms Kategorien möchte ich mich im Folgenden grob orientieren, für die vorliegende Arbeit wurden jedoch mehrere Kategorien zusammengelegt und teils deutlich erweitert. Im Gegensatz zu van den Booms Vorgehensweise sollen hier extremistische Parteien mit erfasst werden.

[229] Vgl. Karina Schorn und Brigitte Gisart, 'Wählerverhalten bei der Bundestagswahl 2009 nach Geschlecht und Alter. Ergebnisse der Repräsentativen Wahlstatistik', In: *Statistisches Bundesamt -Wirtschaft und Statistik*, (2010):3, S. 219–236, S. 230 f.

[230] Vgl. van den Boom, *Politik diesseits der Macht? Zu Einfluss, Funktion und Stellung von Kleinparteien im politischen System der Bundesrepublik Deutschland,* (Anm. 13), S. 67

[231] Ders., *Politik diesseits der Macht? Zu Einfluss, Funktion und Stellung von Kleinparteien im politischen System der Bundesrepublik Deutschland,* (Anm. 13), S. 67

4.4.1 Regionalparteien

Diesen Parteien ist eine starke regionalistische, föderalistische Tendenz und damit eine Ablehnung von nationalstaatlichem Zentralismus gemein, die bis ins Separatistische gehen kann. So etwa die *Bayernpartei (BP)*, die anlässlich der Wiedervereinigung Deutschlands die Zugehörigkeit Bayerns zur Bundesrepublik in Frage stellte[232] und "einen selbstständigen bayerischen Staat in einem europäischen Staatenverbund" fordert.[233] Eine solch separatistische Ausrichtung ist aber keineswegs der Normalfall, die meisten dieser Parteien fühlen sich vielmehr einfach als Vertreter einer bestimmten Region, welche sich und ihre Probleme in der Bundes- und Landespolitik der großen Parteien nicht ausreichend beachtet sieht (s.o.). In Deutschland können zur Zeit die *Christlich-Soziale-Union (CSU)*, die *Bayernpartei*, der *Südschleswigsche Wählerverband*, *Die Friesen*, die *Sächsische Volkspartei*, *Die Westfalen* und die in der Lausitz beheimatete *Wendische Volkspartei* als Regionalparteien angesehen werden. Bei der Partei *Die Westfalen* handelt es sich um eine am 12.12.2009 gegründete Regionalpartei, welche sich für "eine Regionalisierung der Politik" und mehr direkte Demokratie in Nordrhein-Westfalen einsetzen will.[234]

Durch die regionale Ausrichtung der Partei ist ihre Integrationskraft sehr gering, zumal sich diese Parteien ja auch ideologisch positionieren und längst nicht alle Wahlberechtigten ihrer Region an sich binden können. Die Wahlergebnisse liegen bei Landtagswahlen naturgemäß höher als bei Bundestagswahlen, dabei dennoch selten über 1 Prozent der Stimmen. Die höchsten Ergebnisse konnten bislang bei Europawahlen erreicht werden (*Bayernpartei* 1,6 Prozent). Einen besonderen Status genießen die Parteien, die eine ethnische Minderheit vertreten, wie der *Südschleswigsche Wählerverband* und die *Wendische Volkspartei*, denn sie sind von der Fünf-Prozent-Klausel ausgenommen. Auf diese Ausnahmeregelung wird später noch ausführlicher eingegangen werden.[235] Bei den Wählern von Regionalparteien handelt es sich, der Ausrichtung der Partei entsprechend, hauptsächlich um Angehörige der von der Partei vertretenen Region oder Bevölkerungsgruppe. Ist die Partei landesweit aufgestellt, kann sie aber auch über ihre eigentliche Klientel hinausgehende Wähler aktivieren oder als Protestpartei fungieren. Dies zeigt anschaulich das Beispiel des *Südschleswigschen Wählerverbandes (SSW)*. Dieser schaffte es seit den sechziger Jahren, neben

[232] Vgl. Kranenpohl, 'Bayernpartei (BP)' (Anm. 70), S. 165

[233] Ders., 'Bayernpartei (BP)' (Anm. 70), S. 166

[234] Vgl. Neue Westfälische Zeitung (12.12.2009), *Neue Partei "Die Westfalen" gegründet*, ⟨URL: `http://www.nw-news.de/owl/3286826_Neue_Partei_Die_Westfalen_gegruendet.html`⟩ – Zugriff am 25.08.2010

[235] Siehe hierzu die Ausführungen zu Ausnahmen von derr Fünf-Prozent-Hürde unter Punkt 4.4.1.

der Stammwählerschaft aus der dänischen und friesischen Minderheit, auch von den etablierten Parteien enttäuschte Protest- und Sympathiewähler hinzuzugewinnen. Seit 2000 ist die Partei auch in Holstein wählbar und erhält von dort über ein Drittel ihrer Stimmen.[236]

Programmatisch kann keine einheitliche Aussage für die Regionalparteien in Deutschland gemacht werden. Der am ehesten erfolgversprechende Idealtypus der Regionalpartei wurde bereits als "regionale Partei" vorgestellt und bildet programmatisch eine direkte Konkurrenz zu einer der beiden Volksparteien, da diese aufgrund ihres universellen Anspruches nicht in besonderem Maße auf einzelne Regionen eingehen können.[237] So besitzen auch fast alle Regionalparteien in Deutschland thematisch umfangreiche Parteiprogramme zu allen Politikfeldern und versuchen eine möglichst breite Wählerklientel innerhalb ihrer Region zu erreichen.[238] Die meisten der unter diese Kategorie fallenden Parteien treten dabei in Konkurrenz zu den Unionsparteien und sind eher einem traditionell konservativen Spektrum zuzurechnen, was sich häufig bereits aus der Notwendigkeit ergibt, eine Wählerschaft mit besonderem Regionalbewusstsein oder "Lokalpatriotismus" anzusprechen. Doch gibt es durchaus auch sozialdemokratische und liberale Regionalparteien, wie etwa den zuvor genannten *SSW*, bei welchem es sich um eine linksliberale Partei nach skandinavischem Vorbild handelt.

Unabhängig von der ideologischen Ausrichtung besteht das besonderes Merkmal der politischen Programme von Regionalparteien in einem auf ein bestimmtes Bundesland oder eine bestimmte Region gelegten Fokus. So finden sich bei den programmatischen Forderungen zur Sozial- und Wirtschaftspolitik meist besondere Investitions- und Strukturprogramme für die jeweils vertretene Region. Für eine langfristige Etablierung erfolgsversprechend erscheint dieser Typus aufgrund der sehr begrenzten potentiellen Wählerklientel weniger. Ausnahme bildet auch hier die politische Repräsentation einer nationalen Minderheit, die in der Bundesrepublik auch durch Ausnahmeregelungen bezüglich der Sperrklauseln speziell sichergestellt ist.

236 Vgl. Hans-Jörg Dietsche, 'Südschleswigscher Wählerverband', In: Frank Decker und Viola Neu (Hrsg.), *Handbuch der deutschen Parteien*, (Wiesbaden: VS Verlag für Sozialwissenschaften, 2007), S. 411–419, S. 416

237 Vgl. ders., 'Eine "Renaissance" der kleinen Parteien? Zu den Entwicklungsmöglichkeiten kleiner Parteien im deutschen Volksparteiensystem' (Anm. 179), S. 68

238 Vgl. van den Boom, *Politik diesseits der Macht? Zu Einfluss, Funktion und Stellung von Kleinparteien im politischen System der Bundesrepublik Deutschland,* (Anm. 13), S. 68

4.4.2 Religiöse Parteien

Unter den Kleinstparteien in Deutschland findet sich eine Vielzahl religiöser Parteien. Neben christlichen Parteien, wie der *Deutschen Zentrumspartei (Zentrum)*, der *Christlichen Mitte (CM)* oder der *Partei Bibeltreuer Christen (PBC)*, entstanden auch viele Gruppierungen aus dem esoterischen Bereich (beispielsweise *Die Violetten*, die *Naturgesetzpartei*, das *Neue Bewusstsein* und viele mehr). Auch wenn sich letztere zumeist selbst nicht als religiöse oder religiös motivierte Parteien ansehen, so möchte ich sie doch unter diesen Oberbegriff subsumieren und folge damit Dirk van den Boom, welcher treffend religiöse Parteien als solche definiert, die ihre "[...] politische Programmatik auf spirituellen Grundlagen aufbauen und dabei keinen Anspruch von Rationalität (auch wenn das daraus folgende Parteiprogramm durchaus rationale Forderungen enthalten kann) erheben."[239] Neben dieser Gemeinsamkeit erweisen sich die religiösen Parteien als äußerst heterogen und ihre Forderungen reichen von konservativ-rechtsradikal bis hin zu äußert liberal und progressiv.[240]

Bezüglich der christlichen Kleinstparteien *Christliche Mitte*, *Partei Bibeltreuer Christen* und *Christliche Partei Deutschlands* stellte Kai Oliver Thielking 1999 in seiner Untersuchung heraus, dass diese sich als "fundamentale Opposition zur herrschenden Moral und Ethik" verstehen. Alle diese Parteien besitzen zwar Grundsatzprogramme, welche eine breite Anzahl von Themenbereichen abdecken, beschränken sich jedoch in der politischen Praxis auf ein bis zwei Themen. An erster Stelle steht hier eine kompromisslose Haltung zum Bereich Lebensschutz und Verbot von Abtreibungen. Der zweite Punkt ist hier die "Bekämpfung des Islam".[241] Auch wenn die Parteien gleichermaßen christlich-konservative Wähler ansprechen, so unterscheiden sie sich dennoch in ihrem ideologischen Anspruch. Etwa wird die Partei *Christliche Mitte* in allen mir vorliegenden Analysen klar dem rechtsextremen Spektrum zugerechnet, da sie einen ausgeprägten christlichen Fundamentalismus über rechtsextreme Inhalte transportiert und zudem einen deutlichen Antisemitismus wie etwa einen jüdisch-freimaurerischen Weltverschwörungsmythos propagiert.

---

239 van den Boom, *Politik diesseits der Macht? Zu Einfluss, Funktion und Stellung von Kleinparteien im politischen System der Bundesrepublik Deutschland,* (Anm. 13), S. 68

240 Ders., *Politik diesseits der Macht? Zu Einfluss, Funktion und Stellung von Kleinparteien im politischen System der Bundesrepublik Deutschland,* (Anm. 13), S. 69

241 Vgl. Thielking, *Zwischen Bibel und Grundgesetz. Christliche Kleinparteien in der Bundesrepublik Deutschland* (Anm. 28), S. 111

Dagegen zeigt sich die *Deutsche Zentrumspartei* zwar konservativ, stellt sich aber offen dem Wettbewerb einer pluralistischen Gesellschaft.[242]

Im Jahr 2008 wurde mit der *Partei für Arbeit, Umwelt und Familie (AUF)* eine weitere christliche Kleinstpartei in Deutschland gegründet. Ziel dieser Partei ist es, eine Zusammenarbeit aller christlichen Kräfte in der Politik zu ermöglichen.[243] Die Wahlergebnisse der christlichen Kleinstparteien lagen bisher selbst bei Landtags- und Europawahlen ausnahmslos im Promillebereich. Die meisten Stimmen erhielten sie bisher aus den ländlichen Regionen Bayerns, Baden-Württembergs und Sachsens, eine besondere Hochburg für christliche Kleinstparteien bildet dabei die Region Nordschwarzwald.[244]

Deutlich heterogener erweisen sich dagegen die Parteien mit einem esoterischen oder spirituellen Weltbild. Die von diesen Parteien vertretenen Ideologien und Weltbilder bieten ein "schwer durchschaubares Konglomerat" aus östlichen Religionen, Naturreligionen, Christentum und Islam, aber auch Evolutionstheorien und Fortschrittsoptimismus.[245] Den politischen Programmen gemein ist zumeist die Vision einer "kooperativen und nachhaltigen Politik, die sich aus gegenseitigem Respekt und gelebter Menschlichkeit speist", so dass die meisten dieser Parteien aufgrund der fokussierten Themen dem links-alternativen Spektrum zugeordnet werden könnten.[246] Die Umsetzungspläne und auch die Programme zu Wirtschafts-, Aussen- und Sicherheitspolitik variieren, sofern vorhanden, jedoch stark - je nach der zugrundeliegenden spirituellen oder esoterischen Weltanschauung und Ideologie. So steht etwa hinter jeder politischen Position der *Violetten* der weltanschauliche Glaubenssatz, "[...] dass die größte Kraft der geistigen Welt die bedingungslose göttliche Liebe sei".[247] Diese zugrundeliegende Weltanschauung kann aber durchaus auch extremistische und demokratiefeindliche Züge tragen und die vermittelten weltanschaulichen Ziele werden häufig ideologisch aufgeladen. So fordert etwa die *Naturgesetzpartei*

---

[242] Vgl. Guido Hoyer, *Nichtetablierte christliche Parteien. Deutsche Zentrumspartei, Christliche Mitte, Chritliche Partei Deutschlands und Partei Bibeltreuer Christen im Parteiensystem der Bundesrepublik Deutschland*, Band 434, Europäische Hochschulschriften, (Frankfurt a. M.: Verlag Peter Lang, 2001), S. 131 f.

[243] Vgl. Lazaros Miliopoulos, *Partei für Arbeit, Umwelt und Familie, Christen für Deutschland (AUF)*, ⟨URL: `http://www.bpb.de/methodik/Y660CN,0,0,Partei_f%FCr_Arbeit_Umwelt_und_Familie_Christen_f%FCr_Deutschland_(AUF).html`⟩ – Zugriff am 15.08.2010

[244] Vgl. Thielking, *Zwischen Bibel und Grundgesetz. Christliche Kleinparteien in der Bundesrepublik Deutschland* (Anm. 28), S. 104 ff.

[245] Vgl. Jörg Wichmann, *Die Renaissance der Esoterik: Eine kritische Orientierung*, (Stuttgart: Kreuz-Verlag, 1990), S. 12 f.

[246] Stefan Braun, *Die Violetten*, ⟨URL: `http://www.bpb.de/methodik/YOWJG6,0,0,DIE_VIOLETTEN.html`⟩ – Zugriff am 20.09.2010

[247] Ders., 'Die Violetten' (Anm. 246)

einen "Zwang zur gesamtgesellschaftlichen Meditation" und steht in der Tradition der Partei *Vertreter des Volkses - Die goldene Partei Deutschlands*, deren Ziel eine "Weltregierung im Zeitalter der Erleuchtung" war.[248] Derartige Programme erschweren eine wissenschaftliche Betrachtung solcher Parteien entsprechend. Stefan Braun schreibt etwa über die *Bürgerrechtsbewegung Solidarität (BüSo)*: "Die Einordnung der *BüSo* in das klassische Politikspektrum ist wenig aussagekräftig. Die Ziele der Partei erinnern an Ansätze linker Politik, die Ausformungen dagegen orientiert sich eher an rechten Konzepten."[249]Auch werden einige Parteien dieses Typus, wie etwa die genannte *Bürgerrechtsbewegung Solidarität* oder die *Naturgesetzpartei*, wegen ihres sektenartigen Charakters von Sektenexperten beobachtet.[250] Häufig bestehen internationale Kooperationen mit anderen Parteien der selben weltanschaulichen Basis. Die Wahlergebnisse dieser Parteien lagen bisher ebenfalls bei allen Wahlen im Promillebereich.

[248] Stefan Braun, 'Naturgesetz Partei, Aufbruch zu neuem Bewusstsein (Naturgesetz)', In: Frank Decker und Viola Neu (Hrsg.), *Handbuch der deutschen Parteien*, (Wiesbaden: VS Verlag für Sozialwissenschaften, 2007), S. 344–355, S. 344 f.

[249] Vgl. ders., 'Bürgerrechtsbewegung Solidarität (BüSo)', In: Frank Decker und Viola Neu (Hrsg.), *Handbuch der deutschen Parteien*, (Wiesbaden: VS Verlag für Sozialwissenschaften, 2007), S. 193 –195, S. 194

[250] Vgl. Ders., 'Bürgerrechtsbewegung Solidarität (BüSo)' (Anm. 249), S. 194; Ders., 'Naturgesetz Partei, Aufbruch zu neuem Bewusstsein (Naturgesetz)' (Anm. 248), S. 345

4.4.3 Ökologische Parteien

Die Entwicklung der Umweltpolitik als eigenständigem Politikfeld begann in den 1960er und 1970er Jahren, ausgelöst durch konkrete Umweltprobleme wie Luftverschmutzungen im Ruhrgebiet oder in Los Angelos. Japan, die USA und Schweden erließen bereits Ende der 1960er Jahre nationale Umweltschutzgesetze und fungierten so als Vorreiter für weitere Staaten. Im Jahre 1972 fand die erste Umwelt-Konferenz der Vereinten Nationen *(United Nations Conference on the Human Environment)* statt.[251] Diese Konferenz führte zu der Bildung eines Umweltprogranns der Vereinten Nationen *(United Nations Environmental Programme - UNEP),* welches weitere Konventionen im Umweltbereich initiierte. Zudem legte Dennis Meadows im selben Jahr die vielbeachtete Studie "Grenzen des Wachstums" vor.[252] Diese Ereignisse führten zu einem ersten Bewusstsein über die Problematik der Umweltverschmutzung und die Endlichkeit der natürlichen Ressourcen. Allerdings ebbte dieses Umweltbewusstsein in weiten Teilen der Bevölkerung und der Politik schnell wieder ab, denn wirtschaftliche Rezensionen und die Ölkrise führten erneut zu eiem Primat wirtschaftlicher Interessen.[253] Doch bereits Ende der 1970er Jahre entstand eine Vielzahl von ökologischen Bürgerbewegungen und "grünen" Parteien in Westeuropa, welche Umweltinteressen wieder auf die Agenda nationaler Politik brachten. Durch schwere Umweltkatastrophen Mitte der 1980er Jahre, wie 1986 die Tschernobyl-Katastrophe oder Chemieunfälle, die im selben Jahr zu einem Fischsterben im Rhein führten, erstarkten diese Bewegungen und ebenso das öffentliche Umweltbewusstsein.[254]

Die bekannteste der aus den zahlreichen Initiativen der grün-ökologischen Bewegung der 1970er Jahre entstandenen politischen Parteien sind *Bündnis 90/Die Grünen*, daneben existieren heute einige weitere ökologische Parteien, von denen allerdings viele Abspaltungen der Grünen sind.[255] Hier zeigt sich deutlich, dass die politische Ausrichtung auch in dieser Gruppe heterogen ist. So kam es 1991, als Reaktion auf den zunehmend realpolitischer und pragmatischer ausgerichteten Kurs der Grünen, zur Abspaltung der *Ökologischen Linken (ÖkoLi)* unter der Leitung von Jutta Ditfurth, welche deutlich linke, antikapitalistische und basisdemokratische Ideale vertritt. Auf dem anderen ideologischen Flügel steht die *Ökologisch-Demokratische*

[251] Vgl. Wolfgang Muno, 'Umweltpolitik', In: Lauth Hans-Joachim (Hrsg.), *Vergleichende Regierungslehre*, (Wiesbaden: VS Verlag für Sozialwissenschaften, ^{2}2006), S. 309–331, S. 309

[252] vgl. Dennis Meadows et al., *Die Grenzen des Wachstums*, (Stuttgart: Deutsche Verlags–Anstalt, 1972)

[253] vgl. Muno, 'Umweltpolitik' (Anm. 251), S. 310

[254] vgl. ders., 'Umweltpolitik' (Anm. 251), S. 310 f.

[255] Vgl. van den Boom, *Politik diesseits der Macht? Zu Einfluss, Funktion und Stellung von Kleinparteien im politischen System der Bundesrepublik Deutschland,* (Anm. 13), S. 69

Partei (ÖDP) als wertkonservative bürgerliche Ökologiepartei.[256] Als drittes ist hier noch die Tierschutzpartei *Mensch-Umwelt-Tierschutz (MUT)* zu nennen, welche eher dem linksliberalen Spektrum zuzurechnen ist. Sie unterscheidet sich dabei von *Bündis 90/Die Grünen* hauptsächlich dadurch, dass sie die Kernpunkte ihres Programms, wie etwa den Kampf gegen Tierversuche, deutlichst radikaler angeht.[257]

4.4.4 Konservativ-autoritäre bis rechtsextreme Parteien

Unter diesem Oberbegriff sollen die vielen kleinen Parteien zusammengefasst werden, "die in ihrer Programmatik politisch konservativen, tendenziell autoritären und nationalen bzw. nationalistischen Ideen anhängen".[258] Hier werden vielfältige Gruppierungen zusammengefasst, deren politisches Spektrum von wertkonservativen bürgerlichen Parteien bis zur extremen Rechten reicht. So zählen nationalistische und EU-feindliche Parteien, wie die *Initiative Pro D-Mark* (seit 2001 *Pro Deutsche Mitte*), die *Deutsche Soziale Union*, oder der *Bund freier Bürger (BFB - Die Offensive)* ebenso zu diesem Typus wie die rechtsextremen Parteien *NPD, Republikaner* und *DVU.*

Obwohl die extreme Rechte sich ideologisch deutlich von diesen konservativ-autoritären Parteien abhebt, rechtfertigen diese Unterschiede meiner Ansicht nach dennoch keinen eigenen Typus. Gemeinsam ist den hier verorteten Parteien ein mehr oder minder stark vertretener traditioneller Nationalismus, zumeist begleitet von einer ablehnenden Einstellung gegenüber der Europäischen Union sowie die Orientierung an antiqierten oder gar historischen Gesellschaftsstrukturen. Dies trifft auf das politische Programm von Kleinstparteien, wie etwa der Partei *Monarchiefreunde*, welche die "Wiederherstellung der Monarchie (Kaisertum)" , allerdings auf demokratischer und parlamentarischer Grundlage fordert[259], ebenso zu wie auf die völkische Ideologie der *NPD.*

Die Wähler dieser Parteien stammen vermehrt aus einer Gruppe, die als "Modernisierungs-" oder "Globalisierungsverlierer" bezeichnet werden kann: "Die von Armut und Arbeitslosigkeit Bedrohten, die mit der EG-Agrarpolitik unzufriedenen Landwir-

[256] Vgl. Uwe Kranenpohl, 'Ökologisch-Demokratische Partei (ödp)', In: Frank Decker und Viola Neu (Hrsg.), *Handbuch der deutschen Parteien*, (Wiesbaden: VS Verlag für Sozialwissenschaften, 2007), S. 351–356, S. 353

[257] Vgl. van den Boom, *Politik diesseits der Macht? Zu Einfluss, Funktion und Stellung von Kleinparteien im politischen System der Bundesrepublik Deutschland,* (Anm. 13), S. 69

[258] Ders., *Politik diesseits der Macht? Zu Einfluss, Funktion und Stellung von Kleinparteien im politischen System der Bundesrepublik Deutschland,* (Anm. 13), S. 70

[259] Vgl. Monarchiefreunde –Deutschlandverband, *Bürgervereinigung für die Wiederherstellung des deutschen Kaisertums,* ⟨URL: `http://monarchiefreunde.privat.t-online.de/`⟩ – Zugriff am 09.09.2010

te und die "kleinen Leute", die sich in der Konkurrenz um Arbeitsplätze und Wohnungen von Ausländern bedroht fühlen."[260] Dabei sind Wähler der "gemäßigteren" Parteien dieser Gruppe vermehrt dem akademisch gebildeten, bürgerlich-konservativen Lager zuzurechnen, während die Wähler der rechtsextremen Parteien zumeist aus den unteren Schichten stammen.[261] Zudem spielen Protestwähler, die aus Unzufriedenheit mit den herrschenden Parteien "rechts" wählen, eine gewichtige Rolle (s.o.).[262]

Die Wahlergebnisse der gemäßigteren rechts-konservativen Parteien lagen bei Bundestagswahlen nur selten über 1 Prozent und reichten bislang auch bei Landtagswahlen nie an die fünf Prozent heran. Die extreme Rechte erreichte höhere Ergebnisse. Das höchste Wahlergebnis, das jemals eine rechtsextreme Partei in der Bundesrepublik Deutschland erzielte, erlangte die *DVU* mit 12,9 Prozent bei den Landtagswahlen in Sachsen-Anhalt im April 1998.[263] Die meisten Parteien dieser Kategorie entstanden in den 1980er und 1990er Jahren und bildeten sich entlang der durch die von Globalisierung und Internationalisierung entstandenen sozialen Umbrüche und die schwindenden Einflussmöglichkeiten des Nationalstaats entstandenen gesellschaftliche Konflikte. Der Zusammenbruch der europäischen Nachkriegsordnung und die sie begleitenden politischen, ökonomischen und sozialen Umbrüche schafften Platz für politische Orientierungen, welche von vielen als antiquiert und historisch überlebt gehalten wurden.[264] Doch existierten auch bereits seit Beginn der Bundesrepublik konservativ-autoritäre Parteien, die sich zunächst an ehemalige Wehrmachtsangehörige und Vertriebene richteten. Die NPD entstand bereits 1964 als ein "Sammelbecken" für diese Strömungen.[265]

4.4.5 Sozialistische / Kommunistische Parteien

"Of all ideologies socialism is perhaps the most difficult to pin down. [...] We are well adviced to take the view that there is no such essential socialism but many socialisms."[266] Diese Charakterisierung der unter den Begriff Sozialismus subsumierten ideologischen Strömungen bestätigt auch der Blick auf die kommunistischen / sozialistischen Parteien in Deutschland.

[260] Hans-Gerd Jaschke, *Rechtsextremismus und Fremdenfeindlichkeit. Begriffe, Positionen, Praxisfelder*, (Wiesbaden: Westdeutscher Verlag, ^{2}2001), S. 101
[261] Vgl Jesse, 'Nationaldemokratsche Partei Deutschlands (NPD)' (Anm. 144), S. 340
[262] Für eine detailliertere Betrachtung siehe meine Ausführungen zur NPD (6.3)
[263] Vgl. Pfahl-Traughber, 'Deutsche Volksunion (DVU)' (Anm. 143), S. 250 f.
[264] Vgl. Jaschke, *Rechtsextremismus und Fremdenfeindlichkeit. Begriffe, Positionen, Praxisfelder* (Anm. 260), S. 7
[265] Vgl. Jesse, 'Nationaldemokratsche Partei Deutschlands (NPD)' (Anm. 144), S. 336
[266] Ian Adams, *Political ideology today*, (Manchester / New York: Manchester University Press, ^{2}2001), politics today, S. 84

Nach dem Verbot der westdeutschen *Kommunistischen Partei Deutschlands (KPD)* im Jahr 1956 wollte ein großer Teil ihrer Mitglieder und der kommunistischen Wähler die Partei auf legaler Basis wiederherstellen, was 1968 zur Gründung der *Deutschen Kommunistischen Partei (DKP)* führte. Ein Teil des alten Kaders lehnte jedoch diese Neugründung ab und versuchte die *KPD* als eine revolutionäre, illegale Organisation fortzusetzen oder wiederzubeleben. Ideologisch orientierte man sich an dem von Maotsetung geführten 'revolutionären' China und dessen marxistisch-leninistischer Theorie und kritisierte die Sowjet-Union als 'revisionistisch'. Diese Organisation konnte viele Studenten aus der Außerparlamentarischen Opposition als Mitglieder oder Anhänger werben, zerfiel aber alsbald aufgrund ideologischer oder strategischer Streitpunkte wieder, was zur Bildung von mehr als sechs der sogenannten K-Gruppen führte, von denen die meisten jedoch nach einigen Jahren wieder verschwanden. Aus diesem radikalen Spektrum konnte sich einzig der marxistisch-leninistisch orientierte Kommunistische Arbeiterbund halten, welcher 1972 vom ehemaligen *KPD*-Vorstandsmitglied Willy Dickhut als Partei gegründet und 1982 in die *Marxistisch-Leninistische Partei Deutschlands (MLPD)* umbenannt wurde.[267] Die *MLPD* ist bis heute eine "marxistisch-leninistische Kampf- und Kaderpartei" geblieben. Ihr Parteivorsitzender besitzt das Auslegungsmonopol über die Inhalte der "proletarischen Denkweise" und damit eine beliebige Handhabe zum Ausschluss von Abweichlern, wodurch die Partei deutlich sektenhafte Züge erhält. Erklärtes Ziel der Partei ist eine "Diktatur des Proletariats"[268]

Die *Deutsche Kommunistische Partei (DKP)* erlangte in den siebziger und achtziger Jahren durch ihre festen Verbindungen zu außerparlamentarischen Bewegungen, wie der Friedens- und Gewerkschaftsbewegung zu einer Art "getarnten Einfluss", der über die Möglichkeiten einer durchschnittlichen Kleinstpartei hinausging. Zudem geriet die Partei in ideologische, organisatorische und finanzielle Abhängigkeit von der *Sozialistische Einheitspartei Deutschlands (SED)* und wurde so, wie schon die *KPD* in den 1950er Jahren, eine Art Vorposten des DDR-Sozialismus in der Bundesrepublik.[269] Die extremistischen Parteien gerieten nach dem Zusammenbruch des Ostblocks in eine tiefe Kriese, mit der ein drastischer Mitgliederschwund einherging, für

[267] Vgl. Paul Lucardie und Barbara Wasner, *Parteien am Rande des Parteiensystems: Ein Vergleich zwischen der Bundesrepublik Deutschland und den Niederlanden*, ⟨URL: `http://dnpp.eldoc.ub.rug.nl/FILES/root/publicatieLucardie/ParteienamRandedesPa/amrandpartsys00.pdf`⟩ – Zugriff am 05.10.2010, S. 8

[268] Vgl. Rudolf van Hüllen, 'Marxistisch–Leninistische Partei Deutschlands', In: Frank Decker und Viola Neu (Hrsg.), *Handbuch der deutschen Parteien*, (Wiesbaden: VS Verlag für Sozialwissenschaften, 2007), S. 329–331, S. 330 f.

[269] Vgl. Dietrich Staritz, 'Die Kommunistische Partei Deutschlands', In: Richard Stöss (Hrsg.), *Parteien Handbuch: Die Parteien der Bundesrepublik Deutschland 1945 – 1980*, Band 2, (Opladen: Westdeutscher Verlag, 1984), S. 1663–1809, S. 1674

die *DKP* bedeutete er zudem das Ende der Unterstützung durch die DDR. Bereits durch die Politik Michail Gorbatschows war es in den 1980er Jahren zu Flügelkämpfen zwischen "Traditionalisten" und "Erneuerern" gekommen, welche die einstmals geschlossene Partei gespalten hatten. Die Wahlergebnisse der Partei lagen oberhalb der kommunalen Ebene seit jeher unterhalb der Fünf-Prozent-Hürde, wenn nicht gar im Promillebereich, so dass die Partei lediglich durch ihre Funktion als "Interventionsapparat" der *SED* eine größere Rolle spielte und seit dem Ende des "realen Sozialismus" nahezu in der Bedeutungslosigkeit versank.[270] Die *DKP* kooperiert seither eng mit der *PDS / Die Linke* und ging mit dieser Listenverbindungen und Wahlbündnisse ein. So konnten *DKP*-Mitglieder in rund 20 vorwiegend kommunale Parlamenten, vorzugsweise im Ruhrgebiet, einziehen.[271,272] Durch Umbenennung und Bruch mit den zentralen Dogmen der Staatspartei *SED* entstand die *PDS*. Der Partei gelang es, sich auf dem Gebiet der ehemaligen DDR als starke Partei zu halten und sie stellt spätestens seit ihrer Fusion mit der *WASG* 2005 eine deutschlandweit agierende Kleinpartei dar. Programmatisch verortet sie sich selbst in der Tradition kommunistisch/sozialistischer Parteien und zählt auch die *KPD* zu einer ihrer Vorgängerinnen, bis heute zählt die "Überwindung des Kapitalismus" zu ihrem Programm. So auch in ihrem aktuellen Programmentwurf vom 20. März 2010: "Wir kämpfen für einen Systemwechsel, weil der Kapitalismus, der auf Ungleichheit, Ausbeutung, Expansion und Konkurrenz beruht, mit diesen [unseren] Zielen unvereinbar ist."[273] Die Partei bildet ein "Sammelbecken der Linken", welches auch radikale Strömungen mit einschließt.[274]

Die Wählerschaft der linksextremistischen Kleinstparteien *DKP* und *MLPD* besteht heutzutage zumeist aus sozial Schwachen, Langzeitarbeitslosen, insbesondere den sogenannten "Vereinigungsverlierern". Insbesondere die *MLPD* schreckt dabei Intellektuelle zumeist durch ihr ideologisches Niveau ab.[275] Traditionelle Hochburgen stellen die Städte im Ruhrgebiet dar.[276]

---

[270] Vgl. Eckhard Jesse, 'Deutsche Kommunistische Partei (DKP)', In: Frank Decker und Viola Neu (Hrsg.), *Handbuch der deutschen Parteien*, (Wiesbaden: VS Verlag für Sozialwissenschaften, 2007), S. 242–244, S. 242 f.

[271] Vgl. ARD, *Auferstanden aus Ruinen –Die Wiedergeburt der DKP*, ⟨URL: `http://daserste.ndr.de/panorama/archiv/2008/erste624.html`⟩ – Zugriff am 10.10.2010

[272] Vgl. hierzu die aktuellen Kommunalwahlergebnisse in Bottrop unter Stadt Bottrop, *Die Mitglieder des neuen Rats*, ⟨URL: `http://www.bottrop.de/rathaus/wahlen/kommunalwahl_2009/090831_ratsnamen.php`⟩ – Zugriff am 10.10.2010

[273] Die Linke, *Programm der Partei DIE LINKE (Entwurf)*, ⟨URL: `http://die-linke.de/programm/programmentwurf/`⟩ – Zugriff am 05.10.2010, S. 3

[274] Neu, 'Linkspartei.PDS (Die Linke)' (Anm. 114), S. 315 f.

[275] Vgl. van Hüllen, 'Marxistisch–Leninistische Partei Deutschlands' (Anm. 268), S. 330

[276] Vgl. Jesse, 'Deutsche Kommunistische Partei (DKP)' (Anm. 270), S. 243

4.4.6 Bürgerrechtsparteien

Insbesondere in den 1980er Jahren entstand eine große Zahl an Parteien, die mehr Bürgerrechte fordern und Bürokratisierung, Staatsintervention, Subventionswirtschaft, Regelungswut und Bürgerferne als vordringlich zu bekämpfende Probleme ansehen. Allerdings sind bei weitem nicht alle diese Parteien dem liberalen Lager zuzurechnen und viele lehnen auch ein Rechts-Links-Schema und die Einordnung ihrer Partei in ein solches strikt ab.[277] Auch sonst erweist sich die Bandbreite dieser Gruppe von Parteien als extrem groß. Sie reicht von Parteien in der politischen Mitte bis zu solchen, die mit ihren Programmen einen revolutionären Anspruch vertreten.[278]

Als Beispiele für Bürgerrechtsparteien können die Partei *Aufbruch für Bürgerrechte, Freiheit und Gesundheit (AUFBRUCH)* oder die *Bürgerinnen-Bürger-Union (BBU)* angeführt werden. Im Programm letzterer ist die Forderung nach einer stärkeren Bürger–beteiligung so stark ausgeprägt, dass selbst Nichtmitgliedern Kontrollfunktionen über die eigenen Amtsträger eingeräumt werden.[279]

Zugrunde liegt diesen Parteien zumeist ein liberales Gesellschaftsbild: Der Staat soll sich möglichst wenig in die Gesellschaft einmischen und vor allem die Grundrechte der Bürger schützen, wobei die individuelle Freiheit den höchsten Wert darstellt. Aufgabe des Staates ist hierbei die Sicherstellung von Bedingungen, welche die freie Entfaltung von Individuen und Untenehmen ermöglichen.[280]

4.4.7 Single-Issue-Parteien

Ein beliebtes Vorurteil in Bezug auf die kleinen Parteien ist der Vorwurf, es handele sich dabei lediglich um "Ein-Themen-Parteien". Betrachtet man die öffentliche Meinung zu diesen Parteien anhand der Leserbriefe in Tageszeitungen oder Internetforen- bzw. Blogbeiträgen, so stößt man hauptsächlich auf Aussagen wie "Wozu soll ich eine wenig bekannte Vereinigung wählen, die sich aus tausend gesellschaftlichen Problemen ganze drei herauspickt, diese öffentlichkeitswirksam in Szene setzt, aber für die restlichen 997 keinerlei Programm oder Lösungen anbietet?".[281] Tatsächlich ist es jedoch zumeist so, dass diese Parteien bemüht sind, alle wichtigen Themenbereiche der

[277] Vgl. van den Boom, *Politik diesseits der Macht? Zu Einfluss, Funktion und Stellung von Kleinparteien im politischen System der Bundesrepublik Deutschland,* (Anm. 13), S. 70

[278] Vgl. ders., *Politik diesseits der Macht? Zu Einfluss, Funktion und Stellung von Kleinparteien im politischen System der Bundesrepublik Deutschland,* (Anm. 13), S. 70

[279] Vgl. ders., *Politik diesseits der Macht? Zu Einfluss, Funktion und Stellung von Kleinparteien im politischen System der Bundesrepublik Deutschland,* (Anm. 13), S. 70

[280] Vgl. Lucardie, 'Zur Typologie der politischen Parteien' (Anm. 66), S. 63

[281] Vgl. Kommentar zum Artikel Rheinische Post / OPINIO Redaktion, *Die Aussichtslosen,* ⟨URL: `http://www.rp-online.de/hps/client/opinio/public/pjsub/production_long.hbs?hxmain_object_id=PJSUB::ARTICLE::501851&hxmain_category=::pjsub::opinio::/home`⟩ – Zugriff am 12.02.2010

Tagespolitik abzudecken, jedoch um eine bestimmte Problematik herum gegründet wurden und diese auch später als programmatischen Schwerpunkt beibehalten.[282]

Besonders für Kleinstparteien, die noch nicht in Parlamenten vertreten sind, kann eine solche Spezialisierung erfolgversprechend sein. Hierbei muss es sich nicht zwingend um eine "Marktlücke" handeln, doch erscheint es erfolgversprechender, einem Politikfeld einen neuen, innovativen Inhalt hinzuzufügen. Auch lässt sich durch eine solche Spezialisierung direkt eine Zielgruppe finden, die sich bisher von den etablierten Parteien nicht ausreichend repräsentiert fühlte.[283] Insbesondere angesichts der zumeist knappen Ressourcen erscheint diese "Strategie" für neugegründete Parteien durchaus erfolgversprechend. Wirklich innovative Konzepte könnten die Aufmerksamkeit der Medien wecken und zudem gibt es die, wenn auch geringe Chance, die gewählte Thematik als Agendasetter trotz der bescheidenen Möglichkeiten in die Parlamente und in das öffentliche Bewusstsein bringen zu können. Bereits ein kurzfristiger Erfolg könnte zum Genuss der staatlichen Parteienfinanzierung führen und so eine Erweiterung des Themenspektrums und eine Neuaufstellung der Partei ermöglichen.

In der Geschichte der Bundesrepublik finden sich einige Beispiele für Ein-Themen-Parteien, bei denen dieses Vorgehen, wenn auch nur für kurze Zeit, erfolgreich war. Diese Parteien griffen stets Themen auf, bei denen die Volksparteien und ihre traditionellen Partner keine oder nur geringe Problemlösungskompetenzen aufwiesen.[284] Allerdings ist dieses Vorgehen für die Partei nicht ungefährlich, denn sobald es eine politische Lösung für ihren wichtigsten Programmpunkt gibt, stürzt sie in die Bedeutungslosigkeit ab. Ganz gleich, ob im Interesse der Vereinigung (z.B. wenn diese als reiner "Agendasetter" konzipiert war) oder im Widerspruch zu ihren Absichten.

Als aktuelle Beispiele für Ein-Themen-Parteien sind etwa die *Tierschutzpartei* oder die *Piratenpartei Deutschland* zu nennen. Wobei sich hier ein Zuordnungsproblem daraus ergibt, dass das spezielle Thema der Partei zumeist auf einer ideologischen Grundlage basiert, die wiederum die Zuordnung zu einem anderen Typus ermöglichen würde. Die *Tierschutzpartei* könnte aufgrund ihrer Thematik auch als ökologische Partei und die *Piratenpartei* als Bürgerrechtspartei eingeordnet werden.

[282] Vgl. van den Boom, *Politik diesseits der Macht? Zu Einfluss, Funktion und Stellung von Kleinparteien im politischen System der Bundesrepublik Deutschland,* (Anm. 13), S. 71

[283] Vgl. Schulze, *Kleinparteien in Deutschland: Aufstieg und Fall nicht-etablierter politischer Vereinigungen* (Anm. 123), S. 348

[284] Vgl. ders., *Kleinparteien in Deutschland: Aufstieg und Fall nicht-etablierter politischer Vereinigungen* (Anm. 123), S. 348

Ich habe mich jedoch für die vorliegende Arbeit dazu entschlossen, Parteien, die nur ein wirkliches Thema ansprechen, unabhängig von ihrer Ideologie als "Single-Issue-Parteien" anzusehen und solche mit breiterem Themenspektrum entsprechend ihrer ideologischen Grundlage einzuordnen.

Auch als Ein-Themen-Parteien können Parteien eingeordnet werden, die explizit die Interessen einer genau abgrenzbaren sozialen Gruppe vertreten wie etwa eine bestimmte Altersgruppe, Gruppen mit einem bestimmten sozialen Status oder ein besitmmtes Geschlecht. Beispiele für solche Parteien sind etwa die *Die Grauen – Graue Panther*, die Jugendpartei *future!*, die feministische Partei *Die Frauen*, oder die "Rentner-Partei" *Alle Sozialversicherten und Rentner Deutschlands (ASD)*. Je nachdem wie ausdifferenziert ihr Programm gestaltet und wie eng ihr Schwerpunktthema umrissen ist, können diese Parteien als Ein-Themen-Parteien oder auch als eigene Kategorie, wie etwa "Soziale Interessenparteien"[285], geführt werden.

4.4.8 Sonderfälle

Keine Typologie kann es leisten, alle Gruppierungen in einem so vielfältigen Bereich wie dem der kleinen Parteien aufzunehmen und zu klassifizieren. Zu den kleinen Parteien, "die sich jedwelcher Klassifizierung hartnäckig entziehen" gehört beispielsweise die seit 1950 bestehende *Humanwirtschaftspartei* (vormals *Freisoziale Union FSU*), welche versucht auf der Bais der Freiwirtschaftslehre von Silvio Gesell eine Wirtschaftsordnung zu schaffen, "[...] die persönliche Freiheit und soziale Gerechtigkeit gleichermaßen verwirklicht".[286] Die Partei verfügt damit über ein ideologisch und programmatisch geschlossenes Weltbild, was eine Einordnung erschwert. Als eine der ältesten deutschen Kleinparteien ist die Partei in verschiedenen Veröffentlichungen höchst unterschiedlich eingeordnet worden. Dirk Van den Boom sieht die Partei als einen Sonderfall unter den Kleinparteien, bezeichnet sie allerdings in einer genaueren Betrachtung als konservative Partei mit elitärer Grundhaltung[287], Jutta Dithfurth sieht die Partei dagegen als eindeutig rechtsextreme Partei an[288], während Manfred

[285] So etwa VAN DEN BOOM, *Politik diesseits der Macht? Zu Einfluss, Funktion und Stellung von Kleinparteien im politischen System der Bundesrepublik Deutschland,* (Anm. 13), S. 72

[286] HUMANWIRTSCHAFTSPARTEI, *Grundsatzprogramm der Humanwirtschaftspartei,* ⟨URL: `http://www.humanwirtschaftspartei.de/start.php?seitenid=31000000&langid=1`⟩ – Zugriff am 11.08.2010

[287] Vgl. VAN DEN BOOM, *Politik diesseits der Macht? Zu Einfluss, Funktion und Stellung von Kleinparteien im politischen System der Bundesrepublik Deutschland,* (Anm. 13), S. 158 f.

[288] Vgl. JUTTA DITFURTH, *Entspannt in die Barbarei. Esoterik, (Öko-)Faschismus und Biozentrismus.* (Hamburg: Konkret-Literatur-Verlag, 1996), S. 93

Rowold die Partei in seiner Analyse von 1974 als sozial-liberal bezeichnet und eine Einordnung in das rechte politische Spektrum vehement ablehnt.[289] Hier zeigt sich auch sehr anschaulich, wie sehr die teils zeitlich weit auseinanderliegenden, wissenschaftlichen Betrachtungen oder Fallstudien einzelner Parteien eine Gesamtbetrachtung bzw. Analyse der kleinen Parteien in der Bundesrepublik erschweren bzw. zu einem deutlich erhöhten Aufwand durch eine Neubewertung einzelner Parteien führen.

4.5 Zusammenfassung

Für die Entstehung neuer Parteien bleibt festzuhalten, dass es sich bei politischen Parteien, vereinfacht gesagt, um organisierte Träger von Ansichten und Meinungen handelt, welche (versuchen) die Anhänger dieser Meinung im Parlament repräsentieren. Hauptgrund für eine Parteigründung ist daher, dass eine Bevölkerungsgruppe ihre spezifischen Interessen und von ihnen als wichtig erachtete Thematiken von den innerparlamentarischen Parteien als nicht ausreichend vertreten ansieht. Die hier mit Ansichten, Meinungen, Interessen und Thematiken umschriebenen Themenkomplexe reichen dabei von religiösen oder politischen Weltanschauungen über die Vertretung sozialer Interessen bis hin zu neuen Politikfeldern, wie es etwa die Umweltpolitik in der Anfangsphase der Grünen war.

Volksparteien versuchen hierbei möglichst alle Gruppen auf ihrem ideologischen Flügel zu integrieren, während kleine Parteien zumeist eine spezifische Wählerklientel aufweisen. Die Erfolgschancen einer Partei hängen also auch von der Breite der von ihr vertretenen Interessen und damit von der Größe ihrer Wählerschaft ab. Die in der Bundesrepublik am häufigsten vorkommenden Klein- und Kleinstparteien wurden gemäß ihrer Programmatik oder ideologischen Ausrichtung klassifiziert. In einem Parteiensystem wie dem deutschen bildet die Integrationsfähigkeit der großen Parteien die ausschlaggebende Größe für die Erfolgschancen kleiner Parteien. Lücken ergeben sich hier am ehesten an den äußeren Rändern des politischen Spektrums (Flügelpartei), in der politischen Mitte zwischen den beiden ideologischen Flügeln (Scharnierpartei) und auf regionaler Ebene (Regionalpartei). Neben diesen "Marktlücken" können bestimmte Strategien und äußere Faktoren die spezifischen Probleme insbesondere der Kleinstparteien abmildern und so eine Etablierung begünstigen. So empfiehlt es sich etwa für Kleinstparteien in einem föderalistisch organisierten Staat,

[289] Vgl. Manfred Rowold, *Im Schatten der Macht : zur Oppositionsrolle der nicht-etablierten Parteien in der Bundesrepublik*, Band 9, Bonner Schriften zur Politik und Zeitgeschichte, (Düsseldorf: Droste Verlag, 1974), S. 365

zunächst auf regionaler Ebene aktiv zu werden, um sich eine spätere Stammwählerschaft und Hochburgen aufbauen zu und die knappen eigenen Ressourcen möglichst effizient einsetzen zu können. Die gesamtgesellschaftliche wirtschaftliche Situation kann sich bei Kleinparteien, je nach ideologisch-programmatischer Ausrichtung der Partei und deren Status als Oppositionspartei oder an der Regierung beteiligter Koalitionspartner, günstig oder ungünstig auswirken.

Weiterhin wurde aufgezeigt, dass selbst Kleinstparteien - anders als oft angenommen - für eine funktionierende Parteiendemokratie außerordentlich nützliche Funktionen erfüllen, wenn nicht gar für deren Stabilität notwendig sind. Auch können sich aus einigen dieser spezifischen Funktionen kleiner Parteien durchaus Einflussmöglichkeiten ergeben. Insbesondere in ihrer Funktion als Agendasetter kann eine kleine Partei auch ohne bedeutende Wahlerfolge Themen auf die politische Tagesordnung bringen. Doch politische Ideen und Innovationen nicht nur zu entwickeln, sondern auch durchzusetzen, wird einer Partei nicht als reine Protest- oder Ein-Themen-Partei gelingen. Hierfür muss sie es schaffen, einen etablierten Teil des Parteiensystems zu bilden.[290] Besonders gute Chancen scheinen hierfür kleine Parteien zu besitzen, die sich durch eine besondere Innovationsfähigkeit hervortun, denn je eindrücklicher und stärker sich eine kleine Partei in programmatisch-wertbasierter Hinsicht von den Großparteien abgrenzen kann, desto mehr steigen ihre Chancen, sich nachhaltig im Parteienwettbewerb behaupten zu können.[291] Die in diesem Abschnitt gelegten theoretischen Grundlagen erlauben es nun, für eine neue Partei bzw. die Etablierung einer Kleinstpartei günstige Umstände und Konstellationen zu identifizieren. Folgend sollen die spezifischen Bedingungen dieser Parteien in der Bundesrepublik genauer betrachtet werden.

[290] Jun und Kreikenbom, 'Nicht nur im Schatten der Macht. Zur Situation kleiner Parteien im deutschen Parteiensystem' (Anm. 37), S. 26

[291] Vgl. Schulze, *Kleinparteien in Deutschland: Aufstieg und Fall nicht-etablierter politischer Vereinigungen* (Anm. 123), S. 353; Jun und Kreikenbom, 'Nicht nur im Schatten der Macht. Zur Situation kleiner Parteien im deutschen Parteiensystem' (Anm. 37), S. 26

5 Die spezifische Situation der kleinen Parteien in Deutschland

In dem nun folgenden Kapitel möchte ich ausführlich auf die spezielle Situation der Kleinparteien in der Bundesrepublik Deutschland eingehen. Viele der Besonderheiten des deutschen Parteiensystems und des Umgangs insbesondere mit den kleinen Parteien resultieren aus den Erfahrungen während der Weimarer Republik und ihres Scheiterns. Aus diesem Grund möchte ich diesen Abschnitt der Arbeit mit einer knappen Darstellung der Entwicklung des deutschen Parteiensystems beginnen, bei welcher der Fokus auf den kleinen Parteien liegt.

Nach diesem "Rückblick" auf die Geschichte der deutschen Kleinparteien soll ihre heutige Situation ausführlich betrachtet werden. Hierfür soll die öffentliche Wahrnehmung der Kleinst- und Kleinparteien, die aus Sperrklausel und Parteienfinanzierung entstehenden institutionellen Hürden, aber auch die möglicherweise durch die neuen Medien und gesellschaftliche Veränderungen entstehenden Chancen eingegangen werden.

5.1 Kleinparteien im historischen Kontext

Bei der Entwicklung eines Parteiensystems stehen weniger die einzelnen Parteien, als ihr Verhältnis zueinander und ihre Rolle als Bindeglied zwischen Staat und Gesellschaft im Mittelpunkt des Interesses. Auf der einen Seite sind Parteien "gebrochene Spiegelungen der politisch-gesellschaftlichen Entwicklung"[292], auf der anderen dabei gleichzeitig teilnehmende Akteure in dieser Entwicklung. Die politische Geschichte Deutschlands seit dem Kaiserreich von 1871 ist gekennzeichnet durch gravierende Zäsuren und Systemwechsel - zwei Weltkriege, die Teilung des Landes, die Wiedervereinigung -, welche sich auch auf das deutsche Parteiensystem ausgewirkt haben.

An dieser Stelle möchte ich eine knappe Betrachtung der Geschichte kleiner Parteien in Deutschland folgen lassen. Hier sollen insbesondere die aus der deutschen

---

292 Uwe Andersen, 'Konstanten und Veränderungen im deutschen Parteiensystem', In: Derselbe (Hrsg.), *Parteien in Deutschland: Krise oder Wandel?* (Schwalbach: Wochenschau Verlag, 2009), S. 86–112, S. 86

Geschichte resultierenden Besonderheiten kleiner Parteien und des deutschen Parteiensystems verdeutlicht werden. Auch halte ich diesen Exkurs für notwendig, um einzelne Problematiken zu verdeutlichen, welche besonders in Form von Sperrklauseln einen wesentlichen Einfluss auf die Situation der Kleinparteien in der Bundesrepublik ausüben. Aus diesem Grund möchte ich meine Darstellung der Geschichte von Kleinparteien auch mit den parteipolitischen Entwicklungen in der Weimarer Republik beginnen lassen, da die Erfahrungen aus dieser Zeit bis heute das Image der Kleinpartein und die Vorurteile ihnen gegenüber mitbestimmen und die Einführung von institutionellen Hürden begründeten.

5.1.1 Kleine Parteien in der Weimarer Republik

Die Zeit der Weimarer Republik war in Deutschland "[...] eine Phase der radikalen Zuspitzung und Frontstellung im historischen Dreieck von Konservatismus, Sozialismus und Liberalismus."[293] Mit der Weimarer Reichsverfassung und der Etablierung einer rechtsstaatlichen parlamentarischen Demokratie hatte die liberale Idee einen großartigen Sieg errungen. Auch im Bereich der Ökonomie schienen die Liberalen Recht zu behalten, denn in den sogenannten "Goldenen Zwanzigern" gelangte der Kapitalismus - bis zur Wirtschaftskrise 1929 - zu voller Blüte und eine neue Schicht von Facharbeitern und Angestellten prägte die Gesellschaft der Weimarer Republik. Doch waren auch die Widerstände gewaltig: Auf der rechten Seite des politischen Spektrums fanden sich Rechtsextreme und Monarchisten, auf der linken Revolutionäre. Beide Extreme waren vereint durch die Ablehnung der jungen Republik. Die Weltwirtschaftskrise mit Begleiterscheinungen wie Massenarbeitslosigkeit und und Verunsicherung der Mittelschicht tat ein übriges, um die erste Demokratie auf deutschem Boden zu untergraben.[294]

Vor 1918 waren die Parteien weitgehend von politischer Einflussnahme und Gestaltungsmöglichkeiten ausgeschlossen, denn die Verfassung im deutschen Kaiserreich hatte der Exekutive ein hohes Maß an Unabhängigkeit vom Parlament garantiert. Parteien konnten zwar an der Gesetzgebung mitwirken, aber nicht die Verwaltung und die jeweiligen Regierungen kontrollieren.[295] Sie wurden weder als Träger der politischen Willensbildung, noch als Rekrutierungsbasis für die Regierung angesehen und wurden lediglich geduldet, keinesfalls aber im politischen Geschehen anerkannt. Gut

[293] Hans-Gerd Jaschke, *Politischer Extremismus*, (Wiesbaden: VS Verlag für Sozialwissenschaften, 2006), S. 63

[294] Vgl. ders., *Politischer Extremismus* (Anm. 293), S. 63

[295] Vgl. Flemming, Jens et al. (Hrsg.), *Die Republik von Weimar: Das politische System*, Band 1, Doste Taschenbücher Geschichte, (Königstein / Düsseldorf: Athenäum Verlag / Droste Verlag, 1979), S. 85

veranschaulicht wird dies durch die im deutschen Kaiserreich existierende Unvereinbarkeit zwischen Regierungsamt und Parteimitgliedschaft. Zwar war die Berufung von Parteipolitikern auf Ministerposten nicht völlig ausgeschlossen, doch mussten sich die Berufenen aus allen parteipolitischen Bindungen lösen, was die Berufung aktiver Parteipolitiker faktisch ausschloss.[296]

Mit dem Übergang zur parlamentarischen Demokratie erfuhren Stellenwert und Funktion der Parteien entscheidende Veränderungen, denn Parteien mussten nun Verantwortung übernehmen und Fraktionen wurden die eigentlichen Akteure im Parlament, in der Parlamentsmehrheit und in der Regierung.[297] Die deutsche Republik war ein auf einem Verhältniswahlrecht basierender Parteienstaat, der allen Parteien gleiche Chancen gab, über die Stimmen der Wähler die Zusammensetzung des Reichstags und damit die Geschicke der Nation zu bestimmen.[298] Dieses strikte Proporzsystem begünstigte dabei auch die Zersplitterung der Parteien, denn es genügten bereits ca. 60.000 Stimmen um ein Reichstagsmandat zu gewinnen, was zahlreiche Abspaltungen radikaler Gruppen von den großen Parteien bewirkte. Auch kannte die Weimarer Republik keinen verfassungspolitischen Auftrag der Parteien und auch kein Parteiengesetz, die Parteien galten rechtlich als Vereine. So ermöglichten die Bestimmungen des Reichswahlgesetzes unterschiedlichsten Gruppen, wie etwa Mieterschutzvereinen, Haus- und Grundbesitzern, Bauernbünden oder Beamtengewerkschaften, selbst einen eigenen Reichswahlvorschlag zu stellen. Insbesondere da sich viele dieser Gruppen von den klassischen Parteien verraten und verkauft fühlten, kam es zu zahlreichen Neugründungen von Kleinstparteien. Charakteristisch für die kleinen Parteien der Weimarer Republik war, dass es sich zumeist um Ein-Themen-Parteien handelte, die als Vertreter partikularer Interessen in den parlamentarischen Bereich wirkten.[299] Von den vielen Parteien unterstützten nur wenige, wie die *SPD* oder die *Deutsche Demokratische Partei DDP* das Weimarer politische System, alle anderen Parteien bekämpften die Demokratie aus den unterschiedlichsten Motiven.[300] Die rechts- und linksextremen Splitterparteien taten sich durch Gewaltbereitschaft und den strategischen Einsatz der Gewalt im politischen Alltag hervor. [301]

---

[296] Vgl. FLEMMING et al., *Die Republik von Weimar: Das politische System* (Anm. 295), S. 86

[297] Vgl. PETER LÖSCHE, *Kleine Geschichte der deutschen Parteien*, (Stuttgart, Berlin, Köln: Kohlhammer, ²1994), S. 66

[298] Vgl. ALFRED MILATZ, *Wähler und Wahlen in der Weimarer Republik*, (Bonn: Bundeszentrale für politische Bildung, 1965), Schriftenreihe der Bundeszentrale für politische Bildung 66, S. 86

[299] Vgl. JÜRGEN FALTER, THOMAS LINDENBERGER und SIEGFRIED SCHUMANN; JÜRGEN KOCKA und GERHARD A. RITTER (Hrsg.), *Wahlen und Abstimmungen in der Weimarer Republik: Materialien zum Wahlverhalten 1919-1933*, (München: C.H. Beck, 1986), S. 49

[300] Vgl. JASCHKE, *Politischer Extremismus* (Anm. 293), S. 63

[301] Vgl. ders., *Politischer Extremismus* (Anm. 293), S. 66 f.

Die Vielzahl an kleinen Parteien und ihre Zerstrittenheit untereinander führte zu deutlichen Problemen bei der Bildung von Regierungsmehrheiten. So waren zwischenzeitlich bis zu 17 verschiedene Parteien im Reichstag vertreten und nur selten waren es weniger als elf. In den 14 Jahren von 1919 bis 1933 erlebte die deutsche Republik 20 Kabinettswechsel, hiervon waren elf Minderheitenkabinette, die von der Duldung durch Parteien abhängig waren, welche nicht der Regierungskoalition angehörten. In der Endphase der Weimarer Republik ab 1930 regierte man vor allem mit Hilfe von Notverordnungen, die anstelle von Gesetzen verabschiedet wurden.[302]

Trotz der veränderten Verfassungsstrukturen wirkten Doktrinen und Vorurteile aus der Kaiserzeit verhängnisvoll weiter. Diese und weitere Folgen der historischen Vorbedingungen, wie niemals zu Koalitionskompromissen gezwungen worden zu sein, führten in der politischen Praxis bei der Mehrzahl der Parteien zu erheblichen Defiziten in der Ausübung ihrer Funktionen.[303] So wurde noch häufig die Ansicht vertreten, dass das Parlament insgesamt und nicht nur die Opposition die Regierung kontrolliere und damit weiterhin der Gewaltenteilungsdoktrin des frühen Liberalismus und des Kaiserreiches gefolgt. Aus dieser Grundeinstellung resultierte, dass Fraktionen zuweilen gegen eine Vorlage der Regierung stimmten, auch wenn sie selbst in der Regierung vertreten waren. Die Parteien hielten an alten Prinzipien fest, stützten nicht die eigene Regierung und waren unfähig zu pragmatischen Kompromissen.[304] Zudem war in der politischen Kultur auch die große Sorge vor einem "Parteienabsolutismus" verbreitet, welche sich bereits im Verfassungstext der Weimarere Republik niederschlug. Auch hier werden die Parteien ausschließlich negativ erwähnt und plebiszitäre Elemente werden einer Wahl durch die Fraktionen vorgezogen. So sollen Beamte nicht einer Partei, sondern dem Ganzen dienen und plebiszitärer Elemente, wie die direkte Wahl des Reichspräsidenten durch das Volk und die Möglichkeiten des Volksbegehrens und der Volksabstimmung, erhielten eine hervorgehobene Rolle.[305]

Eine schier unüberschaubare Menge an Parteien - vom *Bund der Geusen* über die *Aufwertungs- und Wiederaufbaupartei* bis hin zum *Volksblock der Inflationsgeschädigten* - stellte sich bei Wahlen der Entscheidung des Wählers, die sich zudem durch die oft nur sehr geringe Differenzierung und verschwommenen Programme kaum voneinander unterschieden und zudem die Bildungen klarer Regierungsmehrheiten erschwerten. Diese Situation führte zu einer fortwährenden Kritik am Parteienstaat, welche weite Kreise der Bevölkerung erfasste und auch in der Wissenschaft die staats-

---

[302] Vgl. Milatz, *Wähler und Wahlen in der Weimarer Republik* (Anm. 298), S. 114 ff.
[303] Vgl. ders., *Wähler und Wahlen in der Weimarer Republik* (Anm. 298), S. 86
[304] Vgl. Lösche, *Kleine Geschichte der deutschen Parteien* (Anm. 297), S. 66 f.
[305] Vgl. ders., 'Ende der Volksparteien', In: *Aus Politik und Zeitgeschichte*, 12 (2009):51, S. 6 –12, S. 67

rechtliche und publizistische Diskussion beherrschte.[306] Der "Parteienstaat" galt als Gegenstück zu dem Ämter- und Beamtenstaat der konstitutionellen Monarchie, welcher als neutraler, politikfreier und vor allem als vom "Gezänk der Parteien" freier Staat begriffen und erinnert wurde.[307] Verstärkt durch die ökonomischen Folgen des Ersten Weltkrieges und Ende der 1920er Jahre durch die Weltwirtschaftskrise waren Desinteresse und Unzufriedenheit mit dem bestehenden Parteiensystem so tief in der öffentlichen Meinung verwurzelt, dass sie ein wirkungsvolles politisches Instrument der gegen den Weimarere Staat agierenden Bewegungen werden konnten.[308] In den letzten Monaten der Republik, seit Sommer 1932, verfügten die republik- und demokratiefeindlichen Parteien *Nationalsozialistische Deutsche Arbeiterpartei* (NSDAP*)*, die rechtskonservative *Deutschnationale Volkspartei* (DNVP) und die *Kommunistische Partei Deutschlands (KPD)* gemeinsam über eine absolute Mehrheit im Reichstag. Auf dem Höhepunkt der Wirtschaftskrise hatten die Wähler den gemäßigteren Parteien und der parlamentarischen Demokratie eine klare Absage erteilt. Mit dem Sieg der Nationalsozialisten war das Ende der Parteien in der Weimarer Republik gekommen, sie wurden verboten oder lösten sich auf.[309]

Auch wenn die jüngere Geschichtsforschung vermehrt die Koalitionsprobleme zwischen den Großparteien als Beeinträchtigung der Funktionsfähigkeit des parlamentarischen Systems von Weimar ansieht und die Rolle der Splitterparteien als bislang stark überschätzt bewertet [310], so schlugen sich die "Angst vor den Splitterparteien" und die Erfahrung des Scheiterns einer Demokratie auf deutschem Boden im Aufbau des politischen Systems der Bundesrepublik nieder und sorgen so bis heute für ein besonders negatives Image kleiner Parteien.

5.1.2 Kleine Parteien nach 1945

Bereits ab 1945/1946, noch vor der Gründung der Bundesrepublik, wurden sowohl in der sowjetischen, als auch in der US-amerikanischen, britischen und französischen

[306] Vgl. Karl Dietrich Bracher, *Die Auflösung der Weimarer Republik: Eine Studie zum Problem des Machtverfalls in der Demokratie*, (Düsseldorf: Droste Verlag, 1984), Droste Taschenbücher Geschichte, S. 34

[307] Vgl. Peter Lösche; Dieter Dowe (Hrsg.), *Parteienstaat in der Krise : Überlegungen nach 50 Jahren Bundesrepublik Deutschland ; Vortrag und Diskussion einer Veranstaltung des Gesprächskreises Geschichte der Friedrich-Ebert-Stiftung in Bonn am 19. August 1999*, Band 27, Gesprächskreis Geschichte, (Bonn: Forschungsinstitut der Friedrich-Ebert-Stiftung, Historisches Forschungszentrum, 1999), S. 7

[308] Vgl. Bracher, *Die Auflösung der Weimarer Republik: Eine Studie zum Problem des Machtverfalls in der Demokratie* (Anm. 306), S. 34

[309] Vgl. Lösche, *Kleine Geschichte der deutschen Parteien* (Anm. 297), S. 95

[310] Vgl. Eberhard Kolb, *Die Weimarer Republik*, Band 16, Oldenbourg Grundriß der Geschichte, (München: Oldenbourg Wissenschaftsverlag, [6]2002), S. 184 f.

Besatzungszone wieder erste Parteien gegründet. Doch war der Auftakt zu einem neuen politischen System keineswegs eine wirkliche "Stunde Null", denn viele der Parteineugründungen knüpften direkt an Parteien der Weimarer Republik an. Hier sind vor allem die Größen der Weimarer Zeit wie *SPD, KPD* und *Zentrumspartei* zu nennen.[311] Informell hatten zwischen den Aktivisten der 1933 verbotenen und aufgelösten Parteien auch während des Nationalsozialismus Kontakte bestanden, aus denen sich ab 1945 sehr schnell wieder Parteien bilden konnten. Doch gab es daneben auch wirkliche Neugründungen wie die *FDP*, welche die in der Weimarer Republik von *DDP* und *DVP* vertretenen liberalen Traditionen vereinigte, oder die *CDU/CSU* als überkonfessionelle christliche Volksparteien. Zudem wurde bereits in den ersten Jahren nach dem Krieg eine Vielzahl kleinerer politischer Vereinigungen gegründet, welche aber fast ausschließlich eine rein regionale Bedeutung besaßen.Zwischen 1945 und 1949 bildete sich in den westlichen Besatzungszonen ein Vier-Parteien-System aus *KPD, SPD, CDU/CSU* und *FDP* heraus. Auf den ersten Blick scheint eine deutliche Veränderung gegenüber Weimar zu bestehen, doch sind auch hier die drei Hauptströmungen der deutschen Parteiengeschichte wieder etabliert worden: Eine Partei (bis zum KPD-Verbot zwei Parteien) der Arbeiterbewegung, eine liberale Partei und eine konservativ-christliche Partei. Trotz Parteiverbots und nationalsozialistischer Terrorherrschaft, trotz eines verlorenen Weltkrieges und schwerster Zerstörungen sowie Flucht und Vertreibung hatten also die klassischen politischen Milieus und Strömungen im Wesentlichen überlebt.[312]

Während sich so in Westdeutschland die traditionellen politischen Stömungen wieder als Parteien etablieren konnten, vollzog sich in Ostdeutschland eine andere Entwicklung des Parteiensystems. In der sowjetischen Besatzungszone waren die ersten Wieder- oder Neugründungen von Parteien erfolgt, da die sowjetische Militäradministration bereits im Sommer 1945 durch den sogenannten "Befehl Nr. 2" die Gründung von vier "antifaschistischen" Parteien erlaubte. Die Entwicklung eines Parteienpluralismus wurde allerdings im Keim erstickt, da bereits im April 1946 die Zwangsvereinigung von *SPD* und *KPD* zur *Sozialistischen Einheitspartei Deutschlands (SED)* forciert wurde.

Neben diesen beiden Parteien hatten sich auch in der sowjetischen Besatzungszone entsprechend den "drei Hauptströmungen der deutschen Parteiengeschichte" neben den "Arbeiterparteien" eine überkonfessionelle christliche Partei (*Christlich-Demokratische Union Deutschlands (CDU)*) und eine liberale Partei (*Liberal-Demokratische Partei Deutschlands (LDPD)*) herausgebildet. Diese beiden Parteien wur-

[311] Vgl. SCHULZE, *Kleinparteien in Deutschland: Aufstieg und Fall nicht-etablierter politischer Vereinigungen* (Anm. 123), S. 57

[312] Vgl. LÖSCHE, *Kleine Geschichte der deutschen Parteien* (Anm. 297), S. 105

den jedoch bereits bei ihrer Gründung zur Teilnahme an einem „Antifaschistisch-demokratischen Block“ gezwungen, wodurch sie dem Kurs der später führenden *SED* verpflichtet waren und keine eigene Politik entwickeln konnten.[313] Ab 1948 traten die *Demokratische Bauernpartei Deutschlands (DBD)* und die *Nationaldemokratische Partei Deutschlands (NDPD)* dem Parteienblock bei. Diese Parteien waren von der sowjetischen Militäradministration initiiert worden, um *CDU* und *LDP* die Wählerklientel abzuwerben und ihre Erfolge zusätzlich gering zu halten. Laut Weber wurden die Blockparteien nach 1949 allein deshalb nicht aufgelöst, da sie für die *SED* eine Alibifunktion besaßen: Sie verschleierten die kommunistische Einparteienherrschaft und täuschten eine pluralistische Demokratie vor.[314]

Im Westen hatte sich die *KPD* durch ihre prosowjetische Haltung und enge Verbundenheit mit der Entwicklung der DDR selbst derart kompromittiert, dass die Ost-West-Konfrontation und ihre Zuspitzung im Kalten Krieg ausreichte, um sie zu einer Kleinstpartei absinken zu lassen.[315] Die Partei verstand sich als Teil der internationalen kommunistischen Bewegung und war geprägt von dem Bewusstsein, “[...] den ersten sozialistischen Staat, die Sowjetunion, unterstützen und notfalls schützen zu müssen [...]”[316] und fungierte so als ein Vorposten des Sozialismus in der BRD.[317] Angesichts des durch den Kalten Krieges wachsenden Antikommunismus und einer zunehmenden justiziellen Verfolgung kam es innerhalb der Partei zu einer verstärkten Radikalisierung, was sich etwa 1952 in einem Aufruf zu einem “revolutionären Sturz des Regimes Adenauer” äußerte.[318] Die Kleinstpartei wurde 1956 vom Bundesverfassungsgericht als verfassungsfeindlich eingestuft und verboten, hatte aber bereits zuvor jeden nennenswerten politischen Einfluss verloren.

Dennoch war das Parteiensystem nach den ersten Wahlen stark fragmentiert: *SPD* und *CDU/CSU* erreichten zusammen nur etwa 60 Prozent der Wählerstimmen, neben der *FDP*, die auf 11,9 Prozent der Stimmen kam, traten noch 11 weitere Parteien an, von denen acht auch in den Bundestag einzogen.[319] Die Verfassungsberatungen in den Ländern und im parlamentarischen Rat waren stark geprägt von der Erin-

[313] Vgl. Hermann Weber, *Die DDR 1945 –1990*, (München: Oldenbourg Wissenschaftsverlag, 2006), Oldenbourg Grundriss der Geschichte, S. 8 f.
[314] Vgl. ders., *Die DDR 1945 –1990* (Anm. 313), S. 33 f.
[315] Vgl. Lösche, *Kleine Geschichte der deutschen Parteien* (Anm. 297), S. 105
[316] Staritz, ‘Die Kommunistische Partei Deutschlands’ (Anm. 269), S. 1663
[317] Vgl. ders., ‘Die Kommunistische Partei Deutschlands’ (Anm. 269), S. 1674
[318] Vgl. ders., ‘Die Kommunistische Partei Deutschlands’ (Anm. 269), S. 1673
[319] Vgl. Lösche, *Kleine Geschichte der deutschen Parteien* (Anm. 297), S. 158

nerung an Weimarer Verhältnisse[320], was 1953 zur Einführung der Fünf-Prozent-Sperrklausel bei Bundestagswahlen führte. Diese bewirkte Konzentrationseffekte zugunsten der großen Parteien und damit einen enormen Bedeutungsgewinn dieser Parteien.[321] Betrachtet man die Wahlergebnisse der beiden nachfolgenden Bundestagswahlen, so wird dieser Effekt deutlich: Im zweiten Bundestag waren noch sechs Parteien vertreten, wobei *CDU/CSU* und *SPD* zusammen auf 74 Prozent der Wählerstimmen kamen, im dritten Bundestag (1957 - 1961) zogen nur noch vier Parteien ein und die beiden großen Parteien kamen zusammen auf 82 Prozent der gültigen Wählerstimmen. Durch den Wettbewerb zwischen den beiden großen Parteien sind alle kleinen Parteien bis auf die *FDP* aufgerieben worden. Zudem verfolgten *CDU/CSU* eine Integrationspolitik gegenüber allen Parteien, deren Stammwähler aus dem bürgerlichen Lager stammten, wodurch es gelang eine stabile Mehrheit des bürgerlichen Lagers zu schaffen. Diese Integrationsleistung der interkonfessionell angelegten Union, welche es schaffte, auch für Protestanten und großbürgerliche Deutsch-Nationale attraktiv zu sein, ohne in den Stammlanden des Katholizismus Stimmen zu verlieren,[322] ist besonders hervorzuheben, da es ihr gelang das enorm große antidemokratische bzw. post- und neofaschistische Potential der Nachkriegsjahre aufzufangen.[323] Den beiden Volksparteien gelang eine außerordentliche Integrationsleistung und diese Integration der kleinen Parteien hat in den 1950er Jahren deutlich zu einer Stabilisierung des Parteiensystems beigetragen, wobei aber nicht vergessen werden darf, dass hinter dieser Integrationsleistung eine "handfeste Machtpolitik" stand.[324]

Diese erste Phase des Parteiensystems der Bundesrepublik wird häufig als Konsolidierungsphase bezeichnet und war 1961 abgeschlossen, doch statteten die Wähler keine der beiden großen Volksparteien mit einer absoluten Mehrheit aus, was die verbliebene Kleinpartei *FDP* zum begehrten Koalitionspartner und damit zum "Zünglein an der Waage" machte.[325]

Diese Parteienkonstellation blieb bis in die frühen 1980er Jahre stabil, weshalb hier auch von einem "Zweieinhalb-Parteiensystem" gesprochen wird.[326] Wie weitreichend jedoch der Einfluss der "kleinen" Scharnierpartei *FDP* war, zeigt sich daran, dass jede Umorientierung innerhalb der Partei einen Regierungswechsel zur Folge hatte. So legte sich die *FDP* 1957 auf die Union als Koalitionspartner fest, doch führten

[320] Vgl. Stefan Grüner, 'Weimar als Argument in der Gründungsphase der westdeutschen Nachkriegsparteien, 1945-1949', In: Christoph Gusy (Hrsg.), *Weimars lange Schatten –"Weimar" als Argument nach 1945*, Band 29, (Baden-Baden: Nomos Verlagsgesellschaft, 2003), S. 215–237, S. 215

[321] Vgl. Jandura, *Kleinparteien in der Mediendemokratie* (Anm. 44), S. 28

[322] Vgl. Leggewie, 'Politische Vierteljahresschrift (PVS) 1987' (Anm. 171), S. 374

[323] Vgl. ders., 'Politische Vierteljahresschrift (PVS) 1987' (Anm. 171), S. 373

[324] Stöss, 'Zeitschrift für Parlamentsfragen 1975' (Anm. 5), S. 261

[325] Vgl. Jandura, *Kleinparteien in der Mediendemokratie* (Anm. 44), S. 28

[326] Vgl. ders., *Kleinparteien in der Mediendemokratie* (Anm. 44), S. 28

1965 wirtschaftspolitische Differenzen dazu, dass sie ihre Minister aus der Regierung zurückzog. Als Folge einigten sich die beiden Großparteien auf eine große Koalition. Vor der Bundestagswahl 1969 sah die *FDP* die größeren politischen Gemeinsamkeiten mit der *SPD* und bildete mit dieser bis 1982 eine sozial-liberale Regierung. Auch der Regierungswechsel von 1982 wurde erst durch die *FDP* ermöglicht und nachdem Helmut Kohl durch ein konstruktives Misstrauensvotum Helmut Schmidt als Kanzler ablöste, bildeten Union und *FDP* bis 1998 eine konservativ-liberale Regierung.[327]

Trotz der Dominanz der beiden Volksparteien gab es während dieser Zeit im Bereich der Kleinstparteien Neugründungen und Erfolge. Insbesondere extremistische Kleinstparteien taten sich in den 1960er Jahren hervor: Im Jahr 1964 hatte sich die rechtsextremistische *Nationaldemokratische Partei Deutschlands (NPD)* als Nachfolgerin der *Deutschen Reichspartei* gegründet und schaffte es, zwischen 1966 und 1968 in sieben Landesparlamente einzuziehen. 1969 scheiterte sie mit 4,3 Prozent knapp an der Fünf-Prozent-Klausel und stürzte danach für die folgenden Jahrzehnte in den Null-Komma-Bereich ab.[328] Als Nachfolgerin der 1956 verbotenen *KPD* gründete sich 1968 die *Deutsche Kommunistische Partei Deutschlands.* Zwar blieben ihre Wahlergebnisse fast stets im Promillebereich, doch schaffte die Partei es, einen gewissen Einfluss zu erlangen. Die Partei wurde von der "Staatspartei" der Deutschen Demokratischen Republik, der *Sozialistische Einheitspartei Deutschlands (SED)*, unterstützt, was sie auf der einen Seite ideologisch, organisatorisch und finanziell von dieser abhängig machte, ihr auf der anderen aber auch Ressourcen zukommen ließ, über die eine Kleinstpartei normalerweise nicht verfügt. Zudem hatte die stets als "verfassungsfeindlich" eingestufte Partei enge Kontake zu außerparlamentarischen Bewegungen und Organisationen.[329]

Zu einem Aufbrechen des "Zweieinhalb-Parteiensystems" und einer effektiven Pluralisierung kam es in den 1980er Jahren. Zunächst gelang es den *Grünen*, sich durch ihre Wahlerfolge 1983 und 1987 als zweite Kleinpartei zu etablieren. Eine wirkliche Konkurrenz für die *FDP* waren die *Grünen* zu dieser Zeit jedoch noch nicht, da sie von keiner der beiden Volksparteien als koalitionsfähig angesehen wurden und sich auch selbst als "Partei neben den etablierten Kräften" sah und mit diesen keine Koalitionen anstrebten.[330] Die *FDP* blieb daher vorerst die einzige Koalitionsoption für Union und *SPD*, auch wenn eine linke Koalitionsalternative für die *SPD* während der Ära Kohl durchaus verlockend war. Dieses strategische Kalkül und die Ernsthaftigkeit dieser Überlegungen zeigt sich auch an einigen bereits früh zustande gekommenen rot-grünen Koalitionen auf Landesebene, doch scheiterten diese stets an

[327] Vgl. Jandura, *Kleinparteien in der Mediendemokratie* (Anm. 44), S. 28 f.
[328] Vgl. Jesse, 'Nationaldemokratsche Partei Deutschlands (NPD)' (Anm. 144), S. 337 f.
[329] Vgl. ders., 'Deutsche Kommunistische Partei (DKP)' (Anm. 270), S. 242
[330] Vgl. Jandura, *Kleinparteien in der Mediendemokratie* (Anm. 44), S. 29

inhaltlichen Differenzen. Daneben kam es mit der Gründung von *Republikanern* und *DVU* zur Gründung von zwei weiteren rechtsextremen Kleinparteien. Die *Republikaner* waren zunächst als eine Konkurrenzpartei zur *CSU* in Bayern gegründet worden und wurden erst ab 1985 zu einer rechtspopulistischen und rechtsextremistischen Partei, die mit ausländerfeindlicher Wahlwerbung Erfolge erzielte. 1989 erreichte die Partei 7,1 Prozent bei der Europawahl und 7,5 bei den Berliner Landtagswahlen. 1992 gelang der Partei mit fast 11 Prozent der Stimmen der Einzug in den Landtag von Baden-Württemberg als drittstärkste Fraktion. Die *Deutsche Volks Union* war zunächst als ein Verein gegründet worden, welcher die Anhänger der *NPD* nach deren Wahlniederlage 1969 auffangen sollte. Zur Politisierung führten der zunehmende Rechtskurs und die Wahlerfolge der *Republikaner*. Zunächst gab der Verein Wahlempfehlungen für die *NPD* ab und unterstützte diese zunehmend, doch 1987 wurde die *DVU* schließlich als eigene Partei gegründet, die allerdings mit der *NPD* ein Kooperationskonzept beschloss. Die Partei erzielte in der Folgezeit einige spektakuläre Wahlerfolge auf Landesebene (1991 6,2 Prozent in Bremen, 1992 6,3 Prozent in Schleswig-Holstein und 4,97 Prozent 1997 in Hamburg). Ihr bestes Ergebnis und auch das beste, das jemals eine rechtsextreme Partei in der Bundesrepublik Deutschland erzielte, erlangte sie mit 12,9 Prozent bei den Landtagswahlen in Sachsen-Anhalt im April 1998.[331]

Überhaupt brachte die Wiedervereinigung der beiden deutschen Staaten auch einen deutlichen Wandel im Parteiensystem: Es vergrößerte sich die Anzahl der Parteien, die den Sprung über die Fünf-Prozent-Hürde schafften auf fünf. Durch die für Ost und West getrennte Sperrklausel zog die aus der *SED* hervorgegangene *Partei des demokratischen Sozialismus (PDS)* in den Bundestag ein und konnte ihren Platz auch ohne geteilte Auslegung der Sperrklausel bei den Bundestagswahlen 1994 und 1998 etablieren, 1994 noch über vier in Berlin errungene Direktmandate, 1998 dann mit einem Stimmenanteil von 5,1 Prozent. Jedoch scheiterte ein weiterer Einzug in den Bundestag im Jahr 2002 mit 4 Prozent an der Sperrklausel. Durch den Zusammenschluss mit der *Wahlalternative Arbeit und soziale Gerechtigkeit (WASG)*, einer 2004 gegründeten linken Abspaltung von der *SPD*, zur *Linkspartei.PDS* konnten bei der vorgezogenen Bundestagswahl 2005 8,7 Prozent erreicht werden. Das Bündnis fusionierte 2007 zur Partei *DIE LINKE*.[332]

[331] Vgl. Pfahl-Traughber, 'Deutsche Volksunion (DVU)' (Anm. 143), S. 250 f.
[332] Vgl Neu, 'Linkspartei.PDS (Die Linke)' (Anm. 114), S. 315 ff.

Die *Grünen* bildeten zusammen mit dem ostdeutschen *Bündnis 90* die Listenvereinigung *Bündnis 90/Grüne* und schafften es, sich neu aufzustellen, wonach sie von der *SPD* als koalitionsfähig angesehen wurden. 1998 kam es nach 16 Jahren zu einer Abwahl der konservativ-liberalen Koalition unter Helmut Kohl und die *Grünen* übernahmen als Koalitionspartner der *SPD* erstmals Regierungsverantwortung.[333]

5.2 Öffentliche Wahrnehmung

Obwohl, wie bereits aufgezeigt wurde, auch die nicht in den Parlamenten vertretenen kleinen Parteien für ein funktionierendes Parteiensystem und eine pluralistische Demokratie notwendig sind und sie selbst für ihre großen Konkurrenten nützliche Funktionen erfüllen, sind Vorurteile und ein schlechter Ruf der kleinen Parteien in der Gesellschaft der Bundesrepublik Deutschland weit verbreitet. Parteienkritik insgesamt hat in Deutschland eine lange Tradition, wie die obigen Ausführungen darlegen. Parteien wurden stets bestenfalls als notwendiges Übel aufgefasst und mit Argwohn betrachtet. Wie problematisch Parteienkritik werden kann, wenn es sich um eine Fundamentalkritik am Parteiwesen insgesamt handelt, zeigt leider ebenfalls der Blick auf die deutsche Geschichte. Wurzelt doch eine solch grundsätzliche Abneigung gegen die politischen Parteien und das Parteiwesen letztlich in dem Irrglauben an ein objektiv vorfindbares Allgemeinwohl, nach dem die Parteien als destruktive Vertreter von Partikularinteressen erscheinen, als die Spalter eines Volkswillens. Noch heute ist der Begriff "parteipolitisch" negativ besetzt, ebenso wie der der "Splitterpartei".[334] Kirchheimer sah die Ausbildung der "Catch-All-Party" als vorherrschenden Parteientyp in Europa als "Garant für staatliche Stablilität und Krisenfestigkeit"[335] und als solcher wird er auch heute noch gerne gesehen. Insbesondere da den kleinen Parteien in Deutschland noch heute das Image der demokratiefeindlichen Splitterpartei aus der Weimarer Republik anhängt. Haben Parteien in Deutschland seit jeher und bis heute keinen guten Ruf, so trifft dies in noch gravierender Weise auf die kleinen Parteien zu. Ihnen haftet per se der Verdacht des "[...] Querulanten- und Sektierertums an, das die Stabilität des demokratischen Systems der Bundesrepublik in Frage stellt"[336] und sie werden eher als ein "Störfall" für die parlamentarische Demokratie behandelt. Wie tief die "Angst vor den Splitterparteien" zu Beginn der

[333] Vgl. Jandura, *Kleinparteien in der Mediendemokratie* (Anm. 44), S. 29 f.

[334] Vgl. Köhler, *Parteien im Wettbewerb: Zu den Wettbewerbschancen nicht-etablierter politischer Parteien im Rechtssystem der Bundesrepublik Deutschland* (Anm. 14), S. 20

[335] Hofmann, *Annäherung an die Volkspartei: Eine typologische und parteiensoziologische Studie* (Anm. 32), S. 51

[336] Vgl. Dietsche, 'Eine "Renaissance" der kleinen Parteien? Zu den Entwicklungsmöglichkeiten kleiner Parteien im deutschen Volksparteiensystem' (Anm. 179), S. 60

Bundesrepublik saß, zeigt das folgende Zitat Konrad Adenauers von einer *CDU/CSU* Kundgebung im Heidelberger Schloss am 21.07.1949:

> "Die kleinen Parteien regen sich nun wieder. Wir Deutschen neigen ja etwas zur Eigenbrötelei, aber ich möchte Ihnen doch bezüglich der Splitterparteien folgendes sagen: Splitterparteien erreichen gewöhnlich das, was sie sich speziell zur Aufgabe gestellt haben, nicht, weil sie eben Splitterparteien bleiben, aber sie verhindern die Bildung von großen Regierungsmehrheiten, und sie verhindern durch ihr Dasein die Bildung einer großen konstruktiven Oppositionspartei. Ich meine, jeder etwas nachdenkende Wähler in Deutschland soll sich das einmal vor Augen halten; denn wir brauchen in Deutschland in einer so unendlich schweren Zeit eine führende Regierungsmehrheit und eine konstruktive Opposition [...]. Also, ich wiederhole: Möglichst wenig Splitterparteien, es schadet nur."[337]

Diese negative Sicht auf die "Splitterparteien" beeinflusste naturgemäß auch die politikwissenschaftliche Forschung, so vertraten beispielsweise auch Ferdinand A. Hermens und Dolf Sternberger in den 1950er Jahren die These, das Verhältniswahlrecht habe wesentlich zur Zersplitterung der Parteien und damit zum Scheitern der Weimarer Republik geführt.[338]. Dies mag auch eine Erklärung für die mangelnde Bereitschaft der Politikwissenschaft in den 1950er und 1960er Jahren sein, sich mit den kleinen Parteien auseinanderzusetzen. So schreibt etwa Richard Stöss 1975, dass angesichts "[...] der politischen Erfahrungen seit der Weimarer Republik [...] das vorrangige wissenschaftliche Interesse an demokratischen Fragestellungen, an Legitimations- und Integrationsproblemen im Zusammenhang mit der Entwicklung des Parteiensystems seine Berechtigung [haben mag] und es mag also verständlich sein, daß kleinere Parteien nur dann Beachtung finden, wenn sie eine potentielle Gefahr für die Stabilität des politischen Systems darstellen."[339] Eine objektivere Sicht auf die kleinen Parteien, welche auch deren positive Effekte für das Parteiensystem herausstellte, setzte sich erst später durch. Diese Aspekte wurden in dieser Arbeit bereits insbesondere anhand der speziellen Funktionen kleiner Parteien dargelegt. Jan Köhler fasst diese bildhaft zusammen, wenn er schreibt "Splitterparteien sollten nicht nur

[337] Zitiert nach Kurt Sontheimer, 'Für eine andere und bessere Politik', In: *Die Politische Meinung. Monatszeitschrift zu Fragen der Zeit*, 21. Jahrgang (1976):169, S. 45–52, S. 52

[338] Vgl. *Ferdinand A. Hermes: Demokratie oder Anarchie? Frankfurt a.M. 1951; Dolf Sternberger, Die große Wahlreform, Köln 1964.* Hier zitiert nach Wolfgang Rudzio, *Das politische System der Bundesrepublik Deutschland*, (Opladen: Leske + Budrich Verlag, ^{6}2003), S. 197

[339] Stöss, 'Zeitschrift für Parlamentsfragen 1975' (Anm. 5), S. 255

als Spalter der Gesellschaft und als Gefahr für die Stabilität der Parteidemokratie wahrgenommen werden. Sie können vielmehr auch als unbequemer Splitter im Gesäß der etablierten Parteien dienen, sobald diese auf komfortablen Parlamentsbänken zu breit und unbeweglich werden."[340] und der Arbeit von Dirk van den Boom verdanken wir, "[...] dass in der politikwissenschaftlichen Terminologie der mit negativen Konnotationen behaftete Begriff der „Splitterpartei“ kaum noch gebraucht wird."[341]

Doch während in der politikwissenschaftlichen Forschung mittlerweile ein Wechsel zu einer neutraleren Betrachtungsweise der kleinen Parteien stattfindet, gilt dies längst nicht für alle Disziplinen, die sich mit dieser Materie beschäftigen. So ist etwa die deutsche Rechtswissenschaft und auch die die Parteien direkt tangierende Rechtsprechung bis heute von einem "Weimarer Trauma" geprägt.[342] Auch in weiten Kreisen der Bevölkerung sind die kleinen Parteien meist mit bestimmten Vorurteilen belegt, so ist etwa das Klischee von "Extremisten" und "Verrückten" in den Kleinparteien weit verbreitet[343] Durch eine entsprechend undifferenzierte Berichterstattung der Medien werden diese Vorurteile und das damit verbundene negative "Ansehen" der kleinen Parteien weiter verstärkt.[344] Die Massenmedien sind die wichtigste Informationsquelle der Wähler über die Parteien und tragen so wesentlich zur öffentlichen Wahrnehmung der Parteien bei. Durch die immer größere Verbreitung verschiedenster Empfangsgeräte und neuer Medien mit neuen Möglichkeiten könnten zwar auch die kleinen Parteien profitieren, doch sind diese für die Parteien weder "kostenlose Informationsübermittler", noch haben Parteien einen Anspruch auf eine positive Berichterstattung. Die Botschaften und Themen, welche die Parteien vermitteln wollen, müssen sich auch gegen andere Informationen, sowohl von politischen, als auch von nicht-politischen Akteuren durchsetzen.[345] So mag es wenig verwundern, dass fast ausschließlich die etablierten Parteien, welche ja auch die Tagespolitik aktiv gestalten, sei es als Regierung oder als Opposition, im Fokus der Medien stehen. Neben diesen wird insbesondere den extremistischen Kleinstparteien ein im Vergleich zu den moderaten, verfassungstreuen Parteien geradezu unverhältnismäßig großer Platz in der Medienberichterstattung eingeräumt. Aus der Gruppe der "Sonstigen" werden neben den Extremisten noch die "Exoten" hervorgehboben. Diese Partei-

[340] KÖHLER, *Parteien im Wettbewerb: Zu den Wettbewerbschancen nicht-etablierter politischer Parteien im Rechtssystem der Bundesrepublik Deutschland* (Anm. 14), S. 46

[341] GUTLEBEN, 'Kleinparteien im Aufwind?' (Anm. 10), S. 1

[342] Vgl. KÖHLER, *Parteien im Wettbewerb: Zu den Wettbewerbschancen nicht-etablierter politischer Parteien im Rechtssystem der Bundesrepublik Deutschland* (Anm. 14), S. 133

[343] Vgl. VAN DEN BOOM, *Politik diesseits der Macht? Zu Einfluss, Funktion und Stellung von Kleinparteien im politischen System der Bundesrepublik Deutschland,* (Anm. 13), S. 221

[344] Vgl. beispielsweise RHEINISCHE POST / OPINIO REDAKTION, 'Die Aussichtslosen' (Anm. 281)

[345] Vgl. JANDURA, *Kleinparteien in der Mediendemokratie* (Anm. 44), S. 41

en besitzen meist eine seltsam anmutende und auffallende Programmatik, wodurch sie für die Medien interessant werden. Doch gerade diese Parteien sorgen für das schlechte Image der kleinen Parteien in der uninformierten Öffentlichkeit, weshalb die ernsthaften Kleinstparteien zumeist sehr deutlich versuchen, sich von den "Verrückten" unter ihnen abzugrenzen. Ein Beispiel für solch eine "exotische" Partei stellt die *Naturgesetz-Partei* dar, die bereits medienwirksam damit warb, alle Probleme der Welt durch Tausende "yogischer Flieger" lösen zu können und damit in breiten Bevölkerungskreisen eher Belustigung und Befremden auslöste.[346] Hinter solchen "Exoten" und den lautstark auftretenden Extremisten versinken die ernsthaft und verfassunggemäß agierenden Kleinstparteien in einer medialen Bedeutungslosigkeit. Über sie wird fast ausnahmslos bei besonderen Aktivitäten oder politischen Skandalen berichtet. Als Beispiele seien hier der plötzliche Medienrummel um die Bedeutung des *Südschleswigschen Wählerverband (SSW)* nach der Landtagswahl 2005 angeführt, wo die von der Fünf-Prozent-Klausel befreite Partei mit *SPD* und *Grünen* über die Tolerierung einer rot-grünen Minderheitsregierung verhandelte[347] oder die bereits an anderer Stelle angesprochene Volksabstimmung zum Rauchverbot in Bayern, welche von der *ÖDP* initiiert wurde.[348] Die *Piratenpartei* erlangte mediale Aufmerksamkeit durch die Mitgliedschaft des zunächst unter Verdacht des Besitzes von Kinderpornografie stehenden und später verurteilten, ehemaligen *SPD*-Bundestagsabgeordneten Jörg Tauss. Dieser trat inzwischen aus der Kleinstpartei aus, damit diese nicht durch eine "Tauss-Debatte" gelähmt werde.[349]

Auch muss bedacht werden, dass die kleineren Parteien aus Sicht der Großen eine lästige Konkurrenz darstellen, so dass durchaus auch machtpolitische Gründe dafür sprechen, öffentlich und medienwirksam auf die Gefahr des Extremismus und die negativen Erfahrungen aus der Weimarer Republik hinzuweisen.[350] Auch stellt die Fünf-Prozent-Hürde ein gern verwendetes Argument gegen die Wahl kleiner Parteien dar. Gerade in den letzten Wahlkämpfen, bei denen ein Kopf-an-Kopf-Rennen zwischen Rot-Grün auf der einen und Schwarz-Gelb auf der anderen Seite absehbar war, wendeten sich die etablierten Parteien an die Anhänger der ihnen programmatisch nahestehenden Kleinstparteien und riefen diese dazu auf, doch zum Wohle

[346] Vgl. van den Boom, *Politik diesseits der Macht? Zu Einfluss, Funktion und Stellung von Kleinparteien im politischen System der Bundesrepublik Deutschland,* (Anm. 13), S. 222

[347] Vgl. Spiegel online, *Koch wettert gegen SSW*, ⟨URL: `http://www.spiegel.de/politik/deutschland/0,1518,343773,00.html`⟩ – Zugriff am 19.08.2010

[348] Vgl. ders., 'Strenges Rauchverbot in Bayern' (Anm. 219)

[349] Vgl. Die Tageszeitung (30.05.2010), *Tauss ist raus*, ⟨URL: `http://www.taz.de/1/politik/deutschland/artikel/1/tauss-ist-raus/`⟩ – Zugriff am 19.08.2010

[350] Vgl. Neugebauer und Stöss, *Die PDS: Geschichte, Organisation, Wähler, Konkurrenten* (Anm. 112), S. 23

der gemeinsamen Sache lieber die Partei zu wählen, die es mit Sicherheit über die Fünf-Prozent-Hürde schafft. Gerade diese Art der Wahlwerbung kann für die Start- und Entwicklungschancen von Kleinstparteien tödlich sein.[351] Inhaltliche Argumente unterliegen hier den rein taktischen Erwägungen der etablierten Parteien und durch das mangelnde öffentliche Interesse und eine in den meisten Fällen kaum vorhandene Medienpräsenz, besteht für die betroffene Kleinstpartei auch keinerlei Möglichkeit für ein Gegenargumentation.

Neben einer allgemeinen Politik- und Parteienverdrossenheit, alten und neuen Vorurteilen sowie der mangelnden Aufmerksamkeit durch die Medien haben die kleinen Parteien in ihrer Öffentlichkeitsarbeit auch mit weitaus handfesteren Vorwürfen und Vorurteilen zu kämpfen.

Bezüglich der Werbung um Mitglieder und Wähler von Kleinstparteien wurden von Dirk van den Boom in Interviews u.a. folgende Hauptprobleme identifiziert:

Man erklärt sich zwar mit der Programmatik der Partei einverstanden, will aber erst aktiv mitarbeiten, wenn die Partei "schon etwas erreicht hat."

Ebenso kommt es vor, dass man die Ziele der Partei zwar durchaus unterstützt, der Organisation aber nicht zutraut, über die Fünf-Prozent-Hürde zu kommen und deshalb jede Stimme für sie als "verloren" ansieht.

Auch wird häufig ein politisches Engagement in einer nicht etablierten Partei prinzipiell als negativ oder müßig angesehen. Bezüglich der Parteimitglieder wurde auch eine "Bedienermetalität" beklagt, nach welcher die Parteimitglieder nur danach fragten, was denn die Partei für sie tun könne und die sich umgekehrt nicht für die Partei stark machten.[352]

Anhand der genannten Punkte zeigt sich deutlich, dass die kleinen Parteien in Deutschland durch ein traditionell schlechtes Ansehen, eine mangelnde Präsenz in den Medien und dem damit verbundenen geringen Bekanntheitsgrad innerhalb der Bevölkerung einen enormen Wettbewerbsnachteil besitzen. Zu diesem kommen noch die geringen Ressourcen und der Aspekt der mangelnden Attraktivität von bislang nicht erfolgreichen Organisationen bei der Mitgliederwerbung. Das negative Bild der kleinen Parteien in der Öffentlichkeit muss für den Erfolg einer Partei zunächst einmal überwunden werden und stellt somit eine wesentliche Hürde für eine mögliche Etablierung dar.

---

[351] Vgl. Köhler, *Parteien im Wettbewerb: Zu den Wettbewerbschancen nicht-etablierter politischer Parteien im Rechtssystem der Bundesrepublik Deutschland* (Anm. 14), S. 127 f.

[352] Vgl. van den Boom, *Politik diesseits der Macht? Zu Einfluss, Funktion und Stellung von Kleinparteien im politischen System der Bundesrepublik Deutschland,* (Anm. 13), S. 223 f.

5.3 Regionale Besonderheiten

Betrachtet man die einzelnen Bundesländer der Bundesrepublik Deutschland und vergleicht Bruttoinlandsprodukt je Einwohner und Arbeitslosenquote, so erkennt man auch 20 Jahre nach der Wiedervereinigung ein wirtschaftliches West-Ost-Gefälle und zusätzlich ein Süd-Nord-Gefälle.[353] Wie gewaltig die ökonomischen und sozialen Unterschiede in den einzelnen Bundesländern sind, zeigt die Armutsgefährdungsquote in den einzelnen Ländern. Während in Mecklenburg-Vorpommern knapp einem Viertel (24,3%) und in Sachsen-Anhalt gut einem Fünftel (21,5%) der Bevölkerung weniger als 60 Prozent des mittleren Einkommens in Deutschland zur Verfügung steht, trifft dies in den südlichen Bundesländern Baden-Württemberg (10,0%) und Bayern (11,0%) lediglich auf rund ein Zehntel zu.[354] Zudem bestehen beachtliche konfessionelle Unterschiede: Der Süden und Westen weisen den stärksten katholischen Anteil auf, während in den neuen Bundesländern der Anteil der Konfessionslosen mit 66 Prozent dominiert. In den übrigen Bundesländern bilden Protestanten die größte Gruppe.[355]

Derartige Unterschiede und unterschiedlich gewachsene historische Traditionen und Strukturen führten zu entsprechend unterschiedlichem Wahlverhalten. Es wurde bereits dargelegt, dass sich Parteien entsprechend gesellschaftlicher Konfliktlinien bilden und an diesen partizipieren können. So konnte etwa die klassische Konfliktdimension "Kapital gegen Arbeit" besonders im Ruhrgebiet verortet werden, wo die das Arbeitermilieu vertretende *SPD* entsprechende Erfolge verbuchen konnte. Auch wenn der Einfluss der *SPD* hier nicht mehr so ausgeprägt ist wie zu Zeiten der klassischen Industriegesellschaft, so gilt das Ruhrgebiet bis heute als "rot". Ansonsten ist die sozialdemokratische Partei in den protestantisch geprägten Gebieten Norddeutschlands traditionell stark. Dagegen ist in Bayern die *CSU* in fast allen Wahlbezirken die stärkste Partei, für die im übrigen Bundesgebiet agierende Schwesterpartei *CDU* verhält es sich in den anderen südlichen Bundesländern, wie Baden-Württember oder dem Saarland ebenso. Traditionell ist die *CDU* in ländlichen Gebieten mit überwieged katholischer Konfession stark. Dies gilt auch für Norddeutschland, etwa stellen in Niedersachsen die Kreise Emsland und Cloppenburg-Vechta *CDU*-Hochburgen dar,

---

353 Vgl. Rudzio, *Das politische System der Bundesrepublik Deutschland* (Anm. 338), S. 363

354 Vgl. Statistisches Bundesamt Deutschland, *Armutsgefährdung in den Bundesländern*, ⟨URL: `http://www.destatis.de/jetspeed/portal/cms/Sites/destatis/Internet/DE/Content/Publikationen/STATmagazin/Sozialleistungen/2009__06/PDF2009__06,property=file.pdf`⟩ – Zugriff am 20.09.2010

355 Vgl. Rudzio, *Das politische System der Bundesrepublik Deutschland* (Anm. 338), S. 363

wo diese regelmäßig mehr als 50 Prozent der Zweitstimmen verbuchen kann.[356]

Zudem existieren in der Bundesrepublik deutliche Unterschiede im Wahlverhalten zwischen den alten und den neuen Bundesländern. In den neuen Bundeländern entwickelte sich schnell ein Dreiparteiensystem aus *CDU, SPD* und *PDS/Die Linke* heraus und auch Rechtsaußenparteien wie *NPD* und *DVU* konnten hier bislang deutlich höhere Erfolge verbuchen als in den alten Bundesländern. Ökologische und liberale Parteien, inklusive der Kleinparteien *Bündnis 90/Grüne* und *FDP*, scheiterten dagegen zumeist an der Fünf-Prozent-Hürde. Dies wird zumeist darauf zurückgeführt, dass sich in der ehemaligen DDR kein postmaterialistisches Milieu wie in Westdeutschland herausbilden konnte. [357] Trotz ihres Ursprungs in der sozialistischen Staatspartei *SED* konnnte sich die *PDS* nach der Wiedervereinigung schnell zur politischen Repräsentantin der neuen Bundesländer aufschwingen und erreicht hier das Stimmenniveau der beiden Volksparteien. Bei der für die *SPD* katastrophal ausgehenden Bundestagswahl 2009 überflügelte sie diese sogar mit 26,4 zu 18,3 Prozent der Zweitstimmen. Die *CDU* lag mit 29,5 Prozent ebenfalls nur leicht über der *Linkspartei.* Generell lässt sich für die neuen Bundesländer eine weitaus geringere Parteiidentifikation und ein deutlich höheres Maß an Wechselbereitschaft feststellen als in den alten Bundesländern.[358]

Durch den föderalen Aufbau der Bundesrepublik und die Bedeutung von Landtagswahlen spielen diese regionalen Eigenarten eine besondere Rolle. Da die traditionellen Konfliktlinien an Bedeutung verloren haben, gelingt es den etablierten Parteien immer weniger, ihre Wähler über die klassischen "cleavages" zu mobilisieren. Eine Strategie liegt darin, die Interessenkonflikte zwischen den Bundesländern aufzunehmen und so alte Konfliktlinien wiederzubeleben.

Seit den 1990er Jahren lässt sich feststellen, dass der Parteienwettbewerb auf Landesebene vermehrt von der Frage dominiert wird, wer am besten die Interessen des Landes oder der Region vertritt. [359] Was bedeutet dies nun für die kleinen Parteien? Eine Kleinpartei kann leichter regionalistische Anliegen und Interessen aufnehmen und auf kommunaler und Landesebene vertreten als eine größere, national ausge-

---

356 Vgl. Bundeswahlleiter, *Wahlkreisergebnisse Niedersachsen,* ⟨URL: `http://www.bundeswahlleiter.de/de/bundestagswahlen/BTW_BUND_09/ergebnisse/wahlkreisergebnisse/103/`⟩ – Zugriff am 30.09.2010

357 Vgl. Eckhard Jesse, 'Das deutsche Parteiensystem nach der Europawahl 2004', In: Hans Zehetmair (Hrsg.), *Das deutsche Parteiensystem. Perspektiven für das 21. Jahrhundert,* (Wiesbaden: VS Verlag für Sozialwissenschaften, 2004), S. 14–27, S. 21

358 Vgl. ders., 'Das deutsche Parteiensystem nach der Europawahl 2004' (Anm. 357), S. 19

359 Vgl. Klaus Detterbeck und Wolfgang Renzsch, 'Symmetrien und Asymmetrien im bundesstaatlichen Parteienwettbewerb', In: Uwe Jun, Melanie Haas und Oskar Niedermayer (Hrsg.), *Parteien und Parteiensysteme in den deutschen Ländern,* (Wiesbaden: VS Verlag für Sozialwissenschaften, 2008), S. 37–53, S. 53

richtete Partei. Daher wurde oben bereits die Vertretung regionaler Interessen als "Marktlücke" in der Integrationskraft der Volksparteien genannt. Auch wenn eine kleine Partei nicht ausschließlich auf eine Region ausgerichtet ist, scheint eine Demonstration von "Bürgernähe" durch das Aufgreifen lokaler Themen durchaus lohnend. Doch auch die klassischen Konfliktlinien spielen noch eine Rolle, wenn auch nicht mehr die primäre. So besitzen beispielsweise die sozialistischen und kommunistischen Kleinstparteien wie *DKP* oder *MLPD* ihre Hochburgen zumeist ebenfalls im vom Arbeitermilieu geprägten Ruhrgebiet. Je nachdem, welche Klientel eine kleine Partei speziell ansprechen möchte, empfiehlt es sich so, ihren Wahlkampf auf diejenigen Bundesländer auszurichten, in denen die Zielklientel möglichst stark vertreten ist oder die traditionell stark mit dem eigenen ideologischen Hintergrund verbunden sind.

5.4 Institutionelle Rahmenbedingungen

Auch wenn die verfassungsgemäße Ordnung die formale Gleichheit aller Parteien garantiert und dies auch durch die Rechtsprechung des Bundesverfassungsgerichts untermauert wurde, so haben die zur Zeit der Gründung der Bundesrepublik noch präsenten Erfahrungen der Weimarer Republik dazu geführt, dass vor dieses Gleichheitsgebot das Ziel eines funktionsfähigen Parlaments und einer handlungsfähigen Regierung gesetzt wurde. Aus diesem Grunde wurden im Wahl- und Parteienrecht Bestimmungen festgeschrieben, welche die kleinen Parteien vorwiegend auf den vorparlamentarischen Raum beschränken sollen. Neu gegründete oder sich etablierende Kleinstparteien müssen daher auf ihrem Weg in die Parlamente eine Reihe an institutionellen Hürden überwinden. Diese schränken die Wettbewerbschancen kleiner Parteien gegenüber ihren etablierten Konkurrenten wesentlich ein und sollen daher im Folgenden kurz skizziert und erläutert werden.

5.4.1 Die Fünf-Prozent-Sperrklausel

Die wohl bekannteste Hürde für kleine Parteien stellt sicherlich die Fünf-Prozent-Sperr-klausel dar. Bei Bundestagswahlen muss eine Partei mindestens fünf Prozent der Zweitstimmen auf sich vereinen oder drei Direktmandate erhalten, um mit der ihrem Stimmenanteil entsprechenden Anzahl von Abgeordneten im Parlament vertreten zu sein. Durch diese Wahlrechtshürde wird die Anzahl der im Bundestag vertretenen Parteien gering gehalten und die großen Parteien zusätzlich begünstigt.[360]

[360] Vgl. ISMAYR, 'Das politische System Deutschlands' (Anm. 155), S. 463

Sie hat sich als wirksame Legalitätshürde gegen eine Fraktionierung des Parteiensystems erwiesen, doch geht ihre Wirkung über eine rein numerische Größenordnung deutlich hinaus und reicht auch in den psychologischen Bereich, wodurch sie sich unter anderem direkt auf Wahlentscheidungen auswirkt: Aufgrund der Sorge, die eigene Stimme könnte "verloren" geben, tendiert der Wähler eher zu den großen Parteien, wodurch ein Abstieg von Kleinparteien schnell besiegelt sein kann, bzw. das Aufkommen neuer Parteien erschwert wird.[361] Für einen rational vorgehenden, potentiellen Wähler einer Kleinstpartei kann es so sinnvoller erscheinen, sich lieber überhaupt nicht an der Wahl zu beteiligen, als seine Stimme einer Partei zu geben, die höchstwahrscheinlich an der Fünfprozenthürde scheitert.[362] Köhler merkt hierzu an, dass man angesichts der verbreiteten Hemmungen eine Kleinstpartei zu wählen, davon ausgehen kann, dass Parteien, die beispielsweise auf 4,5 Prozent gekommen und somit knapp an der Sperrklausel gescheitert sind, ohne die Existenz einer solchen Hürde deutlich höhere Ergebnisse erzielt hätten. Die von Kleinstparteien in der Bundesrepublik erreichten Ergebnisse können somit nicht dazu dienen, auf die Stärke dieser Gruppierungen in einem Wahlsystem ohne Fünfprozenthürde zu schließen[363] oder sie mit den Ergebnissen von Kleinstparteien in anderen Wahlsystemen zu vergleichen.

Die Folgen der Sperrklausel für Kleinstparteien reichen jedoch noch deutlich weiter. So sehen viele Bürger ein effektives Mitwirken an der politischen Willensbildung nur durch Mitgliedschaft und Mitarbeit in einer Partei gegeben, die sich bereits in den Parlamenten etabliert hat[364] und natürlich kann auch nur eine im Parlament vertretene Partei neben den Ämtern in der Partei auch Parlamentsmandate vergeben. Einer nicht etablierten Partei fehlen so beträchtliche Anreize für die Mitgliedergewinnung und Mitgliedermotivation.

Weiterhin spielt die Fünf-Prozent-Sperrklausel auch eine bedeutende Rolle für die Öffentlichkeitswahrnehmung einer kleinen Partei. In einem Parlament vertreten zu sein bedeutet für eine kleine Partei weit mehr als die reine Beteiligung am Gesetzgebungsprozess. Im Parlament vertretene Parteien erhalten quasi automatisch die Aufmerksamkeit der Medien und damit einen größeren Bekanntheitsgrad bei potentiellen Wählern, was die Chancen auf eine eventuelle Wiederwahl und Etablierung der Partei steigen lässt. Scheitert eine Partei dagegen an der Sperrklausel, bleibt ihr der Zugang zur "politischen Bühne" weitere vier Jahre verwehrt und sie muss mit

---

361 Vgl. Rudzio, *Das politische System der Bundesrepublik Deutschland* (Anm. 338), S. 200

362 Vgl. Köhler, *Parteien im Wettbewerb: Zu den Wettbewerbschancen nicht-etablierter politischer Parteien im Rechtssystem der Bundesrepublik Deutschland* (Anm. 14), S. 127

363 Vgl. ders., *Parteien im Wettbewerb: Zu den Wettbewerbschancen nicht-etablierter politischer Parteien im Rechtssystem der Bundesrepublik Deutschland* (Anm. 14), S. 127

364 Vgl. Uwe Stoklossa, *Der Zugang zu den politischen Parteien im Spannungsfeld zwischen Vereinsautonomie und Parteienstaat*, Band 2, Schriften zum Parteienrecht, (Baden-Baden: Nomos, 1989), S. 40

großem Aufwand mediengerechte Anlässe schaffen, um im politischen Wettbewerb überhaupt wahrgenommen zu werden.[365]

Das deutsche Wahlrecht lässt allerdings zwei Ausnahmen von der Sperrklausel zu: Zunächst sind Direktmandate, die ein Kandidat durch Erststimmenmehrheit in einem Wahlkreis erhält, von der Fünfprozenthürde nicht betroffen. So war die PDS nach der Bundestagswahl 2002 mit zwei Abgeordneten, die in Berliner Wahlkreisen direkt gewählt wurden, im Bundestag vertreten, obwohl die Partei bundesweit weniger als fünf Prozent der Zweitstimmen erhalten hatte.[366] Doch unterscheiden sich hier die Regelungen in den einzelnen Bundesländern leicht. So erhält etwa bei Landtagswahlen in Bayern der Kandidat mit den meisten Erststimmen im Wahlkreis das Direktmandat nur dann, wenn seine Partei auch die Fünf-Prozent-Hürde überwunden hat.[367]

Eine weitere Ausnahme von der Sperrklausel gilt bei Bundestagswahlen und den Landtagswahlen in einigen Bundesländern für Parteien, die nationale Minderheiten in der Bevölkerung vertreten.[368] Eine Minderheitenpartei nimmt so stets am Verhältnis–ausgleich teil, ohne die Sperrklausel zu überwinden oder Direktmandate zu gewinnen. Für Bundestagswahlen bedeutet dies, dass eine Minderheitenpartei bereits mit ca. 0,2 Prozent der Zweitstimmen in den Bundestag einziehen kann.[369] In der politischen Praxis spielte diese Ausnahmeregelung auf Bundesebene bisher allerdings keine große Rolle, was nicht zuletzt auf die geringe Anzahl an Wahlberechtigten, die sich einer der anerkannten nationalen Minderheiten in Deutschland zurechenen sowie auf die regionale Begrenztheit dieser Bevölkerungsgruppen und damit ihrer Partei, zurückzuführen ist. Beispielsweise leben in Brandenburg und Sachsen zusammen etwa 60.000 Sorben, selbst wenn alle diese Angehörigen der sorbischen Minderheit wahlberechtigt wären und geschlossen eine sie vertretende Partei wählen würden, könnte die erforderliche Stimmenzahl für einen Sitz im Bundestag nicht erreicht werden.[370]

---

[365] Vgl. Köhler, *Parteien im Wettbewerb: Zu den Wettbewerbschancen nicht-etablierter politischer Parteien im Rechtssystem der Bundesrepublik Deutschland* (Anm. 14), S. 128 f.

[366] Vgl. Neu, 'Linkspartei.PDS (Die Linke)' (Anm. 114), S. 318

[367] Vgl. Martin Fehndrich et al., *Landtagswahlrecht: Bayern*, ⟨URL: `http://www.wahlrecht.de/landtage/bayern.htm`⟩ – Zugriff am 03.03.2010

[368] §6 VI S. 2 Bundeswahlgesetz

[369] Vgl. Köhler, *Parteien im Wettbewerb: Zu den Wettbewerbschancen nicht-etablierter politischer Parteien im Rechtssystem der Bundesrepublik Deutschland* (Anm. 14), S. 147

[370] Vgl. ders., *Parteien im Wettbewerb: Zu den Wettbewerbschancen nicht-etablierter politischer Parteien im Rechtssystem der Bundesrepublik Deutschland* (Anm. 14), S. 150

Auf Länderbene sind die Chancen einer solchen Partei natürlich erheblich größer. Allerdings sind entsprechende Regelungen nur in Sachsen und Schleswig-Holstein für Landtagswahlen vorgesehen.[371]

Die Minderheitenklausel führt naturgemäß zu enormen Abgrenzungs- und Definitionsproblemen und stellt eine "ungerechtfertigte Durchbrechung der Chancengleichheit der Parteien sowie des Grundsatzes der Wahlgleichheit dar."[372] Nicht nur, dass es so theoretisch möglich wird, dass eine Partei mit 4,9 Prozent der Zweitstimmen unberücksichtigt bleibt, während eine Minderheitenpartei bereits mit etwa 0,2 Prozent der Zweitstimmen in den Bundestag einziehen kann, es gibt auch keine allgemein akzeptierte Definition einer "nationalen Minderheit". Was bezüglich der Minderheitenparteien unter einer "nationalen Minderheit" verstanden wird, ergibt sich jedoch klar aus der entsprechenden Rechtsprechung. Das Bundesverfassungsgericht hat hierzu allerdings klargestellt, dass mit einer nationalen Minderheit "die deutsche Staatsangehörigkeit mit fremder Volkszugehörigkeit"[373] verbunden sei. Weiterhin wurde in der Rechtsprechung darauf hingewiesen, dass nationale Minderheiten im Sinne des Parteienrechts traditionell in Deutschland heimisch und in hier angestammten Siedlungsgebieten leben müssen. Somit stellen beispielsweise deutsche Staatsbürger mit Migrationshintergrund keine nationalen Minderheiten im Sinne des Bundeswahlgesetzes dar.[374] Für die Bundesrepublik Deutschland wurden im Rahmen der Umsetzung des *Rahmenübereinkommens des Europarates zum Schutz nationaler Minderheiten vom 1. Februar 1995* die "Dänen deutscher Staatsangehörigkeit" und die "Angehörigen des Sorbischen Volkes" ausdrücklich als nationale Minderheiten herausgestellt. Unter das Rahmenabkommen fallen zudem die Volksgruppen der Friesen und der Sinti und Roma, diese werden aber nicht explizit als nationale Minderheiten bezeichnet.[375]

Das Minderheitenprivileg könnte somit nur einer Partei, welche offenkundig die spezifischen Interessen dieser Bevölkerungsgruppen vertritt, zukommen. Derzeit fällt ausschließlich der *Südschleswigsche Wählerverband (SSW)*, welcher die Interessen der dän–ischen und friesischen Minderheiten unter den deutschen Staatsbürgern im Norden Schleswig-Holsteins vertritt, unter diese Regelungen. Ein Versuch eine "Partei

---

[371] Vgl. MARTIN FEHNDRICH et al., *Parteien nationaler Minderheiten*, ⟨URL: `http://www.wahlrecht.de/lexikon/minderheiten.html`⟩ – Zugriff am 03.08.2010

[372] KÖHLER, *Parteien im Wettbewerb: Zu den Wettbewerbschancen nicht-etablierter politischer Parteien im Rechtssystem der Bundesrepublik Deutschland* (Anm. 14), S. 147

[373] BVerfGE 6,84 (98)

[374] Vgl. KÖHLER, *Parteien im Wettbewerb: Zu den Wettbewerbschancen nicht-etablierter politischer Parteien im Rechtssystem der Bundesrepublik Deutschland* (Anm. 14), S. 149

[375] Vgl. Bundesgesetzblatt (BGBl) 1997 II, S. 1406.

der nationalen Minderheit der Wenden"[376] zu etablieren, scheiterte 2002 am Bundeswahlausschuss. Die Partei *Weisse Liga* konnte weder ihr Selbstverständnis als Partei einer nationalen Minderheit der Wenden, noch ihre Verankerung innerhalb dieser Bevölkerungs–gruppe glaubhaft belegen.[377]

5.4.2 Parteienfinanzierung

Parteien erhalten eine staatliche Teilfinanzierung für ihre Tätigkeiten und die Erfüllung der oben vorgestellten Aufgaben. Maßstäbe und Höhe der Finanzierung regelt Paragraph 18 des Parteiengesetzes. Dort heißt es: "Maßstäbe für die Verteilung der staatlichen Mittel bilden der Erfolg, den eine Partei bei den Wählern bei Europa-, Bundestags- und Landtagswahlen erzielt, die Summe ihrer Mitglieds- und Mandatsträgerbeiträge sowie der Umfang der von ihr eingeworbenen Spenden."[378] Kleinstparteien werden hier gleich mehrfach hart getroffen. Durch ihre geringe Mitgliederzahl und die spärlichen Wahlerfolge erhalten sie auch nur eine sehr geringe staatliche Finanzierung. Verstärkend wirkt sich hier zudem noch ein Nebeneffekt der Fünf-Prozent-Hürde aus, denn mit jeder Stimme, die eine Partei aufgrund der Fünf-Prozent-Hürde verliert, verliert sie auch Geld für den nächsten Wahlkampf, welches stattdessen zusammen mit der Stimme der bereits etablierten Konkurrenz zugute kommt. Die erreichten Stimmen einer Partei haben zudem auch Einfluss darauf, ob diese überhaupt in den Genuss einer staatlichen Finanzierung kommt, denn Sperrklauseln gibt es nicht nur im Wahlrecht, sondern auch bezüglich der Parteienfinanzierung. So haben nur solche Parteien einen Anspruch auf staatliche Teilfinanzierung, die bei der jeweils letzten Europa- und Bundestagswahl mindestens 0,5 Prozent oder bei einer Landtagswahl 1,0 Prozent der für die Listen abgegebenen, gültigen Stimmen erreicht haben.[379] Eine Kleinstpartei, die an diesen Hürden scheitert, geht leer aus. Das Geld würde in diesem Fall nicht etwa in der Staatskasse verbleiben, sondern wird an ihre erfolgreicheren Konkurrenten ausgezahlt, denen damit weitere Ressourcen für Aktivitäten im politischen Wettbewerb zur Verfügung stehen.[380]

Durch diese Ausgestaltung der Parteienfinanzierung wird es neuen Parteien und Kleinstparteien deutlich erschwert in Parlamente einzuziehen, den bereits in Parlamenten vertretenen Parteien gestattet die staatliche Finanzierung dagegen, sich

[376] Die Bezeichnungen "Wenden" und "Sorben" bezeichnen dieselbe nationale Minderheit.

[377] Vgl. Köhler, *Parteien im Wettbewerb: Zu den Wettbewerbschancen nicht-etablierter politischer Parteien im Rechtssystem der Bundesrepublik Deutschland* (Anm. 14), S. 151

[378] Bundesministerium der Justiz, 'Gesetz über die politischen Parteien' (Anm. 26), §18 I Satz 2

[379] Vgl. ders., 'Gesetz über die politischen Parteien' (Anm. 26), §18 III Nr. 1 und Nr. 3

[380] Vgl. Köhler, *Parteien im Wettbewerb: Zu den Wettbewerbschancen nicht-etablierter politischer Parteien im Rechtssystem der Bundesrepublik Deutschland* (Anm. 14), S. 130

besser auf den nächsten Wahlkampf vorzubereiten und so in den Parlamenten zu bleiben, bzw. sich dort zu etablieren. Hier ist dieselbe Intention wie bei der Fünfprozenthürde ersichtlich, denn auch durch die Regelungen zur Parteienfinanzierung wird die Anzahl der im Bundestag vertretenen Parteien gering gehalten und die großen Parteien werden zusätzlich begünstigt.[381] Weiter verstärkt wird dies durch die Obergrenze der staatlichen Parteienfinanzierung von 133 Millionen Euro im Jahr. Je weniger Empfänger es gibt, desto größer werden die jeweiligen Anteile der Parteien. Folglich besitzen die Parlamentsparteien ein weiteres gemeinsames Interesse, die Zahl der Konkurrenten möglichst klein zu halten.[382] [383]

5.4.3 Weitere institutionelle Wettbewerbshürden für kleine Parteien

Neben der Fünf-Prozent-Hürde und den Regelungen zur Parteienfinanzierung sehen die Vorschriften des Wahl- und Parteienrechts noch weitere Einschränkungen vor, die verhindern, dass nicht-etablierte Parteien gleiche Wettbewerbsbedingungen vorfinden.[384] Ein ausführliches Eingehen auf diese würde hier zu weit führen, vor allem da die dahinterstehenden Motive bereits in meinen Ausführungen zur Wahrnehmung kleiner Parteien in der Öffentlichkeit angesprochen wurden und durch die hier dargelegten Beispiele Intention und Wirkung des deutschen Parteienrechts auf die kleinen Parteien ausreichend deutlich werden. Jedoch möchte ich die beiden Regelungen, die einer Etablierung am wirksamsten entgegenstehen, folgend kurz skizzieren, sie ergeben sich insbesondere aus der Auslegung der jeweiligen Gesetzestexte in der Rechtsprechung und der politischen Praxis.

Die Anerkennung als Partei Die Kandidatur einer kleinen Partei kann bereits vor einer Wahl, nicht nur aus finanziellen, sondern auch aus formalen Gründen scheitern. Um sich zur Wahl zu stellen, muss die Partei zunächst einen Wahlvorschlag beim zuständigen Wahlleiter oder Wahlausschuss einreichen und die Organisation muss von diesem als Partei anerkannt werden. Der erste Grund, aus dem die Kandidatur noch scheitern kann liegt somit darin, dass der zuständige Wahlleiter oder

[381] Vgl. Ismayr, 'Das politische System Deutschlands' (Anm. 155), S. 463

[382] Vgl. Köhler, *Parteien im Wettbewerb: Zu den Wettbewerbschancen nicht-etablierter politischer Parteien im Rechtssystem der Bundesrepublik Deutschland* (Anm. 14), S. 55

[383] Siehe hierzu auch meine Ausführungen zur öffentlichen Wahrnehmung der kleinen Parteien.

[384] Ausführlich hierzu Köhler, *Parteien im Wettbewerb: Zu den Wettbewerbschancen nicht-etablierter politischer Parteien im Rechtssystem der Bundesrepublik Deutschland* (Anm. 14), S. 78 - 227

Wahlausschuss den Parteistatus der sich bewerbenden Organisation nicht anerkennt. In der Bundesrepublik gibt es bisher kein staatliches Anerkennungs- oder Registrierungsverfahren, welches den Parteistatus verbindlich festlegt. Dies führt zu einer erheblichen Rechtsunsicherheit für Kleinstparteien, da eine Vielzahl an staatlichen Behörden über ihren Status entscheidet. Zunächst der Bundeswahlausschuss, die Finanzbehörden und gegebenenfalls die Verbotsbehörden.[385] Hinzu kommt, dass die für die Entscheidung zugrundegelegten Kriterien einen erheblichen Interpretationsspielraum zulassen und sich dadurch nicht für jeden Bewerber als gleich und überprüfbar erweisen.[386] Gemäß § 2 I des Parteiengesetzes ist eine Vereinigung nur dann als Partei anzusehen, „[...] wenn sie nach dem Gesamtbild der tatsächlichen Verhältnisse, insbesondere nach Umfang und Festigkeit ihrer Organisation, nach der Zahl ihrer Mitglieder und nach ihrem Hervortreten in der Öffentlichkeit eine ausreichende Gewähr für die Ernsthaftigkeit [...]“[387] ihres Anspruches bietet. Umfang und Festigkeit der Organisation können durch das Bestehen von Untergliederungen mit eigener Parteiarbeit, regelmäßige Mitgliederversammlungen, Beschäftigung von Personal etc. nachgewiesen werden. Noch problematischer für kleine Parteien erweist sich die Praxis bei der Auslegung der weiteren Kriterien: So lässt eine geringe Mitgliederzahl nach Ansicht des Bundesverfassungsgerichts zumeist auf eine mangelnde “Ernstlichkeit der politischen Zielsetzungen schließen”, bezüglich des “Hervortretens in der Öffentlichkeit” wird darauf abgestellt, dass die Partei im öffentlichen Leben “präsent” ist und “nachhaltige Resonanz” als politische Partei findet.[388] Hier muss also zumindest eine umfassende Öffentlichkeitsarbeit nachgewiesen werden, was zum Beispiel durch die Herausgabe von parteieigenen Publikationen in großer Auflage geschehen kann.[389] Konkrete Vorgaben, etwa darüber, ab wann die Mitgliederzahlen nicht mehr als gering eingestuft werden, gibt es nicht. Aus der Praxis der Rechtsanwender ergibt sich aber, dass eine Landespartei mit 30 Mitgliedern als “unbedeutend” eigestuft wurde, 430 Mitglieder noch immer als “gering”und 1887 als “nicht völlig unbedeutend”.[390] Auch kann eine Partei ihren Status gemäß § 2 II des Parteiengesetzes wieder verlieren,

[385] Vgl. Köhler, ‘Nicht-etablierte Parteien: Funktionen und Rechtsfragen’ (Anm. 192), S. 53

[386] Vgl. Wiebke Wietschel, *Der Parteibegriff. Zur verfassungsrechtlichen und verfassungspolitischen Funktion des Parteibegriffs unter besonderer Berücksichtigung der Verbotsproblematik.* (Baden-Baden: Nomos, 1996), S. 174 ff.

[387] Vgl. Bundesministerium der Justiz, ‘Gesetz über die politischen Parteien’ (Anm. 26), § 2 Absatz 1

[388] Zitiert nach Köhler, *Parteien im Wettbewerb: Zu den Wettbewerbschancen nicht-etablierter politischer Parteien im Rechtssystem der Bundesrepublik Deutschland* (Anm. 14), S. 92 f.

[389] Vgl. ders., *Parteien im Wettbewerb: Zu den Wettbewerbschancen nicht-etablierter politischer Parteien im Rechtssystem der Bundesrepublik Deutschland* (Anm. 14), S. 93

[390] Vgl. ders., *Parteien im Wettbewerb: Zu den Wettbewerbschancen nicht-etablierter politischer Parteien im Rechtssystem der Bundesrepublik Deutschland* (Anm. 14), S. 92 f.

wenn sie sechs Jahre an keiner Land- oder Bundestagswahl teilnimmt. Bedenkt man hier, dass eine neugegründete Partei zunächst weitgehend unbekannt ist, wird deutlich, welch Organisations- und Werbeaufwand notwendig ist, um diese erste Hürde zu meistern und im rechtlichen Sinne als Partei anerkannt zu werden.

Das Sammeln von Unterstützerunterschriften Auch wenn die Parteieigenschaft einer Kleinstpartei positiv festgestellt worden ist, ist sie im weiteren Wahlverfahren mit den größeren Parteien keineswegs gleichgestellt, denn das Einreichen einer Landesliste ist mit einem Unterschriftenquorum verbunden.[391] Gemäß §§ 27 I, 18 II des Bundeswahlgesetzes muss jede Partei, die im Deutschen Bundestag oder einem Landtag seit deren letzter Wahl nicht auf Grund eigener Wahlvorschläge ununterbrochen mit mindestens fünf Abgeordneten vertreten war, ihre Landesliste von einem Tausendstel der Wahlberechtigten des Landes bei der letzten Bundestagswahl, jedoch höchstens 2000 Wahlberechtigten, persönlich und handschriftlich unterzeichnen lassen. Die Zahl der erforderlichen Unterschriften variiert also je nach Art der Wahl und Größe des Wahlgebiets. Will eine Kleinstpartei bundesweit antreten, so muss sie pro Bundesland und Liste zwischen circa 500 und 2000 Unterschriften sammeln, was etwa 28000 nachzuweisende Unterstützerunterschriften für eine Bundestagswahl ergibt.[392] Natürlich kann die Partei auch nur mit einer Landesliste (entsprechend zwischen 500 un 2000 Unterschriften) oder einem Direktkandidaten (200 Unterschriften) antreten - mit einem entsprechenden Ergebnis. Für den Antritt bei Europawahlen sind 4000 Unterschriften notwendig, womit diese Hürde recht moderat ausfällt. Bezüglich der für den Antritt bei Landtags- und Kommunalwahlen zu leistenden Unterschriften unterscheiden sich die einzelnen Bundesländer stark voneinander. Für den Antritt zur Bürgerschaftswahl in Hamburg sind gerade einmal 500 Unterschriften notwendig, für die Stadtratswahlen in München mehr als tausend.[393]

Dieses Sammeln von Unterstützerunterschriften wird von den kleinen Parteien als enorme Belastung empfunden, wird es doch zu einer Art Dauerbeschäftigung für sie.[394] Auch muss bedacht werden, dass die Unterstützerunterschriften zu einem Zeitpunkt besorgt werden müssen, zu dem die Partei in der Bevölkerung kaum bekannt ist, entsprechend wenige Mitglieder besitzt und zumeist auch über keine bedeutenden

---

391 Vgl. Köhler, *Parteien im Wettbewerb: Zu den Wettbewerbschancen nicht-etablierter politischer Parteien im Rechtssystem der Bundesrepublik Deutschland* (Anm. 14), S. 153

392 Vgl. ders., *Parteien im Wettbewerb: Zu den Wettbewerbschancen nicht-etablierter politischer Parteien im Rechtssystem der Bundesrepublik Deutschland* (Anm. 14), S. 153

393 Vgl. van den Boom, *Politik diesseits der Macht? Zu Einfluss, Funktion und Stellung von Kleinparteien im politischen System der Bundesrepublik Deutschland,* (Anm. 13), S. 215

394 Köhler, *Parteien im Wettbewerb: Zu den Wettbewerbschancen nicht-etablierter politischer Parteien im Rechtssystem der Bundesrepublik Deutschland* (Anm. 14), S. 153

finanziellen Ressourcen verfügt, die großangelegte Infoveranstaltungen zur Akquirierung der Unterschriften ermöglichen könnten. Von diesem Unterschriftenquorum sind die Parteien anerkannter nationaler Minderheiten wiederum ausgenommen.

Weitere Vorschriften Die Vorschriften zur Rechenschaftslegung politischer Parteien wurden insbesondere durch Parteispendenaffären immer wieder von den Medien aufgegriffen. Bei der Ausgestaltung der Rechenschaftspflicht politischer Parteien wurden die kleinen Parteien anscheinend vollkommen außer Acht gelassen, da sie den tatsächlichen Verhältnissen, insbesondere bei den Kleinstparteien, in keiner Weise gerecht werden. Die Umsetzung dieser Regelungen kann ohne professionelle Mitarbeiter kaum bewältigt werden. Angesichts der im Grundgesetzt festgeschriebenen Parteigründungsfreiheit erscheint es doch fragwürdig, von ehrenamtlichen Parteigründern bereits in der Anfangsphase ihrer Partei Rechenschaftsberichte zu verlangen, deren Ausgestaltung vertiefte Kenntnisse in Buchführung und Rechnungswesen verlangt. Zumal eine solche Partei weder über Macht, noch über öffentliche Finanzmittel verfügt, die einen solchen Kontroll- und Sanktionsbedarf rechtfertigen würden.[395]

Auch reine Ordnungsvorschriften können einen Nachteil für kleine Parteien darstellen. Beispielsweise richtet sich die Reihenfolge der Parteien auf den Stimmzetteln nach ihren Erfolgen bei der letzten Bundestagswahl, alle Parteien, die an dieser nicht teilgenommen haben, folgen in alphabetischer Reihenfolge. Neue Parteien und wenig erfolgreiche Kleinstparteien müssen also erst "umständlich" gesucht werden, so dass die innerparlamentarischen Parteien einen "gewissen psychologischen Vorteil"[396] genießen.

5.5 Parteiensystemwandel und Repräsentationslücken

Parteien nehmen eine Vermittlerrolle zwischen Staat und Gesellschaft ein, doch sicherlich werden die Parteien durch die Gesellschaft wesentlich mehr beeinflusst als umgekehrt. Das deutsche Parteiensystem ist durch die gesellschaftlichen Veränderungen der letzten Jahrzehnte in Bewegung geraten, beispielhaft seien hier der Trend zu Individualisierung und die damit einhergehende mangelnde Bereitschaft zu dauerhaften Organisationsbindungen genannt. Ein weiteres gewichtiges Beispiel stellen

[395] Vgl. Köhler, 'Nicht-etablierte Parteien: Funktionen und Rechtsfragen' (Anm. 192), S. 52 ff.

[396] Ders., 'Nicht-etablierte Parteien: Funktionen und Rechtsfragen' (Anm. 192), S. 55

technologische Entwicklungen dar: So haben neue und immer leistungsstärkere Möglichkeiten in der Kommunikationstecnhnologie, wie Internet und Mobilfunk, die gesellschaftlichen Kommunikationsmuster grundlegend verändert. Auch die soziokulturelle Trendforschung des Sinus-Instituts konstatiert einen "tiefgreifenden Wandel der Sozialstrukturen und in der Folge auch der Soziokultur."[397] Die Parteien müssen sich diesen Veränderungen anpassen, wodurch sich die Parteistrukturen und das Parteiensystem ebenfalls verändern.[398]

Da gerade die letzten Jahrzehnte eine umfassende Veränderung der gesellschaftlichen und politischen Strukturen mit sich gebracht haben, dürfen diese Veränderungen in einer umfassenden Betrachtung der Situation kleiner Parteien nicht fehlen. In der Politikwissenschaft führten und führen diese Veränderungen zu einer stark kontroversen Debatte über die Zukunft der Parteien und des Parteiensystems. Stellen die Veränderungen für die eine Seite eine "Krise der Parteien" dar, die so weitreichend ist, dass den Volksparteien und sogar dem Typus der Mitgliederpartei an sich bereits ihr Ende bescheinigt wurde, sehen andere hier einen Wandel, der schlicht eine weitere Anpassung, der sich in ihrer Geschichte bereits als sehr wandlungsfähig erwiesenen Parteien erfordert.[399]

Die politischen und gesellschaftlichen Veränderungen sowie die um sie geführte Debatte über die Zukunft des deutschen Parteiensystems sind für die vorliegende Arbeit von besonderer Bedeutung, denn eine sinkende Integrationskraft der etablierten Parteien wäre gleichbedeutend mit neuen "Marktlücken" und Chancen für eine Etablierung von Klein- und Kleinstparteien. Daher bilden im folgenden Abschnitt die großen Parteien und die Faktoren, die möglicherweise zu einer sinkenden Integrationskraft führen könnten den Schwerpunkt. Zudem möchte ich die wesentlichen Positionen der Debatte um die Zukunft der Volksparteien kurz darlegen und mögliche Konsequenzen für die kleinen Parteien herausstellen.

Die einschneidendsten Veränderungen des deutschen Parteiensystems können bereits anhand von drei exemplarisch aufgeführten Größen - Vertrauen, Mitglieder, Wähler–attraktivität - welche zu den tieferen Ursachen noch gar nicht vorstoßen, umfassend dargestellt werden.[400]

---

397 SINUS INSTITUT / SINUS SOCIOVISION GMBH, *Deutschland hat sich verändert,* ⟨URL: `http://www.sinus-institut.de/sinus-news/year/2010/month/08/backPid/67/news/deutschland-hat-sich-veraendert.html`⟩ – Zugriff am 20.09.2010

398 Vgl. ANDERSEN, 'Parteien – zentrale Akteure des politischen Systems' (Anm. 23), S. 5

399 Für eine aktuelle Bestandsaufnahme der Diskussion vergleiche beispielsweise *Andersen, Uwe (Hrsg.): Parteien in Deutschland. Krise oder Wandel? Schwalbach/Ts.: Wochenschau Verlag, 2009.*

400 Vgl. OBERREUTER, 'Parteiensystem im Wandel –Haben die Volksparteien Zukunft?' (Anm. 51), S. 43

Das Vertrauen der Bevölkerung in die politischen Institutionen wird regelmäßig in Meinungsumfragen erfasst. Während Anfang der 1980er Jahre noch jeder Zweite den Parteien ein hohes Maß an Vertrauen entgegenbrachte, fiel dieser Wert zwischen 1995 und 2005 von 41 auf 17 Prozent. Beiden großen Volksparteien trauen bis zu 40 Prozent der Befragten keine Problemlösungskompetenzen zu, wobei dieser Wert je nach Politikfeld schwankt.[401] Aus den Daten der allgemeinen Bevölkerungsbefragung ALLBUS lässt sich weiter erkennen, dass die politischen Parteien ein deutlich geringeres Vertrauen in der Bevölkerung genießen als beispielsweise die Medien. Bei der Befragung von 2008 gaben 10,9 Prozent der Befragten in Westdeutschland und 17 Prozent in Ostdeutschland an, den politischen Parteien keinerlei Vertrauen entgegenzubringen und auch insgesamt weisen die Ergebnisse eine deutliche Schiefe hin zu einem geringen Vertrauen auf.[402] Bezüglich ihrer Einstellungen zu den politischen Parteien gibt es demnach beträchtliche Unterschiede zwischen den Befragten aus alten und neuen Bundesländern, doch lässt sich hier auch generell ein klarer Vertrauensverlust der deutschen Bevölkerung in die politischen Parteien erkennen. In der heutigen Mediengesellschaft reichen medienwirksame Skandale, wie etwa der Spenden- und Schwarzgeldskandal in der *CDU* aus, um eine breite Parteienkritik und ein generelles Misstrauen in die Politikerklasse aufkommen zu lassen.[403]

Betrachtet man die Mitgliederentwicklung bei *SPD* und Union, so hat die *SPD* seit 1990 etwa 40 Prozent ihrer Mitglieder verloren. Bei der *CDU* beträgt der Mitgliederschwund etwa ein Drittel. Die *CSU* hält sich dagegen mit einem Rückgang von 10 Prozent relativ stabil, steht dabei allerdings auch unter ungleich besseren politisch-kulturellen und gesellschaftlichen Bedingungen. [404] Im Juli 2008 war die Mitgliederzahl der "Arbeiterpartei" *SPD* erstmals unter die der *CDU* gefallen.[405]

Eine deutliche Schwäche zeigt auch die Betrachtung der Wahlergebnisse der letzten Bundestagswahlen für die Volksparteien. Konnten diese bei der Bundestagswahl 1994 noch 77,9 Prozent der Stimmen auf sich vereinigen, so waren es 2005 keine 70 Prozent mehr und bei der Bundestagswahl vom 27. September 2009 mussten die die

[401] Vgl. Oberreuter, 'Parteiensystem im Wandel –Haben die Volksparteien Zukunft?' (Anm. 51), S. 43

[402] Vgl. Michael Terwey und Stefan Baltzer, *Datenhandbuch ALLBUS 2008*, (Köln und Mannheim: GESIS, 2009), S. 49

[403] Vgl. Jürgen W. Falter, 'Politik als Inszenierung. Ein Essay über die Problematik der Mediendemokratie in 24 Punkten', In: *Parteien in der Mediendemokratie* (Wiesbaden: Westdeutscher Verlag, 2002), S. 420–430, S. 429

[404] Vgl. Oberreuter, 'Parteiensystem im Wandel –Haben die Volksparteien Zukunft?' (Anm. 51), S. 43

[405] Vgl. Süddeutsche Zeitung vom 25.07.2008, *Es war einmal die Volkspartei*, ⟨URL: `http://www.sueddeutsche.de/politik/cdu-mit-mehr-mitgliedern-als-die-spd-es-war-einmal-die-volkspartei-1.588525`⟩ – Zugriff am 12.09.2010

Unionsparteien schließlich ihr schlechtestes Ergebnis seit 1953 hinnehmen. Die *SPD* fiel sogar auf ihren historischen Tiefstwert von lediglich 23 Prozent. Aktuelle Umfragen sehen die Volksparteien wieder etwas stärker, doch erreichen sie zusammen auch hier lediglich zwischen 60 und 64 Prozent (die Angaben schwanken je nach Umfrageinstitut).[406] Der Blick auf die Wahlergebnisse zeigt zudem, dass insbesondere die etablierten Kleinparteien und begrenzt auch die nicht etablierten Kleinstparteien die Profiteure des Stimmenverlustes der beiden Volksparteien sind. Bedenkt man nun, dass die beiden Volksparteien 1969 zusammen noch fast 90 Prozent der Wählerstimmen auf sich vereinigen konnten und es mit *Bündnis 90/Die Grünen* und der *Linken* seither zwei neuen Parteien gelang, sich dauerhaft im Parlament zu etablieren, so könnte die aktuelle "Schwäche" der Volksparteien auf eine zunehmende Fragmentierung des deutschen Parteiensystems hinweisen, welche neue Möglichkeiten für die Etablierung von Kleinparteien bieten.

Heinrich Oberreuter fasst diese Ergebnisse treffend zusammen: Die "Großen" sind auf dem Weg, "[...] nur noch 60 Prozent der Wähler binden zu können. [...] Das Potential der "Kleinen" tendiert dagegen zu "35 Prozent + X"".[407]

Bundestagswahl		1976	1987	1998	2002	2005	2009
Wahlbeteiligung		90,7	84,3	82,2	79,1	77,7	70,8
Stimmenanteil	SPD+Union	91,2	81,3	76,0	77,0	69,4	56,8
Anteil Wahlberechtigte [408]	SPD	38,3	30,9	33,2	30,1	26,2	16,1
	CDU	34,2	28,7	23,0	23,1	21,2	19,0
	CSU	9,6	8,2	5,5	7,0	5,6	4,6
	Gesamt	82,1	67,8	61,7	60,2	53,0	39,6

Tabelle 2: Nachlassende Bindungskraft der Volksparteien

Wahlergebnisse und Mitgliederzahlen sind jedoch nur triviale Indikatoren für den Wandel der deutschen Parteien und des Parteiensystems, da sich Anzahl und Struktur der Wähler sowie die ganze Art der Verankerung von Parteien in der Gesellschaft verändert haben.[409] Während sich im internationalen Vergleich die Wahlbeteiligung

[406] Vgl. Martin Fehndrich et al., *Sonntagsfrage Bundestagswahl*, ⟨URL: `http://www.wahlrecht.de/umfragen/index.htm`⟩ – Zugriff am 16.08.2010

[407] Oberreuter, 'Parteiensystem im Wandel –Haben die Volksparteien Zukunft?' (Anm. 51), S. 44

[408] Quelle der Daten: Ders., 'Parteiensystem im Wandel –Haben die Volksparteien Zukunft?' (Anm. 51), S. 44, ergänzt durch eigene Berechnungen.

[409] Vgl. Ulrich von Alemann und Tim Spier, 'Deutsche Parteien unter veränderten Rahmenbedingungen', In: Uwe Andersen (Hrsg.), *Parteien in Deutschland. Krise oder Wandel?* (Schwalbach: Wochenschau Verlag, 2009), S. 39–61, S. 39 f.

in der Bundesrepublik bis in die 1980er Jahre hinein auf einem sehr hohem Niveau bewegte, nimmt die Bedeutung von Nichtwählern und Protestwählern seither stetig zu. Bei dieser Gruppe handelt es sich vor allem um Personen, die mit dem politischen System, den etablierten Parteien und deren Politik unzufrieden sind.[410] So ist die Wahlbeteiligung bei Bundestagswahlen von 82,2 Prozent im Jahre 1998 auf 70,8 Prozent in 2009 stetig gesunken. Als Hauptmotiv wurde hierzu in Umfragen zumeist geäußert, dass es keine Partei gäbe, welche die Interessen der befragten Person angemessen vertete (Vor der Bundestagswahl 2009 waren sogar 81 Prozent der befragten Nichtwähler dieser Ansicht).[411]

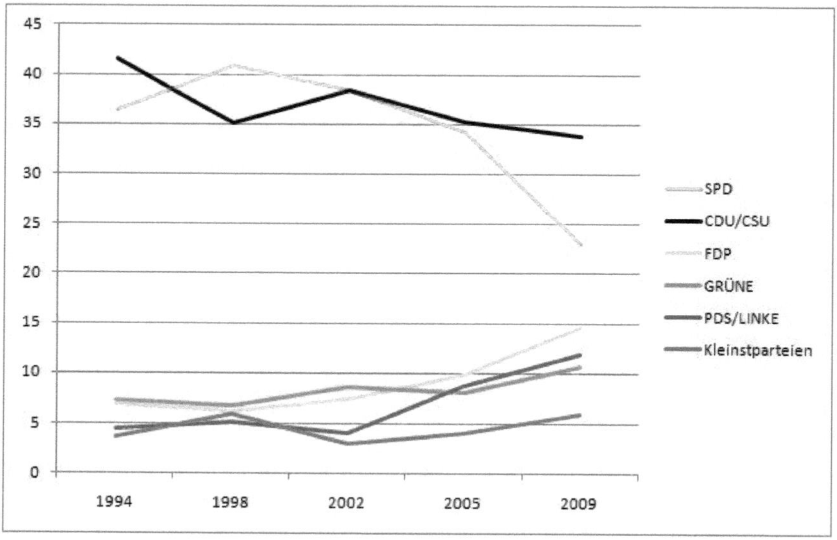

Abbildung 1: Wahlergebnisse der Bundestagswahlen 1994 - 2009

Auch die gesellschaftlichen Rahmenbedingungen für Parteien haben sich in Bezug auf die dem Parteienwettbewerb zugrundeliegenden Konfliktlinien (s.o.) grundlegend verändert. Zum einen wandelten sich die einstigen gesellschaftlichen Großgruppen: Machten Arbeiter in den 1950er Jahren noch mehr als die Hälfte der Erwerbstäti-

410 Vgl. Eva Wenzel und Hans Rattinger, 'Nichtwähler und Protestwähler: Eine strategische Größe des Parteiensystems?' In: Hans Zehetmair (Hrsg.), *Das deutsche Parteiensystem. Perspektiven für das 21. Jahrhundert*, (Wiesbaden: VS Verlag für Sozialwissenschaften, 2004), S. 28–44, S. 43

411 Vgl. Neu, 'Bundestagswahl in Deutschland am 27. September 2009. Wahlanalyse', S. 11

gen aus, betrug ihr Anteil um das Jahr 2000 lediglich rund ein Drittel.[412] In der Struktur der Erwerbstätigen ist eine deutliche Verschiebung vom primären und sekundären hin zum tertiären Wirtschaftssektor eingetreten, wodurch das klassische Arbeitermilieu aufgebrochen ist. Auch lässt sich eine erhebliche Abschwächung der Bindungskraft der Kirchen feststellen.[413] Neben diesen gesellschaftlichen Aspekten, welche die klassischen Konfliktlinien in Deutschland deutlich veränderten, lässt sich auch eine generell abnehmende Prägekraft von Gruppenzugehörigkeiten und sozialen Positionen auf das Wahlverhalten feststellen.[414] Für diese Veränderungen wird, neben dem Fehlen der gesellschaftlichen Konfliktstrukturen, um welche sich die traditionellen Milieus einst bildeten, üblicherweise eine zunehmende Individualisierung in der Gesellschaft verantwortlich gemacht.[415] Insbesondere die "Herauslösung aus historisch vorgegebenen Sozialformen und -bindungen im Sinne traditionaler Herrschafts- und Versorgungszusammenhänge" sowie der Verlust von traditionalen Sicherheiten kennzeichnet diese Entwicklung. Dies führt dazu, dass die Menschen aus den Sicherheiten, die mit der Industriegesellschaft zunachst gegeben waren sowie aus den traditionalen Standardlebensformen freigesetzt werden. Jedoch laufen diese gesellschaftlichen Veränderungen deutlich schneller ab, als das institutionelle System zu entsprechenden Veränderungen im Stande ist. Das System folgt somit noch einer älteren Logik, während die Individuallagen durch eine hohe Pluralisierung von Rollen gekennzeichnet sind, welche nur noch zum Teil den Erwartungen der Institutionen entsprechen, wodurch auch die traditionellen Parteien an Attraktivität verlieren, da immer weniger Bürger ihre individuellen Lebenslagen und Probleme von den Parteien repräsentiert sehen. Dies führt zu einer Abkehr, insbesondere der jüngeren Wähler, von den traditionellen Parteien und eine schwächer werdende Bereitschaft, Mitglied in einer solchen zu werden. Die Treue der Wähler zu ihren Parteien hat abgenommen, so dass sich diese stärker als bisher um ihre Wähler bemühen müssen.[416]

Diese gesellschaftlichen Veränderungen lassen sich besonders gut anhand der Wahlergebnisse der letzten 15 Jahre veranschaulichen, denn hier kam es zur Abwahl zweier Regierungen in weniger als zehn Jahren. Das ist so bedeutend, da bis 1998 in der Bundesrepublik ausschließlich Koalitionswechsel zu Regierungswechseln geführt hat-

---

[412] Vgl. von Alemann und Spier, 'Deutsche Parteien unter veränderten Rahmenbedingungen' (Anm. 409), S. 43

[413] Vgl. Neu, 'Bundestagswahl in Deutschland am 27. September 2009. Wahlanalyse', S. 16

[414] Vgl. Harald Schoen, 'Wahlsoziologie', In: Viktoria Kaina und Andrea Römmele (Hrsg.), *Politische Soziologie. Ein Studienbuch*, (Wiesbaden: VS Verlag für Sozialwissenschaften, 2009), S. 181–208, S. 198 f.

[415] Vgl. hierzu Ulrich Beck, *Risikogesellschaft. Auf dem Weg in eine andere Moderne*, (Frankfurt am Main: Suhrkamp, 1986)

[416] Vgl. Heiko Biehl, *Parteienmitglieder im Wandel. Partizipation und Repräsentation*, (Wiesbaden: VS Verlag für Sozialwissenschaften, 2005), S. 19

ten, so dass sich hier erhebliche Verschiebungen in den Mehrheitsverhältnissen auf der Wählerebene widerspiegeln. Das Abschneiden der *SPD* bei den Wahlen seit der Wiedervereinigung zeigt es eindrücklich: Sie begann 1990 mit 33.5 Prozent, steigerte sich bis 1998 auf knapp 41 Prozent, büßte bis 2005 wieder rund sieben Prozentpunkte ein und stürzte 2009 auf ihren historischen Tiefstwert von 23 Prozent ab. Damit ist die SPD nach einem zwischenzeitlichen Höhenflug unter das Niveau von 1990 zurückgefallen.[417] Diese Verschiebungen in den Stimmenanteilen deuten auf erhebliche Bewegung im deutschen Elektorat hin, welche von Hans Rattinger und Harald Schoen auf ihr Ausmaß und ihre Konstanz hin untersucht wurde. Sie kamen zu dem Ergebnis, dass das Ausmaß der Wechselwähler bisher deutlich unterschätzt wurde, denn mindestens die Hälfte der Befragten entschied sich bei den vier betrachteten Wahlen zwischen 1994 und 2005 für mindestens zwei verschiedene Parteien, wobei in einigen Fällen die Nichtwahl als Durchgangsstation zwischen zwei Parteien diente. Die klassischen, parteitreuen Stammwähler bilden in beiden Landesteilen lediglich noch eine Minderheit von einem Drittel im Westen und einem Fünftel im Osten.[418]

Ursache bzw. Verstärkung des sozialen Wandels sind die wachsende Internationalisierung und Globalisierung der Ökonomie, welche zunehmend die Gestaltungsmöglichkeiten nationaler Politik beschränken und sie der ökonomischen und politischen Logik der Weltwirtschaft unterwerfen. Diese Logik steht dabei der des parteipolitischen Wettbewerbs entgegen, welcher vornehmlich um die Zustimmung der Bürger zur nationalen Politik geführt wird, da sich durch die Wähler unmittelbar betreffende und einfach nachzuvollziehende Themen die meisten Stimmen gewinnen lassen. Doch der Spagat zwischen globalen Problemen und wahlwirksamen, nationalen Lösungen zwingt die Parteien zu riskanten Gratwanderungen.[419]

So sind die Wirtschaftskraft und die daraus entstandene Lebensqualität sowie das Sozialsystem einem Großteil der Deutschen am wichtigsten und dienen auch in besonderem Maße der Identifizierung mit der Bundesrepublik.[420] Doch um gerade diese

---

[417] Vgl. Hans Rattinger und Harald Schoen, 'Ein Schritt vorwärts und zwei zurück? Stabiles und wechselndes Wahlverhalten bei den Bundestagswahlen 1994 bis 2005', In: Oscar W. Gabriel, Bernhard Wessels und Jürgen W. Falter (Hrsg.), *Wahlen und Wähler: Analysen aus Anlass der Bundestagswahl 2005*, (Wiesbaden: VS Verlag für Sozialwissenschaften, 2009), S. 78–102, S. 78

[418] Vgl. ders., 'Ein Schritt vorwärts und zwei zurück? Stabiles und wechselndes Wahlverhalten bei den Bundestagswahlen 1994 bis 2005' (Anm. 417), S. 100

[419] Vgl. Gerhard Hirscher, 'Parteiendemokratie in Deutschland -Bestandsaufnahme und Perspektiven', In: Hans Zehetmair (Hrsg.), *Das deutsche Parteiensystem. Perspektiven für das 21. Jahrhundert*, (Wiesbaden: VS Verlag für Sozialwissenschaften, 2004), S. 9–13, S. 9 f.

[420] Vgl. Wolfgang Bergem, 'Identität', In: Martin Greiffenhagen und Sylvia Greiffenhagen (Hrsg.), *Handwörterbuch zur politischen Kultur der Bundesrepublik Deutschland*, (Wiesbaden: VS Verlag für Sozialwissenschaften, ^{2}2002), S. 192–200, S. 194 f.

für viele Menschen wesentlichen Bereiche zu erhalten und auszubauen, sind heute umfangreiche Reformen notwendig geworden, da genau hier die ökonomischen und gesellschaftlichen Veränderungen, wie ein zunehmender internationaler Wettbewerb und demographischer Wandel, ansetzen. Die Notwendigkeit umfangreicher Reformen in gerade diesen Bereichen lässt sich nicht verleugnen und auch den meisten Wählern dürfte deutlich sein, dass eine Rückkehr zu früheren Verhältnissen unmöglich ist, dennoch sind diese Maßnahmen stets mit Einschnitten verbunden, welche schnell Wählerstimmen kosten können.[421] Wohl prominentestes Beispiel ist hier das von Gerhard Schröder kurfristig vorgelegte wirtschafts- und sozialpolitische Reformprogramm "Agenda 2010". Die *SPD* galt vielen seit jeher als "Partei der sozialen Gerechtigkeit", weswegen ihr derartige Reformen schwer angekreidet wurden. Durch diesen "Ruck in die politische Mitte" war weder für Anhänger, noch für viele Parteimitglieder erkennbar, welche Vorstellungen die Partei vom zukünftigen Sozialstaat noch hatte und was sie überhaupt grundlegend von den Unionsparteien unterschied.[422] Innerhalb der *SPD* kam es daher zu erheblichen Turbulenzen, vermehrten Parteiaustritten und einer starken Kritik und Distanz von Seiten der Gewerkschaften, einem traditionell äußerst wichtigen Partner der *SPD*. Die Durchführung notwendiger Reformen mit dem Parteienwettbewerb in Einklang zu bringen, ist zu einer schwierigeren Aufgabe für Regierungsparteien geworden und eröffnet damit neue Angriffsflächen für Oppositionsparteien.

So lassen sich einige gute Argumente für die "Niedergangsthese" finden: ein stetiger Rückgang der Mitgliederzahlen und der Loyalitäten, die damit einhergehende, sinkende Verankerung der Parteien in der Gesellschaft und eine generelle Skepsis jüngerer Generationen gegenüber Großorganisationen, was zu einem Überalterungsproblem führt, welches durch die demographische Entwicklung weiter verstärkt wird.[423] Peter Lösche resümiert "Das Zeitalter der Volksparteien kommt zu seinem Ende, diese sind gesellschaftlich, politisch und historisch überholt"[424] Hier zeigt sich deutlich, dass die Volksparteien durch die genannten Entwicklungen dazu gezwungen werden, neue Strategien zu entwickeln, um weiterhin eine zentrale oder sogar dominante Stellung

---

[421] Vgl. Hirscher, 'Parteiendemokratie in Deutschland -Bestandsaufnahme und Perspektiven' (Anm. 419), S. 9

[422] Vgl. Uwe Jun, 'Sozialdemokratische Partei Deutschlands', In: Frank Decker und Viola Neu (Hrsg.), *Handbuch der deutschen Parteien*, (Wiesbaden: VS Verlag für Sozialwissenschaften, 2007), S. 381–399, S. 398

[423] Vgl. Jun und Kreikenbom, 'Nicht nur im Schatten der Macht. Zur Situation kleiner Parteien im deutschen Parteiensystem' (Anm. 37), S. 13

[424] Lösche, 'Aus Politik und Zeitgeschichte, Nr. 51, 2009' (Anm. 305), S. 6

im staatlichen Entscheidungsprozess und in der gesellschaftlichen Interessenartikulation einnehmen zu können.[425]

Aufgrund dieser Befunde wird in der politischen Soziologie sowie der Parteien- und Wahlforschung bereits seit längerem ein "schleichender Niedergang der Massenmitgliederpartei in den letzten 20 Jahren"[426] sowie eine generelle Abnahme von Parteiidentifikation bzw. Loyalitätsbezeugungen konstatiert, woraus ein Wandel der vorherrschenden Parteitypen folgt.[427] Laut Peter Lösche wird der der Typus der Volkspartei abgelöst von der professionalisierten Partei mit hauptamtlichen Mitarbeitern.[428] Susan Scarrow konstatiert für die westlichen Mediendemokratien eine "Americanization of party life", welche mit einem "complete end of locally rooted, membership-based, organizing" einhergehe.[429] Doch nicht nur aus der Wissenschaft, sondern selbst von prominenten Vertretern aus der Parteipraxis werden Zweifel am Fortbestand der bisher erfolgreichen Volks- und Mitgliederparteien geäußert. So kommt etwa Karlheinz Blessing, welcher von 1991 bis 1993 Bundesgeschäftsführer der *SPD* war, zu der Ansicht, die "Existenzberechtigung der Mitgliederpartei" sei hinfällig geworden, denn da die bisherigen Anreize Parteimitglied zu werden, derart an Wirksamkeit eingebüßt haben, sei die Mitgliederpartei in der heutigen Form nicht aufrechtzuerhalten.[430] Solcherart Aussagen zum Ende der bisher erfolgreichen Parteitypen ließen sich beliebig fortführen und noch dazu durch zahlreiche Fundstellen aus der internationalen Parteienliteratur ergänzen.

Die Niedergangsthese wird von der breiten Mehrheit der Parteienliteratur und bemerkenswerterweise von Vertretern unterschiedlichster Denkschulen geteilt und insbesondere in der deutschsprachigen Literatur werden kaum Einwände gegen sie laut. Einigkeit besteht hier über die auch in dieser Arbeit dargelegten gesellschaftlichen Entwicklungen, so dass vielmehr die Fortentwicklung des Parteiensystems und der vorherrschenden Parteitypen Anstoß für Debatten bringt. Beispielsweise stimmt etwa

[425] Vgl. Uwe Jun, 'Politische Parteien als Gegenstand der Politischen Soziologie', In: Viktoria Kaina und Andrea Römmele (Hrsg.), *Politische Soziologie. Ein Studienbuch*, (Wiesbaden: VS Verlag für Sozialwissenschaften, 2009), S. 235–265, S. 240

[426] Ders., 'Politische Parteien als Gegenstand der Politischen Soziologie' (Anm. 425), S. 235

[427] Vgl. ders., 'Politische Parteien als Gegenstand der Politischen Soziologie' (Anm. 425), S. 235

[428] Vgl. Süddeutsche Zeitung vom 25.07.2008, 'Es war einmal die Volkspartei' (Anm. 405)

[429] Vgl. Susan E. Scarrow, 'Parties without Members? Party Organisations in a Changing Electoral Environment.' In: Russel J. Dalton und Martin P. Wattenberg (Hrsg.), *Parties without Partisans. Political Change in Advanced Industrial Democracies.* (Oxford: Oxford University Press, 2000), S. 79–101, S. 79 f.

[430] Vgl. Karlheinz Blessing, 'Abschied von der Mitgliederpartei. Die Zukunft liegt in punktuellen und themenbezogenen Allianzen.' In: Hans-Peter Bartels und Matthias Machnig (Hrsg.), *Der rasende Tanker. Analysen und Konzepte zur Modernisierung der sozialdemokratischen Organisation.* (Göttingen, 2002), S. 90–100, S. 98 f.

Ulrich Eith den genannten Symptomen zu, sieht aber die Strukturiertheit des Wählermarktes als deutlich unterschätzt und die strategischen Handlungen der Parteiführungen sowie mangelnde Profile bei den führenden Köpfen als eigentlichen Grund für das veränderte Wahlverhalten an. Zwar zeige der Aufstieg der *Grünen* und der *PDS/Linken*, dass durch das Aufkommen neuer sozialer Bewegungen und durch die Wiedervereinigung neue Konfliktlinien hinzugekommen sind, was jedoch nichts am Weiterbestehen der alten ändere. Durch das Fünf-Parteien-System mit seinen für die Wähler kaum kalkulierbaren Koalitionsmöglichkeiten und schwammigen Profilen bei den Spitzenkandidaten der Volksparteien, bei denen niemand mehr weiß, "[...] wohin die politische Reise führen soll"[431], sei es zu den Verlusten der großen Parteien gekommen.[432]

Neben der Zukunft der beiden Volksparteien dreht sich die Debatte insbesondere um die genannt These, dass das Konzept der Mitgliederpartei am Ende sei. Hier ist die Notwendigkeit einer möglichst großen Zahl von Parteimitgliedern und der Stellenwert der innerparteilichen Beteiligung in der Forschung heftig umstritten.[433] Die Kritiker sehen hier vermehrt einen Anpassungs- statt eines Niedergangsprozesses und relativieren die konstatierten Folgen des drastischen Mitgliederschwundes. So seien selbst 1,5 Millionen in Parteien organisierte Mitglieder noch zu viele für ein Ende der Mitgliederpartei durch physische Auflösung. Selbst wenn in der Bundesrepublik von den aktuell 62,2 Millionen Wahlberechtigten weniger als eine Million in politischen Parteien organisiert wären, würde dies nicht zwingend das "Ende" dieses Parteientypus bedeuten.[434] Auch werden Parteimitglieder als Geldquelle, Wahlkampfhelfer und insbesondere für die demokratische Legitimierung der Parteien weiterhin benötigt.[435] Doch unabhängig von der Debatte um die Zukunft der großen Parteien lässt sich klar festhalten, dass das deutsche Parteiensystem in Bewegung geraten ist und auf den Parteien ein enormer Anpassungsdruck an veränderte gesellschaftliche Rahmenbedingungen lastet.

---

[431] Eith, 'Politische Studien, Nr. 425, Bd. 60, 2009' (Anm. 113), S. 22

[432] Vgl. ders., 'Politische Studien, Nr. 425, Bd. 60, 2009' (Anm. 113), S. 19 ff.

[433] Vgl. Andreas Kiessling, 'Politische Kultur und Parteien in Deutschland Sind die Parteien reformierbar?' In: *Aus Politik und Zeitgeschichte*, 10 (2001), S. 29–37, S. 32

[434] Vgl. Elmar Wiesendahl, *Mitgliederparteien am Ende? Eine Kritik der Niedergangsdiskussion*, (Wiesbaden: VS Verlag für Sozialwissenschaften, 2006), S. 172

[435] Vgl. ders., *Mitgliederparteien am Ende? Eine Kritik der Niedergangsdiskussion* (Anm. 434), S. 176

Eine Schwäche der großen Parteien und ihrer Integrationskraft bedeutet natürlich direkte Vorteile für Kleinparteien, weshalb ich folgend die Bedeutung der Veränderungen des Parteiensystems für die kleinen Parteien darlegen möchte. Ganz im Sinne dieser Arbeit bringen Volker Kronenberg und Tilman Mayer die aktuelle Situation auf den Punkt: Nach dem "Superwahljahr 2009" zeige der demoskopische Befund, "[...] dass die großen Parteien in Deutschland nie kleiner und die kleinen Parteien nie größer waren als derzeit [...]".[436] Doch die Situation der im Bundestag vertretenen Parteien änderte sich bereits mit dem Ausgang der Bundestagswahl vom 18. September 2005, denn von 1953 bis zu diesem Zeitpunkt waren Zweierbündnisse aus einer großen und einer kleinen Partei immer möglich gewesen.[437] Erstmals in der Geschichte der Bundesrepublik konnten die alt-etablierten Parteilager keine Regierung bilden, so dass über neue Koalitionsformen wie Dreierbündnisse aus einer großen und zwei kleinen Parteien oder über die große Koalition beider Volksparteien spekuliert wurde, zu welcher es dann, trotz heftiger Polarisierung beider Parteien gegeneinander im vorhergehenden Wahlkampf, tatsächlich kam. Solch eine große Koalition wird aber aus demokratietheoretischen Gründen als problematisch angesehen. Auf Länderebene trat diese Entwicklung bisher nicht in gleichem Maße auf, doch lässt sich bei einzelnen Wahlen in den letzten Jahren ein ähnliches Bild erkennen:

Im Februar 2005 wurde der *Südschleswigsche Wählerverband (SSW)* durch ein Machtpatt der beiden Großparteien *CDU* und *SPD* rechnerisch zum "Zünglein an der Waage" für eine regierungsfähige Mehrheit im Landtag.

Am 17. September 2006 erreichte bei der Landtagswahl in Mecklenburg-Vorpommern die *SPD* 30,2 Prozent und die *CDU* 28,8 Prozent der gültigen Stimmen, was zu einer großen Koalition unter Führung der *SPD* führte. Beide Parteien hatten drastische Verluste im Vergleich zur vorhergehenden Wahl 2002 hinnehmen müssen, die *SPD* sogar über 10 Prozent. Hiervon profitierten die kleinen Parteien: Alle etablierten Kleinparteien legten leicht zu, besonders *FDP* und *NPD*, welchen der Einzug in den Landtag gelang, wodurch aus dem bisherigen Dreiparteiensystem ein Fünfparteiensystem wurde. Die *Grünen* scheiterten trotz leichter Stimmengewinne an der Fünf-Prozent-Hürde.[438]

Die Landtagswahl vom 27.01.2008 in Hessen brachte erneut eine Pattsituation der beiden Volksparteien mit sich. Hier war die *Linkspartei* erstmals in Westdeutschland in ein Landesparlament eingezogen, wodurch keine der bisher angestrebten

---

[436] KRONENBERG und MAYER, 'Vorwort der Herausgeber' (Anm. 84), S. 7

[437] Die große Koalition von 1966 bis 1969 war durch das Ausscheiden der FDP aus der vorhergehenden Koalition mit der CDU und nicht durch das Wahlergebnis entstanden.

[438] Vgl. BUNDESWAHLLEITER, *Ergebnisse der jeweils letzten Landtagswahlen*, ⟨URL: `http://www.bundeswahlleiter.de/de/landtagswahlen/ergebnisse/`⟩ – Zugriff am 20.08.2010

Regierungskonstellationen eine Mehrheit fand. Auch die zum Zeitpunkt dieser Arbeit jüngste Landtagswahl vom Juni 2010 in Nordrhein-Westfalen entwickelte sich ebenfalls zum Koalitionspoker, da sowohl auf *SPD*, als auch auf die *CDU* die gleiche Anzahl an Sitzen entfiel, was nach gescheiterten Koalitionsgesprächen mit *FDP* und *Linken* zu einer Rot-Grünen Minderheitsregierung führte. Die "Auflösung der herkömmlichen Koalitionsmuster"[439] oder eine über die alten Lager hinausgehende Flexibilität der Wähler[440] scheint seit 2005 wahrscheinlicher geworden zu sein, was neue Koalitionsformen ermöglicht, wodurch insbesondere die etablierten Kleinparteien profitieren und sich auch neue Möglichkeiten für Kleinstparteien ergeben könnten. Denn tatsächlich ist auch der Stimmenanteil der unter "Sonstige" zusammengefassten Parteien zugleich, insbesondere bei Landtags- und Europawahlen, deutlich angestiegen.[441]

Ob und inwieweit diese Entwicklungen die Etablierungschancen kleiner Parteien dauerhaft verbessern, bleibt allerdings fraglich. Die aufgezeigten Zugewinne der kleinen Parteien könnten ebenso als Reaktion auf die Große Koalition von 2005 bis 2009 gedeutet werden, da mit diesem Koalitionstyp eine Annäherung der beiden Parteien und der Zwang zu Kompromisslösungen einhergeht, was vom Wähler häufig als Verlust der ideologischen Identität der eigenen Partei empfunden wird. Die Integrationskraft der Volksparteien sinkt, was wiederum die kleinen Parteien erstarken lässt.[442] So lässt sich durchaus der sprunghafen Anstieg der Wahlergebnisse der drei Kleinparteien und der Gruppe der sonstigen Kleinstparteien zwischen 2005 und 2009 erklären, nicht jedoch die bereits zuvor nachweisbare, stetig sinkende Bindungskraft der beiden Volksparteien. Die sich hier auswirkenden Veränderungen im Wahlverhalten und der Sozialstruktur zeigen sich besonders in der generell zunehmenden Zahl an Nicht- und Protestwählern sowie der Abkehr insbesondere jüngerer Wähler von den beiden großen Parteien. Doch diese Veränderungen begünstigen ebenfalls nicht zwingend dauerhafte Etablierungen weiterer kleiner Parteien. Zwar könnte ein Aufgreifen des aufgekommenen Protestpotentials und eine spezifische Ansprache der von den Volksparteien enttäuschten Wähler erfolgsversprechend sein. Doch kann es sich hier allenfalls um kurzfristige Erfolge handeln, denn es darf nicht übersehen werden, dass die kleinen Parteien ebenfalls von den gesellschaftlichen Veränderungen betroffen sind. Gerade die erhöhte Flexibilität und geringe Parteitreue der Wähler sprechen dafür, dass sich diese nach kurzer Zeit ebenfalls enttäuscht von einer kleineren Partei

---

439 Eckhard Jesse, 'Parteiensystem im Wandel? Das deutsche Parteiensystem vor und nach der Bundestagswahl 2005', In: Derselbe und Roland Sturm (Hrsg.), *Bilanz der Bundestagswahl 2005. Voraussetzungen, Ergebnisse, Folgen*, (Wiesbaden: VS Verlag für Sozialwissenschaften, 2006), S. 21–41, S. 22

440 Vgl. Neu, 'Politische Studien, Nr. 425, Bd. 60, 2009' (Anm. 173), S. 26

441 Vgl. Decker, 'Parteiendemokratie im Wandel' (Anm. 3), S. 30 f.

442 Vgl. Neu, 'Landtagswahlen in Sachsen, Thüringen, dem Saarland, Brandenburg und Schleswig-Holstein 2009', S. 3

abwenden, wenn diese keine höheren Problemlösungskompetenzen als die Volksparteien aufweist. Die zukünftige Integrationskraft von *SPD* und *CDU* hängt davon ab, wie gut und wie schnell sich die beiden Parteien den veränderten gesellschaftlichen Rahmenbedingungen anpassen können. Beide Volksparteien haben sich in den letzten Jahren zunehmend einander angenähert, was in der *SPD* zur Abspaltung der *WASG* führte und sich in der *CDU* an der momentan geführten Debatte um ihr konservatives Profil äußert. Sollte dieser Trend anhalten und beide Parteien weiterhin einzig um den Medianwähler konkurrieren, so wird ein weiteres Absinken des auf die Volksparteien entfallenden Stimmenanteils und ein entsprechendes Erstarken kleiner Parteien die Folge sein.[443]

[443] Vgl. Eith, 'Politische Studien, Nr. 425, Bd. 60, 2009' (Anm. 113), S. 22

6 Zwischenfazit: Chancen und Möglichkeiten kleiner Parteien in Deutschland

Die vorhergehende, ausführliche Betrachtung der Situation kleiner Parteien in Deutschland zeigt deutlich, dass die Funktion der institutionellen Hürden weit über die Sicherstellung klarer Regierungsmehrheiten hinausgeht. Der Effekt der Sperrklausel, welche in einer Vielzahl von Demokratien mit Verhältniswahlrecht als adäquates Mittel zur Erzeugung klarer Regierungsmehrheiten verwendet wird, gewinnt in Deutschland durch eine gegen kleine Parteien gerichtete Grundhaltung, nicht nur in der Bevölkerung sondern auch in der voherrschenden Praxis von Politik und Rechtsprechung zusätzliches Gewicht. Regine Roemheld stellt in ihrer Habilitationsschrift "Minorisierung als Herrschaftssicherung zur Innovationsfähigkeit des westdeutschen Parteiensystems" heraus, dass seit Beginn der Bundesrepublik eine Bestandsgarantie des politischen Systems oberste Priorität besaß, auch wenn diese mit der Chancengleichheit aller Parteien im Widerspruch steht. Weiter vorangetrieben wurde die "Minorisierung" der kleinen Parteien von den in den Parlamenten vertretenen Parteien, "[...] denen es stehts darauf ankam, ihre Position zu festigen und über die Gesetzgebung weiter auszubauen".[444] Auch wenn die Rechtsprechung des Bundesverfassungsgerichtes die formelle Chancengleichheit der Parteien, welche neben der Wahlrechtsgleichheit auch das Recht "[...] freier Kritik, freier Werbung und Gleichheit der Chancen bei der Werbung einschließt"[445] bestätigt[446], sehen sich kleine Parteien in der politischen Praxis zahlreichen institutionellen und rechtlichen Hürden gegenüber, die ihnen den Zugang zu den Parlamenten stark erschweren. Hinzu kommt, dass viele der von den Parteien zu meisternden Hürden, wie das Unterschriftenquorum

[444] Regine Roemheld, *Minorisierung als Herrschaftssicherung. Zur Innovationsfähigkeit des westdeutschen Parteiensystems*, Band 317, Campus Forschung, (Frankfurt / New York: Campus Verlag, 1983), S. 132

[445] Ders., *Minorisierung als Herrschaftssicherung. Zur Innovationsfähigkeit des westdeutschen Parteiensystems* (Anm. 444), S. 121

[446] Vgl. Bundesverfassungsgericht - Pressestelle -, *Pressemitteilung Nr. 94/2004 vom 26. Oktober 2004: Dazu Urteil vom 26. Oktober 2004 - 2 BvE 1/02 und 2 BvE 2/02 –"Drei-Länder-Quorum"nach § 18 Abs. 4 Satz 3 Parteiengesetz nicht mit dem Grundgesetz vereinbar*, ⟨URL: `http://www.bundesverfassungsgericht.de/pressemitteilungen/bvg04-094.html`⟩ – Zugriff am 21.08.2010

oder auch die Fünf-Prozent-Hürde abhängig von der Anzahl der Wahlberechtigten sind. Mit der im Zuge der Wiedervereinigung zungenommenen Bevölkerung ist eine Etablierung für Kleinstparteien also nochmals erheblich schwieriger geworden.

Das in der Bundesrepublik vorherrschende Hauptargument für die institutionellen Hürden, die These, eine Fünfprozentklausel hätte die Weimarer Republik vor ihrem Untergang bewahren können, erscheint nach heutigen Erkenntnissen in jedem Falle unhaltbar. In der jüngeren Geschichtsforschung werden hier vermehrt die Koalitionsprobleme zwischen den Großparteien als Beeinträchtigung der Funktionsfähigkeit des parlamentarischen Systems von Weimar angesehen und die Rolle der Splitterparteien als bislang stark überschätzt bewertet.[447] Ebenfalls zeigt ein Blick auf die Wahlergebnisse während der Weimarer Republik, dass die verweigernden Kräfte teils deutlich mehr als fünf Prozent erreicht haben und auch wird zu Recht darauf verwiesen, dass sich auch drei Parteien in einem Parlament vollständig blockieren können.[448] Ausgeklammert wurde häufig auch, dass das politische System Weimars durchaus auch ein positives Vorbild für die Verfassungen anderer Demokratien war und es dort nicht zwangsläufig zur Etablierung radikaler Kräfte kam.[449]

Keineswegs soll an dieser Stelle das Primat der Systemstabillität und klarer Mehrheiten infrage gestellt werden, doch möchte ich darauf aufmerksam machen, dass die institutionellen und gesellschaftlichen Rahmenbedingungen klar gegen kleine Parteien gerichtet sind, wodurch auch deren Innovationspotential häufig ungenutzt bleiben muss.[450] Insbesondere durch die zahlreichen Hürden, die neben der eigentlichen Sperrklausel bestehen, werden Neugründungen von Parteien stark erschwert und bestehende Parteien zusätzlich kleingehalten. Hierdurch werden nicht nur radikale Parteien an einem Machterwerb gehindert, sondern es wird auch gemäßigten Parteien die Chance genommen, neue Ideen und Lösungsvorschläge auf die politische Agenda zu bringen.

Weiterhin zeigen die bisherigen Ausführungen deutlich die wesentlichen Probleme auf, die von Kleinstparteien gemeistert werden müssen. Ein solches besteht zunächst darin, potentiellen Wählern überhaupt bekannt zu werden. In der heutigen Informationsgesellschäft gibt es zwar zahlreiche technische Möglichkeiten, um die Gunst der Wähler zu werben, doch werden für wirksame Werbekampagnien erhebliche finan-

[447] Vgl. Kolb, *Die Weimarer Republik* (Anm. 310), S. 184 f.

[448] Vgl. Köhler, *Parteien im Wettbewerb: Zu den Wettbewerbschancen nicht-etablierter politischer Parteien im Rechtssystem der Bundesrepublik Deutschland* (Anm. 14), S. 133

[449] Vgl. Friedrich-Schiller-Universität Jena, *Internetpräsenz der Tagung "Vorbild Weimar. Internationale Wirkungen der Weimarer Verfassung"*, ⟨URL: http://www.powi.uni-jena.de/weimar/index.php⟩ – Zugriff am 20.08.2010

[450] Zu einer Chancenverbesserung des Institutionensystems siehe etwa: Eckhard Jesse, Koalitionsveränderungen 1949 bis 1994, in: ZParl 1998, S. 460 ff.

zielle Ressourcen benötigt, welche kleine Parteien zumeist nicht aufbringen können. Dies ermöglicht den großen Parteien die kleinere Konkurrents schlichtweg durch ihre Ressourcen und ihre mediale Präsenz mundtot zu machen. Das "schlechte Image" kleiner Parteien sorgt überdies dafür, dass auch ernsthafte Neugründungen denkbar ungünstige Ausgangsbedingungen vorfinden. Hat es eine neue Partei dennoch geschafft, sich zu konstituieren und die Zulassung zu Wahlen zu erhalten, besteht die nächste Hürde darin, Bekanntheit zu erlangen und so Mitglieder und Wähler zu gewinnen. Hier muss es der Partei zunächst gelingen, die Vorurteile gegenüber kleinen Parteien zu überwinden und eine Mitarbeit in der Partei trotz ihrer geringen Größe als lohnend erscheinen zu lassen. Kleine Parteien leiden so besonders unter einer zunehmenden mangelnden Bereitschaft zur Mitgliedschaft in Vereinen und Parteien. Für die Gewinnung von Wählern erscheint es am erfolgversprechendsten, sich zunächst auf ein bestimmtes Gebiet oder ein Bundesland besonders zu konzentrieren, um die begrenzten eigenen Ressourcen bestmöglich einzusetzen. Auch kann versucht werden, als Agendasetter für ein bestimmtes Thema erfolgreich zu sein und so eine erste Bekanntheit zu erlangen. Ebenfalls kann auch die Aktivierung von Protestwählern zu ersten Wahlerfolgen und der damit verbundenen Bekanntheitsseteigerung und Medienaufmerksamkeit führen. Doch um eigene Positionen selbst durchsetzen zu können, muss die Partei es schaffen, selbst einen etablierten Teil des Parteiensystems zu bilden. Hier gillt es eine "Marktlücke" im Themen-Repertoire der großen Parteien zu finden und zu besetzen. Um selbst Chancen auf eine Regierungsteilhabe zu bekommen ist es notwendig von den Regierungsparteien als koalitionsfähig angesehen zu werden. Besonders gute Chancen für die Besetzung von "Marktlücken" scheinen kleine Parteien zu haben, die sich durch eine besondere Innovationsfähigkeit hervortun und sich so in programmatisch-wertbasierter Hinsicht klar von den Großparteien abgrenzen können. Sie stellen aus Sicht der Wähler am ehesten eine wirkliche Alternative zu den "Großen" dar. Zugrundegelegte Ideologie und Themenschwerpunkte der Partei bestimmen zudem stark Art und Umfang der repräsentierten Wählerklientel und damit wesentlich die Erfolgschancen der Partei. Gemäßigte Parteien mit weit gefasster Programmatik besitzen eine deutlich größere Zielgruppe und damit bessere Vorraussetzungen für eine andauernde Etablierung als Parteien, die ausschließlich Sonderinteressen oder Mindermeinungen vertreten. Dennoch führen Veränderungen wie der gesellschaftliche Wandel dazu, dass ständig neue Problembereiche auftreten, Themen unberücksichtigt bleiben und sich Teile der Gesellschaft durch die aktuelle Politik nicht mehr vertreten fühlen. Dieses Potential kann von kleinen Parteien genutzt werden, so dass deren Chancen stark von der Integrationskraft der großen Parteien abhängen.

Festzuhalten bleibt somit, dass die Rahmenbedingungen für den Aufstieg neuer Parteien im politischen System der Bundesrepublik denkbar ungünstig sind. Die in den Parlamenten etablierten Parteien besitzen bereits die nötigen Vorfeldorganisationen, Infrastrukturen und personellen wie finanziellen Ressourcen um neue Themen wirkungsvoll aufzugreifen und kleine Konkurrenten zu bekämpfen. Lediglich besondere Umstände, wie eine große Koalition, die die Regierungsparteien zu erheblichen Kompromissen zwingt, bieten Chancen für aufstrebende Parteien. Doch müsste es den Parteien gelingen über diese einmal bsetzte Marktlücke hinaus weitere Wähler von den Volksparteien abzuwerben. Die sinkende Integrationskraft der großen Parteien und die steigende Anzahl an Nichtwählern erscheint hier zunächst günstig, doch ein Blick auf die aktuellen Veränderungen im Wahlverhalten und im deutschen Parteiensystem lässt keine langfristige Etablierung neuer Parteien im Bundestag wahrscheinlich erscheinen.

7 Anwendung der bisherigen Ergebnisse

Im Folgenden möchte ich eine Reihe an Klein- und Kleinstparteien ausführlicher betrachten und versuchen, die Gründe für ihre Erfolge und Misserfolge herauszuarbeiten. Hierdurch stelle ich zum einen weitere Faktoren heraus, die im ersten Teil der Arbeit bislang nicht genannt wurden und prüfe zudem die bisherigen Ergebnisse und Annahmen so nochmals an den realen Verhältnissen. Ich wählte hierzu folgende vier Parteien aus: *Bündnis 90 / Die Grünen* und *Die Linke* als zwei Parteien, denen es gelang, in das als "hyperstabil" geltende deutsche Parteiensystem einzudringen und sich neben der *FDP* als weitere Kleinpartei zu etablieren. Anhand der *Grünen* lässt sich eine Erfolgsgeschichte, ausgehend von einer sozialen Bewegung über eine Kleinstpartei bis hin zu einer an der Regierung teilhabenden Kleinpartei nachzeichen, wodurch sich die Partei für diese Arbeit geradezu aufdrängt.

Die aus der ehemaligen Staatspartei der Deutschen Demokratischen Republik hervorgegangene *PDS / Die Linke* stellt dagegen einen interessanten Sonderfall dar. Durch ihre besondere Geschichte besaß sie stets mehr Ressourcen als andere Parteien, sie war aber auch mit ganz spezifischen Problemen konfrontiert. Die Partei stellt in den östlichen Bundesländern eine Volkspartei dar, in den westlichen dagegen eine Kleinstpartei an der Schwelle zur Kleinpartei. Gerade durch diese besondere Stellung der Partei im deutschen Parteiensystem lässt sich gut der Einfluss der bisher vorgestellten Faktoren auf das Etablierungspotential einer Partei zeigen. Daneben wählte ich die zwei erfolgreichsten aus der Gruppe der außerparlamentarischen Kleinstparteien: Die *Nationaldemokratische Partei Deutschlands (NPD)* und die *Piratenpartei Deutschland (Piraten)*. Die *NPD* ist eine bereits seit 1964 im deutschen Parteiensystem existente, rechtsextreme Kleinstpartei. Viele der bisherigen politikwissenschaftlichen Arbeiten über Kleinparteien nehmen extremistische Parteien ausdrücklich von der Untersuchung aus. Die Partei geht auffallend strategisch vor, um trotz ihrer gesellschaftlich geächteten und historisch schwer vorbelasteten ideologischen Grundlage erfolgreich zu sein. Hierdurch bietet sie sich für diese Arbeit an, da viele der genannten Faktoren von der Partei genutzt wurden und werden. Als zweite Kleinstpartei wählte ich die *Piratenpartei Deutschland*. Eine Betrachtung dieser jungen, erst 2006 gegründeten Partei innerhalb der vorliegenden Arbeit bietet sich an, da es sich auch hierbei um eine, sich von den anderen durch Besonderheiten abhebende, Kleinstpartei handelt. So verfügt die Partei über interessante internationale Anbindungen und Kooperationen. Sie lässt sich zudem bisher nicht klar im Links-Rechts-Schema einordnen und hebt sich weiterhin durch ihre innerparteiliche Struktur von den anderen Kleinstparteien ab. Durch ihr geringes Alter lassen sich anhand der Partei zudem gut die spezifischen Problemlagen der Gründungsphase einer Partei aufzeigen. Diese Eigenschaften machen diese Kleinstpartei zu einer gelungenen Ergänzung der bisherigen Parteienauswahl.

Da es im Rahmen einer Masterarbeit nicht möglich ist, eine der Heterogenität des Untersuchungsgegenstandes angemessene Zahl an Fällen zu betrachten, wurden bewusst auch Parteien wie die extremistische NPD ausgewählt, deren Etablierungspotential sicherlich allein durch ihre ideologische Ausrichtung eingeschränkt ist, um die Gültigkeit der bisherigen Aussagen auch für schwierige Fälle zu belegen.

Als methodisches Vorgehen zur Klärung der Frage nach denjenigen Faktoren, die eine Etablierung hemmen oder begünstigen, empfielt sich eine fallorientierte, vergleichende Vorgehensweise. Durch die bisherigen theoretischen Erkenntnisse liegt eine große Zahl an möglichen Variablen vor, die jedoch im Rahmen dieser Arbeit nur an einer geringen Fallzahl geprüft werden kann. Durch die kleine Fallzahl leidet zwar die Generalisierbarkeit der Ergebnisse, dafür wird eine möglichst genaue Auseinandersetzung mit den einzelnen Fällen möglich. Da sich der Zugang zu Daten über Kleinstparteien als äußerst schwierig erweist und die bisherigen Datenerhebungen oft zeitlich weit auseinanderliegen (s.o.), scheitert eine umfassende quantitative Untersuchung mittels statistischer Methoden bereits an der Machbarkeit im Rahmen einer Master's Thesis. So ist beispielsweise zu bedenken, dass Kleinstparteien zumeist nur in einigen Bundesländern überhaupt zur Wahl antreten, wodurch selbst bei den gut zugänglichen Wahlergebnissen die zur Verfügung stehende Fallzahl rapide absinkt. Durch die Kombination von Fallstudie und Vergleich sollen die Vorteile beider Vorgehensweisen kombiniert werden. Die Fallstudie ermöglicht ein tieferes Verständnis, allerdings auf Kosten der Generalisierbarkeit der Ergebnisse, der Vergleich besitzt wiederum eine höhere Generalisierbarkeit der Ergebnisse bei jedoch oberflächlicherer Behandlung des Einzelfalls.[451] Die ausgewählten Parteien besitzen erheblich divergierende Eigenschaften wie Geschichte oder Programmatik und damit sehr unterschiedliche Erfolgsaussichten. So gestatten sie es allerdings, diejenigen Faktoren zu identifizieren, die für ihre Erfolge oder auch Misserfolge verantwortlich waren und sind. Um jedoch die Vergleichbarkeit im Sinne der Fragestellung zu gewährleisten, müssen diese Fälle standardisiert werden. Hierfür verwende ich die von Paul Lucardie für die

[451] Vgl. MATUSCHEK, *Erfolg und Misserfolg konservativer Parteien: Die spanische AP-PP und das portugiesische CDS-PP im Vergleich.* (Anm. 178), S. 43 f.

Typisierung von Parteien vorgeschlagenen Kriterien, welche durch die von Hans-Jörg Dietsche anhand des wettbewerbstheoretischen Marktlückenmodells gebildeten, für eine Etablierung in den entsprechenden Marktlücken idealtypischen Kleinparteien, erweitert wurden.[452] Jede Partei wird bezüglich ihrer individuellen Entwicklungsgeschichte, ihrer Ideologie bzw. Programmatik, ihrer Mitglieder- und Wählerklientel sowie der Struktur ihrer Parteiorganisation untersucht. Hierbei werden auch die Ziele und Funktionen der Partei im politischen System dargestellt. Für jeden betrachteten Fall werden die wesentlichen Faktoren herausgestellt, die seine bisherige Etablierung begünstigten oder hemmten.

7.1 Bündnis 90/Die Grünen

7.1.1 Entwicklung

Die Grünen Die Ursprünge der Partei *Die Grünen* liegen in der Umweltbewegung der 1970er Jahre. Aufgrund der bereits in meinen Ausführungen zu den ökologischen Parteien genannten Ursachen kam es zur Gründung erster Bürgerinitiativen, die sich für Umweltbelange einsetzten. In den folgenden Jahren verringerte sich dieses erste Umweltbewusstsein allerdings bereits wieder. Wirtschaftliche Rezessionen und die Ölkrise führten in der Politik erneut zu einem Primat wirtschaftlicher Interessen[453] und von den im Bundestag vertretenen Parteien wurde die Problematik weitgehend ignoriert.[454] Doch bis Ende der 1970er Jahre entstand eine Vielzahl von ökologischen Bürgerbewegungen, Initiativen und "grünen" Parteien in Westeuropa, welche Umweltinteressen wieder auf die Agenda nationaler Politik brachten.[455] In der Bundesrepublik entstanden auf lokaler und regionaler Ebene zunächst Wahlbündnisse, um die Anliegen der neuen Bewegung in die Parlamente zu tragen, deren Erfolge führten zur Bildung entsprechender Listen in den Bundesländern. Um an der Europawahl 1979 teilnehmen zu können, wurde die Wahlgruppierung *"Sonstige Politische Vereinigung DIE GRÜNEN"* gegründet. Diese erzielte 3,2 Prozent bei den Europawahlen, was ihr eine Wahlkampfkostenerstattung von über 4,5 Millionen DM einbrachte. Im Januar 1980 folgte die offizielle Gründung der Partei *"Die Grünen"*. Über die politische Ausrichtung der neuen Partei gab es jedoch heftige Auseinandersetzungen. Bereits bei den ersten "grünen" Listen auf Landesebene waren die erheblichen

[452] Siehe hierzu unter Punkt 3. Theoretische Annahmen zu Etablierung und Einflussmöglichkeiten von kleinen Parteien.
[453] vgl. Muno, 'Umweltpolitik' (Anm. 251), S. 310
[454] Es gab wenige Ausnahmen, wie etwa den CDU-Bundestagsabgeordneten Herbert Gruhl
[455] vgl. Muno, 'Umweltpolitik' (Anm. 251), S. 310 f.

Unterschiede zwischen den programmatischen Zielen und Orientierungen aufgefallen: waren in den Großstädten eher links eingestellte Listen vertreten, dominierten auf dem Land eher bürgerlich-konservativ orientierte Wählerlisten. Diese aus der Heterogenität der "grünen" Gruppierungen resultierenden Konflikte setzten sich nun in der neugegründeten Partei fort. Insbesondere standen hier wertkonservative, bürgerliche Kräfte gegen linkssozialistische, deren Mitglieder zum Teil aus den kommunistischen K-Gruppen stammten. Da die Wertkonservativen zunehmend in eine Außenseiterposition gerieten, spaltete sich ein Teil dieses Flügels von der Partei ab und formierte sich ab 1982 in der *ÖDP*, die noch heute als bürgerliche Alternative zu den *Grünen* besteht.[456] Obwohl sich die *Grünen* stets der Umweltpolitik besonders zuwandten, war die Partei niemals eine Ein-Themen-Partei. Ihr Programm deckte vielmehr alle Politikfelder ab, wobei stets ökologische, soziale und basisdemokratische Gesichtspunkte die absolute Priorität erhielten.[457]

Die Partei *Die Grünen* erreichte bei ihrer ersten Bundestagswahl 1980 1,5 Prozent, was sie zwar an der Fünf-Prozent-Hürde scheitern ließ, sie aber dennoch, durch den Genuss der Wahlkampfkostenerstattung, in den Besitz der nötigen Mittel für eine Festigung der jungen Partei brachte. Zwischen 1980 und 1983 zog die Partei in die Landtage von Berlin, Hamburg, Bremen, Hessen und Niedersachsen ein. Die Stationierung amerikanischer Mittelstreckenraketen in der BRD führte zu zahlreichen Protesten und einem Erstarken der Friedensbewegung, in der die *Grünen* ebenfalls vertreten waren, wodurch sie ihre Basis weiter verbreitern konnten. Bei der Bundestagswahl am 6. März 1983 erreichte die Partei mit 5,6 Prozent der Stimmen die Sensation, denn mit ihr zog zum ersten Mal seit 1957 eine vierte Fraktion in den Bundestag ein.

Durch die nun erreichte parlamentarische und mediale Präsenz konnte die Partei ihren Platz festigen und war bei den kommenden Landtags-, Europa- und Bundestagswahlen zwischen 1983 und 1990 erfolgreich. Begünstigt wurde die Etablierung der Grünen als innerparlamentarische Kleinpartei durch ein gesteigertes Umweltbewusstsein: Schwere Umweltkatastrophen Mitte der 1980er Jahre, wie 1986 die Tschernobyl-Katastrophe oder Chemieunfälle, die im selben Jahr zu einem Fischsterben im Rhein führten, ließen das öffentliche Umweltbewusstsein erstarken und brachten umweltpolitische Themen auf die politische Agenda. Um eigene Problemlösungskompetenz zu demonstrieren und der aufstrebenden Kleinpartei zu begegnen, kam es 1986 zur Gründung des Umweltministeriums mit dem CDU-Politiker Walter Wallmann als

---

[456] Vgl. PROBST, 'Bündnis 90 / Die Grünen' (Anm. 167), S. 173 f.

[457] Vgl. HANS FENSKE, *Deutsche Parteiengeschichte*, (Paderborn/München/Wien/Zürich: Ferdinand Schöningh / UTB, 1994), S. 305

erstem deutschen Umweltminister.[458] Innerhalb der Partei entbrannte durch die zunehmenden Wahlerfolge eine heftigen Diskussion zwischen den sogenannten "Realos" (Realisten) und "Fundis" (Fundamentalisten). Die Fundamentalisten strebten eine Mischung von Ökologismus und Sozialismus an und stellten die Mehrheit im Bundesvorstand. Sie charakterisierten die *Grünen* noch immer als Bewegung, die notgedrungen die Form einer Partei annahm[459] und versuchten, eine weitere Parlamentarisierung und Koalitionen mit der *SPD* zu verhindern. Die Realisten plädierten entsprechend für die parlamentarische Arbeit und begrüßten auch eine Zusammenarbeit mit der *SPD*. Dieser Konflikt bestimmte das Bild der Partei bis Ende der achtziger Jahre. [460]

Im Vorfeld der Wiedervereinigung wurde deutlich, dass die *Grünen* einem vereinigten Deutschland so skeptisch wie kaum eine andere Partei gegenüberstanden. Viele Anhänger und Mitglieder fürchteten, "[...] dass ein wiedervereinigtes Deutschland als europäische Zentralmacht in den Nationalismus zurückfallen würde" und so ging auch der entsprechend geführte Wahlkampf zur ersten gesamtdeutschen Bundestagswahl 1990 vollkommen an der historischen Situation vorbei, was dazu führte, dass die Westgrünen mit 4,8 Prozent der Stimmen an der Fünf-Prozent-Hürde scheiterten. Diese Krise stärkte die Standpunkte der "Realos" und wurde zum Anlass genommen, eine Klärung der aufgestauten innerparteilichen Probleme und eine Neuorientierung der Partei herbeizuführen. Auf ihrem Parteitag 1991 bekannte sich die Partei zum ersten Mal eindeutig zur parlamentarischen Demokratie und bezeichnete sich selbst als ökologische Reformpartei. Ebenfalls verabschiedete sich die Partei von jeglicher systemoppositionellen Haltung , was zur Konsequenz hatte, dass ein Teil der "Fundamentalisten" um Jutta Ditfurth die Partei verließ.[461]

Bündnis 90 Im Zuge der Massendemonstrationen gegen das SED-Regime war es bereits im Oktober 1989 zu der Idee eines Zusammenschlusses der verschiedenen DDR-Bürgerrechtsorganisationen gekommen. Angesichts der näherrückenden Volkskammerwahl im März 1990 und mehrerer Kommunalwahlen im Mai 1990 erhielt diese Idee Anfang 1990 neue Schubkraft, doch gelang es bis zur Volkskammerwahl am 18. März 1990, nur drei Bürgerbewegungen zu einer Wahlvereinigung zu bewegen. Das *Neue Forum (NF)*, *Demokratie jetzt!* (DJ) und die *Initiative Frieden und Menschenrechte (IFM)* bildeten im Februar 1990 das *Bündnis 90*. Auch wenn das Bündnis lediglich 2,9 Prozent der Stimmen erhielt, traten nach der Wahl weite-

[458] vgl. Muno, 'Umweltpolitik' (Anm. 251), S. 310 f.
[459] Vgl. Fenske, *Deutsche Parteiengeschichte* (Anm. 457), S. 303
[460] Vgl. Probst, 'Bündnis 90 / Die Grünen' (Anm. 167), S. 174 f.
[461] Vgl. ders., 'Bündnis 90 / Die Grünen' (Anm. 167), S. 175

re DDR-Bürgerrechtsgruppen bei und unter Beteiligung der westdeutschen *Grünen* entstand das gemeinsame Wahlbündins *Die Grünen / Bündnis 90 - BürgerInnenbewegung* zwecks Kandidatur bei der ersten gesamtdeutschen Bundestagswahl.[462]

Als zeitsparendste Lösung war als Regelwerk für diese gesamtdeutsche Wahl das (geringfügig modifizierte) Wahlgesetz der Bundesrepublik angedacht worden. Für die Parteien in den neuen Bundesländern hätte jedoch eine bundesweit geltende Fünf-Prozent-Hürde eine arge Bedrängnis bedeutet und so entschied auch das angerufene Bundesverfassungsgericht, dass die Stimmen im alten und neuen Bundesgebiet getrennt auszuwerten seien.[463] Durch diese Übergangsregelung kandidierte das Wahlbündnis im Wahlgebiet Ost ohne die Westgrünen und erhielt 6,0 Prozent der Stimmen. Nach der Wahl kam es jedoch zu erheblichen Differenzen und die beteiligten Gruppen trennten sich wieder. Aufgrund der pluralen Zusammensetzung war die Programmatik äußerst heterogen und es gab nur wenige verbindende Punkte. So etwa die Bedeutung von Elementen der direkten Demokratie, die eigenständige Rolle von Bürgerbewegungen gegenüber Parteien oder die Erfahrungen mit sozialer Sicherheit.[464] 1991 gelang es jedoch, das *Bündnis 90* als Partei zu konstituieren, wobei sich auch hier wieder einzelne Teile abspalteten. Ende des Jahres wurden dann erste Gespräche mit den inzwischen gesamtdeutschen *Grünen* über eine Fusion geführt. 1992 kam es zu einem ersten Assoziationsvertrag und im April 1993 wurde die Fusion nach erfolgreicher Urabstimmung in beiden Organisationen bestätigt.[465]

Bündnis 90 / Die Grünen Die Fusion mit dem *Bündnis 90* und der vorhergehende Reformprozess der Partei *Die Grünen* führten dazu, dass die Partei von der *SPD* nun auch als koalitionsfähig auf Bundesebene angesehen wurde.[466] Joseph (Joschka) Fischer führte die Partei als Spitzenkandidat bei der Bundestagswahl mit 7,3 Prozent der Stimmen zurück in den Bundestag. Zudem entwickelte die Partei ein breiteres Profil in sozial- und wirtschaftspolitischen Fragen, was eine stetige Verbesserung ihres Ergebnisses in Umfragen bewirkte.[467] Bei der nächsten Bundestagswahl 1998 kam es nach 16 Jahren zu einer Abwahl der konservativ-liberalen Koalition unter Helmut Kohl und die *Grünen* übernahmen als Koalitionspartner der *SPD* erstmals Regierungsverantwortung. Dieser neue Status sorgte jedoch innerhalb der Partei für

[462] Vgl. LOTHAR PROBST, 'Bündnis 90', In: FRANK DECKER und VIOLA NEU (Hrsg.), *Handbuch der deutschen Parteien*, (Wiesbaden: VS Verlag für Sozialwissenschaften, 2007), S. 170 –172, S. 170

[463] Vgl. FENSKE, *Deutsche Parteiengeschichte* (Anm. 457), S. 323

[464] Vgl. PROBST, 'Bündnis 90' (Anm. 462), S. 171

[465] Vgl. ders., 'Bündnis 90' (Anm. 462), S. 170

[466] Vgl. JANDURA, *Kleinparteien in der Mediendemokratie* (Anm. 44), S. 29 f.

[467] Vgl. PROBST, 'Bündnis 90 / Die Grünen' (Anm. 167), S. 176

massive Turbulenzen, vor allem der Beschluss der Bundesregierung, sich am NATO-Militäreinsatz im Kosovo-Konflikt zu beteiligen, war ausschlaggebend für neue Spaltungstendenzen innerhalb der Partei. So sah der aus der Friedensbewegung stammende pazifistische Flügel in der Entscheidung einen Verrat an den eigenen Prinzipien und ein Teil dieser Gruppe verließ die Partei. Bis zur Bundestagswahl 2002 folgte eine Serie von Niederlagen bei Landtagswahlen. Die Frage nach einer deutschen Beteiligung an Militäreinsätzen bekam angesichts des NATO-Bündnisfalles nach den Anschlägen vom 11. September 2001 neue Brisanz. Die beschlossene Entsendung deutscher Soldaten nach Afghanistan wurde zur Zerreißprobe für die Partei und nötigte Bundeskanzler Schröder, im Bundestag die Vertrauensfrage zu stellen, da er sich in einer so essentiellen politischen Entscheidung auf eine Mehrheit der ihn tragenden Koalition stützen müsse.[468] Vor der Bundestagswahl 2002 konnte die Partei sich jedoch erholen und erreichte hier 8,7 Prozent, aber da die Wahlergebnisse der *SPD* nach den 2003 eingeleiteten Sozial- und Arbeitsmarktreformen (Agenda 2010) einbrachen, konnten auch die Erfolge des kleinen Koalitionspartners die Rot-Grüne Koalition nicht retten. Bei den vorgezogenen Neuwahlen 2005 knüpfte die Partei mit 8,1 Prozent der Stimmen fast an ihr vorheriges Ergebnis an, doch da es zur großen Koalition aus *SPD* und *CDU/CSU* kam, verlor sie ihren Status als Regierungspartei.[469] Neben *FDP* und Linksfraktion bildeten sie nun die kleinste der drei Oppositionsfraktionen im Deutschen Bundestag. Bei Landtagswahlen verbuchte die Partei weiter Erfolge, so erreichte sie 9,6 Prozent der Stimmen bei der Bürgerschaftswahl in Hamburg am 24.02.2008, was zur ersten schwarz-grünen Regierungskoalition auf Landesebene führte und den programmatisch-ideologischen Wandel der Partei verdeutlicht . Bei der Landtagswahl in Bremen erreichten die *Grünen* am 13. Mai 2007mit 16,4 Prozent der Stimmen ihr bisdahin bestes Ergebnis bei einer Landtagswahl, was die erste rot-grüne Koalition seit 2005 ermöglichte.[470] Bei der Bundestagswahl 2009 erreichte die Partei 10,7 Prozent der Zweitstimmen.[471] In der Folgezeit konnte die Partei erneut deutliche Erfolge verbuchen, wobei ihr wiederum medienwirksame Ereignisse, welche die Kernthemen der Partei berührten, zugute kamen. So positionierte sich die Partei klar auf Seiten der Gegner des umstrittenen Bauprojektes "Stuttgart 21" und setzte sich an die Spitze der Protestbewegung, was ihr im Oktober 2010 in Umfra-

---

468 Vgl. Spiegel online, *Vertrauensfrage: Rot-Grün auch bei Erfolg Schröders am Ende?* ⟨URL: `http://www.spiegel.de/politik/deutschland/0,1518,167850,00.html`⟩ – Zugriff am 07.10.2010

469 Vgl. Probst, 'Bündnis 90 / Die Grünen' (Anm. 167), S. 178

470 Vgl. Bundeswahlleiter, 'Ergebnisse der jeweils letzten Landtagswahlen' (Anm. 438)

471 Vgl. ders., *Endgültiges Ergebnis der Bundestagswahl 2009*, ⟨URL: `http://www.bundeswahlleiter.de/de/bundestagswahlen/BTW_BUND_09/ergebnisse/bundesergebnisse/index.html`⟩ – Zugriff am 20.08.2010

gen ein Allzeithoch" von 20 Prozent einbrachte.[472] Wie in ihrer Anfangszeit steht die Partei auch heute noch für die Abschaffung der Kernenergie in Deutschland und neben vielen Parteimitgliedern beteiligen sich auch prominente Vertreter der Partei, wie Claudia Roth oder Jürgen Trettin aktiv und medienwirksam an Demontrationen. So auch im Herbst 2010 gegen Castor-Transporte in das Atommüllendlager Gorleben. Die Debatte um die Nutzung der Kernkraft in Deutschland bekam durch die Nuklearunfälle im japanischen Fukushima am 11. März 2011 neuen Schwung und ließ die Popularität der Grünen als klassiche "Anti-Atomkraft-Partei" weiter steigen. Bei der Landtagswahl in Baden Württemberg am 27.03.2011 konnte die Partei so ihren bisher größten Erfolg verbuchen: Mit 24,2 Prozent der gültigen Stimmen konnte sie ihr bisheriges Ergebnis mehr als verdoppeln und überflügelte sogar die SPD. Baden-Württemberg, das als konservatives Stammland gilt, wird nun von der ersten Grün-Roten Koalition regiert werden.[473]

7.1.2 Programmatik und Struktur

Das erste "Bundesprogramm" der *Grünen* wurde zwecks Zulassung zur Bundestagswahl 1980 erarbeitet und zeigt bereits klar, dass die Partei von Anfang an keine Single-Issue-Partei darstellte, doch bilden ökologische und soziale Themen einen eindeutigen Schwerpunkt. Dieses erste Parteiprogramm besitzt noch deutlich den Charakter einer Sammlung von Themen und Forderungen der einzelnen Bürgerbewegungen.[474] Auch die sozial- und wirtschaftspolitischen Forderungen weisen in diesem ersten Programm noch deutlich erkennbare marxistische Züge auf.[475] Die vielen in der Partei beheimateten antagonistischen Strömungen führten häufig zu Diskussionen über Sachfragen, die sich über mehrere Jahre hinziehen konnten, weshalb sich die Suche nach einer programmatischen Basis für die Partei als äußerst schwierig herausstellte. Der im Rahmen des Zusammenschlusses von *Bündis 90* und *Grünen* als Teil des Assoziationsvertrages entstandene "Grundkonsens" und das "Politische Vorwort" besaßen für viele Mitglieder eine größere Verbindlichkeit und fixierten die Grundwerte

---

472 Vgl. SCHÖNENBORN, 'ARD-DeutschlandTrend vom 07.10.2010' (Anm. 164)

473 Vgl. SPIEGEL ONLINE, *Landtagswahl: Grün-Rot triumphiert in Baden-Württemberg*, ⟨URL: `http://www.spiegel.de/politik/deutschland/0,1518,753459,00.html`⟩ – Zugriff am 27.03.2011; Vgl. STATISTISCHES LANDESAMT BADEN WÜTTEMBERG, *Endgültiges Ergebnis der Landtagswahl am 27.03.2011 mit Vergleichsangaben von 2006*, ⟨URL: `http://www.statistik.baden-wuerttemberg.de/wahlen/Landtagswahl_2011/Land.asp`⟩ – Zugriff am 09.04.2011

474 Vgl. DIE GRÜNEN, *Das Bundesprogramm*, ⟨URL: `http://www.boell.de/downloads/stiftung/1980_Bundesprogramm.pdf`⟩ – Zugriff am 10.10.2010

475 Vgl. JÜRGEN FALTER und MARKUS KLEIN, *Der lange Weg der Grünen: Eine Partei zwischen Protest und Regierung*, (München: C. H. Beck, 2003), S. 73 f.

der Bewegung[476] Die Themenschwerpunkte dieses "Grundkonsens" sind Menschenrechte, Ökologie, Demokratie, soziale Gerechtigkeit, gesellschaftliche Gleichstellung von Männern und Frauen und Gewaltfreiheit. Zudem wurden die ökologischen und außenpolitischen Forderungen stärker an den Möglichkeiten der Sozialen Marktwirtschaft sowie den veränderten Realitäten der internationalen Politik nach dem Ende des Ost-West-Konflikts ausgerichtet.[477]

Auf der Bundesdelegiertenkonferenz von *Bündnis 90/Die Grünen* vom 15. bis 17. März 2002 wurde ein weitergehendes Grundsatzprogramm beschlossen, welches das Bundesprogramm von 1980 ablöste. An diesem zeigt sich besonders anschaulich der Wandel der Partei, denn das neue Grundsatzprogramm ist deutlich homogener und argumentativ ausgefeilter. Zudem fehlen die systemkritischen und antikapitalistischen Forderungen im Bereich der Wirtschaftspolitik.[478]

Dieses Parteiprogramm der *Grünen* leitet sich ausdrücklich nicht aus einer Ideologie, sondern aus den vier Grundwerten Ökologie, Selbstbestimmung, Gerechtigkeit und Demokratie ab. Gewaltfreiheit, Menschenrechte sowie Gleichstellung von Mann und Frau, die im Grundkonsens von 1993 noch als Grundwerte genannt worden waren, gelten nun als Prinzipien, die sich unmittelbar aus den vier Grundwerten ableiten lassen und sind deshalb nicht mehr als eigenständige Grundwerte genannt.[479] Die Partei vertritt in ihrem aktuellen Programm Positionen zu einer Vielzahl von gesellschaftlichen und politischen Themen, die sie jeweils ihren "Grundwerten" zuordnet, welche hierdurch den Stellenwert dessen einnehmen, was bei anderen die ideologische Grundlage darstellt. Etwa sind die wirtschaftspolitischen Forderungen der Partei unter dem Punkt "Aufbruch in eine ökologische und soziale Marktwirtschaft" oder die sozialpolitischen unter "Aufbruch in eine emanzipative Sozialpolitik" zu finden.[480] Linksliberale Positionen herrschen nun in der Partei vor. Zur Bundestagswahl 2009 wurde das Wahlprogramm „Der Grüne Neue Gesellschaftsvertrag“ veröffentlicht, in welchem die Schwerpunkte bei Wirtschaft, Klima, Gerechtigkeit und Bildung gesetzt wurden. Eine grüne Marktwirtschaft mit besonderer Betonung ökologischer und sozialer Zielsetzungen ist nun als klares Leitbild der Partei erkenn-

[476] Vgl. SCHULZE, *Kleinparteien in Deutschland: Aufstieg und Fall nicht-etablierter politischer Vereinigungen* (Anm. 123), S. 289 f.

[477] Vgl. PROBST, 'Bündnis 90 / Die Grünen' (Anm. 167), S. 182

[478] Vgl. FALTER und KLEIN, *Der lange Weg der Grünen: Eine Partei zwischen Protest und Regierung* (Anm. 475), S. 82

[479] Vgl. ders., *Der lange Weg der Grünen: Eine Partei zwischen Protest und Regierung* (Anm. 475), S. 80; BÜNDNIS 90 / DIE GRÜNEN, *Die Zukunft ist grün. Grundsatzprogramm von BÜNDNIS 90/DIE GRÜNEN*, ⟨URL: `http://archiv.gruene-partei.de/dokumente/grundsatzprogramm-bundesverband.pdf`⟩ – Zugriff am 10.10.2010, S. 9 f.

[480] Vgl. ders., 'Die Zukunft ist grün. Grundsatzprogramm von BÜNDNIS 90/DIE GRÜNEN' (Anm. 479)

bar.[481] Zur Bundestagswahl 2009 griff die Partei auch verstärkt Positionen zu Datenschutz, Informationsgesellschaft und Bürgerrechten auf, wodurch sie deutlich die von der Piratenpartei auf die politische Agenda gebrachten Themenbereiche aufzugreifen versucht. Ihren spektakulären Erfolg bei der Landtagswahl in Baden-Württemberg am 27.03.2011 erreichte die Partei erneut durch für sie günstige Begleitumstände, wie die Proteste gegen das Großprojekt "Stuttgart 21" und die Atomkatastrophe im japanischen Fukushima.

Wählerklientel In den 1980er Jahren wurden die *Grünen* überwiegend von Angehörigen der "neuen Mittelschichten" gewählt, insbesondere von jüngeren und gebildeten Wählern, die sich mit Forderungen nach Umweltschutz und Gleichberechtigung von den etablierten Parteien nicht mehr vertreten fühlten. Hochburgen bildeten sich entsprechend schnell im großstädtischen Milieu, besonders in den Universitätsstädten.[482] Interessant ist hier der Vergleich mit der Wählerschaft der *ÖDP*, die ja einst den bürgerlich konservativen Teil der *Grünen* bildete. Diese findet ihre Wähler vorwiegend auf dem Land, schwerpunktmäßig im katholisch geprägten Altbayern.[483] Durch die programmatisch-ideologischen Veränderungen, insbesondere die Neuformierung nach 1993 durch die "Realos" um Joschka Fischer, kam es auch zu einer Veränderung der grünen Wählerschaft. Das Durchschnittsalter verschob sich in mittleren Alterskohorten und auch die überwiegend vertretenen Wertordnungen und Problemsichten näherten sich der gesellschaftlichen Mitte an. Neuere Analysen ergaben, dass es seit der Parteigründung zu einem Austausch von mehr als der Hälfte der ursprünglichen Wähler gekommen ist. Probst spricht hier von einer zunehmenden "Verbürgerlichung" der Partei, die sich auch am erhöhten Anteil von Selbstständigen und dem überdurchschnittlich hohen Einkommen grüner Wähler zeige.[484]

Gemäß der Sinus-Milieus von 2009 ergeben sich die stärksten Übereinstimmungen mit dem Programm der *Grünen* allerdings noch immer mit den Milieus der "Experimentalisten" und "Postmateriellen". Ebenfalls ergibt sich eine mittlere bis sogar hohe Deckung mit den Milieus der "Modernen Performer" und der "Hedonisten".

Dem als "Experimentalisten" bezeichneten Milieu werden 5,8 Millionen (neun Prozent) der Bundesbürger zugerechnet. Diese werden als "extrem individualistisch, spontan und kreativ" beschrieben. Materieller Erfolg und Status spielen keine besondere Rolle in dieser Bevölkerungsgruppe, die sich vor allem aus Auszubildenden,

---

[481] Vgl. Falter und Klein, *Der lange Weg der Grünen: Eine Partei zwischen Protest und Regierung* (Anm. 475), S. 81

[482] Vgl. Probst, 'Bündnis 90 / Die Grünen' (Anm. 167), S. 179

[483] Vgl. Kranenpohl, 'Ökologisch-Demokratische Partei (ödp)' (Anm. 256), S. 353

[484] Vgl. Probst, 'Bündnis 90 / Die Grünen' (Anm. 167), S. 180

Studenten, Freiberuflern und Künstlern zusammensetzt. Von den diesem Milieu zugerechneten Personen wählen laut Sinus-Studie 34 Prozent die *Grünen*. Die Postmateriellen "[...] entstammen dem aufgeklärten Nach-68er-Milieu. Liberal, intellektuell und an ideellen Werten orientiert.", diesem Milieu werden 6,5 Millionen der Bundesbürger zugerechnet. Grün wählen laut der Sinus-Studie 23 Prozent der diesem Milieu entstammenden Wähler. Neben diesen traditionell "grünen" Milieus ergibt die Studie auch im "jüngsten" Sinus-Milieu, den "Modernen Performern", einen Anteil von 19% grüner Wähler. Das Milieu beinhaltet viele Selbstständige, Schüler und Studenten, meist unter 30 Jahre alt. Seine Größe beträgt 6,5 Millionen. Auch in dem mit "spaßorientierte Mittel- und Unterschicht" charakterisierten Sinus-Milieu der "Hedonisten" finden sich noch 14%, die angaben, ihre Stimme den *Grünen* zu geben. In den übrigen Sinus-Milieus gaben weniger als 10 Prozent an, die *Grünen* zu wählen.[485]

Eine überdurchschnittlich hohe formale Bildung und entsprechend hohe Einkommen sind somit noch immer charakteristisch für den durchschnittlichen *Grünen*-Wähler. Dies zeigt auch die von der ARD veröffentlichte Differenzierung grüner Wähler nach Berufsgruppen: So gaben bei der "Sonntagsfrage" im Oktober 2010 ganze 33 Prozent der leitenden Angestellten und Beamten, 28 Prozent der Freiberufler und Selbstständigen und ebenfalls 28 Prozent der Befragten mit höherem Schulabschluss (Abitur, Fachhochschulreife) an, sie würden am nächsten Sonntag die *Grünen* wählen, wenn dann Bundestagswahl wäre.[486] Diese Zahlen lassen nicht direkt auf tatsächliche Wahlergebnisse schließen und werden stark vom aktuellen poltischen Geschehen beeinflusst, doch bilden diese Angaben ein gutes Indiz für den Anteil der an der Partei Interessierten und für die Stärke der Auseinandersetzung mit "grünen" Thematiken.

Mitglieder Die Mitgliederzahl und Struktur der *Grünen* waren infolge der starken Flügelkämpfe, Abspaltungen und Neuorientierungen der Partei starken Schwankungen unterworfen. Bemerkenswert ist besonders, dass die Partei den Verlust ganzer Mitgliedergruppen immer wieder auffangen konnte. So kam es zwischen 1990 und 1992 verstärkt zu Austritten der "Ökosozialisten", in diesem Zeitraum konnte aber ebenfalls eine großen Zahl an neuen Parteimitgliedern gewonnen werden, die offensichtlich der sich durchsetzenden realpolitischen Ausrichtung zustimmten.[487]

Bei der näheren Betrachtung der Parteimitglieder ist zunächst der im Vergleich

---

485 Vgl. Jan Rosenkranz, 'So sind die Deutschen', In: *Stern*, (2009):31, S. 34–44 ⟨URL: `http://www.sinus-institut.de/uploads/tx_mpdownloadcenter/Stern-Artikel_Ausgabe_230709.pdf`⟩ – Zugriff am 20.09.2010

486 Vgl. Schönenborn, 'ARD-DeutschlandTrend vom 07.10.2010' (Anm. 164)

487 Vgl. Falter und Klein, *Der lange Weg der Grünen: Eine Partei zwischen Protest und Regierung* (Anm. 475), S. 100

mit den übrigen Bundestagsparteien hohe Frauenanteil von 37,4 Prozent auffällig. Ebenfalls überdurchschnittlich hoch ist der formale Bildungsgrad der Mitglieder von *Bündnis 90/Die Grünen*: Abitur haben 22 Prozent der Parteimitglieder, die mittlere Reife 14 Prozent. Über einen Hauptschulabschluss verfügen sechs Prozent und lediglich ein Prozent hat keine Schulform abgeschlossen. Dagegen weist die Partei mit lediglich fünf Prozent den niedrigsten Rentneranteil unter den innerparlamentarischen Parteien auf. Bei der Mehrheit der Mitglieder (37 Prozent) handelt es sich um Beamte bzw. Beschäftigte im öffentlichen Dienst. Dieser Wert überschreitet den Bundesdurchschnitt von sechs Prozent weit und liegt auch deutlich über dem Durchschnitt aller Parteimitglieder (20 Prozent). Angestellte machen mit 17 Prozent die zweitgrößte Berufsgruppe aus.[488]

Die Sozialstruktur der Mitglieder deckt sich in etwa mit der der Wählerklientel: 52 Prozent der Mitglieder schätzen sich als mittlere Mittelschicht ein, was etwa dem Bundesdurchschnitt (54 Prozent) und dem Durchschnitt aller Parteien entspricht (50 Prozent). 32 Prozent bezeichnen sich als Teil der oberen Mittelschicht, 14 Prozent als Teil der unteren Mittelschicht. Zwei Prozent ordnen sich der Unterschicht und ein Prozent der Oberschicht zu. 58 Prozent der Mitglieder haben ein Studium abgeschlossen, das ist der höchste Anteil unter den Bundestagsparteien. [489]

Bezüglich der Religionszugehörigkeit der Mitglieder fällt besonders der mit 41 Prozent sehr hoch liegende Anteil der konfessionslosen Mitglieder auf, welcher ebenfalls deutlich über dem Bundesdurchschnitt und dem Durchschnitt aller Parteimitglieder (jeweils 21 Prozent) liegt. 22 Prozent der Parteimitglieder sind katholisch, 35 Prozent evangelisch und drei Prozent gehören einer anderen Religion an. Der überwiegende Anteil der Mitglieder ist zwischen 30 und 59 Jahre alt (75,3 Prozent), 13,3 Prozent sind 29 Jahre oder jünger, 11,4 Prozent älter als 60 Jahre.[490]

Organisation Folgend möchte ich vor allem die Besonderheiten in der Parteiorganisation von *Bündnis 90 / Die Grünen* hervorheben, denn die Partei ging bei der Institutionalisierung ihrer Organisation eigene Wege. So verstanden sich die *Grünen* in ihrer Gründungsphase mehr als soziale Bewegung denn als politische Partei. Im ersten Bundesprogramm sieht man sich selbst ausdrücklich als "Alternative zu den herkömmlichen Parteien"[491] und es wird eine erhebliche Skepsis gegenüber den Organisationsprinzipien der "klassischen" Parteien deutlich. Die Partei versuchte daher

[488] Vgl. Bundeszentrale für politische Bildung, *Mitgliederzusammensetzung von Bündnis90 / Die Grünen*, ⟨URL: `http://www.bpb.de/files/UV8VWN.pdfl`⟩ – Zugriff am 10.10.2010

[489] Vgl. ders., 'Mitgliederzusammensetzung von Bündnis90 / Die Grünen' (Anm. 488)

[490] Vgl. ders., 'Mitgliederzusammensetzung von Bündnis90 / Die Grünen' (Anm. 488)

[491] Vgl. Die Grünen, 'Das Bundesprogramm' (Anm. 474), S. 4

für ihre eigene Organisation Strukturen zu entwickeln, die "[...] Verkrustungs- und Bürokratisierungstendenzen abwehren sollten."[492] Zudem suchte man nach Möglichkeiten, die selbsterklärten Grundwerte, wie ein Höchstmaß an direkter Demokratie, Selbstbestimmung und eine tatsächliche Gleichberechtigung von Mann und Frau, in der eigenen Parteistruktur umzusetzen. Ergebnis dieser Bemühungen war unter anderem ein Rotationsprinzip für Abgeordnete und Funktionsträger, Quotierungsregeln für die Besetzung von Ämtern zwischen Männern und Frauen und eine strikte Trennung zwischen Amt und Mandat.[493] Über die eigene Organisationsstruktur steht im Bundesprogramm von 1980: "Unser inneres organisatorisches Leben und unser Verhältnis zu den Menschen, die uns unterstützen und wählen, ist das genaue Gegenbild zu den in Bonn etablierten Parteien."[494] Die Parteistruktur wurde jedoch im Laufe der Zeit immer wieder modifiziert und viele der rigiden Vorgaben wieder abgeschafft, da sie sich in der politischen Praxis letztlich nicht bewährt haben. Den gesetzlichen Vorgaben zur territorialen Gliederung unterhalb des Bundesverbandes (s.o.) muss die Partei natürlich entsprechen, doch wird versucht, den unteren Ebenen eine möglichst große Autonomie und Dezentralität zuzugestehen, um den eigenen basisdemokratischen Grundsätzen zu genügen. Entsprechend der Heterogenität der bei den *Grünen* vertretenen Strömungen weisen die einzelnen Landesverbände deutlich unterschiedliche Profile auf.[495] Unterhalb der Landesbene besitzt die Partei zur Zeit 415 Kreisverbände und 1624 Ortsverbände.[496]

An der Spitze der innerparteilichen Organisation steht die Bundesversammlung (Bundesdelegiertenkonferenz, BDK), welche aus 750 Delegierten besteht, von denen 600 aus West- und 150 aus Ostdeutschland kommen und deren Wahl über die Kreisverbände erfolgt. Dass allein die lokale Ebene über die Delegierten entscheidet, stellt eine weitere Besonderheit von *Bündnis 90/Die Grünen* dar, ebenso dass laut grünem Frauenstatut den Frauen mindestens die Hälfte aller Ämter und Mandate zusteht, wobei bei der Aufstellung von Wahllisten oder der Wahl von Gremien die ungeraden Plätze für Frauen reserviert sind. An erster Stelle steht also immer eine Frau.[497] Ein weiteres, bei den *Grünen* besonderes, Gremium mit dem Ziel der Gleichberechtigung stellt der Bundesfrauenrat dar. Dieser plant und koordiniert die frauenpolitische Arbeit innerhalb der Partei und besteht aus den weiblichen Mitglieder des Bun-

[492] Probst, 'Bündnis 90 / Die Grünen' (Anm. 167), S. 183
[493] Vgl. ders., 'Bündnis 90 / Die Grünen' (Anm. 167), S. 183
[494] Die Grünen, 'Das Bundesprogramm' (Anm. 474), S. 5
[495] Vgl. Probst, 'Bündnis 90 / Die Grünen' (Anm. 167), S. 184 f.
[496] Die aktuellen Zahlen wurden im August 2010 bei der Partei direkt angefragt.
[497] Vgl. Serkan Agci, 'Bündis 90 / Die Grünen: Organisation', In: *Dossier: Parteien* (Bundestentrale für politische Bildung, 2009) ⟨URL: `http://www.bpb.de/themen/3HP084.html`⟩ – Zugriff am 26.09.2010

desvorstandes, der Bundestagsfraktion und des Europaparlaments sowie zwei weiblichen Delegierten jedes Landesverbandes.[498] Zwischen den Bundesversammlungen beschließt er über die Richtlinien der Frauenpolitik. Gewählt werden die Mitglieder von den Frauen der Landesverbände und der Landesarbeitsgemeinschaften Frauenpolitik sowie des Bundesvorstands, der Bundestags- und Europafraktion und der Bundesarbeitsgemeinschaften Frauen- und Lesbenpolitik.[499]

Im Jahr 1994 wurde die Jugendorganisation "Grüne Jugend" gegründet, ein Jahrzehnt später folgte die Seniorenorganisation "Grüne Alte". Beide Organisationen sind mit ähnlichen Organisationen anderer grüner Parteien in Europa vernetzt. Ebenfalls unterhält die Partei internationale Verbindungen zu anderen ökologisch orientierten Organisationen und Parteien, wie etwa den *Global Greens* und der *Europäischen Bewegung Deutschland.* Die Heinrich-Böll-Stiftung bildet die parteinahe Stiftung von *Bündnis 90/Die Grünen.*

Ressourcen Das Reinvermögen der Partei betrug für das Geschäftsjahr 2008 etwa 26,8 Millionen Euro. Die beiden größten Vermögensposten stellen hier das Haus- und Grundvermögen der Partei sowie die Geldbestände dar. Die Einnahmen der Partei im Kalenderjahr 2008 betrugen 27,4 Millionen Euro, wobei die staatliche Finanzierung mit 37,3 Prozent den größten Posten auf der Einkommensseite darstellt. Mitglieds- und Mandatsträgerbeiträge tragen mit jeweils etwa 20 Prozent an den Gesamteinnahmen ebenfalls wesentlich zur Finanzierung der Partei bei. Spenden von natürlichen und juristischen Personen machen dagegen zusammen lediglich 14 Prozent aus.

Die Ausgaben der Gesamtpartei beliefen sich auf 25,6 Millionen Euro, womit sich für die Partei ein Überschuss von 1,8 Millionen Euro für 2008 ergibt. Die Gesamtschulden der Partei betrugen etwa 6,6 Millionen Euro, von denen Verbindlichkeiten gegenüber Kreditinstituten mit 5,3 Millionen Euro den größten Schuldposten der Partei darstellten.

Ihren finanziellen Mitteln und ihrem Status als Bundestagspartei entsprechend verfügt die Partei über ein hauptamtliches festangestelltes Personal. Die Personalkosten bildeten mit 8,6 Millionen Euro den Hauptausgabenpunkt der Partei.[500]

---

[498] Vgl. Probst, 'Bündnis 90 / Die Grünen' (Anm. 167), S. 185

[499] Vgl. Bündnis 90 / Die Grünen, *Bundesfrauenrat*, ⟨URL: `http://www.gruene.de/einzelansicht/artikel/bundesfrauenrat.html`⟩ – Zugriff am 11.10.2010

[500] Vgl. Deutscher Bundestag, *Drucksache 17/630: Unterrichtung durch den Präsidenten des Deutschen Bundestages. Bekanntmachung von Rechenschaftsberichten politischer Parteien für das Jahr 2008 (1. Teil –Bundestagsparteien)*, ⟨URL: `http://dip21.bundestag.de/dip21/btd/17/006/1700630.pdf`⟩ – Zugriff am 21.10.2010, S. 129 ff.

7.1.3 Faktoren für Etablierungserfolge / -misserfolge

Die Entwicklungsgeschichte der *Grünen* zeigt deutlich die positive Wirkung der im ersten Teil dieser Arbeit herausgestellten Faktoren, aber auch die Bedeutung der Rahmenbedingungen. Die Etablierung der *Grünen* verlief von ihrer Gründung an unter besseren Voraussetzungen als bei anderen Kleinstparteien. Durch ihren Ursprung in den neuen sozialen Bewegungen der 1970er Jahre besaß die Partei von Anfang an ein festes organisatorisches Standbein in allen Bundesländern, in denen ihr nahestehende Wählervereinigungen und Initiativen existierten. Durch die im öffentlichen Leben präsente Umweltbewegung in den 1970er Jahren war auch das Thema Umweltschutz bereits einem großen Teil der deutschen Wähler bekannt geworden und die Partei musste mit ihrer Öffentlichkeitsarbeit nicht bei Null beginnen. Da es in nahezu allen westlichen Staaten zur Gründung ähnlicher Parteien und Initiativen kam[501], konnte sich die Partei einer erhöhten Medienaufmerksamkeit im In- und Ausland sicher sein. Die bereits vor der eigentlichen Parteigründung vorhandene Verankerung ihres Kernthemas in der Bevölkerung zeigt sich bereits am Ergebnis der der Partei vorausgehenden Wahlgruppierung *"Sonstige Politische Vereinigung DIE GRÜNEN"* bei der Europawahl von 1979. Durch die Teilnahme einer deutschen grünen "Partei" an den Europawahlen konnte zudem verstärkt die Aufmerksamkeit der Medien und damit auch die von weiteren potentiellen Wählern der zukünftigen Partei auf die Bewegung gezogen werden.

Weiterhin hob sich die Partei durch ihr Selbstverständnis als "Anti-Parteien Partei", die Besonderheiten in der Parteiorganisation und die starken Ausseinandersetzungen der einzelnen in der Partei vertretenen Stömungen hervor, was ihrer Bundestagsfrakton eine besondere Medienpräsenz einbrachte. Die Stellung der grünen Bundestagsabgeordneten beschreibt etwa Schüttemeyer folgendermaßen: "Green legislators were concerned exclusively with politics on a daily basis and were also much more visible in the media so that they increasingly defined the Green Party, determined it's positions and defended them in public"[502]

Die von der Partei vertretene Thematik an sich erwies sich ebenfalls als besonders günstig: Spätestens seit Dennis Meadows Bericht an den Club of Rome war die Problematik in den westlichen Industrienationen Teil der öffentlichen und politischen Diskussion geworden. Auch lässt sich mit dem Thema Umweltschutz eine äußerst heterogene und damit umfangreiche Wählerschaft ansprechen. Die in "Grenzen des

[501] vgl. MUNO, 'Umweltpolitik' (Anm. 251), S. 310 f.

[502] SUZANNE S. SCHÜTTEMEYER, *Parliamentary Parties in the german Bundestag*, (Washington, D.C.: American Institute for Contemporary German Studies / Johns Hopkins University, 2001), German Issues 24, S. 9

Wachstums"[503] 1972 publik gemachte Endlichkeit der natürlichen Ressourcen und das Hinweisen auf die Konsequenzen der Handlungsweise der Industriestaaten eignet sich hervorragend zum Ansprechen einer linken bis linksextremen, dem Kapitalismus gegenüber kritisch bis feindlich eingestellten Wählerschaft. Ebenso kann das Thema Umweltschutz aber auch als "Schutz der Heimat" interpretiert werden, wodurch eine traditionell konservative Wählerschaft angesprochen wird. So schreibt etwa der Parteienforscher Franz Walter über die grüne Thematik: "Natur ist Sinnstifter. Und Natur gilt es zu bewahren, gegen Eingriffe zu verteidigen - alles genuin konservative Zielsetzungen also."[504] Durch einen Kompromiss lassen sich natürlich auch die begehrten Wähler in der politischen Mitte ansprechen. Weiter besitzt das Thema eine starke moralische Komponente, mit einem wachsenden Umweltbewusstsein in der Bevölkerung konnte an das Gewissen potentieller Wähler appelliert werden.

Diese "Dehnbarkeit" des eigenen Kernthemas erlaubt es der Partei in der Theorie, sich innerhalb des politischen Spektrums zu bewegen, ohne "Verrat" an der ihrem Programm zugrundegelegten politischen Ideologie zu üben. In der Praxis hängt der Kurs der Partei somit von der mehrheitlich in der Partei vertretenen Einstellung ab, weshalb die führenden Köpfe innerhalb der Partei eine besonders starke Rolle spielen. Die Partei muss sich einer Strömung besonders widmen, wodurch es nicht gelingen kann, alle potentiellen Wähler zu erreichen. So kommt es auch leicht zu erheblichen "Flügelkämpfen" innerhalb der Partei, welche das Bild der *Grünen* über lange Zeit prägten.

Da die Partei in den 1980er Jahren von politisch Aktiven aus dem linken Spektrum dominiert wurde, kam es zur Abspaltung des konservativen Flügels in Form der *ÖDP*. Dank der Besinnung auf die eigenen Wurzeln konnten die *Grünen* auch als politische Repräsentanten weiterer sozialer Bewegungen wie der Frauen- oder Friedensbewegung fungieren und so weitere Stimmen auf der Linken hinzugewinnen und den Stimmenverlust durch die Abspaltung der Konservativen auffangen. Die traditionelle Nähe der Partei zu sozialen Bewegungen ermöglichte ihr auch die Fusion mit dem *Bündnis 90*, wodurch sie neben den Ost-Grünen direkt ein zweites Standbein in den neuen Bundesländern erhielt und auch heute noch zeigt sich die Nähe der Partei zu sozialen Protestbewegungen, beispielsweise aktuell an den angesichts der Proteste gegen das Projekt "Stuttgart 21" gestiegenen Umfragewerten.[505]

Doch zeigen sich in der Entwicklungsgeschichte der Partei auch sehr deutlich die

---

503 Vgl. MEADOWS et al., *Die Grenzen des Wachstums* (Anm. 252)

504 Vgl. SPIEGEL ONLINE, *Umfrage-Höhenflug: Grün ist das neue Schwarz Eine Analyse von Franz Walter*, ⟨URL: `http://www.spiegel.de/politik/deutschland/0,1518,721664,00.html`⟩ – Zugriff am 07.10.2010

505 Vgl. SCHÖNENBORN, 'ARD-DeutschlandTrend vom 07.10.2010' (Anm. 164)

weitere Etablierung hemmende Faktoren: Die andauernden Diskussionen und Flügelkämpfe innerhalb der Partei und daraus resultierende Abspaltungen kosteten die Partei immer wieder Wähler und Glaubwürdigkeit. Auch kosteten sie die Partei Energie und führten zusammen mit ihren organisatorischen Besonderheiten und dem in den 1980er Jahren vorherrschenden, zuweilen linksextrem anmutenden Kurs dazu, dass die Partei trotz ihrer Wahlerfolge erst spät als koalitionsfähige und ernsthaft agierende Partei angesehen wurde. Das Problem, die vielseitigen Strömungen innerhalb der Partei auf einen gemeinsamen Kurs zu bringen, zeigte sich auch deutlich in ihrer Zeit als Koalitionspartner der *SPD* zwischen 1998 und 2002, als die Frage nach der Entsendung deutscher Soldaten fast zu einer weiteren Spaltung der Partei führte.

Die Partei schaffte es, durch den Rückhalt aus der globalen Friedens- und Umweltbewegung und anderen sozialen Bewegungen sowie eine dem Zeitgeist in besonderem Maße entsprechende Programmatik, vergleichsweise leicht, von einer neugegründeten Kleinstpartei zur einer Kleinpartei aufzusteigen, in diesem Stadium stagnierte sie jedoch zunächst, gelähmt von innerparteilichen Auseinandersetzungen und von der *SPD* als nicht koalitionsfähig angesehen. Nach der Fusion mit den Ost-Grünen und dem *Bündnis 90* sowie der Durchsetzung der "Realos" konnte die Partei sich jedoch neu formieren, eine linke Flügelpartei werden und ihre Position im deutschen Parteiensystem als Koalitionspartner der *SPD* weiter festigen und Regierungsbeteiligung erreichen. Aktuell deutet vieles darauf hin, dass dem *Bündnis 90 / Die Grünen* der Wechsel von einer linken Flügelpartei zu einer in beide Richtungen koalitionsfähigen Scharnierpartei gelungen ist. So lassen das inzwischen mehr linksliberale Parteiprogramm sowie die Wahlkampfführung vor der Bundestagswahl 2009 vermuten, dass sich die Partei inzwischen mehr auf die Wähler in der politischen Mitte konzentriert, womit sie sowohl den Veränderung ihres typischen Wählerklientels als auch der geringer werdenden Integrationskraft der Volksparteien und der daraus entstehenden Koalitionsproblematik entsprechen würde. Auch wenn die Differnezen mit der CDU zur Zeit noch überwiegen und Koalitionen in dieser Richtung im Wege stehen, hat die Partei in der gesellschaftlichen Mitte Fuß fassen können. Regelmäßige Ergebnisse über zehn Prozent bei den letzten Landtagswahlen, insbesondere das spektakuläre Ergebnis in Baden-Württemberg, bei welchem es der Partei sogar gelang die SPD zu überflügeln und erstmals die Regierung zu stellen, untermauern diese Einschätzung der Partei. Wenn es der Partei gelingt, derartige Erfolge zu wiederholen, erscheint eine Etablierung als Großpartei in greifbare Nähe zu rücken.

7.2 Piratenpartei Deutschland

7.2.1 Entwicklung

Die *Piratenpartei Deutschland* ist, wie der Name bereits nahelegt, ein länderübergreifendes Phänomen. Den Anfang bildetet die 2006 in Schweden gegründete *Piratenpartiet.* Die Gründung dieser Partei war eine Reaktion auf den Umgang des schwedischen Staates mit den Konsequenzen der "digitalen Revolution". Ein besonderes Schlüsselereignis bildete eine Reihe von Festnahmen im Zusammenhang mit der "Pirate Bay"-Plattform und der Beschlagnahmung der Server.[506] Diese „digitale Piratenbucht" sollte den weltweiten Tausch und damit auch das illegale Kopieren von Dateien ermöglichen und erfuhr eine hohe Beliebtheit. Während Musik- und Filmindustrie versuchten, juristisch gegen die Betreiber und Nutzer vorzugehen, sahen weite Teile der schwedischen Öffentlichkeit „Filesharing" nicht als anstößig oder gar als ein Verbrechen. Wenn überhaupt, wird es eher als „Kavaliersdelikt" bewertet.[507] Als es von staatlicher Seite zu einer zunehmenden Diskriminierung der "Filesharing-Szene" kam, gründete sich die *Piratenpartiet* als Akteur einer Bewegung, die sich ein zentrales Ziel gesetzt hat: Dateien aller Art für jeden frei zugänglich zu machen. Die Partei machte mit Aktionen wie einem halbstündigen Film, der unter dem provokanten Titel „Steal this film" u.a. bei Youtube online gestellt wurde und aus einer Binnenperspektive positiv über die Szene berichtet, auf sich aufmerksam. Teilweise wurden hier verurteile "Raubkopierer" als Märtyrer der digitalen Freiheit dargestellt.[508] Die Partei erreichte schnell eine gesteigerte Medienaufmerksamkeit, insbesondere als es am 31. Mai 2006 zur Beschlagnahmung der Server des BitTorrent-trackers "Pirate Bay" kam. Bei der Polizeiaktion wurden auch andere Server mit Seiten von Firmen, Vereinen und Privatpersonen vom Netz genommen, was starke Proteste auslöste und der *Piratenpartiet* weitere öffentliche Aufmerksamkeit und einen fulminanten Mitgliederzuwachs bescherte.[509] Da die anderen Parteien die Thematik jedoch schnell aufgriffen, konnte die Partei ihre Popularität nicht unmittelbar in einen Wahlerfolg umsetzen, bei der schwedischen Parlamentswahl im September 2006 erreichte sie 0,63 Prozent und blieb damit weit hinter ihrem Ziel von vier Prozent zurück. Die Situation

[506] Vgl. Zolleis, Prokopf und Stauch, *Die Piratenpartei. Hype oder Herausforderung für die deutsche Parteienlandschaft?* (Anm. 103), S. 8

[507] Vgl. Henning Bartels, *Die Piratenpartei. Entstehung, Forderungen und Perspektiven der Bewegung,* (Berlin: Contumax-Verlag, 2009), Reihe Netzbürger ⟨URL: `http://ebooks.contumax.de/01-piratenpartei.pdf`⟩, S. 26

[508] Vgl. Blumberg, 'Partei der "digital natives"? Eine Analyse der Genese und Etablierungschancen der Piratenpartei', S. 7 f.

[509] Vgl. Zolleis, Prokopf und Stauch, *Die Piratenpartei. Hype oder Herausforderung für die deutsche Parteienlandschaft?* (Anm. 103), S. 8

änderte sich für die schwedische *Piratenpartiet* mit dem Prozess gegen die Betreiber von Pirate Bay im Februar 2009. Diese wurden wegen Verletzung des Urheberrechts zu je einem Jahr Haft und 2,74 Millionen Euro Schadensersatz verurteilt.[510] In der Folge dieses europaweit verfolgten Prozesses kam es zu einem Stimmungsumschwung, welcher die Partei zur drittgrößten Partei Schwedens (rund 50.000 Mitglieder) werden ließ und ihr bei der Europawahl 2009 7,13 Prozent bzw. zwei Sitze im Europäischen Parlament einbrachte.[511]

Die die Parteigründung initiierende Konfliktlinie, die Abwehr der Musik- und Unterhaltungsindustrie gegen eine Struktur, die den freien Tausch und die Weitergabe ihrer Produkte ermöglicht, also letztlich zwei unterschiedliche Verständnisse von Urheberrecht, ist, wie auch das Medium Internet selbst, transnational. So führten die Entwicklungen in Schweden neben Ablegern in anderen Ländern auch in Deutschland zur Gründung einer *Piratenpartei.* Die Partei wurde am 10. September 2006 in Berlin gegründet, wobei das Internet nicht nur thematisch das Zentrum der Partei bildete, denn die Partei besaß von Anfang an den Anspruch, sämtliche organisatorischen Abläufe mittels der neuen Medien so transparent wie möglich zu gestalten und über Online-Abstimmungen zudem ein Höchstmaß an direkter Demokratie innerhalb der Partei zu ermöglichen. So erfolgte auch die Erarbeitung von Satzung und Parteiprogramm überwiegend im Internet.[512]

> "Erstmalig in der Geschichte Deutschlands spielte sich die Vorbereitung einer Parteigründung vorwiegend im Internet unter den Augen der Öffentlichkeit ab. Satzung und Programm der PIRATEN sind durch diese transparente Vorbereitung einhellig begrüßt und fast einstimmig angenommen worden."[513]

Selbst wenn der von der Partei angesprochene "Cleavage" in den entsprechenden Schichten der deutschen Gesellschaft durchaus existent ist, schaffte die Partei es zunächst nicht, potentielle Anhänger zu mobilisieren. Die Partei versuchte durch Protestaktionen, beispielsweise gegen Verbote gewaltlastiger Videospiele, medienwirksam in Erscheinung zu treten, an Bekanntheit zu gewinnen und ihre Zielgruppe zu erreichen. Doch stieß sie damit in der Öffentlichkeit nur auf eine geringe Resonanz. So erhielt die Partei bei ihrer ersten Wahlteilnahme, der Landtagswahl in Hessen

510 Vgl. Blumberg, 'Partei der "digital natives"? Eine Analyse der Genese und Etablierungschancen der Piratenpartei', S. 7 f.

511 Vgl. Zolleis, Prokopf und Stauch, *Die Piratenpartei. Hype oder Herausforderung für die deutsche Parteienlandschaft?* (Anm. 103), S. 9

512 Vgl. ders., *Die Piratenpartei. Hype oder Herausforderung für die deutsche Parteienlandschaft?* (Anm. 103), S. 10

513 Piratenpartei Deutschland, *Geschichte*, ⟨URL: `http://www.piratenpartei.de/navigation/partei/parteigeschichte`⟩ – Zugriff am 12.10.2010

am 27. Januar 2008, lediglich 0,3 Prozent, was 6.962 gültigen Stimmen entsprach. Da die Verhandlungen zur Regierungsbildung fehlschlugen, wurde die Wahl am 18. Januar 2009 wiederholt und die Partei konnte mit 13.796 Stimmen (0,5 %) ihr ursprüngliches Ergebnis nahezu verdoppeln.[514]

Der Partei schien der richtige "Aufhänger" zu fehlen, da die Debatte über Filesharing und Urheberrecht in der Bundesrepublik bei Weitem nicht so emotional und öffentlichkeitswirksam geführt wurde wie in Schweden. Doch fand die Partei ihr "window of opportunity" schließlich Anfang 2009 im "Zugangserschwerungsgesetz" der Großen Koalition. Ausgangspunkt war hier die Frage, mit welchen adäquaten Mitteln der Zugriff auf Seiten mit kinderpornographischen Inhalten im Internet verhindert werden könne. Unter Federführung der damaligen Bundesfamilienministerin Ursula von der Leyen setzte die Große Koalition auf sogenannte "Netzsperren", die folgendermaßen funktionieren:

Durch ein Gesetz sollten Anbieter eines Internetzugangs verpflichtet werden, den Zugang zu Seiten mit illegalen Inhalten zu erschweren. Das Bundeskriminalamt soll zu diesem Zweck eine täglich aktualisierte Liste mit einschlägigen Seiten führen. Greift nun ein Internetnutzer auf eine dieser Seiten zu, so solle dieser auf eine Seite des BKA weitergeleitet werden, wo er auf die illegalen Inhalte hingewiesen wird. Der ursprüngliche Gesetzesentwurf sah zudem vor, dass bei Zugriffsversuchen eine Speicherung der einschlägigen IP-Adresse zu Zwecken der Strafverfolgung erfolgt. Für das Gesetz sollen Teile des Telemediengesetzes und des Telekommunikationsgesetzes geändert werden.[515]

Bereits nach Bekanntwerden des ersten Gesetzentwurfs kam es zu starker Kritik von Opposition, Bürgerrechtlern, Vereinen und Organisationen, hier tat sich besonders der Chaos Computer Club hervor. Insbesondere wurde angemerkt, dass das Gesetz die Kinderpornographie nicht wirksam bekämpfe, dafür allerdings eine Infrastruktur ins Leben rufe, die es erlaubt, unliebsame Inhalte aller Art zu zensieren und so eine allgemeine Zensur im Internet aufbaue. Zudem sind die Sperrlisten des BKA nicht öffentlich einsehbar und damit auch nicht unabhängig prüfbar.[516] Auch die Aktivisten der *Piratenpartei* sahen in dem Vorgehen der Regierung keinen Schutz,

---

514 Vgl. Landeswahlleiter für Hessen, *Ergebnisse der jeweils letzten Landtagswahlen*, ⟨URL: `http://www.bundeswahlleiter.de/de/landtagswahlen/ergebnisse/downloads/lwhessen2009.pdf`⟩ – Zugriff am 12.10.2010

515 Vgl. Deutscher Bundestag, *Drucksache 604/09: Gesetz zur Bekämpfung der Kinderpornographie in Kommunikationsnetzen*, ⟨URL: `http://dipbt.bundestag.de/dip21/brd/2009/0604-09.pdf`⟩ – Zugriff am 12.10.2010

516 Vgl. Simon Möller, *Netzsperren: Der neue Entwurf und seine Rechtmäßigkeit*, ⟨URL: `http://www.telemedicus.info/article/1271-Netzsperren-Der-neue-Entwurf-und-seine-Rechtsmaessigkeit.html`⟩ – Zugriff am 12.10.2010

sondern eine Einschränkung ihrer bisherigen Freiheiten. Es kam zu einer hitzigen Debatte über Freiheit und rechtliche Grenzen des Internets, bei welcher sich die Kleinstpartei endlich medienwirksam hervortun konnte. Den innerparlamentarischen Parteien wurde die "Netz-Kompetenz" abgesprochen, das Zugangserschwernisgesetz galt als Beweis für eine ineffiziente Politik, die den Interessen der "jungen, internetaffinen Computernutzer"[517] zuwiderläuft. Ins öffentliche Bewusstsein schaffte es die Partei weiterhin durch den Übertritt des Bundestagsabgeordneten Jörg Tauss von der *SPD* in die *Piratenpartei*, wodurch bis Oktober 2009 ein Parteimitglied als fraktionsloser Abgeordneter im Deutschen Bundestag saß.[518] Die Partei erreichte bei der Bundestagswahl 2009 zwei Prozent der gültigen Zweitstimmen, womit sie zwar an der Fünf-Prozent-Hürde scheiterte, aber in den Genuss der staatlichen Wahlkampfkostenerstattung kam. Zudem wurde diese junge Partei damit aus dem Stand die erfolgreichste Partei unterhalb der Fünf-Prozent-Hürde. Auch erlangte sie bei den im selben Jahr stattfindenden Kommunalwahlen in Nordrhein-Westfalen jeweils einen Sitz in den Stadträten von Aachen und Münster.[519] [520] Bei den folgenden Landtagswahlen stagnierten die Wahlergebnisse weitestgehend zwischen ein und zwei Prozent, einzig bei den Bürgerschaftswahlen in Hamburg am 20. Februar 2011 gelang es der *Piratenpartei* sich mit 2,1 Prozent als 6. stärkste Partei zu behaupten und den deutlichen Abstand zu den „Sonstigen" zu bewahren. Auch konnte die Partei hier ein gutes Ergebnis bei den Erststimmen vorweisen und mit 4,7 Prozent in die Bezirksversammlung Hamburg Mitte sowie durch ein Direktmandat in die Bezirksversammlung Bergedorf einziehen.[521]

---

[517] Vgl. ZOLLEIS, PROKOPF und STAUCH, *Die Piratenpartei. Hype oder Herausforderung für die deutsche Parteienlandschaft?* (Anm. 103), S. 10

[518] Vgl. PIRATENPARTEI DEUTSCHLAND, *Erster Pirat im Bundestag. Presseerklärung der Piratenpartei vom 20.6.2009*, ⟨URL: `http://www.piratenpartei.de/node/779`⟩ – Zugriff am 12.10.2010

[519] Vgl. DIE LANDESWAHLLEITERIN DES LANDES NORDRHEIN-WESTFALEN, *Endgültiges Ergebnis für: Kreisfreie Stadt Aachen*, ⟨URL: `http://www.wahlergebnisse.nrw.de/kommunalwahlen/2009/Stadtraete_kreistage/a313000kw0900.html`⟩ – Zugriff am 12.10.2010

[520] Vgl. ders., *Endgültiges Ergebnis für: Kreisfreie Stadt Münster*, ⟨URL: `http://www.wahlergebnisse.nrw.de/kommunalwahlen/2009/Stadtraete_kreistage/a515000kw0900.html`⟩ – Zugriff am 12.10.2010

[521] Vgl. PIRATENPARTEI HAMBURG, *Piratenpartei zieht in Hamburger Bezirksversammlungen ein*, ⟨URL: `http://www.piratenpartei-hamburg.de/artikel/2011-02-25/piratenpartei-zieht-in-hamburger-bezirksversammlungen-ein`⟩ – Zugriff am 13.04.2011

7.2.2 Programmatik und Struktur

Programmatik Die *Piratenpartei* ist inhaltlich monothematisch aufgestellt[522], denn für die Partei ergeben sich alle in ihrem Parteiprogramm aufgenommenen Themen und Forderungen aus der "digitalen Revolution aller Lebensbereiche", also aus dem Wandel zur Informationsgesellschaft. Die Partei sieht durch den technischen Fortschritt und die daraus geschaffenen neuen Möglichkeiten die Würde und die Freiheit des Menschen hochgradig gefährdet, insbesondere da ein einzelner Nationalstaat keine wirksame Möglichkeit zur politischen Steuerung globaler Strukturen wie dem Internet besitzt. "Nicht zuletzt die falschen Antworten auf diese Herausforderung leisten einer entstehenden totalen und totalitären, globalen Überwachungsgesellschaft Vorschub."[523] Den Konsequenzen dieser Entwicklung für Politik, Gesellschaft und Kultur will die *Piratenpartei Deutschland* mit ihren Positionen gerecht werden und die durch die "digitale Revolution" ausgelösten Konflikte "im Sinne einer libertären Freiheitsauffassung aus Sicht der Nutzer"[524] lösen. Hierfür kommen in Partei- und Bundestagswahlprogramm insbesondere fünf übergreifende Schwerpunktbereiche zur Sprache:

1. Immaterialgüterrechte;
2. Bildung;
3. Privatsphäre und Datenschutz;
4. eine den Möglichkeiten der neuen Medien entsprechend ausgestaltete Demokratie, insbesondere im Hinblick auf Transparenz und Bürgerbeteiligung;
5. Infrastruktur.

Im Folgenden möchte ich nun diese dem Parteiprogramm sowie dem Wahlprogramm zur Bundestagswahl 2009 entnommenen Schwerpunkte der Partei in knapper Form skizzieren:

[522] Vgl. Blumberg, 'Partei der "digital natives"? Eine Analyse der Genese und Etablierungschancen der Piratenpartei', S. 19

[523] Piratenpartei Deutschland, *Grundsatzprogramm der Piratenpartei Deutschland. Beschlossen auf der Gründungsversammlung am 10. September 2006, ergänzt auf dem Bundesparteitag am 05. Juli 2009 in Hamburg*, ⟨URL: `http://wiki.piratenpartei.de/images/2/20/Parteiprogramm_LaTeX.pdf`⟩ – Zugriff am 13.10.2010, S. 1

[524] Zolleis, Prokopf und Stauch, *Die Piratenpartei. Hype oder Herausforderung für die deutsche Parteienlandschaft?* (Anm. 103), S. 11

Etwa soll das Urheberrecht so reformiert werden, dass eine freie Verwendbar- und Kopierbarkeit von Daten im Internet möglich wird. Erreicht werden soll dies mittels alternativer Geschäftsmodelle wie Creative Commons-Lizenzen.[525] Ebenfalls fordert die Partei den kostenfreien Zugang zu wissenschaftlichen Publikationen, etwa durch das "Open Access"[526]-Prinzip. Die bisherigen Publikationsstrukturen werden als eine Privatisierung des von der Allgemeinheit finanzierten Wissens angesehen. Mittels des "Open Source"-Prinzips gilt Enstprechendes auch für Software. Auch auf die öffentliche Verwaltung soll das Prinzip des "offenen Zugriffs" ausgedehnt werden, wodurch sich die Partei eine Verbesserung von deren Arbeits- und Funktionsweise verspricht.[527] Das freie Recht auf Zugang zu Informationen schließt auch ein Recht auf freie Bildung mit ein, denn dies ist für die *Piraten* lediglich die logische Kehrseite derselben Medaille".[528] Der Staat soll eine effektive und zweckmäßige Bildungsinfrastruktur finanzieren und kostenlos zur Verfügung stellen, weshalb Gebühren für Bildung in jeglicher Form abgelehnt werden. Bildung wird überdies "als eine der wichtigsten Ressourcen der deutschen Volkswirtschaft" angesehen, weshalb der "freie Zugang zu Bildungseinrichtungen" im Interesse aller sei.[529]

Bezüglich des sensiblen Bereichs der Privatsphäre und des Datenschutzes nimmt die Partei explizit libertäre Positionen ein und wendet sich strikt gegen präventive Strafverfolgungsmethoden und die Überwachung des öffentlichen Raumes. Aus dem Grundgesetz leitet sie ein Recht auf Anonymität ab. Daher soll ihrer Ansicht nach die kommerzielle Nutzung persönlicher Daten prinzipiell verboten werden, wenn keine ausdrückliche Erlaubnis gegeben worden ist. Daher werden auch Maßnahmen wie eine verbindliche Aufnahme biometrischer Daten in den Personalausweis abgelehnt. Das Briefgeheimnis will die Partei zu einem "generellen Komunikationsgeheimnis" erweitern, welches auch die durch elektronische Medien ermöglichten Kommunikationswege mit einschließt. Die "Freiheit der Kommunikation" soll dabei in den Status

---

[525] "Creative Commons" ist eine Non-Profit-Organisation, die durch vorgefertigte Lizenzverträge eine Hilfestellung für Veröffentlichung und Verbreitung digitaler Medieninhalte anbietet.

[526] Ein wissenschaftliches Dokument unter Open-Access-Bedingungen zu publizieren gibt dem Nutzer die Erlaubnis, dieses Dokumen entgeltfrei nutzen zu können. Einzig Veränderungen des Dokuments sind untersagt. Für die Finanzierung haben sich bereits unterschiedliche Geschäftsmodelle entwickelt.

[527] Vgl. Piratenpartei Deutschland, *Bundestagswahl 2009 / Wahlprogramm*, ⟨URL: `http://wiki.piratenpartei.de/Bundestagswahl_2009/Wahlprogramm`⟩ – Zugriff am 13.10.2010

[528] Zolleis, Prokopf und Stauch, *Die Piratenpartei. Hype oder Herausforderung für die deutsche Parteienlandschaft?* (Anm. 103), S. 13

[529] Vgl. Piratenpartei Deutschland, 'Grundsatzprogramm der Piratenpartei Deutschland. Beschlossen auf der Gründungsversammlung am 10. September 2006, ergänzt auf dem Bundesparteitag am 05. Juli 2009 in Hamburg' (Anm. 523), S. 9 f.

eines Grundrechts erhoben werden.[530] Weiterhin soll das staatliche Handeln für die Bürger transparenter werden: Freier Zugang zu Akten und Vorgängen auf allen Ebenen von Staat und Verwaltung durch die digitalen Medien. Dies soll allerdings "in den Bestimmungen zum Schutz der Persönlichkeitsrechte, der nationalen Sicherheit, zur Verhinderung von Straftaten und ähnlichem"[531] seine Grenzen finden. Zudem fordert sie mehr direktdemokratische Elemente auf allen politischen Ebenen. Bezüglich der Infrastruktur fordert die *Piratenpartei* eine Verstaatlichung der "natürlichen Infrastrukturmonopole" Wasser, Straße, Schiene und Strom. Zudem soll die flächendeckende Verfügbarkeit des Internets sichergestellt werden, da ein Ausschluss vom Internet eine schwerwiegende Bürgerrechtsverletzung darstelle. Weiterhin stellt sie die Netzbetreiber von jeglicher Verantwortung für die über das Netz gesendeten Daten frei, was die Ablehnung jeglicher Filter für Inhalte aus dem Internet mit einschließt.[532]

Das Parteiprogramm sowie das Bundestagswahlprogramm 2009 erscheinen so eher als "Forderungskatalog"[533] denn als ganzheitliches Parteiprogramm einer Programmpartei gemäß den Kriterien Klaus von Beymes. Dieser weist vor allem auf einen geschlossenen und bezüglich der einzelnen Forderungen nicht widersprüchlichen Gesamtentwurf hin. Albrecht Lucke verweist darauf, dass dies bei der *Piratenpartei* nicht der Fall ist, da die Partei zwar häufig auf den Begriff der Freiheit abstellt, ihr konkretes Freiheitsverständnis aber keineswegs hinreichend begründet, um die erforderliche inhaltliche Übereinstimmung zu stiften.[534] Auch werden alle Themenbereiche durch die Brille des (informations-)technologischen und medialen Wandels betrachtet und Themen wie Steuer-, Gesundheits-, Renten-, Arbeits-, Verteidigungs-, Energie- und Umweltpolitik finden überhaupt keine Erwähnung, weshalb die Partei gemeinhin als Single-Issue-Partei eingeordnet wird (s.o.). Ein solides Grundsatzprogramm war aber noch keiner Partei in die Wiege gelegt und in den Bereichen Infrastruktur, Wirtschaft und Kultur lassen sich durchaus Anknüpfungspunkte an weitere Politikfelder ausmachen[535], so dass eine pauschale Einengung auf die Forderungen "Raubkopien

---

[530] Vgl. Zolleis, Prokopf und Stauch, *Die Piratenpartei. Hype oder Herausforderung für die deutsche Parteienlandschaft?* (Anm. 103), S. 12

[531] Piratenpartei Deutschland, 'Bundestagswahl 2009 / Wahlprogramm' (Anm. 527)

[532] Vgl. ders., 'Grundsatzprogramm der Piratenpartei Deutschland. Beschlossen auf der Gründungsversammlung am 10. September 2006, ergänzt auf dem Bundesparteitag am 05. Juli 2009 in Hamburg' (Anm. 523), S. 8 f.

[533] Zolleis, Prokopf und Stauch, *Die Piratenpartei. Hype oder Herausforderung für die deutsche Parteienlandschaft?* (Anm. 103), S. 13

[534] Vgl. von Beyme, *Parteien im Wandel: von den Volksparteien zu den professionalisierten Wählerparteien* (Anm. 88), S. 120 ff.

[535] Vgl. Zolleis, Prokopf und Stauch, *Die Piratenpartei. Hype oder Herausforderung für die deutsche Parteienlandschaft?* (Anm. 103), S. 14

legalisieren!" der Partei nicht gerecht werden würde. Die Partei befindet sich noch in der Entstehungsphase und es ist anzunehmen , dass sich das im Parteiprogramm vertretenen Themenspektrum mit der Zeit und mit wachsender Mitgliederbasis stetig erweitern wird. Aktuell scheint sich die Partei auf eine Funktion als Agenda-Setter in ihrem Bereich spezialiseren zu wollen:

> "Die Piratenpartei strebt weder eine komplette eigenständige Leitung des Staates an noch behauptet sie, eine universelle gesellschaftliche Utopie erkannt zu haben. Sie beschränkt sich bewusst auf eine kleine Zahl von Themen, die sie für besonders bedeutend für die Zukunft von Deutschland und Europa hält. [...] Gerade WEIL die Piratenpartei wenige Themen hat, hat sie auch ein klares Profil und ist bei der Besetzung dieser Themen auch effektiv."[536]

Mitglieder und Wählerklientel Auf die im Jahr 2009 steigende Popularität der *Piratenpartei* folgte auch ein drastischer Anstieg der Mitgliederzahlen. So verfügt die Partei aktuell (13.10.2010) über 12.322 Mitglieder, womit sie die mitgliederstärkste Kleinstpartei in der Bundesrepublik ist. Auch ihre Jugendorganisation , die "Jungen Piraten", ist nach Angaben der *Piratpartiet* mit über 20.000 Mitgliedern mittlerweile die größte politische Jugendorganisation. Die meisten Parteimitglieder (42 %) sind in Nordrhein-Westfalen und Bayern organisiert. Hatte die Partei im Januar 2009 noch weniger als 1000 Mitglieder, so waren es Anfang Juni bereits 1476 und nur einen Monat später lag die Mitgliederzahl bei 3729 und im November 2009 war bereits die Marke von 10.000 erreicht.[537] Der Mitgliederzuwachs hielt auch nach der Bundestagswahl und der Neuregelung der Internetsperren noch an, die Zuwächse pendelten sich jedoch seit dem Frühjahr 2010 auf einem deutlich geringeren Niveau ein.[538]

Weitere Details zur Mitgliederstruktur wurden von der *Piratenpartei Deutschland* selbst nicht veröffentlicht, so dass man hier auf andere Informationsquellen angewiesen ist. Hier helfen zunächst die Interviews und Medienberichte über die Mitgliederversammlungen, "Crews" und Stammtische weiter. „Der Kern der Piratenpartei sind Mitglieder im Alter von Mitte zwanzig, in der Mehrzahl Studenten. Es ist die Gene-

[536] PIRATENPARTEI DEUTSCHLAND, *Häufig gestellte Fragen: Seid ihr nicht zu spezialisiert?* ⟨URL: `http://wiki.piratenpartei.de/Häufig_gestellte_Fragen#Seid_ihr_nicht_zu_spezialisiert.3F`⟩ – Zugriff am 13.10.2010

[537] Vgl. ders., *Mitglieder (Artikel in der Piratenwiki)*, ⟨URL: `http://wiki.piratenpartei.de/Mitglieder`⟩ – Zugriff am 13.10.2010

[538] Vgl. BLUMBERG, 'Partei der "digital natives"? Eine Analyse der Genese und Etablierungschancen der Piratenpartei', S. 13

ration, die mit dem Internet aufgewachsen ist."[539] Diese Charakterisierung stimmt auch sehr gut mit den von der schwedischen *Piratenpartiet* veröffentlichten Daten zum Mitgliederprofil überein, denn auch hier ist der Großteil der Mitglieder zwischen 18 und 30 Jahre alt. Besonders auffällig ist das Geschlechterverhältnis mit einem Frauenanteil von nur 17 %.[540] Das typische Mitglied der *Piratenpartei* scheint also männlich, mit hoher formaler Bildung und unter 30 Jahre alt zu sein.

Wer wählt die *Piratenpartei*? Da im Vorfeld der Bundestagswahl auch *Bündnis 90/Die Grünen, Die Linke* und auch Teile der *FDP* das Thema Freiheit im Internet aufgriffen und so versuchten, das anhand der Piratenpartei offensichtlich gewordene Konfliktpotential zu nutzen, hätten Wähler, die sich explizit gegen die Vorratsdatenspeicherung und andere im Wahlkampf instrumentalisierte Themen aussprachen, auch auf etablierte Parteien ausweichen können. Doch trotz teils hoher inhaltlicher Übereinstimmung zeigen die öffentliche Diskussion und die Wahlergebnisse der Partei, dass eine Absorption durch die innerparlamentarischen Parteien nicht gelang.[541] Die Partei scheint somit eine spezifische Wählerklientel anzusprechen, die sich von den etablierten Parteien nicht ausreichend vertreten fühlt.[542] Ein Blick auf die Wahlstatistik zeigt, dass die regionalen Schwerpunkte in den Großstädten, besonders an Universitätsstandorten, liegen. Die Wählerschaft wird vor allem von jungen Männern dominiert. So erreichte die Partei bei den 18- bis 24-jährigen Männern zwölf und bei den 25- bis 34-Jährigen sechs Prozent der gültigen Zweitstimmen. Dagegen kam sie bei den 18- bis 24-jährigen Frauen lediglich auf fünf und bei den 25- bis 34-jährigen auf nur zwei Prozent. Bei älteren Wählern sind sie mit höchstens zwei Prozent in der Gruppe der 35- bis 44-Jährigen und noch mit einem Prozent bei den 45- bis 59-Jährigen kaum vertreten. Geschlechterübergreifend erzielen sie in der Gruppe der 18- bis 24-Jährigen neun und bei den 25- bis 34-Jährigen noch vier Prozent.[543]

Sucht man auch hier nach Übereinstimmungen zwischen den einzelnen Sinus-Milieus und den von der Partei vertretenen Interessen, so findet man die höchsten Übereinstimmungen bei den gesellschaftlichen Leitmilieus.[544] Besonders mit dem Mi-

[539] Vgl. Wehner, 'Frankfurter Allgemeine Zeitung'

[540] Vgl. Bartels, *Die Piratenpartei. Entstehung, Forderungen und Perspektiven der Bewegung* (Anm. 507), S. 56

[541] Vgl. Zolleis, Prokopf und Stauch, *Die Piratenpartei. Hype oder Herausforderung für die deutsche Parteienlandschaft?* (Anm. 103), S. 25

[542] Vgl. ders., *Die Piratenpartei. Hype oder Herausforderung für die deutsche Parteienlandschaft?* (Anm. 103), S. 26

[543] Vgl. Blumberg, 'Partei der "digital natives"? Eine Analyse der Genese und Etablierungschancen der Piratenpartei', S. 16, sowie Schorn und Gisart, 'Statistisches Bundesamt –Wirtschaft und Statistik, Nr. 3, 2010' (Anm. 229)

[544] Vgl. Zolleis, Prokopf und Stauch, *Die Piratenpartei. Hype oder Herausforderung für die deutsche Parteienlandschaft?* (Anm. 103), S. 26

lieu der "modernen Perfomer" ergibt sich eine hohe Deckung. Das jüngste Milieu umfasst mit vielen Selbstständigen, Schülern und Studenten die "unkonventionelle Leistungselite" mit 6,5 Millionen der deutschen Bevölkerung aus. Die "modernen Performer" nutzen in ihrem Alltag selbstverständlich die moderne Technik und nehmen hier eine Vorreiterposition in Anspruch. Die Beschreibung dieses Milieus zeigt auch bereits deutliche Übereinstimmungen mit der ermittelten Mitgliederstruktur der Partei. Auch mit dem Milieu der "Postmateriellen" lassen sich Übereinstimmungen finden: Die diesem Milieu zugeordneten Personen entstammen zumeist "[...] dem aufgeklärten Nach-68er-Milieu. Liberal, intellektuell und an ideellen Werten orientiert. Klassische Karriere ist unwichtig, maßloser Konsum verpönt und Kritik ein Muss. Viele leitende Angestellte und Beamte, Freiberufler, Schüler und Studenten, von Anfang 20 bis zu den „jungen Alten". Größe: 6,5 Millionen (zehn Prozent)"[545] Auch wenn die *Piratenpartei* sich nicht als antimaterialistisch darstellt, so versteht sie sich doch als Vorreiter von Wissen und kulturellen Gütern und stimmt mit den Freizeitinteressen und der Sozialstruktur dieses Milieus überein. Auch zeigt sich in etwa in der Bevorzugung von Freiheit gegenüber Sicherheit und der Ablehnung starrer bürokratischer Strukturen eine überdurchschnittliche liberale Einstellung der Anhänger der Partei, die sich wiederum mit dem postmateriellen Milieu deckt.[546] Da diese Milieus idealtypisch konstruiert wurden, lassen sich keine exakten Übereinstimmungen einer Bevölkerungsgruppe mit einer Partei ausmachen, doch lässt sich konstatieren, dass sich ein Großteil der Mitglieder, Anhänger und Sympatisanten der *Piratenpartei* aus den Schnittmengen der aufgeführten gesellschaftlichen Gruppen ergeben, was auch durch die Ergebnisse einer Analyse zur Mediennutzung auf der Basis der Sinus-Milieus gestützt wird.[547] Die von der Partei besonders angesprochene Gruppe der "Digital Natives" wird auf eine Größe von 6,7 Millionen Personen und damit 13 Prozent der 14- bis 64jährigen in der Bundesrepublik eingeschätzt.[548]

Organisation Die Partei besitzt inzwischen in allen deutschen Bundesländern Landesverbände. Bezirksverbände existieren derzeit in Baden-Württemberg, Bayern und Hamburg. Zwei in Nordrhein-Westfalen entstandene Bezirksverbände wurden inzwi-

545 Rosenkranz, 'Stern, Nr. 31, 2009' (Anm. 485), S. 43

546 Vgl. Zolleis, Prokopf und Stauch, *Die Piratenpartei. Hype oder Herausforderung für die deutsche Parteienlandschaft?* (Anm. 103), S. 26

547 Vgl. Sociovision / Stern, 'Medienmentalitäten: Zwischen Virtualisierung und Bodenhaftung heute', In: *Markenprofile 12. Neue Medienmentalitäten. Wohin geht Ihre Zielgruppe?* (Hamburg: Stern Anzeigenabteilung, 2007) ⟨URL: `http://www.gujmedia.de/_components/markenprofile/mapro12/download/datein/MaPro12-Einfuehrung.pdf`⟩ – Zugriff am 13.10.2010, S. 28–39, S. 37

548 Vgl. ders., 'Medienmentalitäten: Zwischen Virtualisierung und Bodenhaftung heute' (Anm. 547), S. 37

schen wegen Untätigkeit wieder aufgelöst.[549] Auf der nächst kleinerern Ebene, den Kreisverbänden, regt sich dagegen deutlich mehr: Im August 2010 verfügte die *Piratenpartei Deutschland* über 69 Kreisverbände. Vier weitere befanden sich in der Gründungsphase. Die Partei hat nicht Ortsvereine im klassischen Sinne, an deren Stelle treten die sogenannten "Crews". Hierbei handelt es sich um kleine Gruppen von Mitgliedern, die ohne formale Strukturen auskommen und abseits der klassischen Strukturen andere Möglichkeiten der Zusammenarbeit schaffen sollen.[550] Dieses System ist noch in der Erprobungsphase, doch haben sich in Berlin und Nordrhein-Westfalen bereits über 200 solcher "Crews" gebildet und auch in anderen Bundesländern kam es zu ersten Gründungen.[551] Auf kommunaler Ebene existieren zudem etliche "Stammtische" der Parteimitglieder. Die Partei versucht parteiintern direkte und repräsentative Demokratieelemente miteinander zu verbinden, wobei das Mittel der Wahl natürlich in der Informationstechnik liegt. Über das Internet werden breite Abstimmungen oder Umfragen innerhalb der eigenen Anhängerschaft ohne großen organisatorischen Aufwand möglich. Bereits das Grundsatzprogramm der Partei und viele parteiinterne Dokumente entstehen online und jedes Mitglied kann von zuhause aus aktiv mitgestalten und Ergebnisse kommentieren. Theoretisch soll jeder Interessierte an der Parteiarbeit teilnehmen können. Auch die von der Partei geforderte Transparenz staatlicher Handlungen gilt entsprechend für die eigene Organisation. So lässt sich beispielsweise der jeweils aktuelle Kontostand des Bundesverbandes und der einzelnen Landesverbände jederzeit online einsehen. Alle Unterlagen, Protokolle u.ä. stehen ebenfalls auf der Homepage der Partei bereit.

Die Partei besitzt eine Jugendorganisation, die "Jungen Piraten (JuPis)", mit etwa 650 Mitgliedern.[552] Enge Verbindungen bestehen über die Dachorganisation "Pirate Parties International" zu anderen nationalen Piratenparteien. Bei PPI (Pirate Parties International) handelt es sich um eine Nichtregierungsorganisation, die mit dem Ziel gegründet wurde, weltweit die Gründung von Piratenparteien zu forcieren, die Parteien zu unterstützen und zu einer transnationalen Kommunikation und Zusammenarbeit der nationalen Piratenparteien beizutragen.[553]

---

[549] Vgl. Piratenpartei Deutschland, *Bezirksverbände (Artikel in der Piratenwiki)*, ⟨URL: `http://wiki.piratenpartei.de/Bezirksverbände`⟩ – Zugriff am 13.10.2010

[550] Vgl. ders., *Crews (Artikel in der Piratenwiki)*, ⟨URL: `http://wiki.piratenpartei.de/Crews`⟩ – Zugriff am 13.10.2010

[551] Vgl. ders., 'Crews (Artikel in der Piratenwiki)' (Anm. 550)

[552] Vgl. Junge Piraten, *Junge Piraten in Zahlen*, ⟨URL: `http://www.junge-piraten.de/die-jungen-piraten/junge_piraten_in_zahlen/`⟩ – Zugriff am 05.10.2010

[553] Vgl. Pirate Parties International, *Website der PPInternational*, ⟨URL: `http://www.pp-international.net/`⟩ – Zugriff am 27.10.2010

Ressourcen Die Partei verfügte 2008 über eine recht prekäre Finanzsituation, da sie zu diesem Zeitpunkt noch keine staatlichen Zuschüsse verbuchen konnte. Neben den Mitgliedsbeiträgen, welche 30,73 Prozent der Einnahmen der Partei ausmachten, bildeten Spenden natürlicher und juristischer Personen mit zusammen sogar 58,95 Prozent der Einnahmen den größten Posten. Den Einnahmen von 34.134,20 Euro standen Ausgaben von 49.799,43 Euro entgegen, so dass sich für die Partei im Geschäftsjahr 2008 ein Defizit von 15.665,23 Euro ergab.[554] Ein Rechenschaftsbericht über 2009 lag zum Zeitpunkt der Erstellung dieser Arbeit noch nicht vor, doch ist angesichts der Wahlergebnisse und der gesteigerten Popularität der Partei von einer deutlich komfortableren finanziellen Situation auszugehen. Die staatlichen Zuwendungen wurden vom Bundestagspräsidenten, entsprechend der ausgewiesenen Einnahmen von 2008, auf 31.504,68 Euro festgesetzt. Zudem erhielt die Partei in diesem Jahr einen Zuwachs von 335 Mitgliedern, was einem Plus von 41 Prozent gegenüber dem Endstand von 2008 entspricht und sich entsprechend in den Einnahmen der Partei niederschlagen dürfte.[555] Um die finanziellen Verhältnisse der Partei einordnen zu können, seien hier die statistischen Kenndaten zu den Gesamtvermögen der 21 nicht im Bundestag vertretenen Parteien, deren Rechenschaftsberichte für das Jahr 2008 vorlagen, dargestellt. Das Defizit der Piratenpartei hält sich im Vergleich mit der finanziellen Situation anderer Kleinstparteien noch im Rahmen und liegt nicht einmal im untersten Quartil. Die höchstverschuldete Kleinstpartei ist die *Deutsche Volksunion (DVU)* mit einem Gesamtvermögen von minus 939.309,05 Euro.[556] Das durchschnitt-

Median	5.699,26
Minimum	-939.309,00
Maximum	1.238.355,00
Perzentile 25	-940,36
50	5.699,26
75	134.411,00

Tabelle 3: Kennwerte zu den Gesamtvermögen außerparlamentarischer Parteien (gemäß der Rechenschaftsberichte 2008)

[554] Vgl. Piratenpartei Deutschland, *Piratenpartei Deutschland (PIRATEN) Rechenschaftsbericht für das Jahr 2008 gemäß §§ 23 ff. Parteiengesetz (PartG)*, ⟨URL: `http://wiki.piratenpartei.de/wiki/images/e/e6/PIRATENrechenschaftsBericht2008.pdf`⟩ – Zugriff am 27.10.2010

[555] Vgl. ders., 'Mitglieder (Artikel in der Piratenwiki)' (Anm. 537)

[556] Vgl. Deutscher Bundestag, *Drucksache 17/2460: Unterrichtung durch den Präsidenten des Deutschen Bundestages. Bekanntmachung von Rechenschaftsberichten politischer Parteien für das Jahr 2008 (3. Teil –Sonstige Parteien)*, ⟨URL: `hhttp://dip21.bundestag.de/dip21/btd/17/024/1702460.pdf`⟩ – Zugriff am 21.10.2010, S. 139

liche Vermögen der nicht im Bundestag vertretenen Parteien beträgt gemäß dem gegen Ausreißer in höherem Maße als das arithmetische Mittel resistenten Median 5.699 Euro.

Die *Piratenpartei Deutschland* verfügt bisher über kein hauptamtliches Personal. Für den Betrieb der Bundesgeschäftsstelle, die bislang ebenfalls ausschließlich ehrenamtlich geführt wurde, wird jedoch aktuell über die Einstellung von Personal diskutiert: "Die Bundesgeschäftsstelle kann nur mit verantwortlichem, dauerhaft anwesendem Personal sichergestellt werden."[557]

7.2.3 Faktoren für Etablierungserfolge / -misserfolge

Die Partei überwand erfolgreich die ersten beiden institutionellen Hürde: Sie wurde als Partei zugelassen und erreichte Wahlergebnisse, die ihr die staatliche Wahlkampfkostenerstattung ermöglichten. Durch das von der Großen Koalition geplante "Zugangserschwernisgesetz" eröffnete sich für die Partei die Möglichkeit, sich erfolgreich als Agenda-Setter zu betätigen und mediale Aufmerksamkeit zu erhalten, was zu einem entsprechenden Mitgliederzuwachs führte. Hier zeigt sich nochmals deutlich, dass auch die Mitgliederzahl nicht zur Einordnung einer Partei als Kleinst- oder Kleinpartei geeignet ist, denn während diese für eine Einordnung als Kleinpartei spricht, stehen dem das auf einen eindeutigen Schwerpunkt ausgerichtete Parteiprogramm und die lediglich auf kommunaler Ebene stattfindende Regierungsbeteiligung entgegen. Die Partei stellt also einen Grenzfall zwischen Kleinst- und Kleinpartei dar, was sich auch an ihrem Wahlergebnis bei der letzten Bundestagswahl, welches sie zur "stärksten" unter den Kleinstparteien machte sowie an ihrer Organisationsstruktur, die auf Bundes- und Landesebene gefestigt erscheint, darunter jedoch nur mit großer Mühe und über organisatorische Sonderwege ausgebaut werden kann. Gemäß der zu Beginn dieser Arbei formulierten Kriterien muss sie daher noch als Kleinstpartei gelten.

Auf ihrem bisherigen Weg nutzten ihr bereits einige der in dieser Arbeit vorgestellten Faktoren: Zunächst sorgte die Kooperation mit anderen Piratenparteien, also dass sie Teil einer transnationalen Bewegung ist, dafür, dass sie von deren Erfolgen mitprofitierte. Sie hob sich von den anderen Kleinstparteien ab, was ihr bereits eine leicht höhere Bekanntheit und Medienaufmerksamkeit einbrachte, auch wenn sich dies nicht in politische Erfolge umwandeln ließ. Wie bereits die *Grünen* profitierte sie auch davon, eine bisher wenig beachtete gesellschaftliche Gruppe zu repräsentieren und einen neuartigen Konflikt auf die politische Agenda zu bringen. Insgesamt wird

[557] Vgl. PIRATENPARTEI DEUTSCHLAND, *Bundesgeschäftsstelle/Betrieb*, ⟨URL: `http://wiki.piratenpartei.de/Bundesgeschäftsstelle/Betrieb`⟩ – Zugriff am 27.10.2010

die *Piratenpartei* oft mit den *Grünen* in ihrer Gründungsphase verglichen. Neben der Tatsache, dass beide Parteien einen neuen "Cleavage" repräsentieren, versuchen auch beide alternative, basisdemokratischere Strukturen zu etablieren. Doch anders als bei den *Grünen* ist der Themenschwerpunkt der *Piratenpartei* nicht derart variabel. Während die Notwendigkeit des Umweltschutzes auf die unterschiedlichsten Arten nahezu jedem Wähler zu vermitteln ist und sich das konkrete Wählerklientel hier mehr aus dem ideologischen Kurs der Partei und ihrer Repräsentanten ergibt (s.o.), sind die Folgen der digitalen Revolution und insbesondere die von der Partei gemachten Forderung zur Abmilderung dieser Folgen schwerer zu vermitteln und dürften bisher nur von bestimmten Bevölkerungsgruppen und besonders Computerinteressierten im Sinne der Partei gewürdigt werden. Studien in der Gruppe der Studierenden, also einer der wesentlichen Zielgruppen der *Piratenpartei*, belegen, dass männliche Studierende eine höhere Vertrautheit und Selbstsicherheit im Umgang mit Computern und sie im Schnitt auch längere PC-Erfahrung besitzen als ihre Kommilitoninnen.[558] Da auch die Geschlechterverteilung bei Wählern und Mitgliedern der Partei entsprechend ungleich ausfällt, scheint das Wählerpotential stark von den jeweiligen Computerkenntnissen abzuhängen. Bereits durch die vollkommen auf die neuen Medien zugeschnittene Parteiorganisation dürfte die Partei viele nicht derart computerversierte und damit besonders ältere Wähler abschrecken. Eine ernste Gefahr für die weitere Existenz der Partei liegt im Aufgreifen ihrer Positionen durch die innerparlamentarischen Parteien. Etwa haben *Bündnis 90/ Die Grünen* und *FDP* bereits zur Bundestagswahl 2009 versucht, die von der Kleinstpartei auf die Agenda gesetzten Positionen aufzugreifen. Die Bindung der "Digital Natives" an ihre Partei wird so auf eine harte Probe gestellt. Doch auch wenn die (vorläufige) Konzentration auf ein Schwerpunktthema nicht unbedingt negativ für die Entwicklung der Partei sein muss, wie die obigen Ausführungen zeigen, so fehlt es der *Piratenpartei* doch an einer Festlegung auf einen Bereich im politischen Spektrum. Sie gilt gemeinhin als liberale Partei, doch zeigt die bereits angesprochene undifferenzierte Verwendung des durchaus problematischen Freiheitsbegriffs[559] die mangelnde Festlegung der Partei innerhalb des Liberalismus. Auch für den künftigen Umgang der Partei mit extremistischen Strömungen ist ein klar definierter Freiheitsbegriff unumgänglich, wie Albrecht von Lucke auf den Punkt bringt:

---

[558] Vergleiche hierzu etwa MARGOT BERGHAUS, 'Student und interaktive Medien. Theoretische Überlegungen und empirische Befunde zur "AlphaBITisierung" der Hochschulen.' In: *Medienpsychologie*, 11. Jg. (1999):4, S. 260–275

[559] Vergleiche für eine ausführlich Darstellung JAN KNIPPERTS, *Sicherheitspolitik und Rechtsstaatlichkeit. Die USA und die EU im Vergleich.* (Osnabrück: Verlag Dirk Koentopp, 2009), Osnabrücker Beiträge zur Politikwissenschaft (Osnapol), S. 10 ff.

> "Letztlich geht es darum zu definieren, in welchem Verhältnis die drei großen Werte der Moderne "Freiheit, Gleichheit, Brüderlichkeit" (bzw. Solidarität) für die Piratenpartei zueinander stehen. Daran wird sich klären müssen, ob [die] Partei in Zukunft eher rechts- oder linksliberal ist.[...] Wird diese Debatte nicht um das konkrete Freiheitsverständnis der neuen Partei jedoch nicht ernsthaft geführt, wird man sich nicht darüber wundern können, wenn sich auch in Zukunft hinter dem Piraten-Label alle möglichen zwielichtigen "Freiheitlichen" versammeln werden."[560]

Die Fälle Jörg Tauss und Bodo Thiesen sorgten bereits für ein zweifelhaftes Bild der Partei in der Öffentlichkeit, was angesichts des ohnehin schlechten Ansehens kleiner Parteien in der Öffentlichkeit schnell zur politischen Bedeutungslosigkeit führen kann. Die Partei sollte also schnellstens ihren politischen Kurs finden. Eine Festlegung im ideologischen Spektrum birgt wiederum das Risko von innerparteilichen Flügelkämpfen und des Verlustes von Teilen der Mitglieder und Wähler (siehe die *Grünen*). Meiner Ansicht nach ist zunächst ein Ausweg aus dieser Zwickmühle notwendig, eher die Partei auf weitere Etablierungserfolge hoffen kann. Auch besteht hier deutlich die Gefahr, dass die begrenzten Themenfelder der Partei von etablierten Parteien aufgegriffen werden und die Piratenpartei so ihr Profil verliert. Etwa widmeten auch *Bündnis 90/Die Grünen* in ihrem Wahlprogramm 2009 der Netzpolitik ein eigenes Kapitel[561] und auch die angestrebte Neuausrichtung der angeschlagenen *FDP* könnte eine ernste Bedrohung für die Piratenpartei werden. Etwa fordert Gerhart Baum eine deutliche Kurskorrektur der *FDP,* welche diese in deutliche Nähe zur Piratenpartei rücken würde. Um die angeschlagene liberale Partei wieder nach vorn zu bringen fordert Baum, dass die Partei vermitteln müsse, was Liberalismus heutzutage bedeutet. Hierzu gehöre auch eine klare Rechtsstaatsorientierung, welche sich u.a. deutlich gegen eine „anlasslose Speicherung von Millionen Kommunikationsdaten durch die Vorratsdatenspeicherung" ausspricht. Auch müsse gemäß seinen Empfehlungen die Parteispitze deutlich verjüngt werden.[562] Ein Schritt in diese Richtung wäre durch die Wahl des designierten neuen Bundesvorsitzende Philipp Rösler bereits getan. Diese Reformpläne der Freien Demokraten stehen somit in deutlicher Konkurrenz zur Piratenpartei und könnten für diese existenzgefährdent werden. Deutlich zeigen sich

---

[560] ALBRECHT VON LUCKE, *Die Untiefen der Freiheit,* ⟨URL: `http://www.taz.de/1/debatte/theorie/artikel/1/die-untiefen-der-freiheit/`⟩ – Zugriff am 13.10.2010

[561] Vgl. BARTELS, *Die Piratenpartei. Entstehung, Forderungen und Perspektiven der Bewegung* (Anm. 507), S. 207

[562] Vgl. STUTTGARTER ZEITUNG (04.01.2011), *Gerhart Baum: FDP braucht eine Verjüngung,* ⟨URL: `https://www.stuttgarter-zeitung.de/inhalt.gerhart-baum-fdp-braucht-eine-verjuengung.3dbf5ab0-ead7-4afe-a7cc-c662761e6dd9.html`⟩ – Zugriff am 20.04.2011

hier aber auch die spektakulären Agenda-Setting-Erfolge der Partei, der es gelang gleich mehrere ihrer großen Konkurrenten für neue Konflikte und Problemlagen im digitalen Zeitalter zu sensibilisieren.

7.3 Nationaldemokratische Partei Deutschlands

7.3.1 Entwicklung

Im Jahr 1964 entstand die *NPD* als eine deutschnationale Sammlungsbewegung. Unter Einschluss vieler der bereits existierenden nationalkonservativen Parteien und altnationalsozialistischen Gruppierungen, wie der *Deutschen Partei DP*, der *Deutschen Reichspartei DRP*, *Gesamtdeutschen Partei GDP*, dem *Block der Heimatvertriebenen und Entrechteten BHE* und anderer, versuchte die Partei, die Nachfolge der erfolglos gebliebenen *Deutschen Reichspartei* anzutreten, aus welcher sich auch der organisatorische Kern der neuen Partei entwickelte.[563] Diese Fusion bereits lange Jahre aktiver Parteien brachte für die neugegründete Partei deutliche Vorteile mit sich. So verfügte die Partei bereits in ihrer Gründungsphase über alterfahrene Politiker wie Adolf von Thadden oder Friedrich Thielen, die es vermochten, die Partei nach außen charismatisch zu repräsentieren und die günstigen politisch-gesellschaftlichen Rahmenbedingungen zu erkennen und zu nutzen. Zu dieser Zeit kam es zu einem Zusammenspiel verschiedener Faktoren, die für eine rechte Partei erfolgversprechend erschienen. Ökonomisch gab es die erste Rezessionsphase der Nachkriegszeit, politisch kam es zur Bildung einer Großen Koalition aus *SPD* und *CDU*, was schnell zu Integrationsdefiziten an den Rändern des ideologischen Spektrums führen kann (s.o.). Auch eine wachsende Xenophobie gegenüber Gastarbeitern und das Erstarken der Studentenbewegung und außerparlamentarischen Opposition sorgten für gesellschaftliche Konflikte, die von der Partei aufgegriffen werden konnten. Es kam zu einer Reihe spektakulärer Wahlergebnisse der jungen Partei: Die Nationaldemokraten konnten zwischen 1966 und 1968 in sieben Landesparlamente einziehen und scheiterten bei der Bundestagswahl 1969 mit 4,3 Prozent der Zweitstimmen nur knapp an der Fünf-Prozent-Hürde.[564] Die unterschiedlichen in der Partei vereinten politischen Strömungen führten jedoch alsbald zu innerparteilichen Spannungen und Flügelkämpfen, die durch den verpassten Bundestagseinzug 1969 intensiviert wurden.

[563] Vgl. Jesse, 'Nationaldemokratsche Partei Deutschlands (NPD)' (Anm. 144), S. 336

[564] Vgl. Lazaros Miliopoulos, 'Die NPD als Machtfaktor im deutschen Parteiensystem', In: Uwe Jun, Henry Kreikenbom und Viola Neu (Hrsg.), *Kleine Parteien im Aufwind. Zur Veränderung der deutschen Parteienlandschaft*, (Frankfurt / New York: Campus Verlag, 2006), S. 223– 245, S. 229 f.

Auf dem Parteitag trat von Thadden als Vorsitzender zurück, da die Partei nicht mehr "führbar" sei.[565] Auch stabilisierten sich die politischen und gesellschaftlichen Rahmenbedingungen wieder, was zu einer Stabilisierung des Zweieinhalbparteiensystems auch auf Länderebene führte, so dass weitere Wahlerfolge ausblieben. Martin Mußgnug wurde zum neuen Vorsitzenden gewählt, wodurch der gemäßigtere Teil der Partei die Oberhand gewann und sich radikalere Kräfte abspalteten.[566] Die Partei galt mehr und mehr als eine altbackene Formation Ewiggestriger und vermochte es auch nicht, auf neuartige soziokulturelle Bedingungen und Protestpotentiale zu reagieren, so dass sich der neu aufkommende Neonationalsozialismus in anderen rechten Parteien wie der *DVU* oder den *Republikanern* manifestierte.[567] Die Wahlergebnisse brachen bis in den Promillebereich ein. Nachdem die Partei auch bei der Bundestagswahl 1990 lediglich 0,3 Prozent der Zweitstimmen für sich gewinnen konnte, trat Mußgnug zurück und unter seinen Nachfolgern[568] kam es zu einer deutlichen Radikalisierung der Partei und auch Kooperationen mit anderen neonationalsozialistischen Gruppierungen und Personen wurden intensiviert. Unter Deckert (Parteivorsitzender 1991 - 1995) konzentrierte sich die Partei verstärkt auf die "Ausländerfrage" und tendierte in Richtung einer "antisemitisch und rassistisch zugespitzten Variante des Neo-Nationalsozialismus"[569], während sie seit dem Vorsitz von Udo Voigt eher antikapitalistisch und "befreiungsnationalistisch" argumentiert.[570] Durch den wachsenden Einfluss der Jugenorganisation "Junge Nationaldemokraten" innerhalb der Partei wurde die Dominanz der neo-nationalsozialistischen Kräfte gegenüber traditionellen bürgerlich-nationalistischen Strömungen weiter verstärkt und man bemühte sich zunehmend um die Zusammenarbeit mit "Freien Kameradschaften" und internationalen rechtsextremen Netzwerken sowie die Aufnahme von Mitgliedern verbotener Organisationen.[571] Auch unterließ Voigt den Versuch seiner Vorgänger, die Partei nach außen möglichst verfassungstreu erscheinen zu lassen.[572] Die *NPD* wurde in den 1990er Jahren wieder zu einer eindeutig rechtsextremen Partei, "[...] die versucht, alle Spielarten des Rechtsextremismus zu bündeln".[573] Die Partei bemühte sich, durch themenbezogene Demonstrationen, wie gegen die Wehrmachtsausstellung,

---

[565] Vgl. Jesse, 'Nationaldemokratsche Partei Deutschlands (NPD)' (Anm. 144), S. 336

[566] So etwa in der bayerischen "Aktion Neue Rechte"

[567] Vgl. Miliopoulos, 'Die NPD als Machtfaktor im deutschen Parteiensystem' (Anm. 564), S. 230

[568] Walter Bachmann, Günter Deckert und seit 1996 Udo Voigt

[569] Miliopoulos, 'Die NPD als Machtfaktor im deutschen Parteiensystem' (Anm. 564), S. 230 f.

[570] Vgl. ders., 'Die NPD als Machtfaktor im deutschen Parteiensystem' (Anm. 564), S. 230

[571] Vgl. ders., 'Die NPD als Machtfaktor im deutschen Parteiensystem' (Anm. 564), S. 231

[572] Vgl. Jesse, 'Nationaldemokratsche Partei Deutschlands (NPD)' (Anm. 144), S. 341

[573] Miliopoulos, 'Die NPD als Machtfaktor im deutschen Parteiensystem' (Anm. 564), S. 231

gegen die Darstellung des 8. Mai als Tag der Befreiung u.ä., die Aufmerksamkeit von Medien und Öffentlichkeit zu gewinnen. In den letzten Jahren wurden jährlich zwischen 70 und 100 solcher "Demonstrationen" von der Partei organisiert.[574] In ihren Wahlkämpfen provozierte die *NPD* zumeist mit rassistischer Agitation, um so die Aufmerksamkeit von Öffentlichkeit und Medien zu erlangen und die eigene Anhängerschaft zu mobilisieren.[575] Im Jahr 2000 wollten die innerparlamentarischen Parteien ein Verbotsverfahren gegen die *NPD* einleiten, doch stellte sich heraus, dass rund 15 Prozent der Vorstände sogenannte "V-Männer" waren, die für den Verfassungsschutz arbeiteten und wesentliche die Partei belastende Zitate in Wahrheit von Verfassungsschutzmitarbeitern stammten. Für drei der sieben Richter stellte dies ein nicht behebbares Verfahrenshindernis dar, wodurch das Verfahren 2003 schließlich scheiterte.[576] Die Wahlergebnisse stagnierten seit den 1960er Jahren im Promillebereich und reichten zumeist nicht einmal für die staatliche Teilfinanzierung aus, doch 2004 sollte diese Misserfolgsserie abbrechen: Am 13. Juni 2004 erreichte die Partei bei der Landtagswahl in Thüringen 1,6 Prozent und am 5. September 4,0 Prozent bei der Landtagswahl im Saarland, doch ihr Durchbruch erfolgte vierzehn Tage später bei den Landtagswahlen in Sachsen, die Partei erreichte 9,2 Prozent und konnte damit zum ersten Mal an ihre Erfolge aus den sechziger Jahren anknüpfen. Bei den Bundestagswahlen 2005 und 2009 erreichte sie 1,6 und 1,5 Prozent der gültigen Zweitstimmen. 2006 konnte sie bei Landtagswahlen in Mecklenburg-Vorpommern mit 7,3 Prozent an den Erfolg von Sachsen anknüpfen und auch bei der Wahl zum 5. Sächsischen Landtag am 30. August 2009 zog sie mit 5,6 Prozent erneut in den Landtag ein.[577] Zuletzt strebte die Partei eine Fusion mit der *DVU* bis zum Jahresende 2010 an, welche jedoch vom Langericht München gestoppt wurde. Mehrere Landesverbände der DVU hatten das Verfahren angestrengt, da es zu erheblichen demokratischen Mängeln bei der Urabstimmung unter den *DVU*-Mitgliedern gekommen sei.[578] Eine Fusion beider Parteien war in der Vergangenheit bereits öfter angedacht worden, doch standen die hohe Verschuldung der *DVU* und Machtkämpfe zwischen den Führungspersonen beider Parteien einer Vereinigung der beiden größten rechtsextremen Parteien bislang im Weg.[579] Die Partei behält bis heute ihren eindeutig rechtsextre-

[574] Vgl. Bundesministerium des Innern, 'Verfassungsschutzbericht 2009' (Anm. 149), S. 56
[575] Vgl. ders., 'Verfassungsschutzbericht 2009' (Anm. 149), S. 68
[576] Vgl. Jesse, 'Nationaldemokratsche Partei Deutschlands (NPD)' (Anm. 144), S. 337
[577] Vgl. Bundeswahlleiter, 'Ergebnisse der jeweils letzten Landtagswahlen' (Anm. 438)
[578] Vgl. Spiegel online, 'Gericht stoppt Fusion von DVU und NPD' (Anm. 146)
[579] Vgl. Stefan Schölermann, *NPD und DVU vor dem Zusammenschluss: Schuldenerlass macht Weg zur braunen Fusion frei*, ⟨URL: `http://www.tagesschau.de/ausland/npddvu106.html`⟩ – Zugriff am 13.10.2010

men Kurs bei, ist bei allen tragenden gesellschaftlichen Gruppen geächtet und wird vom Verfassungsschutz beobachtet.[580]

7.3.2 Programmatik und Struktur

Programmatik Die *NPD* besitzt eine umfassende Programmatik mit Positionen zu fast allen Politikfeldern. Allerdings sieht sie im völkischen Nationalismus eine in ihren Augen unverrückbare Weltanschauung, welche als ideologische Richtschnur die Herangehensweise an die unterschiedlichen Themen und Arbeitsfelder prägt.[581] Exemplarisch soll hier auf die zugrundeliegende Ideologie sowie auf Konzepte der Partei aus den Bereichen der Außen-, Wirtschafts- und Sozialpolitik eingegangen werden. Auffällig ist für die gesamte Programmatik die Verwendung eines äußerst aggressiven Sozialpopulismus.[582]

Mit dem völkischen Nationalismus als ideologischem Hintergrund der Partei ist ein rassistisches Menschenbild verbunden, bei dem die "unauflösliche und handlungsbestimmende Einbindung des Menschen in eine genetische Abstammungsgemeinschaft" im Vordergrund steht. Eine Ordnung, die ihrem Menschenbild und damit dem vermeintlich wahren Wesen des Menschen gerecht wird, sieht sie nur in einer ethnisch homogenen "Volksgemeinschaft".[583] Dies begründet einen für rechtsextreme Parteien typischen, auf rassistischen Argumenten basierenden Rassismus, welcher auch den ersten großen Programmpunkt der Partei bildet. In ihren theoretischen Konzepten wird zwar die "These von der Gleichrangigkeit aller Völker" vertreten, doch bezieht sich auch diese auf ethnisch homogene Nationen und und schließt ein Nebeneinander verschiedener Ethnien in einem Nationalverband aus.[584] In der "Völkervermischung" sieht die *NDP* eine "Quelle kultureller Dekadenz"[585] und begegnet in ihrer politischen Praxis daher in Deutschland lebenden Menschen mit Migrationshintergrund mit Herablassung und Verachtung.[586] Dieser "rassistische Ultranationalismus"[587] schlägt sich

[580] Vgl. Jesse, 'Nationaldemokratsche Partei Deutschlands (NPD)' (Anm. 144), S. 337

[581] Vgl. Bundesministerium des Innern, 'Verfassungsschutzbericht 2009' (Anm. 149), S. 66 f.

[582] Vgl. Jesse, 'Nationaldemokratsche Partei Deutschlands (NPD)' (Anm. 144), S. 341

[583] Vgl. Bundesministerium des Innern, 'Verfassungsschutzbericht 2009' (Anm. 149), S. 66 f.

[584] Vgl. Uwe Backes, 'Das ideologisch-programmatische Profil der NPD im europäischen Vergleich', In: Derselbe und Henrik Steglich (Hrsg.), *Die NPD. Erfolgsbedingungen einer rechtsextremistischen Partei*, (Baden-Baden: Nomos, 2007), S. 301–335, S. 303

[585] Ders., 'Das ideologisch-programmatische Profil der NPD im europäischen Vergleich' (Anm. 584), S. 303

[586] Vgl. Bundesministerium des Innern, 'Verfassungsschutzbericht 2009' (Anm. 149), S. 66 f.

[587] Backes, 'Das ideologisch-programmatische Profil der NPD im europäischen Vergleich' (Anm. 584), S. 302

in Form von radikalen Konzepten zur "Ausländerrückführung" in Partei- und Wahlprogramm nieder. Bei Wahlkämpfen äußert sich das der Partei zugrundeliegende Menschenbild in Parolen wie "Deutschland muss wieder deutsch werden!". Allerdings wird deutlich zwischen Europäern und Nicht-Europäern unterschieden, denn diese radikale Politik einer "Massenheimführung von Ausländern" zielt nicht auf die Angehörigen der ethnisch und kulturell verwandten europäischen Völker ab, auch wenn Deutschland bzw. das deutsche Volk auf eine, eher mythisch verklärte denn den historischen Tatsachen entsprechende, germanische Ethnie[588] zurückgeführt wird, womit sich die Partei europafreundlicher zeigt als andere rechtsextreme Parteien in Europa, wie etwa die *Vlaams Belang* in Flandern, welcher der Gedanke an eine europäische Ethnie unerträglich erscheint. Auch innerhalb der Partei und der deutschen rechtsextremen Szene ist diese Richtung stark umstritten.[589]

Die der NPD-Programmatik zugrundeliegende Weltanschauung beeinflusst entsprechend auch ihre wirtschaftspolitischen Ziele. Ein wirtschaftlicher Liberalismus ist mit ihrer rassistisch-nationalistischen Ideologie unvereinbar, so dass es ein erklärtes Ziel der Partei darstellt, die "deutsche Volksgemeinschaft" vor den "individualistischen Tendenzen der liberalen Ökonomie und Globalisierung"[590] zu schützen. Hierfür propagiert sie eine "raumorientierte Volkswirtschaft", ein protektionistisches System, das massive staatliche Interventionen erfordert. Sie verbindet damit geschickt den ihr zugrundeliegenden radikalen Nationalismus mit einer spezifischen Art von Sozialismus. Bei diesem grenzt sich die Partei allerdings stark vom marxistischen Verständnis ab. Sie fordert einen "nationalen Sozialismus", welcher durch die Überwindung der Klassenspaltung[591] der Einheit "Volksgemeinschaft" und damit dem Gemeinwohl dienen soll.[592] Einen besonders großen Teil nimmt im aktuellen Parteiprogramm die Familien- und Sozialpolitik ein, die ebenfalls entsprechend der ideologischen Grundlagen formuliert wurde: So wird zunächst gefordert, dass "Ausländer" aus sämtli-

---

588 Allein die Wanderungsbewegungen germanischer Stämme während der Völkerwanderungszeit und die Tatsache, dass der südliche Teil der heutigen Bundesrepublik vor allem von der keltischen Kultur zugehörige Stämme und der Osten vornehmlich von slawischen Stämmen bewohnt war, zeigt die mangelhafte Fundierung dieser Herleitung einer deutschen Ethnie, die mit dem deutschen Nationalstaat im 19 Jahrhundert entstand.

589 Vgl. Backes, 'Das ideologisch-programmatische Profil der NPD im europäischen Vergleich' (Anm. 584), S. 304

590 Ders., 'Das ideologisch-programmatische Profil der NPD im europäischen Vergleich' (Anm. 584), S. 305

591 Ein vollständiger Egalitarismus wird dabei jedoch abgelehnt, da die Menschen nach Alter, Begabung, Leistung etc. von Natur aus verschiedenartig seien, lediglich soll, ganz in nationalsozialistischer Tradition, die (Volks-) Gemeinschaft über den Interessen des Einzelnen stehen.

592 Backes, 'Das ideologisch-programmatische Profil der NPD im europäischen Vergleich' (Anm. 584), S. 306

chen staatlichen Sozialsystemen der Bundesrepublik ausgeschlossen werden. Unternehmen, die “Ausländer” beschäftigen, müssen für diese eigene Sozialfonds einrichten.[593] Weiterhin spricht sich die Partei für eine Verstaatlichung sämtlicher sozialer Sicherungssysteme sowie Mindestlöhne, erhöhte Leistungen für Familien und ähnliche wahlwirksame Sozialmaßnahmen aus, ohne auch nur mit einem Wort die Art von deren Finanzierung zu erwähnen. Klargestellt wird nur, dass diese nicht auf dem Rücken des “kleinen Mannes” erfolgen solle. Außenpolitisch spricht sich die Parti für eine “einzig und allein an deutschen Interessen” auszurichtende Außenpolitik aus. Die Partei bekennt sich zwar zum Völkerrecht und der Priorität friedlicher Konfliktlösungen, nutzt diese jedoch sofort für ihre “deutschnationalen” Ziele: So werden sämtliche Gebietsansprüche der Siegermächte nach dem Zweiten Weltkrieg als “unzweifelhafte Verstöße gegen das Völkerrecht” und die Verträge damit als ungültig angesehen. Ziel ist die “Wiedervereinigung Deutschlands innerhalb seiner geschichtlich gewachsenen Grenzen.”[594]

Die Konzepte des “nationalen Sozialismus” und der “nationalen Volksgemeinschaft” führen zu einer radikalen Systemkritik, da beide Konzepte dem Status quo in der Bundesrepublik fundamental widersprechen. Auch steht die Partei der liberalen Demokratie in all ihren Variationen feindlich gegenüber. Dieses System sei unreformierbar und müsse “folglich beseitigt und durch etwas Neues ersetzt werden.”[595] Allerdings wird keineswegs zu einer Revolution aufgerufen, die Partei strebt an, das System der Bundesrepublik mit legalen Mitteln zu überwinden und betont ausdrücklich, das Gewaltmonopol des Staates niemals in Frage gestellt zu haben. Das offenisve Vertreten dieser Zielsetzung in der Öffentlichkeit zeigt deutlich, dass mit der Radikalisierung der Partei unter Deckert und Voigt auch die zuvor nach außen stets demonstrierte Verfassungstreue der Partei verworfen wurde.[596]

Mitglieder und Wählerklientel In der Gründungsphase der Partei waren von den 18 Mitgliedern des NPD-Vorstands nicht weniger als zwölf aktive Nationalsozialisten gewesen. Unter den Parteigründern befanden sich neben einer auffällig großen Zahl ehemaliger SS-Offiziere auch niedrigrangige Funktionsträger der NS-Diktatur

[593] Vgl. Nationaldemokratische Partei Deutschlands, *Das Parteiprogramm der NPD. Beschlossen auf dem Bundesparteitag am 04./05.06.2010 in Bamberg.* ⟨URL: `http://www.npd.de/inhalte/daten/dateiablage/br_parteiprogramm_a4.pdf`⟩ – Zugriff am 17.10.2010, S. 25 f.

[594] Ders., ‘Das Parteiprogramm der NPD. Beschlossen auf dem Bundesparteitag am 04./05.06.2010 in Bamberg.’ (Anm. 593), S. 14

[595] Beschluss des JN-Bundesvorstandes vom 28.01.2006; Zitiert nach Backes, ‘Das ideologisch-programmatische Profil der NPD im europäischen Vergleich’ (Anm. 584), S. 307

[596] Vgl. Jesse, ‘Nationaldemokratsche Partei Deutschlands (NPD)’ (Anm. 144), S. 341

wie ehemalige Gauleiter, Mitarbeiter in Ministerien o.ä. Wie bereits die Mitglieder der schon zuvor bestehenden rechtskonservativen und nationalen Kleinstparteien, rekrutierte sich "das Fußvolk" vorwiegend aus verbitterten ehemaligen Soldaten und Vertriebenen.[597] Dies zeigt auch eine Analyse des Allensbacher Instituts für Demoskopie aus dem Jahre 1966: Hiernach war der durchschnittliche NPD-Wähler jener Zeit männlich (61 Prozent), zwischen 45 und 59 Jahre alt (37 Prozent) und selbstständiger Geschäftsmann oder Angestellter mit mittlerem oder kleinem Einkommen (46 Prozent).[598] Entsprechend war die Partei vor allem dort stark, wo gut dreißig Jahre zuvor auch die *NSDAP* ihre Hochburgen gehabt hatte, in den überwiegend protestantischen, ländlich-mittelständischen Gebieten. Zudem konnte die Partei ein beträchtliches Protestwählerpotential für sich vereinnahmen.[599] Mit dieser Wählerklientel konnte sie zwischen 1966 und 1968 in sieben Landesparlamente einziehen, wobei ihr stets die ökonomischen, gesellschaftlichen und politischen Rahmenbedingungen zuspielten.

Da die Partei ein Sammelbecken für unterschiedliche und teils verfeindete Strömungen des Rechtsextremismus darstellt, kam es in der Vergangenheit immer wieder zu Flügelkämpfen, die auch zu Abspaltungen in Form eigener Parteien führten. So etwa die *Deutsche Volksunion*, die der Münchner Verleger Gerhard Frey bereits 1971 als Vereinigung für enttäuschte NPD-Anhänger ins Leben rief und die 1987 den Status einer Partei erhielt.[600] Auch fand durch die Radikalisierung der Partei in den 1990er Jahren eine Abwanderung von gemäßigteren NPD-Mitgliedern zu den *Republikanern* statt.[601] Mit der veränderten ideologischen Ausrichtung der Partei und insbesondere durch die Öffnung gegenüber neonationalsozialistischen Organisationen und Netzwerken veränderte sich auch die Wählerklientel der Partei, so dass jüngere Erfolge zum Teil auf eine andere Wählerschaft zurückgehen als die der späten 1960er Jahre.

In der repräsentativen Wahlstatistik zur Bundestagswahl 2005 wurden die Wähler der *NPD* gesondert erfasst, so dass diese Ergebnisse Auskunft über Alter und Geschlecht der NPD-Wähler geben. Es zeigt sich, dass die *NPD* die höchsten Ergebnisse in der Gruppe der 18- bis 25-Jährigen (vier Prozent) und der 25- bis 35-Jährigen (2,8 Prozent bei einem Gesamtergebnis von 1,6 Prozent), also bei den Jungwählern er-

[597] Vgl. Spiegel online, 'Wotans Wähler', In: *Der Spiegel*, (1966):15, S. 30–40 ⟨URL: `http://www.spiegel.de/spiegel/print/d-46266294.html`⟩ – Zugriff am 15.10.2010, S. 33 ff.

[598] Zitiert nach ders., 'Der Spiegel, Nr. 15, 1966' (Anm. 597), S. 34

[599] Vgl. Jesse, 'Nationaldemokratsche Partei Deutschlands (NPD)' (Anm. 144), S. 339

[600] Vgl. Pfahl-Traughber, 'Deutsche Volksunion (DVU)' (Anm. 143), S. 250

[601] Vgl. Steffen Kailitz, 'Die Republikaner (REP)', In: Frank Decker und Viola Neu (Hrsg.), *Handbuch der deutschen Parteien*, (Wiesbaden: VS Verlag für Sozialwissenschaften, 2007), S. 366–374, S. 367

zielte. Bezüglich der Geschlechterverteilung schnitt die Partei in allen Altersgruppen unter Männern besser ab als unter Frauen. Auch erzielte sie in allen Altersgruppen und bei beiden Geschlechtern in Ostdeutschland bessere Ergebnisse als in Westdeutschland. Entsprechend erreichte die Partei ihr höchstes Ergebnis unter jungen ostdeutschen Männern mit 10,5 Prozent der Stimmen.[602] Die Statistiken zur sächsischen Landtagswahl 2009 stimmen mit diesen Ergebnissen weitestgehend überein. Ebenfalls ist die Partei bei den jüngsten Wählern am erfolgreichsten, wobei auch hier deutlich mehr Männer als Frauen für sie stimmten[603] Die höchste Zustimmung erreicht die Partei bei Menschen mit einem mittleren formalen Bildungsabschluss.[604]

Jesse führt die höhere Bereitschaft in Ostdeutschland, einer rechtsextremen Partei die Stimme zu geben, auf die "demokratisch weniger gut konsolidierten Verhältnisse" zurück. So habe das SED-Regime keine weltoffene Gesellschaft dargestellt und der ökonomisch schwierige Tranformationsprozess zu Kapitalismus und Demokratie hat nicht nur Gewinner, sondern auch "Vereinigungsverlierer" mit sich gebracht.[605] Die von Armut und Arbeitslosigkeit bedrohten "kleinen Leute", die "Moderni–sierungsverlierer", bilden heute die eindeutige Zielgruppe der Partei.[606] Besonders prekäre Beschäftigungsverhältnisse und die Angst vor sozialem Abstieg bzw. die daraus entstehende Sehnsucht nach Sicherheit zeichnen Wähler rechtsextremer Parteien aus. Diese Ausrichtung lässt sich auch an der eindeutigen Schwerpunktposition der Sozialpolitik im Wahlprogramm der Partei erkennen und scheint auch durchaus erfolgreich zu sein, denn bei den sächsischen Landtagswahlen 2009 konnte die *NPD* innerhalb der Gruppe der Arbeitslosen 16 Prozent erreichen.[607] Die Hochburgen der *NPD* befinden sich nicht, wie vielelicht zu erwarten wäre, in "urbanen Brennpunkten mit hoher Gewaltkriminalität und ethnisch-kulturellen Verschiebungen"[608], sondern zumeist in ethnisch überaus homogenen Gebieten, die allerdings oft ein Höchstmaß an Jugendarbeitslosigkeit aufweisen.[609]

---

602 Vgl. Konrad Adenauer Stiftung, *Repräsentative Wahlstatistik. Wahlergebnisse nach Alter und Geschlecht, bei Bundestags-, Europa–und Landtagswahlen*, ⟨URL: `http://www.kas.de/wf/de/71.3709/`⟩ – Zugriff am 19.10.2010; Namislo, Schorn und von Schwarzenberg, 'Statistisches Bundesamt –Wirtschaft und Statistik, Nr. 3, 2006' (Anm. 226)

603 Vgl. Konrad Adenauer Stiftung, 'Repräsentative Wahlstatistik. Wahlergebnisse nach Alter und Geschlecht, bei Bundestags-, Europa–und Landtagswahlen' (Anm. 602), S. Abschnitt Sachsen

604 Vgl. Blank, 'Die NPD - Wähler und Mitglieder'

605 Vgl. Jesse, 'Nationaldemokratsche Partei Deutschlands (NPD)' (Anm. 144), S. 340

606 Vgl. Jaschke, *Rechtsextremismus und Fremdenfeindlichkeit. Begriffe, Positionen, Praxisfelder* (Anm. 260), S. 101

607 Vgl. Blank, 'Die NPD - Wähler und Mitglieder'

608 Miliopoulos, 'Die NPD als Machtfaktor im deutschen Parteiensystem' (Anm. 564), S. 237

609 Vgl. ders., 'Die NPD als Machtfaktor im deutschen Parteiensystem' (Anm. 564), S. 237

Versucht man, auch für die *NPD* Übereinstimmungen der Parteiprogrammatik mit bestimmten Sinus-Milieus zu finden, so sind diese besonders in den Milieus der Unterschicht und unteren Mittelschicht anzutreffen, also in den mit "Traditionsverwurzelte", "DDR-Nostaligker", "Konsum-Materialisten" und "Hedonisten" bezeichneten Milieus. Durch die Erosion der gesellschaftlichen Mitte finden sich auch zunehmend statusbedrohte Mittelständler unter den potentiellen NPD-Wählern[610], dennoch konnte die Partei aufgrund ihres klaren Protestcharakters und ihrer klar verfassungsfeindlichen Positionierung nicht in der gesellschaftlichen Mitte Fuß fassen und es bleibt festzuhalten, dass in "[...] komplexen, technokratisch geführten und darüber hinaus auch noch historisch erfahrungsgesättigten, medial durchdrungenen und äußerst gruppenpluralistischen Gesellschaften[...]"[611] der Kern dessen, was sie zu einer rechtsextremistischen Organisation macht, "eher eine Belastung im Kampf um die Wählerstimmen, als einen Vorteil darstellt.[612] Die rechtsextremen Parteien mobilisieren überwiegend ein "unideologisches Protestpotential"[613], nur ein kleiner Teil der Wähler dürfte dabei ein fundiertes rechtsextremes Weltbild besitzen. Der Verfassungsschutz schätzte 2009 aufgrund der vorliegenden Daten (entsprechend motivierte Straftaten, Mitgliedschaften in Organisationen u.ä.) den Anteil der von einer rechtsextremen Weltanschauung überzeugten Personen in der Bundesrepublik auf etwa 26.600.[614] Das Potential der Wähler, die lediglich latent rechte Ansichten wie einen "Chauvinismus als eine Form übersteigerten Nationalgefühls mit gleichzeitiger Fremdabwertung" vertreten und so durch rechtspopulistische Äußerungen angesprochen werden könnten, erscheint dagegen deutlich größer, wie eine jüngst von der Friedrich-Ebert-Stiftung durchgeführte Studie zeigt.[615] Die mangelnde soziale Erwünschtheit der Partei und ihrer Ideologie sowie die Außendarstellung der *NPD* dürfte bei der Ansprache dieser Wählergruppe jedoch eine Hürde darstellen. Interessant ist in diesem Zusammenhang die aktuell geführte Debatte um das konservative Profil der *CDU*, da hiervon die Inklusionskraft eben dieser Wählergruppe abhängen könnte.Bei dem größten Teil der Wähler dürfte es sich somit um Personen handeln, welche die *NPD* aus Protest gegen die innerparlamentarischen Parteien wählen, von

[610] Vgl. Jaschke, *Politischer Extremismus* (Anm. 293), S. 102; Sinus Institut / Sinus Sociovision GmbH, 'Die Sinus-Milieus: Update 2010 Hintergründe und Fakten zum neuen Sinus-Milieumodell' (Anm. 127), S. 5

[611] Erwin K. Scheuch, 'Politischer Extremismus in der Bundesrepublik', In: Richard Löwenthal und Hans-Peter Schwarz (Hrsg.), *Die zweite Republik*, (Stuttgart: Seewald Verlag, 1974), S. 433–469, S. 452

[612] Vgl. ders., 'Politischer Extremismus in der Bundesrepublik' (Anm. 611), S. 450

[613] Neu, 'NPD –DVU: Perspektiven und Entwicklungen', S. 10

[614] Vgl. Bundesministerium des Innern, 'Verfassungsschutzbericht 2009' (Anm. 149), S. 54

[615] Vgl. Decker, Weissmann und Kiess, 'Die Mitte der Krise: Rechtsextreme Einstellungen in Deutschland 2010'

denen sie sich nicht (mehr) vertreten fühlen. Viele NPD-Wähler wählten zuvor die Volksparteien oder waren Nichtwähler.[616]

Über die heutige Mitgliederstruktur der Partei liegen bisher kaum Daten vor, doch lässt sich klar erkennen, dass auch hier eine deutliche Veränderung gegenüber der Gründungsphase der Partei stattgefunden hat. Das Durchschnittsalter liegt heute mit 37 Jahren recht niedrig und auch der Frauenanteil liegt mit 27 Prozent unter dem Niveau anderer Parteien.[617] In Bezug auf Alter und Geschlecht entspricht die aktuelle Mitgliederstruktur somit im Wesentlichen der der Wählerklientel.

Organisation Die *Nationaldemokratische Partei Deutschlands* ist stark hierarchisch gegliedert und besitzt in allen Bundesländern Landesverbände, ist aber darunter fast ausschließlich in Form von Kreisverbänden organisiert. Weitere Untergliederungen in Form von Bezirks-, Unterbezirks- oder Regionalverbänden können wahlweise vom jeweiligen Landesverband beschlosssen werden. Bezirks- oder Unterbezirksverbände der *NPD* wurden allerdings nur in Bayern und Niedersachsen eingeführt. Die Kreisverbände können Ortsverbände oder bei sehr geringer Mitgliederzahl sogenannte Stützpunkte gründen um den lokalen Bereich von Ortschaften oder Gemeinden abzudecken.[618] Daten über Anzahl und Umfang der einzelnen Stützpunkte und Ortsvereine sind kaum zu finden. Auch zeigt bereits das häufige Fehlen der erforderlichen sieben Mitglieder für die Gründung eines Ortsvereins und die Notwendigkeit des Konzepts der Stützpunkte, die bei nur drei aktiven Mitgliedern gegründet werden können, dass der Partei augenscheinlich das Personal für eine umfassende Abdeckung der Gemeinden mit Ortsverbänden fehlt. So heißt es auch in der Satzung der Partei: "Der Kreisverband ist die kleinste selbständige organisatorische Einheit der NPD"[619] Bereits in der Gründungsphase der *NPD* war ihre Wahlteilnahme "sorgsam nach Gewinnchancen konzipiert"[620] worden, was sich als eine überaus erfolgreiche Vorgehensweise herausgestellt hatte und auch heute erfolgen die Wahlteilnahmen und der Ausbau der Organisationsstrukturen nach regionalen Gesichtspunkten.[621] Die Parteiorganisation zeichnet sich durch stark ausgeprägte hierarchische Strukturen aus

[616] Vgl. Neu, 'NPD –DVU: Perspektiven und Entwicklungen', S. 10

[617] Vgl. Andrea Röpke, *Frauen in der NPD: "Wäschewaschen für die Kameraden"*, ⟨URL: `http://www.bpb.de/themen/BC5PQ2,1,0,Frauen_in_der_NPD.html`⟩ – Zugriff am 20.09.2010, S. 2

[618] Vgl. Bundeswahlleiter, *Nationaldemokratische Partei Deutschlands*, ⟨URL: `http://www.bundeswahlleiter.de/de/parteien/downloads/parteien/Nationaldemokratische_Partei_Deutschlands.pdf`⟩ – Zugriff am 15.10.2010, § 14 b

[619] Ders., 'Nationaldemokratische Partei Deutschlands' (Anm. 618), § 14 b

[620] Spiegel online, 'Der Spiegel, Nr. 15, 1966' (Anm. 597), S. 30

[621] Vgl. Miliopoulos, 'Die NPD als Machtfaktor im deutschen Parteiensystem' (Anm. 564), S. 233

und besitzt sogar Elemente einer Kaderpartei.[622] So rekrutiert sich der Parteivorstand stets aus besonders "linientreuen" Parteimitgliedern. Während es sich früher zumeist um ehemalige NSDAP-, SA- oder SS-Mitglieder handelte (s.o.), rekrutiert sich die heutige Führungsriege der Partei aus langjährigen Parteimitgliedern und aus der parteieigenen Jugendorganisation. Der politische Kurs der Partei wird besonders durch den Parteivorsitzenden geprägt. Auch kommt es im Vergleich mit anderen Parteien häufig zu Ausschlüssen von Parteimitgliedern.[623]

Für eine außerparlamentarische Partei verfügt die *NPD* über ein äußerst solides Netz von Vorfeldorganisationen: Die Jugendorganisation der Partei bilden die "Jungen Nationaldemokraten (JN)", welche ca. 400 Mitglieder zählen. Mit dem "Nationaldemokratischen Hochschulbund" verfügt die Partei bereits seit 1966 über eine Studentenorganisation, die allerdings seit den 1970er Jahren nicht mehr zu Hochschulwahlen antritt. Doch da sich der "Nationale Bildungskreis" (NBK) den "Jungen Nationaldemokraten" anschloss, existiert nun wieder ein der Partei nahestehender und auch zu StuPa-Wahlen antretender Hochschulbund.[624] Generell lässt sich eine äußerst intensive Jugendarbeit der *NPD* erkennen: Sie organisiert Nachhilfestunden, Feste und besitzt eine Fußballmannschaft.[625] [626] Auch werden die Parteiveranstaltungen der *NPD* häufig von einem spezifischen Rahmenprogramm begleitet, das insbesondere an Jugendliche und Heranwachsende gerichtet ist.[627] Mitte September 2006 gründete die *NPD* mit dem "Ring Nationaler Frauen" eine bundesweite Frauenorganisation. Diese soll als NPD-Unterorganisation „den Frauen in der NPD als Sprachrohr dienen" und auch für „national denkende, parteiungebundene Frauen ein

---

622 Vgl. JESSE, 'Nationaldemokratsche Partei Deutschlands (NPD)' (Anm. 144), S. 342

623 Vgl. ders., 'Nationaldemokratsche Partei Deutschlands (NPD)' (Anm. 144), S. 342

624 Vgl. NANDLINGER und KULICK, 'Nationaldemokratischer Hochschulbund (NHB)'

625 Vgl. MARTIN LANGENBACH und JAN RAABE, 'Zwischen Freizeit, Politik und Partei: RechtsRock', In: STEPHAN BRAUN, ALEXANDER GEISLER und MARTIN GERSTER (Hrsg.), *Strategien der extremen Rechten: Hintergründe -Analysen - Antworten*, (Wiesbaden: VS Verlag für Sozialwissenschaften, 2009), S. 163–189, S. 163 ff.

626 Vgl. ALEXANDER GEISLER und MARTIN GERSTER, 'Fußball als Extrem-Sport: Die Unterwanderung des Breitensports als Strategieelement der extremen Rechten:', In: STEPHAN BRAUN, ALEXANDER GEISLER und Derselbe (Hrsg.), *Strategien der extremen Rechten: Hintergründe -Analysen -Antworten*, (Wiesbaden: VS Verlag für Sozialwissenschaften, 2009), S. 189–207, S. 199

627 Vgl. BUNDESAMT FÜR VERFASSUNGSSCHUTZ, *Die Nationaldemokratische Partei Deutschlands (NPD) als Gravitationsfeld im Rechtsextremismus*, ⟨URL: http://www.verfassungsschutz.de/download/de/publikationen/pb_rechtsextremismus/broschuere_2_0612_npd_gravitationsfeld/thema_0612_npd_gravitationsfeld.pdf⟩ – Zugriff am 15.10.2010, S. 6

Ansprechpartner" sein.[628] [629] Hinzu kommen zahlreiche Verbindungen zu nationalen und internationalen (neo-)nationalsozialistischen Organisationen und einflussreichen Einzelpersonen. Mit Hilfe dieser sympathisierenden Kräfte kann die Partei mancherorts fehlende oder mangelhafte Parteistrukturen wettmachen. So ermöglichen ihre Verbindungen unter anderem eine für eine Partei ihrer Größe äußerst professionelle und medienwirksame Werbungsarbeit zu leisten.[630] Für die massive Unterstützung durch bekannte Neonazis und entsprechenden Organisationen bei Wahlkämpfen werden diesen im Gegenzug Listenplätze eingeräumt. Diese Strategie erleichterte es der Partei zudem, andere Rechtsextremisten in einer Art „rechter Volksfront" an sich zu binden, ohne diese immer formal in die Partei zu integrieren.[631] Die "freien Kameradschaften", rechtsextreme Zusammenschlüsse, die keinen rechtlichen Status wie Verein, Partei o.ä. besitzen, wodurch ihre Arbeit und ihre Mitglieder schwer fassbar werden, bilden hierbei das wichtigste Mobilisierungspotential der Partei. Sie organisieren Aufmärsche, Wahlkampfaktivitäten, aber auch große Teile der intensiv betriebenen Jugendarbeit wie beispielsweise Rechtsrockkonzerte.[632]

Ressourcen Die Partei leidet in den 46 Jahren ihres Bestehens nahezu durchgängig unter einer desaströsen finanziellen Situation.[633] Diese hat sich in den letzten Jahren angesichts einiger "Finanzskandale" nochmals verschärft: So musste die Partei aufgrund von falschen Spendenbescheiden 870.000 Euro an den Bundestag zurückzahlen, was dazu noch einen vollständigen Verlust des Anspruchs auf staatliche Mittel in den Anspruchsjahren 1998 und 1999 zur Folge hatte.[634] Weiterhin war im September 2008 der NPD-Schatzmeister Erwin Kemna zu einer Freiheitsstrafe von zwei Jahren und acht Monaten verurteilt worden, da er mehr als 700.000 Euro Parteigeld in sein

[628] Vgl. Ring nationaler Frauen, *Über uns: Frauen für Deutschland*, ⟨URL: `http://ring-nationaler-frauen.de/?page_id=71`⟩ – Zugriff am 28.10.2010

[629] Vgl. Röpke, 'Frauen in der NPD: "Wäschewaschen für die Kameraden" (Anm. 617), S. 2 f.

[630] Vgl. Miliopoulos, 'Die NPD als Machtfaktor im deutschen Parteiensystem' (Anm. 564), S. 233 f.

[631] Vgl. Bundesamt für Verfassungsschutz, 'Die Nationaldemokratische Partei Deutschlands (NPD) als Gravitationsfeld im Rechtsextremismus' (Anm. 627), S. 5

[632] Vgl. Christoph Ruf und Olaf Sundermeyer, *In der NPD. Reisen in die National Befreite Zone*, (München: Verlag C.H. Beck, 2009), Beck'sche Reihe, S. 218

[633] Vgl. ders., *In der NPD. Reisen in die National Befreite Zone* (Anm. 632), S. 13

[634] Vgl. Deutscher Bundestag, *Drucksache 16/14140: Unterrichtung durch den Präsidenten des Deutschen Bundestages. Bericht über die Rechenschaftsberichte 2000 bis 2007 sowie über die Entwicklung der Parteienfinanzen gemäß § 23 Absatz 4 des Parteiengesetzes (PartG)*, ⟨URL: `http://dipbt.bundestag.de/dip21/btd/16/141/1614140.pdf`⟩ – Zugriff am 21.10.2010, S. 28

Küchenstudio umgeleitet hatte.[635] Die Partei erscheint so gut wie bankrott und wird einzig von ihren beiden Landtagsfraktionen bzw. den durch diese in die Parteikasse strömenden Wahlkampfkostenerstattungen, Fraktionsgeldern und Abgeordnetendiäten am Leben gehalten.[636] So erhielt die Partei in den letzten Jahren stets zwischen 1,2 und 1,4 Millionen Euro allein an Wahlkampfkostenerstattung. Insgesamt machten 2008 die staatlichen Einnahmen 48,15 Prozent der Gesamteinnahmen der Partei aus. Auch gehen immer wieder Großspenden von der Partei nahestehenden Organisationen und Personen ein. Der Anteil der Spenden an den Einnahmen der Partei betrug 2008 sogar 26,52 Prozent.[637] Bekanntheit erlangte in diesem Zusammenhang der Anwalt Jürgen Rieger, der stetig versuchte, für die Partei Immobilien zu erstehen und einen potenten Geldgeber für die *NPD* darstellte.[638] Durch obskure Großspenden geriet die Partei bereits des häufigeren in Erklärungsnot. So ließ erst jüngst, am 15. September 2010, der "Verein zur Pflege nationaler Politik e.V." der Partei 150.225,84 Euro zukommen.[639]

Die Mitgliedsbeiträge lagen 2008 bei 578.603 Euro und machten damit 18,61 Prozent aller Einnahmen der *NPD* aus.[640] Den Gesamteinnahmen der Partei von 3.32 Millionen Euro standen 2008 Verbindlichkeiten in Höhe von 2,084 Millionen Euro gegenüber. Das Reinvermögen der Partei lag damit bei 1,2 Millionen Euro im Jahr 2008[641] , also deutlich über dem durchschnittlichen Vermögen nicht im Bundestag

---

[635] Vgl. Reiner Burger, 'Finanzskandal bei der NPD: Eine Partei zersetzt sich selbst', In: *Frankfurter Allgemeine Zeitung*, (08. Januar 2009) ⟨URL: `http://www.faz.net/s/Rub594835B672714A1DB1A121534F010EE1/Doc~E32DABCA311BA49A79B8A5F7FCFAB6F4D~ATpl~Ecommon~Scontent.html`⟩ – Zugriff am 20.10.2010

[636] Vgl. Ruf und Sundermeyer, *In der NPD. Reisen in die National Befreite Zone* (Anm. 632), S. 20

[637] Vgl. Deutscher Bundestag, *Drucksache 17/870: Unterrichtung durch den Präsidenten des Deutschen Bundestages. Bekanntmachung von Rechenschaftsberichten politischer Parteien für das Jahr 2008 (2. Teil –Übrige anspruchsberechtigte Parteien)*, ⟨URL: `http://dip21.bundestag.de/dip21/btd/17/008/1700870.pdf`⟩ – Zugriff am 21.10.2010, S. 25

[638] Vgl. Ruf und Sundermeyer, *In der NPD. Reisen in die National Befreite Zone* (Anm. 632), S. 20

[639] Vgl. Deutscher Bundestag, *Drucksache 17/3277: Unterrichtung durch den Präsidenten des Deutschen Bundestages: Veröffentlichung von Spenden, die im Einzelfall die Höhe von 50 000 Euro übersteigen (§ 25 Absatz 3 Satz 3 Parteiengesetz)*, ⟨URL: `http://dipbt.bundestag.de/dip21/btd/17/032/1703277.pdf`⟩ – Zugriff am 21.10.2010

[640] Vgl. ders., 'Drucksache 17/870: Unterrichtung durch den Präsidenten des Deutschen Bundestages. Bekanntmachung von Rechenschaftsberichten politischer Parteien für das Jahr 2008 (2. Teil –Übrige anspruchsberechtigte Parteien)' (Anm. 637), S. 25

[641] Vgl. ders., 'Drucksache 17/870: Unterrichtung durch den Präsidenten des Deutschen Bundestages. Bekanntmachung von Rechenschaftsberichten politischer Parteien für das Jahr 2008 (2. Teil –Übrige anspruchsberechtigte Parteien)' (Anm. 637), S. 26

vertretener Parteien von 5699 Euro.[642] Jedoch sind die Einnahmen der Partei, insbesondere durch die hohe Abhängigkeit von Spenden, keineswegs konstant. Die *Deutsche Volksunion (DVU)* ist die am höchsten verschuldete Kleinstpartei, die 2008 einen Rechenschaftsbericht vorlegte. Aus diesem Grund wurde die Fusion zwischen *NPD* und *DVU* lange für unmöglich gehalten. Möglich wird diese nur, da Gerhard Frey seiner Partei einen Teil der Schulden erließ, doch ist durch die Fusion keine Verbesserung der finanziellen Gesamtsituation der *NPD* zu erwarten.[643]

Die Partei hatte zu Spitzenzeiten, Ende der 1960er Jahre, über 25.000 Mitglieder, 1996 waren es noch 3.500.[644] Aktuell belaufen sich die Mitgliederzahlen auf etwa 6.800, was die *NPD*, gemessen an der Mitgliederzahl, zur zweitgrößten unter den außerparlamentarischen Kleinstparteien macht. Im Vergleich zu anderen Parteien ist der hohe Aktivistenanteil unter den vergleichsweise äußerst jungen Mitgliedern der *NPD* besonders auffällig, zudem besitzt die Partei trotz ihrer desolaten finanziellen Lage ein festes hauptamtliches und bezahltes Personal.[645]

Als weitere Ressource der Partei lässt sich der Verlag "Deutsche Stimme Verlags GmbH" in Riesa nennen, an welchem die Partei mit einhundert Prozent beteiligt ist und welcher auch das Parteiorgan "Die Deutsche Stimme" herausbringt. Der NPD-Parteivorstand wird auch als Herausgeber der Zeitung genannt.[646]

7.3.3 Faktoren für Etablierungserfolge / -misserfolge

Im europäischen Vergleich sind die ideologisch rechten Parteien in Deutschland sehr schwach[647], was deutlich zeigt, wie stark diese Ideologie und Weltanschauung historisch vorbelastet sind und wie stark diese historischen Erfahrungen das politische Denken in der Bundesrepublik bis heute prägen. Auch wenn im Schatten des real existierenden Sozialismus nationalistische Weltbilder leichter überleben konnten als in den alten Bundesländern, werden Ideologie und Programmatik der *NPD* von der breiten Mehrheit der Bevölkerung strikt abgelehnt. Die Partei wird also von einem großen Anteil ihrer Wähler nicht wegen, sondern trotz ihrer ideologischen Basis ge-

---

[642] Vergleiche Tabelle 3

[643] Vgl. Schölermann, 'NPD und DVU vor dem Zusammenschluss: Schuldenerlass macht Weg zur braunen Fusion frei' (Anm. 579)

[644] Vgl. Jesse, 'Nationaldemokratsche Partei Deutschlands (NPD)' (Anm. 144), S. 342

[645] Vgl. Miliopoulos, 'Die NPD als Machtfaktor im deutschen Parteiensystem' (Anm. 564), S. 232

[646] Vgl. Deutsche Stimme Verlags GmbH, *Deutsche Stimme: Monatszeitung für Politik und Kultur –Impressum*, ⟨URL: `http://www.deutsche-stimme.de/ds/?page_id=53`⟩ – Zugriff am 01.11.2010

[647] Vgl. Miliopoulos, 'Die NPD als Machtfaktor im deutschen Parteiensystem' (Anm. 564), S. 242

wählt. Doch sollte dies, wie auch die Tatsache, dass es der Partei in ihrer über vierzig Jahre dauernden Geschichte bisher niemals gelang, sich im Bundestag zu etablieren, nicht dazu führen sie zu unterschätzen: In der inzwischen über zehn Jahre währenden Amtszeit des Diplom-Politologen Udo Voigt als Parteivorsitzenden wurde die Partei nicht nur radikaler und offen für alle Arten rechtsextremistischer Gruppierungen, sie schlug auch einen strategisch wohl überlegten Kurs ein. Die Wahlteilnahmen erfolgen nach klug ausgewählten regionalen Gesichtspunken genau dort, wo sie am erfolgsversprechendsten sind. Selbiges gilt für den Ausbau der Organisationsstrukturen in den unteren Ebenen. Der Partei gelang es durch geschickte Propagandapositionierung und Aufnahme regionaler Konflikte, insbesondere von Jugendarbeitslosigkeit und Perspektivlosigkeit betroffene Personengruppen für sich zu gewinnen. Der aktuelle gesellschaftliche Wandel könnte für die *NPD* daher durchaus positive Rahmenbedingungen schaffen: Demografische Verschiebungen, Veränderungen in Sozialstruktur und Arbeitswelt sowie die hiervon verursachten sozialen Folgen, wie eine zunehmende Prekarisierung von Teilen der Unterschicht und eine Erosion der gesellschaftlichen Mitte[648], können bei den Betroffenen genau zu den Ängsten und einer Sehnsucht nach Halt und Geborgenheit führen, auf die das Konzept der Partei abzielt. Die Partei lebt von konkreter Unzufriedenheit und latenter Verdrossenheit mit der politischen und wirtschaftlichen Entwicklung[649] und versucht geschickt, diese Personengruppen gezielt anzusprechen, sei es durch kurzfristige Protestthemen, durch mittels Populismus geschürte Ängste oder gezielte Angebote für sozial Schwache. Auch betreibt die Partei wieder eine Einigung der zerstrittenen Rechten in der Bundesrepublik, um so möglichst viele der rechten und rechtsextremen Gruppierungen in die Partei zu integrieren. Durch Kooperationen mit gleichgesinnten Organisationen gleicht sie die aus knappen Ressourcen resultierenden Mängel in ihrer Organisationsstruktur aus. Die geringen Mittel der kleinen Partei werden so exakt dort eingesetzt, wo sie das Meiste bewirken können. Da die Partei ihre Wahlerfolge Zukunftsängsten und einem gesellschaftlichen Protestpotential gegen die innerparlamentarischen Parteien verdankt, hängen ihre Möglichkeiten so stark von den ökonomischen, politischen und gesellschaftlichen Rahmenbedingungen ab wie bei kaum einer anderen Partei.

Diese extremistische Partei nutzt somit viele der Faktoren, die in der Theorie eine Etablierung begünstigen und im bisherigen Verlauf dieser Arbeit herausgestellt wurden. So konnte die *NPD* auf regionaler und auf Landesebene durchaus Erfolge verbuchen. Eine weitere Etablierung erscheint jedoch kaum möglich: Aufgrund ihrer extremistischen Positionen ist die Partei nicht in der Lage, eine der aufgezeigten

[648] Vgl. Sinus Institut / Sinus Sociovision GmbH, 'Die Sinus-Milieus: Update 2010 Hintergründe und Fakten zum neuen Sinus-Milieumodell' (Anm. 127), S. 5

[649] Vgl. Neu, 'NPD –DVU: Perspektiven und Entwicklungen', S. 10

"Marktlücken" zu nutzen und sich neben den Volksparteien zu positionieren. Sie ist auf die Wähler am äußeren rechten Rand des politischen Spektrums angewiesen und um hier eine größere Wählerklientel bilden zu können, müsste es der Partei tatsächlich gelingen, die zerstrittene Rechte in Deutschland zu einen und das Protestwählerpotential zu "ideologisieren" und fest an sich zu binden. Zu beachten ist hierbei auch, dass sich die NPD-Wähler bereits zu Zeiten eines stabilen Zweieinhalbparteiensystems mit enger Bindung an die Parteien als außerordentlich wechselhaft erwiesen und sich viele von der Partei abwendeten, sobald deren Erfolge abnahmen bzw. sich die gesellschaftlichen, ökonomischen und politischen Rahmenbedingungen veränderten. Aktuell trägt der deutliche Mangel an qualifiziertem Personal und das auf kurzfristige Protestthemen ausgerichtete, mehr rechtspopulistische als der realpolitischen Situation entsprechende Parteiprogramm allerdings nicht zu einer dauerhaften Bindung der Protestwähler bei. Auch müsste die Partei den ihrer Wählerschaft propagierten Zusammenhalt selbst demonstrieren, stattdessen beherrscht ein durch Finanzskandale, Flügelkämpfe bis hin zu Putschversuchen gegen die Parteiführung und Machtkämpfen zwischen den führenden Köpfen geprägtes Bild die öffentliche Meinung. So bleibt auch ein andauernder Erfolg der geplanten Fusion mit der *DVU* fraglich. Sollte dieser dennoch gelingen, so gibt es keinen Hinweis darauf, dass die rechtsextremen Parteien durch eine "Bündelung ihrer Kräfte" wirklich wesentlich bessere Ergebnisse erzielen werden.[650] Auch die Vermeidung einer Konkurrenzsituation beider Parteien durch Wahlabsprachen hatte nicht zu den gewünschten Wahlerfolgen geführt, doch für die Parteiressourcen könnte sich eine vergrößerte Mitgliederbasis und Organnisationsstruktur durchaus als positiv erweisen und damit weiter die Strategie Voigts ermöglichen. Inwieweit diese Erfolge mit sich bringt, hängt letztlich von der Integrationskraft der innerparlamentarischen Parteien innerhalb der NPD-Wählerklientel ab. Hier erwies sich die Partei *Die Linke* bisher als durchaus erfolgreich.

7.4 PDS / Die Linke

7.4.1 Entwicklung

Mit dem Rücktritt der SED-Parteiführung und den Neuwahlen eines Vorstandes begann 1989 die eigenständige Geschichte der *PDS*. Mit dem Zusammenbruch der DDR kam der *SED* ihre Funktion als Staatspartei abhanden und die Hoffnung auf weitere Machtteilhabe sowie die Angst um Privilegien und materielle Ressourcen motivierten die Partei, sich den veränderten politischen Rahmenbedingungen anzu-

[650] Vgl. Neu, 'NPD –DVU: Perspektiven und Entwicklungen', S. 23

passen. So kam es im Jahr 1989 zu zwei außerordentlichen Parteitagen, bei denen Gregor Gysi zum letzten Vorsitzenden der *SED* gewählt und am 16./17. Dezember 1989 die Umbenennung in *SED-PDS* beschlossen wurde. Zudem wurde offiziell der Bruch mit stalinistischen Strukturen beschlossen: Die Partei definierte sich nicht mehr als "führende Partei der Arbeiterklasse" und auch das "Wahrheitsmonopol des Marxismus-Leninismus als der einzig wahren Weltanschuung" fiel weg. Bereits im Februar 1990 konnten ein neues Parteiprogramm, ein basisdemokratisches Statut sowie das Wahlprogramm für die ersten freien Volkskammerwahlen verabschiedet werden, womit die Partei die formalen Voraussetzungen für eine Wahlteilnahme erfüllte. Auch einigte man sich darauf, dass die neue Partei künftig nur noch *PDS* heißen solle.[651] Durch den Staatsverfall und die Wiedervereinigung der DDR mit der Bundesrepublik brachen innerhalb weniger Monate die funktionsfähigen Arbeits- und Organisationsstrukturen zusammen und schrumpften auf acht Prozent ihrer ursprünglichen Größe zusammen. Zugleich zwang die 1990 stattfindende Bundestagswahl die Partei zu einem schnellstmöglichen Aufbau gesamtdeutscher Strukturen. Die ursprünglichen Versuche, die verlorene Macht zu retten, waren gescheitert und für die Partei begann ein Kampf um ihr politisches Überleben. Während es recht schnell gelang, funktionsfähige Strukturen auf dem Gebiet der ehemaligen DDR aufzubauen bzw. zu reaktivieren, misslang die Etablierung der Partei im Westen. Ihre Versuche, durch geeignete Bündnispartner (z.B. Friedensbewegung, Gewerkschaften), im Westen Fuß zu fassen, scheiterten kläglich. Ihre Wahlergebnisse blieben bescheiden, bei der Bundestagswahl 1990 erreichte sie 2,4 Prozent. Durch die vom Bundesverfassungsgericht entschiedene Sonderregelung einer getrennten Auszählung der Stimmen im alten und neuen Bundesgebiet[652], konnte die *PDS* dennoch 17 Abgeordnete in den Bundestag schicken.[653] Doch diese Sonderregelung galt lediglich für diese erste gesamtdeutsche Wahl und da die Wahlerfolge der Partei weiterhin bescheiden blieben, deutete alles darauf hin, dass die postkommunistische Partei über kurz oder lang wieder aus dem deutschen Parteiensystem verschwinden würde.[654] Es kam zu dramatischen Mitgliederverlusten und starken Auseinandersetzungen zwischen den unterschiedlichen

---

[651] Vgl. Neu, 'Linkspartei.PDS (Die Linke)' (Anm. 114), S. 314 f.;Schulze, *Kleinparteien in Deutschland: Aufstieg und Fall nicht-etablierter politischer Vereinigungen* (Anm. 123), S. 305

[652] Vergleiche meine Ausführungen zum Bündnis 90, sowie Fenske, *Deutsche Parteiengeschichte* (Anm. 457), S. 323

[653] Vgl. Neu, 'Linkspartei.PDS (Die Linke)' (Anm. 114), S. 315 f.

[654] Vgl. Florian Hartleb und Franz Egon Rode, 'Populismus und Kleinparteien. Das Beispiel der Linkspartei.PDS und der WASG vor dem Hintergrund der Bundestagswahl 2005', In: Uwe Jun, Henry Kreikenbom und Viola Neu (Hrsg.), *Kleine Parteien im Aufwind. Zur Veränderung der deutschen Parteienlandschaft*, (Frankfurt / New York: Campus Verlag, 2006), S. 161–178, S. 162

Flügeln der Partei, die auch die Verabschiedung eines zweiten Parteiprogramms 1993 nicht entschärfen konnte. Ab 1994 gelang es jedoch, "aus der anhaltenden Unzufriedenheit der Ostdeutschen über den Einigungsprozess"[655] Profit zu schlagen. Auch wenn die Partei die Fünf-Prozent-Hürde erneut verpasste, konnte sie bei der Bundestagswahl 1994 durch vier Direktmandate in Berlin 30 Abgeordnete im Parlament stellen. Im selben Jahr war es der Partei bereits gelungen, bei den Landtagswahlen in Sachsen-Anhalt 19,9 Prozent der Zweitstimmen zu gewinnen, was nach einem längeren "Koalitionspoker" zur Tolerierung einer rot-grünen Minderheitsregierung durch die *PDS* führte. Doch auch wenn dieser Wahlerfolg die Partei nicht direkt zurück zu politischer Verantwortung führte, so sorgte er doch dafür, dass sich die innerparteilichen Flügelkämpfe zwischen den sogenannten Orthodoxen und Reformern zugunsten der Reformer entwickelten. Im Mittelpunkt dieses Konfliktes stand die Frage, welchen Weg zum angestrebten Sozialismus die Partei beschreiten sollte. Die "Reformer" befürworteten hierbei eine schrittweise Transformation der Gesellschaft nach dem Konzept Gramscis, während die "Orthodoxen" gesellschaftliche Gegenmächte aktivieren und so auf einen revolutionären Systemwechsel hinarbeiten wollten. Durch die Tolerierung der Minderheitsregierung in Sachsen-Anhalt grassierte nun die Angst, dass sich die Partei zu sehr an das "System" anpassen könne und dadurch ihr eigentliches Ziel, die Verwirklichung des Sozialismus, aus den Augen verlieren könnte. Heftige Auseinandersetzungen zwischen beiden Flügeln prägten die innerparteilichen Verhältnisse in den nächsten Jahren[656] und lähmten die Entwicklung der Partei. Jeder elektorale Erfolg führte zu einer "Aufweichung des einstmals kommunistischen Profils"[657], was von Teilen der Parteibasis nicht mitgetragen wurde. So zwang der orthodoxe Flügel die Partei zu einer programmatischen Stagnation, obwohl die politische Realität anders aussah: Von 1998 bis 2008 stellte die *PDS* zusammen mit der *SPD* die Regierung des Bundeslandes Mecklenburg-Vorpommern, 2001 formierte sich auch in Berlin ein rot-rotes Bündnis.[658] 1998 profitierte die Partei enorm von dem Umstand, dass Bundes- und Landtagswahl am gleichen Tag stattfanden, denn mit 5,1 Prozent schaffte sie den Sprung in den Bundestag, wozu auch ein kurzfristiger "Waffenstillstand" zwischen Reformern und Orthodoxen beitrug.[659] Die Ergebnisse bei Landtagswahlen in den östlichen Bundesländern zeigten mittlerweile auch, dass

[655] Hartleb und Rode, 'Populismus und Kleinparteien. Das Beispiel der Linkspartei.PDS und der WASG vor dem Hintergrund der Bundestagswahl 2005' (Anm. 654), S. 162

[656] Vgl. Neu, 'Linkspartei.PDS (Die Linke)' (Anm. 114), S. 317

[657] Hartleb und Rode, 'Populismus und Kleinparteien. Das Beispiel der Linkspartei.PDS und der WASG vor dem Hintergrund der Bundestagswahl 2005' (Anm. 654), S. 163

[658] Vgl. ders., 'Populismus und Kleinparteien. Das Beispiel der Linkspartei.PDS und der WASG vor dem Hintergrund der Bundestagswahl 2005' (Anm. 654), S. 163

[659] Vgl. Neu, 'Linkspartei.PDS (Die Linke)' (Anm. 114), S. 318

die Partei sich im deutschen Parteiensystem etablierte und die *SPD* im Osten von der zweiten Position verdrängte.[660] Dass die Partei bei den Bundestagswahlen dennoch weiterhin äußerst knappe Wahlergebnisse erzielte, ist dem Umstand geschuldet, dass sie es in dieser Zeit nicht schaffte, in den westlichen Bundesländern Fuß zu fassen und hier durchgehend den Status einer außerparlamentarischen Kleinstpartei behielt.[661] Ihre kommunistische Vergangenheit wurde ihr in den alten Bundesländern deutlich negativer ausgelegt als in den neuen und auch bezüglich ihrer Bundestagsmandate musste die Partei eine erhebliche Isolierung hinnehmen, da die anderen Parteien im Zuge des antitotalitären Konsenses nicht mit der *PDS* zusammenarbeiten wollten, deren Nähe zur SED-Diktatur offenkundig war.[662] [663] Auch die nächsten Jahre waren von Richtungsstreitigkeiten und Glücklosigkeit geprägt, die Partei scheiterte 2002 mit 4,3 Prozent an der Fünf-Prozent-Hürde, wodurch sich die innerparteilichen Spannungen weiter verschärften. Erst 2003 kam mit der erneuten Wahl Lothar Biskys zum Parteivorsitzenden das Ende der Krise, denn Bisky gelang es tatsächlich, die Flügelkämpfe zu beenden und so die Verbschiedung eines Grundsatzprogrammes zu ermöglichen. Hierbei halfen die Rahmenbedingungen, da insbesondere die verbreitete Unzufriedenheit mit der rot-grünen Bundesregierung und vor allem der Protest gegen die Sozialreformen (Hartz IV) der Partei die ersehnte Marktlücke eröffnete, welche sich auch in den Wahlergebnissen bei Landtags- und Europawahlen niederschlug. Im Jahr 2005 folgte eine weitere Zäsur in der Geschichte der *PDS*: Der 2003 unter Gerhard Schröder eingeleitete Kurswechsel der Sozialdemokraten in der Sozial- und Arbeitsmarktpolitik hatte nicht nur der *PDS* neue Einflussmöglichkeiten eröffnet, sondern zudem zu einer Abspaltung linker SPD-Mitglieder geführt. Im Juli 2004 entstand die *Wahlalternative für Arbeit und soziale Gerechtigkeit (WASG)*. Die bekannteste Persönlichkeit in dieser neuen Gruppierung bildete Oskar Lafontaine, der seine Spitzenkandidatur von einer Zusammenarbeit mit der *PDS* abhängig gemacht hatte. Zudem waren viele ehemalige DKP-Mitglieder und Globalisierungsgegner der neuen Partei beigetreten. Nachdem die *WASG* so erste Achtungserfolge wie 2,2 Prozent bei der Landtagswahl in Nordrhein-Westfalen erzielt hatte, entstand unter Führung von Gregor Gysi und Oskar Lafontaine das Projekt "neue Linkspartei",

660 Vgl. Schulze, *Kleinparteien in Deutschland: Aufstieg und Fall nicht-etablierter politischer Vereinigungen* (Anm. 123), S. 319

661 Vgl. Hartleb und Rode, 'Populismus und Kleinparteien. Das Beispiel der Linkspartei.PDS und der WASG vor dem Hintergrund der Bundestagswahl 2005' (Anm. 654), S. 163

662 Auch die ersten Koalitionen mit der SPD auf Landesebene fanden gegen den Willen der Bundespartei statt.

663 Vgl. Schulze, *Kleinparteien in Deutschland: Aufstieg und Fall nicht-etablierter politischer Vereinigungen* (Anm. 123), S. 307

ein gemeinsamer Antritt bei der Bundestagswahl 2005 konnte gegen die Gegner des Projekts noch im Juni 2005 durchgesetzt werden.[664] Am 17. Juli 2005 nannte sich die *PDS* in *Linkspartei.PDS* um, um die strategische Zusammenarbeit zu verdeutlichen. Das Ergebnis von 8,7 Prozent bei der Bundestagswahl gab den Fusionsplänen weiteren Schwung und bereits am 6. Dezember 2005 wurde der Rahmenvertrag für eine Fusion bis zum Juni 2007 unterzeichnet. Obwohl innerhalb der *WASG* die Skepsis gegenüber der geplanten Fusion nach wie vor groß war, stimmte eine breite Mehrheit dem Zusammengehen beider Parteien zu und am 16. Juni 2007 trat die *WASG* der *Linkspartei.PDS* bei. Die gemeinsame Partei nennt sich seither *"Die Linke"*. Die Fusion ermöglichte es der Partei, auch in den alten Bundesländern Fuß zu fassen. So schaffte es die *Linkspartei,* in mehrere Landtage der alten Bundesländer einzuziehen: Bei den Landtagswahlen in Niedersachsen am 27. Januar 2008 erreichte sie 6,4 Prozent, bei den Bürgerschaftswahlen in Hamburg am 24. Februar 2008 7,4 Prozent, bei den Landtagswahlen in Hessen am 18. Januar 2009 5,4 Prozent, und bei den Landtagswahlen in Nordrhein-Westfalen am 9. Mai 2010 ebenfalls 5,4 Prozent. Ihr bestes Ergebnis in einem westlichen Bundesland konnte die Partei mit 21,3 Prozent im Saarland erzielen, was sie insbesondere ihrem Spitzenkandidaten Oskar Lafontaine verdankte, der die Wahrnehmung der Partei dominierte und für viele Wähler ein zentrales Wahlmotiv darstellte. So sagen laut einer Umfrage von 59 Prozent der Anhänger der Linken, Lafontaine sei ihnen wichtiger als die Partei.[665] Bei der Bundestagswahl 2009 erreichte die Partei 11,9 Prozent, was deutlich die gesamtdeutsche Etablierung der Linkspartei als innerparlamentarische Kleinpartei zeigt.[666]

7.4.2 Programmatik und Struktur

Programmatik *Die Linke* versucht, ein "Sammelbecken der Linken"[667] zu bilden und sieht sich selbst als "Opposition gegen die herrschenden Verhältnisse" in der Tradition kommunistsch/sozialistischer Parteien. So sieht sie etwa die *KPD* als eine ihrer Vorgängerinnen an. Durch diesen Anspruch vereint sie eine große Zahl unterschiedlicher ideologischer Strömungen, die nach Repräsentanz in den Aussagen der Partei verlangen. Die Notwendigkeit eines von allen vertretbaren Konsenses führte

[664] Vgl. Patrick Moreau, 'Arbeit & soziale Gerechtigkeit –Die Wahlalternative (WASG)', In: Frank Decker und Viola Neu (Hrsg.), *Handbuch der deutschen Parteien*, (Wiesbaden: VS Verlag für Sozialwissenschaften, 2007), S. 155–162, S. 155 f.

[665] Vgl. Neu, 'Landtagswahlen in Sachsen, Thüringen, dem Saarland, Brandenburg und Schleswig-Holstein 2009', S. 9

[666] Vgl.- Bundeswahlleiter, 'Ergebnisse der jeweils letzten Landtagswahlen' (Anm. 438)

[667] Neu, 'Linkspartei.PDS (Die Linke)' (Anm. 114), S. 315

dazu, dass sich die programmatische Diskussion über Jahre hinzog.[668] In der politischen Praxis zeigen sich kaum extremistische Züge, da sie jedoch auch Linksextremisten eine Heimat bietet und diese auch ausserhalb der Partei unterstützt, lassen sich diese ideologischen Aspekte ohne große Mühe erkennen. Seit 1990 hat die Partei vier Grundsatzprogramme verabschiedet, um die innerparteilichen Flügelkämpfe zu befrieden. Allen Programmentwürfen ist gemein, dass sie als Ziel eine "bessere Gesellschaft", eine sozialistische Utopie im Sinne des kommunistischen Manifestes anstreben. Neben neuen strategischen Optionen finden sich so auch ein strikter Antikapitalismus und die Betonung des außerparlamentarischen Kampfes.[669] So wird im aktuellen[670], am 24. und 25. März 2007 auf einem gemeinsamen Parteitag der *Linkspartei.PDS* und der *WASG* verabschiedeten Parteiprogramm der Kapitalismus als mit den Zielen der Partei unvereinbar angesehen und dessen Überwindung durch einen demokratischen Sozialismus gefordert.[671] Das kapitalistische Wirtschaftssystem höhlt nach Ansicht der Partei die Demokratie aus ("Der Kapitalismus hat die Grundlagen von Demokratie als Herrschaft des Volkes untergraben."[672]) und führt neben wirtschaftlichen auch zu Krisen des sozialen Zusammenhaltes. Ebenso enden die Profitgier und der Ressourcenbedarf der Unternehmen in Krieg und Imperialismus.[673] So rechtfertigt *Die Linke* nicht nur die Überwindung von Kapitalismus und "bürgerlicher Demokratie", sondern auch die Enteignung und Umverteilung von Privateigentum.[674] [675]

Neben dieser offensichtlichen, konsequent antikapitalistischen Haltung sind im Parteiprogramm der *Linkspartei* Positionen zu zahlreichen Politikfeldern vertreten. Sie alle sind allerdings als "Schritte gesellschaftlicher Umgestaltung" deklariert. Einen besonderen Fokus legt die Partei in ihrer Programmatik auf sozialstaatliche Leistungen und die besondere Förderung strukturschwacher Regionen in Ostdeutschland. In ihren Wahlprogrammen setzte die Partei besonders auf die sozial Schwachen und Protestwähler, indem sie sich für eine soziale Grundrente, Mindestlöhne, eine solidarische Bürgerversicherung und eine Stärkung sozialer Grundrechte aussprach. Weiterhin setzt sich die Partei insbesondere für Gleichheit und Geschlechtergerechtigkeit

---

[668] Vgl. Schulze, *Kleinparteien in Deutschland: Aufstieg und Fall nicht-etablierter politischer Vereinigungen* (Anm. 123), S. 325

[669] Vgl. Neu, 'Linkspartei.PDS (Die Linke)' (Anm. 114), S. 324

[670] Über einen neuen Programmentwurf wird derzeit beraten, dieser war während der Entstehung dieser Arbeit allerdings erst in Eckpunkten fixiert.

[671] Vgl. Die Linke, 'Programm der Partei DIE LINKE (Entwurf)' (Anm. 273), S. 3

[672] Ders., 'Programm der Partei DIE LINKE (Entwurf)' (Anm. 273), S. 18

[673] Vgl. ders., 'Programm der Partei DIE LINKE (Entwurf)' (Anm. 273), S. 10 f.

[674] Im Parteiprogramm als "Demokratisierung" und "Veränderung der Eigentumsverhältnisse" (S. 11 f.) umschrieben.

[675] Vgl. Die Linke, 'Programm der Partei DIE LINKE (Entwurf)' (Anm. 273), S. 11 f.

ein, für eine soziale Bildungspolitik, eine Erweiterung direkter Demokratie in der Bundesrepublik, die Rechte und Chancen von Migrantinnen und Migranten sowie eine ökologisch nachhaltige und sozialverträgliche Landwirtschafts- und Energiepolitik.[676] In der überarbeiteten Version des Parteiprogramms bildet seit 2002 zudem die Verteidigung der sozialen Errungenschaften gegen ein Bündnis aus Kapitalismus und Politik, die sogenannte „Neue Mitte“, einen weiteren Grundtenor im Parteiprogramm. Nach der Vereinigung mit der *WASG* kam es besonders im Westen wieder vermehrt zur Anwendung von populistischen Strategien, zumal Protestwahlkämpfe der Partei bisher gute Ergebnisse einbrachten.[677]

Die Linke versucht so die Gratwanderung "[...] zugleich Regierungspartei und parlamentarische Opposition sowie Speerspitze der außerparlamentarischen Opposition sein zu wollen [...]"[678], um alle in ihr vertretenen Strömungen angemessen zu vertreten. Nach außen gibt sich die Partei als die "Anwältin des kleinen Mannes" und "einzig wahre Interessenvertretung der Ostdeutschen".[679] Als problematisch und von den politischen Gegnern immer wieder kritisiert erwies sich in der Vergangenheit das von der Partei vertretene Geschichtsbild in Bezug auf die DDR, auf welche oft positiv Bezug genommen und deren fehlende demokratische Legitimation verschwiegen wird.[680]

Während die Partei in mehreren ostdeutschen Bundesländern bereits Regierungsverantwortung übernahm, war die Koalitionsfähigkeit der Partei nach Landtagswahlen in Westdeutschland stets umstritten und führende Spitzenpolitiker schlossen jegliche Zusammenarbeit aus. So scheiterten etwa die Sondierungsgespräche für eine rot-rot-grüne Koalition nach der Landtagswahl in Nordrhein-Westfalen 2010 an vielen relativierende Äußerungen der Linken zur DDR. *SPD* und *Grüne* hatte u.a. die Anerkennung, dass es sich bei der DDR um eine totalitäre Diktatur gehandelt habe, zur Voraussetzung für eine Koalition gemacht. Nachdem die Gespräche gescheitert waren, bezeichnete Hannelore Kraft die *Linkspartei* als "weder regierungs- noch koalitionsfähig".[681] Auch die *FDP* hatte jegliche Tolerierung der *Linkspartei* ausgeschlossen

---

676 Vgl. Die Linke, 'Programm der Partei DIE LINKE (Entwurf)' (Anm. 273), S. 14 ff.

677 Vgl. Michael Koss und Dan Hough, 'Zurück in die Zukunft? Die Linkspartei.PDS und die Verlockungen des Populismus', In: Uwe Jun, Henry Kreikenbom und Viola Neu (Hrsg.), *Kleine Parteien im Aufwind. Zur Veränderung der deutschen Parteienlandschaft*, (Frankfurt / New York: Campus Verlag, 2006), S. 179–200, S. 198

678 Neu, 'Linkspartei.PDS (Die Linke)' (Anm. 114), S. 324

679 Vgl. Hartleb und Rode, 'Populismus und Kleinparteien. Das Beispiel der Linkspartei.PDS und der WASG vor dem Hintergrund der Bundestagswahl 2005' (Anm. 654), S. 169

680 Vgl. Neu, 'Linkspartei.PDS (Die Linke)' (Anm. 114), S. 325

681 Vgl. Die Tageszeitung (20.05.2010), *Sondierungsgespräche in NRW: Rot-Rot-Grün ist geplatzt*, ⟨URL: `http://www.taz.de/1/politik/deutschland/artikel/1/rot-rot-gruen-ist-geplatzt/`⟩ – Zugriff am 19.08.2010

und sogar *SPD* und *Grüne* für die bloße Führung von Sondierungsgesprächen mit der Partei gerügt:„Erst wenn Bündnisse mit Linksextremisten ausgeschlossen sind, ist die FDP-NRW für eine Ampel wie Jamaika offen“[682] Auch die meisten Verfassungsschutzämter, nicht die von Berlin, Brandenburg, Mecklenburg-Vorpommern und dem Saarland, sehen die Partei wegen verfassungsfeindlicher Bestrebungen weiterhin als Beobachtungsobjekt an.[683]

Mitglieder und Wählerklientel Bis 1993 trug *Die Linke* die Merkmale einer Eliten- und Protestpartei von überdurchschnittlich qualifizierten und mit entsprechendem Einkommen ausgestatteten Wählern. Ab 1993 gelang es der Partei jedoch, die Unzufriedenheit vieler Ostdeutscher über den Einigungsprozess zu nutzen und sich als ostdeutsche Regionalpartei aufzustellen. Die Partei konnte sich in den neuen Bundesländern zu einer Volkspartei entwickeln, deren Wähler dem Bevölkerungsdurchschnitt im wesentlichen entsprachen. Ab 2002 verlagerte sich der Schwerpunkt der Wählerschaft allmählich in Richtung der unteren Schichten. Die Partei positionierte sich stärker als politische Vertretung der sozial Schwachen und erreichte hierdurch besonders einen Stimmengewinn unter Arbeitslosen.[684] Durch einen ausgeprägten Linkspopulismus versucht die Partei, den gegen die "Nutznießer des Status quo" gerichteten Protest der Benachteiligten zu artikulieren und so Protestwähler für sich zu gewinnen.[685] Hierunter leidet insbesondere in den alten Bundesländern die der Partei zugesprochene Problemlösungskompetenz. Bei einer Umfrage der Forschungsgruppe Wahlen im Vorfeld der Landtagswahl im Saarland 2009 sprachen der Partei in allen abgefragten Kompetenzfeldern weniger Personen ihr Vertrauen aus, als sie insgesamt Wähler hatte, wodurch anzunehmen ist, dass selbst in der eigenen Anhängerschaft eine deutliche Skepsis über die Lösungskompetenz der Partei vorherrschen dürfte.[686] Doch in den neuen Bundesländern positionierte sich *Die Linke* geschickt als Partei der "Vereinigungsgsverlierer" und "DDR-Nostalgiker".[687] [688] Auch nach der

682 Vgl. Die Welt (14.05.2010), *Sondierungsgespräche: Gysi sieht FDP-Absage als "Gewinn für NRW"*, ⟨URL: `http://www.welt.de/politik/nrw-wahl/article7619507/Gysi-sieht-FDP-Absage-als-Gewinn-fuer-NRW.html`⟩ – Zugriff am 27.08.2010

683 Vgl. Eckhard Jesse, *Die Linke*, ⟨URL: `http://www.bpb.de/themen/YF29J6,1,0,Die_Linke.html`⟩ – Zugriff am 24.10.2010

684 Vgl. Neu, 'Linkspartei.PDS (Die Linke)' (Anm. 114), S. 321

685 Vgl. Hartleb und Rode, 'Populismus und Kleinparteien. Das Beispiel der Linkspartei.PDS und der WASG vor dem Hintergrund der Bundestagswahl 2005' (Anm. 654), S. 167

686 Vgl. Neu, 'Landtagswahlen in Sachsen, Thüringen, dem Saarland, Brandenburg und Schleswig-Holstein 2009', S. 10

687 Vergleiche hierzu die Debatte um die unreflektierte, positive Darstellung der DDR durch die Linkspartei

688 Vgl. Neu, 'Linkspartei.PDS (Die Linke)' (Anm. 114), S. 323

Fusion mit der *WASG* bildet der "Ost-West-Cleavage" noch immer die entscheidende Konfliktlinie, an welcher die Partei am stärksten partizipiert. Dies macht die Wähler der Partei jedoch schwer fassbar, da sie noch immer von vielen Ostdeutschen als ihre politische Vertretung angesehen wird, weshalb sie hier auch neben den Wahlergebnissen die Wählerstruktur einer Volkspartei besitzt[689], während sie in Westdeutschland auf andere Wählergruppen setzen muss. Heute wirbt die Partei zunehmend mit linkspopulistischen Parolen gezielt um die Gunst von Protestwählern und Wählern aus den unteren sozialen Schichten. Zum einen versucht sie so, ihre Etablierung in den alten Bundesländern voranzutreiben[690], wo sie aus ihrer Vergangenheit keinen Profit schlagen kann und ihr diese eher zum Nachteil gereicht, zum anderen versucht sie, so auch die Gruppe der "Vereinigungsverlierer" in den neuen Bundesländern an sich zu binden. Obwohl sie hier auf den ersten Blick im Wesentlichen dieselben Gesellschaftsschichten und Milieus bedient wie die bereits vorgestellte rechtsextremistische *NPD*, unterscheidet sich die Struktur ihrer Wählerklientel doch grundlegend. Unterschiede gibt es besonders in der Altersstruktur, denn *Die Linke* erzielte etwa bei der Bundestagswahl 2009 ihre besten Ergebnisse in der Gruppe der 45- bis 60-Jährigen (15,2 Prozent bei einem Gesamtergebnis von 11,9 Prozent). Die Partei scheint somit eher die älteren Mitglieder dieser Gruppe anzusprechen, die zumindest in den ostdeutschen Bundesländern noch im real existierenden Sozialismus sozialisiert wurden. Ähnlich ist wiederum das Geschlechterverhältnis, denn auch die Linkspartei erzielt unter Männern deutlich höhere Ergebnisse (13,3 Prozent) als unter Frauen (10,6 Prozent). Diese ungleiche Geschlechterverteilung findet sich sowohl in den alten als auch in den neuen Bundesländern. Ihren höchsten Zuspruch erreichte die Partei entsprechend bei den 45- bis 60-jährigen Männern in Ostdeutschland mit 34,2 Prozent der Zweitstimmen.[691]

Anders sieht es dagegen bei der Mitgliederstruktur aus: So hatte *Die Linke* im Jahr 2006 mit 44,4 Prozent den höchsten Frauenanteil aller im Bundestag vertretenen Parteien (aktuell 39,1 Prozent). Neben diesem vergleichsweise hohen Frauenanteil fällt bei der Betrachtung der Mitgliederstruktur das ungewöhnlich hohe Durchschnittsalter der aktuell rund 78.000 Parteimitglieder auf: So waren 2007 ganze 54 Prozent der Parteimitglieder älter als 60 Jahre. Vor der Fusion von *Linkspartei.PDS* mit der *WASG* lag das Durchschnittsalter der PDS-Mitglieder sogar noch höher: 70,4 Pro-

[689] Vgl. Bundeszentrale für politische Bildung, *Die Linke –Wählerschaft und Mitglieder*, ⟨URL: `http://www.bpb.de/themen/FB25SL,0,DIE_LINKE_%96_W%E4hlerschaft_und_Mitglieder.html`⟩ – Zugriff am 20.10.2010

[690] Vergleiche etwa die erfolgreiche Wahlkampfführung Oskar Lafontaines bei den Landtagswahlen im Saarland 2009

[691] Vgl. Konrad Adenauer Stiftung, 'Repräsentative Wahlstatistik. Wahlergebnisse nach Alter und Geschlecht, bei Bundestags-, Europa–und Landtagswahlen' (Anm. 602)

zent der Parteimitglieder waren 2005 älter als 60 Jahre.[692] Als Ursache für den hohen Anteil älterer Mitglieder in der *Linkspartei* ist der Verbleib von ehemaligen SED-Mitgliedern in der *PDS* anzunehmen. Von den 2,3 Millionen Mitgliedern der *SED* zum Zeitpunkt der Transformation zur *PDS* blieben der Partei allerdings nur wenige erhalten, doch waren noch 1997 98 Prozent der Mitglieder der *PDS* zuvor bereits Mitglied in der *SED* oder ihrer Jugendorganisation FDJ gewesen.[693] Der heutige Anteil ehemaliger SED-Mitglieder kann nur geschätzt werden, er dürfte aber bereits aus Altersgründen rückläufig sein.[694] Zusammen mit fehlenden Neueintritten erklärt sich so allerdings das hohe Durchschnittsalter der Parteimitglieder. Entsprechend sind 71 Prozent der Parteimitglieder Rentner.[695] Durch die Fusion mit der *WASG* und die zunehmende Etablierung der Partei in den alten Bundesländern dürfte sich die Altersstruktur langsam wieder verjüngen, wie es auch anhand der bisher vorliegenden Zahlen auszumachen ist. Die Mitglieder im alten Bundesgebiet bilden allerdings lediglich etwa 33 Prozent der Parteimitglieder.[696] Ein wesentlicher Aspekt für die in den alten und den neuen Bundesländern unterschiedliche Bewertung der Regierungs- und Koalitionsfähigkeit der Partei resultiert aus den unterschiedlichen Mitgliederstrukturen: Die *PDS* hatte durch Bündnisse mit linken Organisationen versucht im Westen Fuß zu fassen. Die aus den alten Bundesländern rekrutierten Mitglieder stammen aus dem gesamten Spektrum der zersplitterten Altlinken in Westdeutschland (s.o.) und vertreten großteils einen deutlich linksextremistischeren Kurs als die "Ost-Linken".[697] Generell ist die Rekrutierungsfähigkeit der Partei in den neuen Bundesländern deutlich höher als in den alten. Die meisten Mitglieder besitzt die Partei mit 13.280 (17 Prozent) in Sachsen.[698] Unter den Parteimitgliedern finden sich überdies viele mit einer hohen formalen Bildung: 53 Prozent der Mitglieder geben an, über ein abgeschlossenes Hochschulstudium zu verfügen. Die Mehrheit der Parteimitglieder (41 Prozent) stuft sich selbst in der unteren Mittelschicht ein.[699]

---

692 Vgl. Oskar Niedermayer, *Parteimitglieder seit 1990*, (Berlin: Freie Universität Berlin, 2009), Arbeitshefte aus dem Otto-Stammer-Zentrum 15, S. 16

693 Vgl. Patrick Moreau und Hermann Gleumes, *Die PDS: Profil einer antidemokratischen Partei. Mit Beiträgen von Hermann Gleumes*, (München: Hanns Seidel Stiftung, 1998), S. 98

694 Vgl. Neu, 'Linkspartei.PDS (Die Linke)' (Anm. 114), S. 326

695 Vgl. Bundeszentrale für politische Bildung, 'Die Linke –Wählerschaft und Mitglieder' (Anm. 689)

696 Vgl. Bundesministerium des Innern, 'Verfassungsschutzbericht 2009' (Anm. 149), S. 151

697 Vgl. Neu, 'Linkspartei.PDS (Die Linke)' (Anm. 114), S. 326

698 Vgl. Niedermayer, *Parteimitglieder seit 1990* (Anm. 692), S. 11 f.

699 Bundeszentrale für politische Bildung, 'Die Linke –Wählerschaft und Mitglieder' (Anm. 689)

Organisation Aktuell besitzt die Partei *Die Linke* Landesverbände in allen 16 Bundesländern, darunter 354 Kreisverbände und etwa 3500 Ortsverbände bzw. Basisorganisationen.[700] Die Organisationsstruktur ist unterhalb der Landesebene in den alten Bundesländern bisher deutlich geringer ausgebaut als in den neuen Bundesländern. Interessant ist hierbei auch, dass die *SED* nach dem Produktionsprinzip gegliedert und die Mitglieder entsprechend ihrem Arbeitsplatz in Basisorganisationen eingeteilt waren. Die Neugliederung nach dem Wohnortsprinzip musste sehr schnell erfolgen und zudem ständig den sinkenden Mitgliederzahlen und dem Weggang größerer Bevölkerungsgruppen aus einigen Gebieten der neuen Bundesländer angepasst werden.[701] Die schrumpfende vertikale Gliederung der Partei lässt sich gut an der Anzahl der Ortsvereine ablesen: 1990: etwa 16.000, 1991 etwa: 8500, 2010: etwa 3500.[702]

Die einzelnen Organisationen verfügen auf der Bundesebene und teilweise auch auf Landes- und Kreisebene über thematische Zusammenschlüsse (Arbeitsgemeinschaften, Interessengemeinschaften), welche besondere Themenschwerpunkte für die Partei bearbeiten und nach Beschluss des Parteivorstandes und des Parteirats auch Delegierte zu Parteitagen entsenden können.[703] Die Mitglieder dieser Zusammenschlüsse leisten einen großen Teil der inhaltlichen Arbeit.[704] Durch diese organisierten "Interessengemeinschaften" innerhalb der Partei werden allerdings auch die unterschiedlichen ideologischen Strömungen in der Partei repräsentiert. Da hierunter, nach Meinung des Verfassungsschutzes, auch offen extremistische Gruppierungen zu finden sind, wird der Partei eine "[...] vollumfängliche Akzeptanz von offen extremistischen Zusammenschlüssen in ihren Reihen" vorgeworfen.[705]

Die Partei verfütgt daneben über eine große Zahl an „parteinahen Organisationen". Zu ihnen gehören beispielsweise der Jugendverband Linksjugend ['solid], der Studierendenverband Die Linke.SDS, der Stiftungsverbund aus Rosa-Luxemburg-Stiftung und 16 landesweit angeschlossenen Vereinen, die ehemals WASG-nahe Bildungsgemeinschaft Salz sowie kommunalpolitische Bildungsvereine in mehreren Bundesländern. Weiterhin besitzt die Partei *Die Linke* vielfältige Kontakte zu anderen linken Organisationen im In- und Ausland und ist Mitglied der Fraktion "Vereinte Europäische Linke/Nordische Grüne Linke (GUE/NGL)" im Europaparlament.

700 Diese Angaben wurden im August 2010 direkt bei der Partei erfragt.

701 Vgl. LINNEMANN, *Die Parteien in den neuen Bundesländern. Konstituierung, Mitgliederentwicklung, Organisationsstrukturen* (Anm. 22), S. 104

702 Vgl. ders., *Die Parteien in den neuen Bundesländern. Konstituierung, Mitgliederentwicklung, Organisationsstrukturen* (Anm. 22), S. 104

703 Vgl. NEU, 'Linkspartei.PDS (Die Linke)' (Anm. 114), S. 326

704 Vgl. LINNEMANN, *Die Parteien in den neuen Bundesländern. Konstituierung, Mitgliederentwicklung, Organisationsstrukturen* (Anm. 22), S. 106

705 BUNDESMINISTERIUM DES INNERN, 'Verfassungsschutzbericht 2009' (Anm. 149), S. 152

Ressourcen Im Rechenschaftsbericht für das Geschäftsjahr 2008 gab die Partei ein Reinvermögen von 25.200.464.36 Euro an. Etwa fünf Millionen bestehen hierbei aus Sachvermögen. Die wesentlichen Einnahmen der Partei bilden die Mitgliedsbeiträge (39,2 Prozent der Parteieinnahmen) und die staatlichen Zuwendungen (37,59 Prozent). Spenden natürlicher und juristischer Personen stellen mit knapp neun Prozent der Einnahmen der Partei aktuell keinen wesentlichen Faktor[706] , jedoch betrug ihr Anteil 1998 noch 19,7 Prozent und verringerte sich seither stetig.[707] Die Schuldposten der Partei belaufen sich aktuell auf etwa eine Million Euro.[708]

Die Mitgliederzahlen der Partei sanken zunächst drastisch. Von den 2,3 Millionen Mitglieder, welche die *PDS* von der *SED* übernahm, blieben ihr bereits 1991 nur mehr 172.579, womit sie jedoch immer noch deutlich mitgliederstärker als alle anderen kleinen Parteien unterhalb der beiden Volksparteien war. Die Mitgliederzahlen sanken bis zum Jahr 2004 jedoch stetig weiter bis auf 61.385 Mitglieder ab. Seitdem stiegen die Zahlen, nicht zuletzt durch die Fusion und den “Aufschwung” der Partei, wieder an und liegen aktuell mit rund 78.000 ungefähr bei dem Wert von 2001. Das Mitgliederpotential der Partei *Die Linke* liegt damit über *FDP* und *Grünen* und bildet (wieder) die mitgliederstärkste Kleinpartei in der Bundesrepublik.[709] Ebenfalls hatte die *SED* 1989 über 44.000 Angestellte und eine derart umfangreiche Parteibürokratie verfügt, dass sie mit den bundesdeutschen Parteien nicht vergleichbar ist. Nachdem die Partei durch die Wiedervereinigung ihren Führungsanspruch aufgab, war auch die bisherige personelle Gliederung der Partei, wie etwa Betriebsgruppen und in Betrieben beschäftigte Parteifunktionäre, welche die Parteiarbeit während ihrer Arbeitszeit erledigten, nicht mehr zu rechtfertigen. Bereits bis 1992 schrumpfte die Anzahl der hauptamtlichen Angestellten der Partei auf gut 100 Personen in den neuen Bundesländern.[710]

[706] Vgl. Deutscher Bundestag, ‘Drucksache 17/630: Unterrichtung durch den Präsidenten des Deutschen Bundestages. Bekanntmachung von Rechenschaftsberichten politischer Parteien für das Jahr 2008 (1. Teil –Bundestagsparteien)’ (Anm. 500), S. 165 f.

[707] Vgl. ders., ‘Drucksache 16/14140: Unterrichtung durch den Präsidenten des Deutschen Bundestages. Bericht über die Rechenschaftsberichte 2000 bis 2007 sowie über die Entwicklung der Parteienfinanzen gemäß § 23 Absatz 4 des Parteiengesetzes (PartG)’ (Anm. 634), S. 47

[708] Vgl. ders., ‘Drucksache 17/630: Unterrichtung durch den Präsidenten des Deutschen Bundestages. Bekanntmachung von Rechenschaftsberichten politischer Parteien für das Jahr 2008 (1. Teil –Bundestagsparteien)’ (Anm. 500), S. 165 f.

[709] Vgl. Neu, ‘Linkspartei.PDS (Die Linke)’ (Anm. 114), S. 327

[710] Vgl. Linnemann, *Die Parteien in den neuen Bundesländern. Konstituierung, Mitgliederentwicklung, Organisationsstrukturen* (Anm. 22), S. 103

7.4.3 Faktoren für Etablierungserfolge / -misserfolge

Für eine Bewertung derjenigen Faktoren, die der *PDS/Die Linke* bei ihrer Etablierung nützten, müssen zunächst die besonderen Umstände der Parteigründung und ihre Folgen für die Partei sowie die besondere Rolle der Partei in der Bundesrepublik berücksichtigt werden. Die Parteigründung stellt ein Novum dar, im Sinne der oben gemachten theoretischen Ausführungen wäre sie am ehesten als "Abspaltung" zu charakterisieren. Da es sich bei der *SED* allerdings bereits um einen Sondertypus in Form einer kommunistischen Staatspartei in einer Diktatur handelte und die *PDS* im Zuge des ökonomischen und politischen Zusammenbruchs der Deutschen Demokratischen Republik entstand, liegt hier klar ein Sonderfall vor. Eine Einordnung der Partei als Klein- oder Kleinstpartei nach den oben angegebenen Kriterien ist für die gesamtdeutsche Partei kaum möglich. Im Ostteil der Bundesrepublik stellt sie gemäß ihrer Wahlerfolge, ihrer Mitgliederzahl und der Ausprägung ihrer Organisationsstruktur klar eine Großpartei dar. Betrachtet man dagegen die Parteistrukturen in den westlichen Bundesländern, so deutet hier alles, von der Mitgliederzahl über die Wahlkampfführung bis hin zur Organisationsstruktur, auf eine Kleinpartei hin. Jandura stellt hierzu in seiner Arbeit deutlich heraus, dass sich insbesondere der Kommunikationsfluss innerhalb der Partei, als auch die Tiefe der Binnenstruktur in beiden Landesteilen wesentlich unterscheiden.[711] Auch lag im Falle der *PDS/Die Linke* kein "Gründungscleavage" im klassischen Sinne vor, sieht man von den Bestrebungen zur Machtsicherung der SED-Parteispitze einmal ab. Eine klassische gesellschaftliche Konfliktlinie mit spezifischer Wählerklientel entwickelte sich erst im Laufe der Jahre nach der Wiedervereinigung in Form eines "Ost-West-Cleavage" durch die unterschiedlichen sozialen und ökonomischen Bedingungen in den alten und neuen Bundesländern. Bedingt durch ihre Vergangenheit konnte die Partei schnell zu einer Repräsentantin der neuen Bundesländer und ihrer spezifischen Probleme werden und so ein großes Wählerpotential ansprechen. Die soweit wie möglich übernommenen Strukturen der *SED* erleichterten den Start ungemein. Anders als alle anderen kleinen Parteien verfügte die neugegründete *PDS* sofort über eine beträchtliche Mitgliederzahl, erfahrenes Personal und die Möglichkeit, auf die Reste der SED-Organisationsstruktur zurückzugreifen, so dass sie sich in den neuen Bundesländern schnell wieder etablieren konnte. Dies gelang vor allem, da hier auch keine traditionellen Bindungen an eine der beiden westlichen Volksparteien bestanden. Dabei konnte die Partei erfolgreich mittels populistischer Strategien die soziale Gruppe der "Vereinigungsverlierer" ansprechen. Für die neuen Bundesländer muss man sich vor Augen führen, dass hier eine "neue" Partei eher um eine Umgestaltung und Ver-

[711] Vgl. Jandura, *Kleinparteien in der Mediendemokratie* (Anm. 44), S. 27

schlankung ihrer Organisationsstrukturen sowie den Kampf gegen ein "Abschmelzen" ihrer Mitglieder und Sympathisanten, als um den Aufbau einer Parteiorganisation bemüht ist.

Ganz anders ist dagegen die Situation für die Partei in den alten Bundesländern. Auch zwanzig Jahre nach der Wiedervereinigung der beiden deutschen Staaten und der Parteigründung wird die Partei hier aufgrund ihres Ursprungs und der Vergangenheit so manchen Mitgliedes häufig mit Argwohn gesehen. Beschönigende Aussagen zur DDR-Diktatur sowie ein Parteiprogramm, das die Überwindung des Kapitalismus fordert, wirken hier, insbesondere bei der Altergruppe, von der die Partei in den neuen Bundesländern den stärksten Zuspruch erhält, eher abschreckend. Zulauf erhielt die Partei im Westen allerdings von vermehrt linksradikalen Kräften, welche die Partei für gemäßigtere Wähler weiter diskreditieren und ihr bis heute die Möglichkeiten einer koalitionsfähigen linken Flügelpartei verwehren. Auch wenn es der Partei gelang, mittels populistischer Parolen und charismatischer Spitzenkandidaten auch im Westen erfolgreich Protestwähler für sich zu gewinnen, so lassen sich auf diese Weise weder eine feste Bindung der Wähler an die Partei, noch eine längerfristige Akzeptanz erreichen.[712] Durch ihren - im Gegensatz zu den rechtsextremen Parteien - in der Gesellschaft akzeptierteren ideologischen Hintergrund und die Inklusion auch offen extremistischer Kräfte dürfte sie jedoch bei der Klientel der Protestwähler bessere Erfolgschancen als die rechten Parteien besitzen. Dass sich hier jedoch keine festen Bindungen erzeugen lassen, zeigen eindrucksvoll die Umfrageergebnisse anlässlich des Rekordergebnisses der Partei bei den Landtagswahlen im Saarland 2009. Die Partei wurde hier fast ausschließlich über die Person des aus dem Saarland stammenden Oskar Lafontaine und nicht über ihre Inhalte wahrgenommen, weiterhin lag die der Partei zugetraute Problemlösungskompetenz weit hinter ihrem Wählerpotential.[713] Das strategische Vorgehen der Partei in ostdeutschen Landtagen zeigt wiederum, dass es sich hier keinesfalls um eine "genuin populistische Partei" handelt.[714] In Westdeutschland scheint die Partei nur durch die während der Ära Schröder und der großen Koalition entstandene Marktlücke links der *SPD* partizipieren zu können und in dieser "festzuhängen". Ihre westdeutschen Wähler konnte sie in der

[712] Vgl. Koss und Hough, 'Zurück in die Zukunft? Die Linkspartei.PDS und die Verlockungen des Populismus' (Anm. 677), S. 196

[713] Vgl. Neu, 'Landtagswahlen in Sachsen, Thüringen, dem Saarland, Brandenburg und Schleswig-Holstein 2009', S. 10

[714] Vgl. Koss und Hough, 'Zurück in die Zukunft? Die Linkspartei.PDS und die Verlockungen des Populismus' (Anm. 677), S. 196

Rolle der "Anwältin des kleinen Mannes"[715] und durch einen populistisch geführten, medienwirksamen Kampf um Sozialleistungen gewinnen. Anders als im Osten steht ihr hier keine breitere Wählerklientel zur Verfügung und die Inklusion linksextremer Strömungen verhindert bisher die Etablierung als Flügelpartei. Ein großes Problem könnte der Partei auch aus der Altersstruktur ihrer Mitglieder erwachsen, wenn es der Partei nicht gelingt auch jüngere Wähler an sich zu binden. Um sich fest auf gesamtdeutscher Ebene etablieren zu können, müsste die Partei ihre innerparteilichen Flügelkämpfe beenden und zu einem gemäßigteren Programm finden, um so für eine breitere Wählerschicht akzeptabel zu sein.

[715] Vgl. Hartleb und Rode, 'Populismus und Kleinparteien. Das Beispiel der Linkspartei.PDS und der WASG vor dem Hintergrund der Bundestagswahl 2005' (Anm. 654), S. 169

8 Vergleich der untersuchten Parteien

Betrachtet man die vier näher untersuchten Parteien im Hinblick auf ihre bisherige Etablierung, so ist zunächst deutlich zu erkennen, dass die Parteien trotz ihrer erheblichen Unterschiede mit denselben grundlegenden Problemen konfrontiert waren oder noch sind. Hier könnte man von Phasen mit typischen Problemkonstellationen sprechen. Anhand dieser "Grundprobleme" und der teils unterschiedlichen Lösungsstrategien der Parteien lassen sich gut solche Faktoren ausmachen, die sich bewährt haben. Hierbei tritt zunächst die Bedeutung der bereits im ersten Teil der Arbeit identifizierten Faktoren nochmals deutlich hervor.

Insbesondere die finanziellen und personellen Ressourcen bestimmen gerade in der Gründungssphase einer Partei deren Möglichkeiten und damit auch deren Chancen. Um eine Parteiorganisation aufbauen und erste Wahlerfolge erzielen zu können, ist ein beträchtliches Startkapital notwendig. Dies wurde in den vorgestellten Fällen zumeist durch Spenden von Unterstützern gewonnen, so dass hier bereits Verbindungen und Kooperationen mit anderen Organisationen nützen können. Solche Verbindungen, wie die Bürgerrechtsbewegungen bei den *Grünen,* die internationale Kooperation zwischen den Piratenparteien u.ä. können zudem dabei hilfreich sein, die junge Partei bekannt zu machen. Am Beispiel der *NPD* lässt sich erkennen, dass Kooperationen mit anderen Organisationen auch dazu beitragen können, Schwächen in der eigenen Organisationsstruktur auszugleichen und Wahlkampfkosten zu minimieren. Zwar könnte durch diese Abhängigkeit von externen Geldgebern auch die Gefahr bestehen, dass die Partei in ihrer Meinungsbildung von diesen beeinflusst wird, doch aufgrund des mangelnden politischen Einflusses von Kleinparteien erscheint dies in dieser Phase zumeist nicht als Problem. Abgaben der Parlamentarier spielen verständlicherweise nur bei den innerparlamentarischen Parteien und damit erst, nachdem die ersten Hürden genommen wurden, eine Rolle bei der Finanzierung. Es gilt für eine neugegründete Partei also, schnellstmöglich in den Genuss der staatlichen Parteienfinanzierung zu gelangen und Mitglieder zu rekrutieren, um eigene Einnahmen aquirieren und eine funktionierende Organisation aufbauen zu können. Angesichts der gewonnen Erkenntnisse erscheint eine günstige Strategie bei den ersten Wahlen darin zu liegen, die zu diesem Zeitpunkt zumeist noch äußerst bescheidenen finanziellen und personellen Möglichkeiten am ertragreichsten einzusetzen, indem sich der

Wahlkampf auf die Wahlkreise konzentriert, in denen die meisten Sympathisanten und potentiellen Wähler zu erwarten sind. Hier erscheint es auch durchaus lohnend, in diesen Gegenden besonders auf die lokalen Problemlagen einzugehen, um den Vorteil der Regionalpartei - "Die Nähe zum Wähler" - nutzen zu können. Diese bereits oben als Strategie zur Bildung erster Hochburgen angesprochene Vorgehensweise verhalf insbesondere der *NPD* zu ihren Erfolgen auf kommunaler und Landesebene. Auch ein erster Ausbau der Organisationsstruktur unterhalb der Landesebene sollte in diesen Gebieten erfolgen, um die Mitgliederrekrutierung zu erleichtern. Bei den ersten Wahlen bestehen die primären Ziele darin, die Partei bekannt zu machen und die staatliche Finanzierung zu erreichen. Entsprechend kann die Entscheidung, in welchen Gebieten die Partei zur Wahl antritt, auch anhand der Einwohnerzahl erfolgen, denn in Bundesländern mit geringer Einwohnerzahl anzutreten bedeutet auch, dass weniger potentielle Wähler zum Erreichen der entsprechenden Quoten überzeugt werden müssen. Hierfür kann bereits eine Ein-Themen-Programmatik als Agendasetting-Strategie genügen, doch für eine weiterführende Etablierung muss spätestens nach den ersten Wahlerfolgen eine Erweiterung des Themenspektrums erfolgen, damit die Partei als regierungsfähig und damit als wählbar angesehen wird. Dies hängt natürlich auch von der individuellen Zielsetzung der Partei ab. Einen bedeutenden Vorteil besitzt die Partei zudem, wenn sie bereits in einem frühen Existenzstadium über Personal mit politischer Erfahrung verfügt. So können günstige Gelegenheiten leichter erkannt und die Partei auf einen strategischen Kurs gebracht werden. Auch tragen erfahrene Köpfe in der neuen Partei dazu bei, die bisher weitgehend unbekannte Partei seriöser erscheinen zu lassen und sie medienwirksam repräsentieren zu können. Neue Parteien, die durch Fusion oder Abspaltung von altetablierten Kräften entstanden sind, besitzen hier einen klaren Vorteil, doch auch viele andere kleine Parteien konnten durch Übertritte aus anderen Parteien erfahrene Personen für sich gewinnen.

Wenn eine kleine Partei die während der Gründungsphase auftretenden Probleme meistern konnte, liegt die nächste Herausforderung darin, sich von der großen Zahl an außerparlamentarischen Kleinstparteien abzuheben und möglichst eine "Marktlücke" zu besetzen. Nun bekommt die Kleinpartei die volle Härte des Wettbewerbs zu spüren und muss zudem ihre Wähler davon überzeugen, dass sie eine ernsthafte Alternative zu den großen Parteien darstellt oder die Anliegen ihrer Klientel angemessener vertreten kann. Auch in dieser Phase sind ganz spezifische Problemkonstellationen festzustellen: Spätestens für einen Einzug in Parlamente oberhalb der kommunalen Ebene muss sich die Partei klar im politischen Spektrum bzw. in Abgrenzung zu den anderen Parteien positionieren. Die betrachteten kleinen Parteien erwiesen sich häufig als intern zerstritten, doch erwarten die Wähler einen klaren politischen Kurs der Partei. Gerade wenn eine Partei versucht, mehrere ideologische Strömungen zu vereinen, ergibt sich daraus das Dilemma, den innerorganisatorischen Pluralismus mit den Anforderungen des Wettbewerbs in Einklang bringen zu müssen, welcher innerparteiliche Konflikte hart bestraft.[716] Um schnell reagieren zu können, worin ja ein möglicher Vorteil kleiner Parteien liegt (s.o.), ist ein möglichst hohes Maß an Kohäsion gefordert: "Innerparteiliche Interessenkonflikte zwischen rivalisierenden Gruppierungen lassen sich nicht mit den Erfordernissen einheitlichen externen Auftretens vereinbaren."[717] Gerade für kleine Parteien kann eine eindeutige Positionierung und Kursbestimmung mit der Gefahr des Wegbrechens von Wählern und Mitgliedern anderer Meinung das politische Aus bedeuten. Dagegen erscheint auch der, etwa von der *Piratenpartei* eingeschlagene entgegengesetzte Weg, sich möglichst nicht ideologisch festzulegen, ebenfalls nicht erfolgversprechend, da er die Partei nach außen unglaubwürdig und für extreme Positionen offen wirken lässt. Ebenfalls bedeutsam für die Effektivität der Partei ist das Verhältnis zwischen Parteispitze und Basis sowie die entsprechende Binnenorganisation. Diese kann zwischen stark hierarchisch (*NPD*) und möglichst basisdemokratisch (*Grüne, Piraten*) aufgebaut sein, was entsprechend die Mitspracherechte der Parteibasis und damit auch Moderationsfähigkeit innerparteilicher Konflikte mitbestimmt. Die *Piratenpartei* versucht mittels der Ausschöpfung der, durch die neuen Medien entstandenen, Möglichkeiten möglichst basisdemokratische Strukturen zu entwickeln und wirkt dadurch in diesem Bereich besonders innovativ. Gerade bei kleinen Parteien, die versuchen viele unterschiedliche ideologische Strömungen zu vereinen, könnte eine Lösung zur Abmilderung des Konfliktpotentials darin bestehen, die institutionellen Lösungsansätze, die für durch soziale, rassische oder ethnische Konflikte zerrissene Staaten entwickelt wurden [718], auf die innerparteilichen Verhältnisse zu übertragen, um auch Mindermeinungen angemessen vertreten und so die entsprechenden Wähler und Mitglieder halten zu können. Auch beeinflusst die vertretene Ideologie und Programmatik die Wahl des Organisationstyps durch die Partei und hat auch einen moderierenden Einfluss auf die Mitgliederentwicklung. Der Organisationsgrad, also der Anteil der Wähler, die auch Mitglieder einer Partei sind,

[716] Vgl. MATUSCHEK, *Erfolg und Misserfolg konservativer Parteien: Die spanische AP-PP und das portugiesische CDS-PP im Vergleich.* (Anm. 178), S. 31

[717] ELMAR WIESENDAHL, *Parteien in Perspektive. Theoretische Ansichten der Organisationswirklichkeit politischer Parteien.* (Opladen: Westdeutscher Verlag, 1998), S. 84

[718] Vergleiche hierzu etwa AREND LIJPHART, 'Constitutional Design For Divided Societies', In: *Journal of Democracy*, 15 April (2004):2, S. 96 –109; DONALD L. HOROWITZ, 'Constitutional Design: Proposals versus Processes', In: ANDREW REYNOLDS (Hrsg.), *The Architecture of Democracy*, (Oxford: Oxford University Press, 2002); AREND LIJPHART, *Thinking about democracy: Power sharing and majority rule in theory and practice*, (London and New York: Routledge, 2008)

ist traditionell bei straff organisierten und geführten "Weltanschauungsparteien" höher als bei anderen Parteien. Über korporative Strukturen können ebenfalls hohe Organisationsgrade erreicht werden. Die höchsten Organisationsgrade werden im internationalen Vergleich allerdings durch kollektive Mitgliedschaften, wie etwa von Gewerkschaften in Arbeiterparteien, erreicht.[719] Eine Zusammenarbeit mit gleichgesinnten Kleinparteien empfiehlt sich auch hier, da eine Konkurrenz mehrerer kleiner Parteien um dieselbe Wählerklientel bzw. um dieselbe "Marktlücke" unweigerlich eine zusätzliche Schwächung gegenüber den großen Parteien bedeutet. Gerade wenn die potentielle Wählerklientel der Partei nicht besonders groß ist, reduziert jede weitere Spaltung durch interessengleiche Parteien die Chancen für eine weitere Etablierung. Die Programmatik bzw. die darin vertretene Ideologie der Partei beeinflusst so das Etablierungspotential ungemein, denn hier bestimmt sich die Größe der möglichen Wählerklientel. Eine extremistische Pogrammatik wie der von der *NPD* vertretene Mix aus sozialrevolutionärer Kapitalismuskritik und völkischem Nationalismus ermöglicht es der Partei zwar, Protestwähler erfolgreich anzusprechen, doch schreckt sie den Großteil der Wähler in der politischen Mitte ab. Auch die *Linkspartei* schafft es hauptsächlich aufgrund extremer Positionen in ihren Reihen bislang nicht, in Westdeutschland die angestrebten Erfolge zu erzielen. Doch bezüglich der Ansprache von Protestwählern besitzt sie gegenüber rechtsextremen Parteien den Vorteil einer historisch in geringerem Maße vorbelasteten ideologischen Grundlage und kann daher leichter eine systemkonforme Möglichkeit zur Äußerung politischen Protestes darstellen. Die *Piratenpartei* spricht mit ihrem - gesamtgesellschaftlich gesehen - sehr speziellen Themengebiet ohnehin nur eine begrenzte Wählerklientel direkt an und läuft Gefahr, durch ihre begrenzte Thematik, ihre Aussendarstellung und ein zunehmendes fachsprachliches Niveau weitere potentielle Wähler abzuschrecken, von der mangelnden Festlegung im politischen Spektrum einmal abgesehen. Die *Grünen* besitzen dagegen eine im rechts-links-Spektrum äußert "dehnbare" Thematik. Nach den Reformen der 1990er Jahre und der Regierungsbeteiligung der Partei scheint diese nun in der politischen Mitte angekommen zu sein. Aus machtpolitischer Sicht würden sich schwarz-grüne Koalitionen für die Partei anbieten, auf kommunaler Ebene kam es in der Vergangenheit bereits zu solchen Koalitionen aus *CDU* und *Grünen*. Da die *FDP* zudem ihr linksliberales Profil verloren hat, könnten sich *Bündnis 90/Die Grünen* als Scharnierpartei zwischen den Volksparteien weiter etablieren.

[719] Vgl. von Beyme, *Parteien im Wandel: von den Volksparteien zu den professionalisierten Wählerparteien* (Anm. 88), S. 109

Neben diesen mehr strategischen und organisatorischen Faktoren zeigt der Vergleich der untersuchten Kleinparteien die besondere Bedeutung günstiger Rahmenbedingungen. Die *Grünen* konnten für ihre ersten Erfolge ein ohnehin gesteigertes Umweltbewusstsein in weiten Teilen der Bevölkerung sowie die schweren Umweltkatastrophen in den 1980er Jahren effektiv nutzen, um Bekanntheit zu erlangen und ihre Politik durchzusetzen und die Landtagswahl in Baden Württemberg im März 2011 zeigt deutlich, dass die Partei auch heute noch stark von derartigen Umständen profitieren kann. Die *Piraten* benötigten den "Pirate Bay Prozess" bzw. das "Zugangserschwernisgesetz", um überhaupt nennenswerte Bekanntheit zu erlangen. Selbst die ressourcenstarken *Linkspartei* benötigte die Sozialreformen der Regierung Schröder, um in den westlichen Bundesländern Fuß fassen zu können. Für die *NPD* können etwa Wirtschaftskrisen und die Auswirkungen eines zunehmenden Steuerungsverlustes des Nationalstaates sowie das Aufgreifen geeigneter Themen aus der öffentlichen Diskussion und der Tagespolitik, wie zuletzt die durch das Buch Thilo Sarrazins ins Rollen gebrachte Integrationsdebatte, als günstige Rahmenbedingungen gewertet werden. Kurz: Je mehr potentielle Wähler sich mit dem Themenschwerpunkt der Partei auseinandersetzen oder sich von diesem direkt betroffen fühlen, desto größer ist natürlich die potentielle Wählerschaft der Partei. Insbesondere, wenn dieses Problem noch nicht von einer der großen Parteien aufgegriffen wurde, so dass bei der Vertretung dieser Zielgruppe nur eine geringe Konkurrenz besteht.

Für die betrachteten Parteien lässt sich abschließend festhalten, dass die *Grünen* zur Zeit am ehesten Aufstiegschancen besitzen, insbesondere wenn es ihnen gelingt, sich weiter in der politischen Mitte zu positionieren. Die *Piratenpartei* muss erst ihren Kurs finden und läuft hierdurch Gefahr, Wähler und Mitglieder zu verlieren sowie erhebliche Flügelkämpfe meistern zu müssen. Hier sind noch einige Prüfungen zu bestehen, ehe die Partei eine Aussicht auf einen weiteren Aufstieg besitzt.

Die rechtsextreme *NPD* nutzt zwar ausgiebig erfolgversprechende strategische Vorgehensweisen, doch kann bei solch einer extremistischen Partei nicht auf ein Etablierungspotential wie bei den anderen Parteien abgestellt werden. Allein durch die ihr zugrundeliegende Ideologie, die eine mehr als mangelhafte gesamtgesellschaftliche Akzeptanz mit sich bringt, die offensive Bekämpfung durch staatliche Institutionen sowie politische und ziviligesellschaftliche Akteure bestehen hier noch vollkommen andere Hürden als für die anderen Parteien. Das Vorgehen der Partei gleicht eher einen "Guerilla-Kampf" gegen die etablierten Kräfte und den Verfassungsstaat denn einem regulären Wettbewerb um Wählerstimmen. Doch zeigen sich anhand der *NPD* ebenfalls die typischen Problemkonstellationen kleiner Parteien und insbesondere, unabhängig von der Ideologie, gültige Strategien ebenso wie die negativen

Auswirkungen und Abhängigkeiten extremistischer Positionen. Daher stellt die Partei im vorliegenden Vergleich einen extremen Fall dar, welcher allerdings anhand der trotz widrigster Umstände und Rahmenbedingungen errungenen Erfolge in besonderer Weise das Potential einer taktischen Vorgehensweise für die Etablierung kleiner Parteien verdeutlicht. Ebenfalls einen besonderen Status besitzt die Partei *Die Linke.* Durch ihre vollkommen unterschiedlich weit vorangeschrittene Etablierung in Ost und West zeigt sie in besonderer Weise Einfluss und Bedeutung regionaler Unterschiede im Wahlverhalten. Die Partei besaß durch ihre spezielle Situation nie die typischen Probleme kleiner Parteien, allerdings zeigen sich anhand ihrer Etablierungsversuche in Westdeutschland anschaulich die Bedeutung von Ressourcen sowie die nachteiligen Auswirkung einer zu eng geteckten Marktlücke mit entsprechend kleiner Wählerklientel und zudem starken Spannungen zwischen extremen und gemäßigten Kräften innerhalb der Partei.

9 Schlussbetrachtungen

Die vorliegende Arbeit bietet einen umfassenden Überblick über die Situation kleiner Parteien in der Bundesrepublik. Zunächst wurde der Frage nachgegangen, wie der Begriff der Kleinpartei spezifiziert und die "kleinen" von den "großen" Parteien abgegrenzt werden können. Folgend wurden die theoretischen Grundlagen für die weitere Analyse gelegt, wobei insbesondere auf die Entstehung von Parteien und deren Aufstieg begünstigende Faktoren eingegangen wurde. Es folgte eine Betrachtung der spezifischen Bedingungen kleiner Parteien in der Bundesrepublik. Durch eine vergleichende Betrachtung von *Bündnis 90/Die Grünen*, der *Piratenpartei Deutschland*, der *Nationaldemokratischen Partei Deutschlands* und der Partei *Die Linke* konnten sowohl die generellen Probleme, mit denen kleine Parteien in den unterschiedlichen Stadien ihrer Etablierung konfrontiert werden, als auch spezifische Problemkonstellationen, die beispielsweise aus einer extremistischen und nur von einer kleinen Minderheit innerhalb der Bevölkerung getragenen ideologischen Grundlage oder extremen Spannungen zwischen einzelnen Gruppen innerhalb der Partei entstehen, identifiziert und die jeweils von den Parteien eingesetzten Lösungsstrategien bewertet werden, wodurch sich ein Katalog von etablierungsbegünstigenden Faktoren ergibt.

Die Einflussmöglichkeiten kleiner Parteien außerhalb der Parlamente sind in der Bundesrepublik sehr gering, da sowohl die öffentliche Meinung als auch das Institutionensystem gegen aufstrebende kleine Parteien gerichtet sind. Doch können diese auch außerhalb der Parlamente aktiv werden: Als "Träger von Elementen der direkten Demokratie" ist es ihnen möglich, auch außerhalb der Parlamente, etwa als Initiatoren für Diskussionsforen, Demonstrationen oder Volksentscheide, im Sinne ihrer Thematik Einfluss auf die öffentliche Meinung auszuüben. So kann die Partei zudem die Aufmerksamkeit der Medien gewinnen. Kooperationen wurden in der vorliegenden Arbeit bereits des öfteren als besonders positiver Faktor herausgestellt. Durch Kooperationen mit Vereinen und Bürgerinitiativen können kleine Parteien sowohl ihren Einfluss auf kommunaler und regionaler Ebene steigern, als auch Bekanntheit erlangen und evtl. als "verlängerter Arm" einer Wählerinitiative auf überregionaler Ebene fungieren. Die wohl bekannteste Einflussmöglichkeit liegt jedoch darin, einen neuartigen Konflikt zu repräsentieren, den die innerparlamentarischen Parteien bislang nicht aufgenommen haben und diesen in der Rolle eines "Agenda-Setters" auf die politische Tagesordnung und in den öffentlichen Diskurs zu bringen.

Wünschenswert wären weiterführende empirische Studien, um das Etablierungspotential einzelner Parteien zu bewerten. Problematisch bleibt jedoch der Zugang zu den benötigten Daten, insbesondere bei Kleinstparteien.

Auch wenn diese Arbeit speziell auf die Situation und Etablierungs- bzw. Einflussmöglichkeiten kleiner Parteien in Deutschland abzielt, so sind die Ergebnisse doch zu weiten Teilen auch auf andere Parteiensysteme übertragbar. Die Abgrenzungskriterien zwischen großen und kleinen Parteien sowie der theoretische Rahmen für die Betrachtung sollten sich mit nur geringen Änderungen auch auf andere Staaten anwenden lassen. Die "wehrhafte Demokratie" der Bundesrepublik mit ihrem von historischen Erfahrungen geprägte Institutionensystem, zu welchem auch explizit gegen eine Etablierung weiterer Parteien gerichtete Hürden gehören, führt jedoch zu besonderen Rahmenbedingungen für kleine Parteien. Dies bedeutet, dass die vom föderalistischen System und den institutionellen Hürden geprägten strategischen Vorgehensweisen nicht ohne weiteres auf andere Staaten und Parteiensysteme übertragen werden können. Auch würden bereits andere Regelungen der Parteienfinanzierung eine Neubewertung der die Parteiressourcen betreffenden Faktoren nötig machen. Die ermittelten "Grundprobleme" wiederum dürften bei politischen Organisationen in vielen Staaten ihre Entsprechungen finden. Ein staatenübergreifender Vergleich kleiner Parteien mittels der hier erarbeiteten Faktoren oder entsprechende Studien über die Etablierungschancen kleiner Parteien in anderen Staaten würde somit eine sinnvolle Ergänzung und Fortführung dieser Arbeit darstellen. Für die herausgestellten Möglichkeiten und Probleme kleiner Parteien bleibt anzumerken, dass viele der für eine Etablierung nützlichen Faktoren und insbesondere der Probleme natürlich ebenso für größere Parteien gelten. Etwa schaden innerparteiliche Krisen und Auseinandersetzungen zwischen den Anhängern natürlich auch einer Volkspartei, jedoch sind die möglichen Folgen, wie eine Abspaltung eines Teils der eigenen Wähler und Mitglieder oder Stimmverluste aufgrund eines negativen Bildes in der Öffentlichkeit, für eine kleine Partei ungleich härter und können leicht deren Auflösung zur Folge haben. Die Ergebnisse dieser Arbeit gelten entsprechend nicht ausschließlich für kleine Parteien, sind jedoch für diese von besonderer Brisanz.[720]

[720] Siehe hierzu auch die Kritik Burkhard Gutlebens an den Ergebnissen der Forschungsarbeit von Schulze: GUTLEBEN, 'Kleinparteien im Aufwind?' (Anm. 10), S. 2 f.

Literaturverzeichnis

Adams, Ian, *Political ideology today*, (Manchester / New York: Manchester University Press, ^{2}2001), politics today.

Agci, Serkan, 'Bündis 90 / Die Grünen: Organisation', In: *Dossier: Parteien* (Bundestentrale für politische Bildung, 2009) ⟨URL: `http://www.bpb.de/themen/3HP084.html`⟩ – Zugriff am 26.09.2010.

Alemann, Ulrich von und Spier, Tim, 'Deutsche Parteien unter veränderten Rahmenbedingungen', In: Andersen, Uwe (Hrsg.), *Parteien in Deutschland. Krise oder Wandel?* (Schwalbach: Wochenschau Verlag, 2009), S. 39–61.

Andersen, Uwe, 'Konstanten und Veränderungen im deutschen Parteiensystem', In: Derselbe (Hrsg.), *Parteien in Deutschland: Krise oder Wandel?* (Schwalbach: Wochenschau Verlag, 2009), S. 86–112.

Andersen, Uwe, 'Parteien – zentrale Akteure des politischen Systems', In: Derselbe (Hrsg.), *Parteien, Parteisystem, Parteiforschung*, (Schwalbach: Wochenschau Verlag, 2009), S. 5–9.

ARD, *Auferstanden aus Ruinen –Die Wiedergeburt der DKP*, ⟨URL: `http://daserste.ndr.de/panorama/archiv/2008/erste624.html`⟩ – Zugriff am 10.10.2010.

Backes, Uwe, 'Das ideologisch-programmatische Profil der NPD im europäischen Vergleich', In: Derselbe und Steglich, Henrik (Hrsg.), *Die NPD. Erfolgsbedingungen einer rechtsextremistischen Partei*, (Baden-Baden: Nomos, 2007), S. 301–335.

Bartels, Henning, *Die Piratenpartei. Entstehung, Forderungen und Perspektiven der Bewegung*, (Berlin: Contumax-Verlag, 2009), Reihe Netzbürger ⟨URL: `http://ebooks.contumax.de/01-piratenpartei.pdf`⟩.

Beck, Ulrich, *Risikogesellschaft. Auf dem Weg in eine andere Modeme*, (Frankfurt am Main: Suhrkamp, 1986).

Bergem, Wolfgang, 'Identität', In: Greiffenhagen, Martin und Greiffenhagen, Sylvia (Hrsg.), *Handwörterbuch zur politischen Kultur der Bundesrepublik Deutschland*, (Wiesbaden: VS Verlag für Sozialwissenschaften, ^{2}2002), S. 192–200.

Berghaus, Margot, 'Student und interaktive Medien. Theoretische Überlegungen und empirische Befunde zur "AlphaBITisierung" der Hochschulen.' In: *Medienpsychologie*, 11. Jg. (1999):4, S. 260–275.

Beyme, Klaus von, *Parteien in westlichen Demokratien*, (München: Piper, 1982).

Beyme, Klaus von, 'Funktionswandel der Parteien in der Entwicklung der Massenmitgliederpartei zur Partei der Berufspolitiker', In: Gabriel, Oscar W., Niedermayer, Oskar und Stöss, Richard (Hrsg.), *Parteiendemokratie in Deutschland*, Band 372, (Bonn: Bundeszentrale für politische Bildung, ^{2}2001), S. 315–339.

Beyme, Klaus von, *Parteien im Wandel: von den Volksparteien zu den professionalisierten Wählerparteien*, (Wiesbaden: Westdeutscher Verlag, 2002).

Biehl, Heiko, *Parteienmitglieder im Wandel. Partizipation und Repräsentation*, (Wiesbaden: VS Verlag für Sozialwissenschaften, 2005).

Blank, Florian, *Die NPD - Wähler und Mitglieder*, ⟨URL: `http://www.bpb.de/themen/GG5EII,0,0,Die_NPD_%96_W%E4hler_und_Mitglieder.html`⟩ – Zugriff am 10.10.2010.

Blessing, Karlheinz, 'Abschied von der Mitgliederpartei. Die Zukunft liegt in punktuellen und themenbezogenen Allianzen.' In: Bartels, Hans-Peter und Machnig, Matthias (Hrsg.), *Der rasende Tanker. Analysen und Konzepte zur Modernisierung der sozialdemokratischen Organisation.* (Göttingen, 2002), S. 90–100.

Blumberg, Fabian, *Partei der "digital natives"? Eine Analyse der Genese und Etablierungschancen der Piratenpartei*, (Berlin, Februar 2010) ⟨URL: `http://www.kas.de/wf/de/33.18785/`⟩ – Zugriff am 11.10.2010.

Bündnis 90 / Die Grünen, *Bundesfrauenrat*, ⟨URL: `http://www.gruene.de/einzelansicht/artikel/bundesfrauenrat.html`⟩ – Zugriff am 11.10.2010.

Bündnis 90 / Die Grünen, *Die Zukunft ist grün. Grundsatzprogramm von BÜNDNIS 90/DIE GRÜNEN*, ⟨URL: `http://archiv.gruene-partei.de/dokumente/grundsatzprogramm-bundesverband.pdf`⟩ – Zugriff am 10.10.2010.

Bracher, Karl Dietrich, *Die Auflösung der Weimarer Republik: Eine Studie zum Problem des Machtverfalls in der Demokratie*, (Düsseldorf: Droste Verlag, 1984), Droste Taschenbücher Geschichte.

Braun, Stefan, *Die Violetten*, ⟨URL: `http://www.bpb.de/methodik/YOWJG6,0,0,DIE_VIOLETTEN.html`⟩ – Zugriff am 20.09.2010.

Braun, Stefan, 'Bürgerrechtsbewegung Solidarität (BüSo)', In: Decker, Frank und Neu, Viola (Hrsg.), *Handbuch der deutschen Parteien*, (Wiesbaden: VS Verlag für Sozialwissenschaften, 2007), S. 193 –195.

Braun, Stefan, 'Naturgesetz Partei, Aufbruch zu neuem Bewusstsein (Naturgesetz)', In: Decker, Frank und Neu, Viola (Hrsg.), *Handbuch der deutschen Parteien*, (Wiesbaden: VS Verlag für Sozialwissenschaften, 2007), S. 344–355.

Bürklin, Wilhelm und Klein, Markus, *Wahlen und Wählerverhalten*, (Opladen: Leske + Budrich Verlag, 1998).

Bundesamt für Verfassungsschutz, *Die Nationaldemokratische Partei Deutschlands (NPD) als Gravitationsfeld im Rechtsextremismus*, ⟨URL: `http://www.verfassungsschutz.de/download/de/publikationen/pb_rechtsextremismus/broschuere_2_0612_npd_gravitationsfeld/thema_0612_npd_gravitationsfeld.pdf`⟩ – Zugriff am 15.10.2010.

Bundesministerium der Justiz, *Gesetz über die politischen Parteien*, ⟨URL: `http://www.gesetze-im-internet.de/partg/`⟩ – Zugriff am 26.08.2010.

Bundesministerium des Innern, *Verfassungsschutzbericht 2009*, ⟨URL: `http://www.verfassungsschutz.de/vsbericht_2009.pdf`⟩ – Zugriff am 22.08.2010.

Bundesverfassungsgericht - Pressestelle -, *Pressemitteilung Nr. 94/2004 vom 26. Oktober 2004: Dazu Urteil vom 26. Oktober 2004 - 2 BvE 1/02 und 2 BvE 2/02 –"Drei-Länder-Quorum" nach § 18 Abs. 4 Satz 3 Parteiengesetz nicht mit dem Grundgesetz vereinbar*, ⟨URL: http://www.bundesverfassungsgericht.de/pressemitteilungen/bvg04-094.html⟩ – Zugriff am 21.08.2010.

Bundeswahlleiter, *Endgültiges Ergebnis der Bundestagswahl 2009*, ⟨URL: http://www.bundeswahlleiter.de/de/bundestagswahlen/BTW_BUND_09/ergebnisse/bundesergebnisse/index.html⟩ – Zugriff am 20.08.2010.

Bundeswahlleiter, *Ergebnisse der jeweils letzten Landtagswahlen*, ⟨URL: http://www.bundeswahlleiter.de/de/landtagswahlen/ergebnisse/⟩ – Zugriff am 20.08.2010.

Bundeswahlleiter, *Nationaldemokratische Partei Deutschlands*, ⟨URL: http://www.bundeswahlleiter.de/de/parteien/downloads/parteien/Nationaldemokratische_Partei_Deutschlands.pdf⟩ – Zugriff am 15.10.2010.

Bundeswahlleiter, *Wahlkreisergebnisse Niedersachsen*, ⟨URL: http://www.bundeswahlleiter.de/de/bundestagswahlen/BTW_BUND_09/ergebnisse/wahlkreisergebnisse/l03/⟩ – Zugriff am 30.09.2010.

Bundeswahlleiter, *Repräsentative Ergebnisse der Männer und Frauen nach Altersgruppen*, 2009 ⟨URL: http://www.bundeswahlleiter.de/de/bundestagswahlen/BTW_BUND_09/veroeffentlichungen/repraesentative/index.html⟩ – Zugriff am 03.11.2010.

Bundeszentrale für politische Bildung, *Die Linke –Wählerschaft und Mitglieder*, ⟨URL: http://www.bpb.de/themen/FB25SL,0,DIE_LINKE_%96_W%E4hlerschaft_und_Mitglieder.html⟩ – Zugriff am 20.10.2010.

Bundeszentrale für politische Bildung, *Mitgliederzusammensetzung von Bündnis90 / Die Grünen*, ⟨URL: http://www.bpb.de/files/UV8VWN.pdfl⟩ – Zugriff am 10.10.2010.

Burger, Reiner, 'Finanzskandal bei der NPD: Eine Partei zersetzt sich selbst', In: *Frankfurter Allgemeine Zeitung*, (08. Januar 2009) ⟨URL: http://www.faz.net/s/Rub594835B672714A1DB1A121534F010EE1/Doc~E32DABCA311BA49A79B8A5F7FCFAB6F4D~ATpl~Ecommon~Scontent.html⟩ – Zugriff am 20.10.2010.

Decker, Frank, 'Parteiendemokratie im Wandel', In: Derselbe und Neu, Viola (Hrsg.), *Handbuch der deutschen Parteien*, (Wiesbaden: VS Verlag für Sozialwissenschaften, 2007), S. 19–61.

Decker, Oliver, Weißmann, Marliese und Kiess, Johannes, *Die Mitte der Krise: Rechtsextreme Einstellungen in Deutschland 2010*, (Berlin, 2010) ⟨URL: http://library.fes.de/pdf-files/do/07504.pdf⟩ – Zugriff am 04.11.2010.

Dehling, Jochen, *Europäische Parteien*, ⟨URL: http://www.bpb.de/themen/OGDP6Y,0,0,Europ%E4ische_Parteien.html⟩ – Zugriff am 10.09.2010.

Detterbeck, Klaus und Renzsch, Wolfgang, 'Symmetrien und Asymmetrien im bundesstaatlichen Parteienwettbewerb', In: Jun, Uwe, Haas, Melanie und Niedermayer, Oskar (Hrsg.), *Parteien und Parteiensysteme in den deutschen Ländern*, (Wiesbaden: VS Verlag für Sozialwissenschaften, 2008), S. 37–53.

Deutsche Stimme Verlags GmbH, *Deutsche Stimme: Monatszeitung für Politik und Kultur –Impressum*, ⟨URL: http://www.deutsche-stimme.de/ds/?page_id=53⟩ – Zugriff am 01.11.2010.

Deutscher Bundestag, *Drucksache 16/14140: Unterrichtung durch den Präsidenten des Deutschen Bundestages. Bericht über die Rechenschaftsberichte 2000 bis 2007 sowie über die Entwicklung der Parteienfinanzen gemäß § 23 Absatz 4 des Parteiengesetzes (PartG)*, ⟨URL: http://dipbt.bundestag.de/dip21/btd/16/141/1614140.pdf⟩ – Zugriff am 21.10.2010.

Deutscher Bundestag, *Drucksache 17/2460: Unterrichtung durch den Präsidenten des Deutschen Bundestages. Bekanntmachung von Rechenschaftsberichten politischer Parteien für das Jahr 2008 (3. Teil –Sonstige Parteien)*, ⟨URL: hhttp://dip21.bundestag.de/dip21/btd/17/024/1702460.pdf⟩ – Zugriff am 21.10.2010.

Deutscher Bundestag, *Drucksache 17/3277: Unterrichtung durch den Präsidenten des Deutschen Bundestages: Veröffentlichung von Spenden, die im Einzelfall die Höhe von 50 000 Euro übersteigen (§ 25 Absatz 3 Satz 3 Parteiengesetz)*, ⟨URL: http://dipbt.bundestag.de/dip21/btd/17/032/1703277.pdf⟩ – Zugriff am 21.10.2010.

Deutscher Bundestag, *Drucksache 17/630: Unterrichtung durch den Präsidenten des Deutschen Bundestages. Bekanntmachung von Rechenschaftsberichten politischer Parteien für das Jahr 2008 (1. Teil –Bundestagsparteien)*, ⟨URL: http://dip21.bundestag.de/dip21/btd/17/006/1700630.pdf⟩ – Zugriff am 21.10.2010.

Deutscher Bundestag, *Drucksache 17/870: Unterrichtung durch den Präsidenten des Deutschen Bundestages. Bekanntmachung von Rechenschaftsberichten politischer Parteien für das Jahr 2008 (2. Teil –Übrige anspruchsberechtigte Parteien)*, ⟨URL: http://dip21.bundestag.de/dip21/btd/17/008/1700870.pdf⟩ – Zugriff am 21.10.2010.

Deutscher Bundestag, *Drucksache 604/09: Gesetz zur Bekämpfung der Kinderpornographie in Kommunikationsnetzen*, ⟨URL: http://dipbt.bundestag.de/dip21/brd/2009/0604-09.pdf⟩ – Zugriff am 12.10.2010.

Die Grünen, *Das Bundesprogramm*, ⟨URL: http://www.boell.de/downloads/stiftung/1980_Bundesprogramm.pdf⟩ – Zugriff am 10.10.2010.

Die Landeswahlleiterin des Landes Nordrhein-Westfalen, *Endgültiges Ergebnis für: Kreisfreie Stadt Aachen*, ⟨URL: http://www.wahlergebnisse.nrw.de/kommunalwahlen/2009/Stadtraete_kreistage/a313000kw0900.html⟩ – Zugriff am 12.10.2010.

Die Landeswahlleiterin des Landes Nordrhein-Westfalen, *Endgültiges Ergebnis für: Kreisfreie Stadt Münster*, ⟨URL: `http://www.wahlergebnisse.nrw.de/kommunalwahlen/2009/Stadtraete_kreistage/a515000kw0900.html`⟩ – Zugriff am 12.10.2010.

Die Linke, *Programm der Partei DIE LINKE (Entwurf)*, ⟨URL: `http://die-linke.de/programm/programmentwurf/`⟩ – Zugriff am 05.10.2010.

Die Tageszeitung (20.05.2010), *Sondierungsgespräche in NRW: Rot-Rot-Grün ist geplatzt*, ⟨URL: `http://www.taz.de/1/politik/deutschland/artikel/1/rot-rot-gruen-ist-geplatzt/`⟩ – Zugriff am 19.08.2010.

Die Tageszeitung (30.05.2010), *Tauss ist raus*, ⟨URL: `http://www.taz.de/1/politik/deutschland/artikel/1/tauss-ist-raus/`⟩ – Zugriff am 19.08.2010.

Die Welt (14.05.2010), *Sondierungsgespräche: Gysi sieht FDP-Absage als "Gewinn für NRW"*, ⟨URL: `http://www.welt.de/politik/nrw-wahl/article7619507/Gysi-sieht-FDP-Absage-als-Gewinn-fuer-NRW.html`⟩ – Zugriff am 27.08.2010.

Dietsche, Hans-Jörg, *Die kleinen Parteien im Zweikräftefeld des deutschen Volksparteiensystems*, Band 486, Europäische Hochschulschriften, (Frankfurt am Main: Peter Lang GmbH. Europäischer Verlag der Wissenschaften, 2004).

Dietsche, Hans-Jörg, 'Eine "Renaissance" der kleinen Parteien? Zu den Entwicklungsmöglichkeiten kleiner Parteien im deutschen Volksparteiensystem', In: Jun, Uwe, Kreikenbom, Henry und Neu, Viola (Hrsg.), *Kleine Parteien im Aufwind. Zur Veränderung der deutschen Parteienlandschaft*, (Frankfurt / New York: Campus Verlag, 2006), S. 58–74.

Dietsche, Hans-Jörg, 'Südschleswigscher Wählerverband', In: Decker, Frank und Neu, Viola (Hrsg.), *Handbuch der deutschen Parteien*, (Wiesbaden: VS Verlag für Sozialwissenschaften, 2007), S. 411–419.

Ditfurth, Jutta, *Entspannt in die Barbarei. Esoterik, (Öko-)Faschismus und Biozentrismus.* (Hamburg: Konkret-Literatur-Verlag, 1996).

Dülmer, Hermann und Ohr, Dieter, 'Rechtsextremistische Wahlabsicht und regionaler Kontext: Mehrebenenanalysen zur Rolle sozialer Milleus und regionaler Gruppenkonflikte in Deutschland', In: *Politische Vierteljahresschrift (PVS)*, 49 (2008):3, S. 491–517.

Downs, Anthony; Wildenmann, Rudolf (Hrsg.), *Ökonomische Theorie der Demokratie*, (Tübingen: J.C.B. Mohr (Paul Siebeck), 1968).

Eith, Ulrich, 'Alte und neue Konfliktlinien des Wahlverhaltens –Handlungsoptionen und Herausforderungen für Parteiführungen', In: *Politische Studien*, 60 Mai/Juni (2009):425, S. 16–23.

Falter, Jürgen und Klein, Markus, *Der lange Weg der Grünen: Eine Partei zwischen Protest und Regierung*, (München: C. H. Beck, 2003).

Falter, Jürgen, Lindenberger, Thomas und Schumann, Siegfried; Kocka, Jürgen und Ritter, Gerhard A. (Hrsg.), *Wahlen und Abstimmungen in der Weimarer Republik: Materialien zum Wahlverhalten 1919-1933*, (München: C.H. Beck, 1986).

Falter, Jürgen W., 'Politik als Inszenierung. Ein Essay über die Problematik der Mediendemokratie in 24 Punkten', In: *Parteien in der Mediendemokratie* (Wiesbaden: Westdeutscher Verlag, 2002), S. 420–430.

Fehndrich, Martin et al., *Landtagswahlrecht: Bayern*, ⟨URL: `http://www.wahlrecht.de/landtage/bayern.htm`⟩ – Zugriff am 03.03.2010.

Fehndrich, Martin et al., *Parteien nationaler Minderheiten*, ⟨URL: `http://www.wahlrecht.de/lexikon/minderheiten.html`⟩ – Zugriff am 03.08.2010.

Fehndrich, Martin et al., *Sonntagsfrage Bundestagswahl*, ⟨URL: `http://www.wahlrecht.de/umfragen/index.htm`⟩ – Zugriff am 16.08.2010.

Fenske, Hans, *Deutsche Parteiengeschichte*, (Paderborn/München/Wien/Zürich: Ferdinand Schöningh / UTB, 1994).

Flemming, Jens et al. (Hrsg.), *Die Republik von Weimar: Das politische System*, Band 1, Doste Taschenbücher Geschichte, (Königstein / Düsseldorf: Athenäum Verlag / Droste Verlag, 1979).

Friedrich-Schiller-Universität Jena, *Internetpräsenz der Tagung "Vorbild Weimar. Internationale Wirkungen der Weimarer Verfassung"*, ⟨URL: `http://www.powi.uni-jena.de/weimar/index.php`⟩ – Zugriff am 20.08.2010.

Geisler, Alexander und Gerster, Martin, 'Fußball als Extrem-Sport: Die Unterwanderung des Breitensports als Strategieelement der extremen Rechten:', In: Braun, Stephan, Geisler, Alexander und Derselbe (Hrsg.), *Strategien der extremen Rechten: Hintergründe –Analysen –Antworten*, (Wiesbaden: VS Verlag für Sozialwissenschaften, 2009), S. 189–207.

Grüner, Stefan, 'Weimar als Argument in der Gründungsphase der westdeutschen Nachkriegsparteien, 1945-1949', In: Gusy, Christoph (Hrsg.), *Weimars lange Schatten –"Weimar" als Argument nach 1945*, Band 29, (Baden-Baden: Nomos Verlagsgesellschaft, 2003), S. 215–237.

Gutleben, Burkhart, *Kleinparteien im Aufwind?* ⟨URL: `http://duepublico.uni-duisburg-essen.de/servlets/DerivateServlet/Derivate-20466/Kleinparteien%20im%20Aufwind.pdf`⟩ – Zugriff am 05.07.2010.

Haas, Melanie, Jun, Uwe und Niedermayer, Oskar, 'Die Parteien und Parteiensysteme der Bundesländer –Eine Einführung', In: Jun, Uwe, Haas, Melanie und Derselbe (Hrsg.), *Parteien und Parteiensysteme in den deutschen Ländern*, (Wiesbaden: VS Verlag für Sozialwissenschaften, 2008), S. 9–38.

Hartleb, Florian, 'Schill-Partei (Partei Rechtsstaatlicher Offensive)', In: Decker, Frank und Neu, Viola (Hrsg.), *Handbuch der deutschen Parteien*, (Wiesbaden: VS Verlag für Sozialwissenschaften, 2007), S. 374–381.

Hartleb, Florian und Rode, Franz Egon, 'Populismus und Kleinparteien. Das Beispiel der Linkspartei.PDS und der WASG vor dem Hintergrund der Bundestagswahl

2005', In: Jun, Uwe, Kreikenbom, Henry und Neu, Viola (Hrsg.), *Kleine Parteien im Aufwind. Zur Veränderung der deutschen Parteienlandschaft*, (Frankfurt / New York: Campus Verlag, 2006), S. 161–178.

Hirscher, Gerhard, 'Parteiendemokratie in Deutschland -Bestandsaufnahme und Perspektiven', In: Zehetmair, Hans (Hrsg.), *Das deutsche Parteiensystem. Perspektiven für das 21. Jahrhundert*, (Wiesbaden: VS Verlag für Sozialwissenschaften, 2004), S. 9–13.

Hochstätter, Christoph H. und ZDNet.de, *Piratenpartei und Grüne kooperieren bei der Thüringer Landtagswahl*, ⟨URL: `http://www.zdnet.de/news/digitale_wirtschaft_internet_ebusiness_piratenpartei_und_gruene_kooperieren_bei_der_thueringer_landtagswahl_story-39002364-41501640-1.htm`⟩.

Hofmann, Bernd, *Annäherung an die Volkspartei: Eine typologische und parteiensoziologische Studie*, (Wiesbaden: VS Verlag für Sozialwissenschaften, 2004).

Holtkamp, Lars und Eimer, Thomas R., 'Totgesagte leben länger.... Kommunale Wählergemeinschaften in Westdeutschland', In: Jun, Uwe, Kreikenbom, Henry und Neu, Viola (Hrsg.), *Kleine Parteien im Aufwind. Zur Veränderung der deutschen Parteienlandschaft*, (Frankfurt / New York: Campus Verlag, 2006), S. 250– 276.

Horowitz, Donald L., 'Constitutional Design: Proposals versus Processes', In: Reynolds, Andrew (Hrsg.), *The Architecture of Democracy*, (Oxford: Oxford University Press, 2002).

Hoyer, Guido, *Nichtetablierte christliche Parteien. Deutsche Zentrumspartei, Christliche Mitte, Chritliche Partei Deutschlands und Partei Bibeltreuer Christen im Parteiensystem der Bundesrepublik Deutschland*, Band 434, Europäische Hochschulschriften, (Frankfurt a. M.: Verlag Peter Lang, 2001).

Humanwirtschaftspartei, *Grundsatzprogramm der Humanwirtschaftspartei*, ⟨URL: `http://www.humanwirtschaftspartei.de/start.php?seitenid=31000000&langid=1`⟩ – Zugriff am 11.08.2010.

Ismayr, Wolfgang, 'Das politische System Deutschlands', In: Derselbe (Hrsg.), *Die politischen Systeme Westeuropas*, (Wiesbaden: VS Verlag für Sozialwissenschaften, 2004), S. 445–486.

Jandura, Olaf, *Kleinparteien in der Mediendemokratie*, (Wiesbaden: VS Verlag für Sozialwissenschaften, 2007).

Jaschke, Hans-Gerd, *Rechtsextremismus und Fremdenfeindlichkeit. Begriffe, Positionen, Praxisfelder*, (Wiesbaden: Westdeutscher Verlag, ^{2}2001).

Jaschke, Hans-Gerd, *Politischer Extremismus*, (Wiesbaden: VS Verlag für Sozialwissenschaften, 2006).

Jesse, Eckhard, *Die Linke*, ⟨URL: `http://www.bpb.de/themen/YF29J6,1,0,Die_Linke.html`⟩ – Zugriff am 24.10.2010.

Jesse, Eckhard, 'Das deutsche Parteiensystem nach der Europawahl 2004', In: Zehetmair, Hans (Hrsg.), *Das deutsche Parteiensystem. Perspektiven für das 21. Jahrhundert*, (Wiesbaden: VS Verlag für Sozialwissenschaften, 2004), S. 14–27.

Jesse, Eckhard, 'Parteiensystem im Wandel? Das deutsche Parteiensystem vor und nach der Bundestagswahl 2005', In: Derselbe und Sturm, Roland (Hrsg.), *Bilanz der Bundestagswahl 2005. Voraussetzungen, Ergebnisse, Folgen*, (Wiesbaden: VS Verlag für Sozialwissenschaften, 2006), S. 21–41.

Jesse, Eckhard, 'Deutsche Kommunistische Partei (DKP)', In: Decker, Frank und Neu, Viola (Hrsg.), *Handbuch der deutschen Parteien*, (Wiesbaden: VS Verlag für Sozialwissenschaften, 2007), S. 242–244.

Jesse, Eckhard, 'Nationaldemokratsche Partei Deutschlands (NPD)', In: Decker, Frank und Neu, Viola (Hrsg.), *Handbuch der deutschen Parteien*, (Wiesbaden: VS Verlag für Sozialwissenschaften, 2007), S. 336–344.

Jun, Uwe, 'Sozialdemokratische Partei Deutschlands', In: Decker, Frank und Neu, Viola (Hrsg.), *Handbuch der deutschen Parteien*, (Wiesbaden: VS Verlag für Sozialwissenschaften, 2007), S. 381–399.

Jun, Uwe, 'Parteienforschung', In: Andersen, Uwe (Hrsg.), *Parteien in Deutschland: Krise oder Wandel?* (Schwalbach: Wochenschau Verlag, 2009), S. 11–38.

Jun, Uwe, 'Politische Parteien als Gegenstand der Politischen Soziologie', In: Kaina, Viktoria und Römmele, Andrea (Hrsg.), *Politische Soziologie. Ein Studienbuch*, (Wiesbaden: VS Verlag für Sozialwissenschaften, 2009), S. 235–265.

Jun, Uwe und Kreikenbom, Henry, 'Nicht nur im Schatten der Macht. Zur Situation kleiner Parteien im deutschen Parteiensystem', In: Jun, Uwe, Derselbe und Neu, Viola (Hrsg.), *Kleine Parteien im Aufwind. Zur Veränderung der deutschen Parteienlandschaft*, (Frankfurt / New York: Campus Verlag, 2006), S. 13–36.

Jun, Uwe, Kreikenbom, Henry und Neu, Viola, 'Vorwort der Herausgeber', In: Jun, Uwe, Kreikenbom, Henry und Derselbe (Hrsg.), *Kleine Parteien im Aufwind. Zur Veränderung der deutschen Parteienlandschaft*, (Frankfurt / New York: Campus Verlag, 2006), S. 11–12.

Junge Piraten, *Junge Piraten in Zahlen*, ⟨URL: `http://www.junge-piraten.de/die-jungen-piraten/junge_piraten_in_zahlen/`⟩ – Zugriff am 05.10.2010.

Kailitz, Steffen, 'Die Republikaner (REP)', In: Decker, Frank und Neu, Viola (Hrsg.), *Handbuch der deutschen Parteien*, (Wiesbaden: VS Verlag für Sozialwissenschaften, 2007), S. 366–374.

Kellermann, Charlotte und Rattinger, Hans, 'Wirtschaftslage, Arbeitslosigkeit und zugeschriebene Regierungsverantwortung als Bestimmungsfaktoren des Wahlverhaltens bei den Bundestagswahlen 2002 und 2005', In: Brettschneider, Frank, Niedermayer, Oskar und Wessels, Bernhard (Hrsg.), *Die Bundestagswahl 2005: Analysen des Wahlkampfes und der Wahlergebnisse*, (Wiesbaden: VS Verlag für Sozialwissenschaften, 2007), S. 369–393.

Köhler, Jan, 'Nicht-etablierte Parteien: Funktionen und Rechtsfragen', In: Jun, Uwe, Kreikenbom, Henry und Neu, Viola (Hrsg.), *Kleine Parteien im Aufwind*, (Frankfurt / New York: Kleine Parteien im Aufwind. Zur Veränderung der deutschen Parteienlandschaft, 2006), S. 39–57.

Köhler, Jan, *Parteien im Wettbewerb: Zu den Wettbewerbschancen nicht-etablierter politischer Parteien im Rechtssystem der Bundesrepublik Deutschland*, (Baden Baden: Nomos, 2006), Schriften zum Parteienrecht 30.

Kießling, Andreas, 'Politische Kultur und Parteien in Deutschland Sind die Parteien reformierbar?' In: *Aus Politik und Zeitgeschichte*, 10 (2001), S. 29–37.

Kirchheimer, Otto, 'Der Wandel des westeuropäischen Parteiensystems', In: *Politische Vierteljahresschrift (PVS)*, 6 (1965):1, S. 2–41.

Knipperts, Jan, *Sicherheitspolitik und Rechtsstaatlichkeit. Die USA und die EU im Vergleich.* (Osnabrück: Verlag Dirk Koentopp, 2009), Osnabrücker Beiträge zur Politikwissenschaft (Osnapol).

Koß, Michael und Hough, Dan, 'Zurück in die Zukunft? Die Linkspartei.PDS und die Verlockungen des Populismus', In: Jun, Uwe, Kreikenbom, Henry und Neu, Viola (Hrsg.), *Kleine Parteien im Aufwind. Zur Veränderung der deutschen Parteienlandschaft*, (Frankfurt / New York: Campus Verlag, 2006), S. 179–200.

Kolb, Eberhard, *Die Weimarer Republik*, Band 16, Oldenbourg Grundriß der Geschichte, (München: Oldenbourg Wissenschaftsverlag, [6]2002).

Konrad Adenauer Stiftung, *Repräsentative Wahlstatistik. Wahlergebnisse nach Alter und Geschlecht, bei Bundestags-, Europa–und Landtagswahlen*, ⟨URL: `http://www.kas.de/wf/de/71.3709/`⟩ – Zugriff am 19.10.2010.

Kranenpohl, Uwe, *Mächtig oder Machtlos? Kleine Fraktionen im deutschen Bundestag 1949 –1994*, Band 205, Studien zur Sozialwissenschaft, (Opladen/Wiesbaden: Westdeutscher Verlag, 1999).

Kranenpohl, Uwe, 'Bayernpartei (BP)', In: Decker, Frank und Neu, Viola (Hrsg.), *Handbuch der deutschen Parteien*, (Wiesbaden: VS Verlag für Sozialwissenschaften, 2007), S. 165–168.

Kranenpohl, Uwe, 'Ökologisch-Demokratische Partei (ödp)', In: Decker, Frank und Neu, Viola (Hrsg.), *Handbuch der deutschen Parteien*, (Wiesbaden: VS Verlag für Sozialwissenschaften, 2007), S. 351–356.

Kronenberg, Volker und Mayer, Tilman, 'Vorwort der Herausgeber', In: Kronenberg, Volker und Derselbe (Hrsg.), *Volksparteien: Erfolgsmodell für die Zukunft? Konzepte, Konkurrenzen und Konstellationen*, (Freiburg: Herder, 2009), S. 7–9.

Landeswahlleiter für Hessen, *Ergebnisse der jeweils letzten Landtagswahlen*, ⟨URL: `http://www.bundeswahlleiter.de/de/landtagswahlen/ergebnisse/downloads/lwhessen2009.pdf`⟩ – Zugriff am 12.10.2010.

Langenbach, Martin und Raabe, Jan, 'Zwischen Freizeit, Politik und Partei: Rechts-Rock', In: Braun, Stephan, Geisler, Alexander und Gerster, Martin (Hrsg.),

Strategien der extremen Rechten: Hintergründe –Analysen – Antworten, (Wiesbaden: VS Verlag für Sozialwissenschaften, 2009), S. 163–189.

Leggewie, Claus, 'Die Zwerge am rechten Rand –Zu den Chancen einer neuen Rechtspartei in der Bundesrepublik Deutschland', In: *Politische Vierteljahresschrift (PVS)*, (1987), S. 361–383.

Lehmbruch, Gerhard, *Parteienwettbewerb im Bundesstaat: Regelsysteme und Spannungslagen im politischen System der Bundesrepublik Deutschland*, (Wiesbaden: Westdeutscher Verlag, ^{3}2000).

Lepsius, Mario Rainer, 'Parteiensystem und Sozialstruktur: Zum Problem der Demokratisierung der deutschen Gesellschaft', In: Derselbe (Hrsg.), *Demokratie in Deutschland: soziologisch-historische Konstellationsanalysen; ausgewählte Aufsätze*, (Göttingen: Vandenhoeck & Ruprecht, 1993), Kritische Studien zur Geschichtswissenschaft 100, S. 25–50.

Lijphart, Arend, 'Constitutional Design For Divided Societies', In: *Journal of Democracy*, 15 April (2004):2, S. 96 –109.

Lijphart, Arend, *Thinking about democracy: Power sharing and majority rule in theory and practice*, (London and New York: Routledge, 2008).

Linnemann, Rainer, *Die Parteien in den neuen Bundesländern. Konstituierung, Mitgliederentwicklung, Organisationsstrukturen*, (Münster / New York: Waxmann, 1994).

Lipset, Seymour M. und Rokkan, Stein, 'Cleavage Structures, Party Systems, And Voter Alignments: An Introduction', In: Lipset, Seymour M. und Derselbe (Hrsg.), *Party Systems and Voter Alignments: Cross-National Perspectives*, (New York: The Free Press, 1967), S. 1–64.

Lipset, Seymour Martin, 'How Do Political Parties Arise?' In: *Current Contents*, March 19 (1990):12, S. 16.

Lösche, Peter, *Kleine Geschichte der deutschen Parteien*, (Stuttgart, Berlin, Köln: Kohlhammer, ^{2}1994).

Lösche, Peter; Dowe, Dieter (Hrsg.), *Parteienstaat in der Krise : Überlegungen nach 50 Jahren Bundesrepublik Deutschland ; Vortrag und Diskussion einer Veranstaltung des Gesprächskreises Geschichte der Friedrich-Ebert-Stiftung in Bonn am 19. August 1999*, Band 27, Gesprächskreis Geschichte, (Bonn: Forschungsinstitut der Friedrich-Ebert-Stiftung, Historisches Forschungszentrum, 1999).

Lösche, Peter, 'Ende der Volksparteien', In: *Aus Politik und Zeitgeschichte*, 12 (2009):51, S. 6 –12.

Lucardie, Paul, 'Zur Typologie der politischen Parteien', In: Decker, Frank und Neu, Viola (Hrsg.), *Handbuch der deutschen Parteien*, (Wiesbaden: VS Verlag für Sozialwissenschaften, 2007), S. 62–68.

Lucardie, Paul und Wasner, Barbara, *Parteien am Rande des Parteiensystems: Ein Vergleich zwischen der Bundesrepublik Deutschland und den Niederlanden*, ⟨URL: `http://dnpp.eldoc.ub.rug.nl/FILES/root/publicatieLucardie/ParteienamRandedesPa/amrandpartsys00.pdf`⟩ – Zugriff am 05.10.2010.

Lucke, Albrecht von, *Die Untiefen der Freiheit*, ⟨URL: http://www.taz.de/1/debatte/theorie/artikel/1/die-untiefen-der-freiheit/⟩ – Zugriff am 13.10.2010.

Mair, Peter, 'Cleavages', In: Katz, Richard S. und Crotty, William (Hrsg.), *Handbook of Party Politics*, (London / Thousand Oaks / New Delhi: Sage, 2006), S. 371–375.

Matuschek, Peter, *Erfolg und Misserfolg konservativer Parteien: Die spanische AP-PP und das portugiesische CDS-PP im Vergleich.* (Wiesbaden: VS Verlag für Sozialwissenschaften, 2008).

Meadows, Dennis et al., *Die Grenzen des Wachstums*, (Stuttgart: Deutsche Verlags–Anstalt, 1972).

Mielke, Gerd, 'Rezension des Bandes: Uwe Jun, Henry Krekenbom, Viola Neu (Hrsg.) (2006) Kleine Parteien im Aufwind. Zur Veränderung der deutschen Parteienlandschaft.' In: *Zeitschrift für Vergleichende Politikwissenschaft (ZfVP)*, (2008):2, S. 141–143.

Milatz, Alfred, *Wähler und Wahlen in der Weimarer Republik*, (Bonn: Bundeszentrale für politische Bildung, 1965), Schriftenreihe der Bundeszentrale für politische Bildung 66.

Miliopoulos, Lazaros, *Partei für Arbeit, Umwelt und Familie, Christen für Deutschland (AUF)*, ⟨URL: http://www.bpb.de/methodik/Y660CN,0,0,Partei_f%FCr_Arbeit_Umwelt_und_Familie_Christen_f%FCr_Deutschland_(AUF).html⟩ – Zugriff am 15.08.2010.

Miliopoulos, Lazaros, 'Die NPD als Machtfaktor im deutschen Parteiensystem', In: Jun, Uwe, Kreikenbom, Henry und Neu, Viola (Hrsg.), *Kleine Parteien im Aufwind. Zur Veränderung der deutschen Parteienlandschaft*, (Frankfurt / New York: Campus Verlag, 2006), S. 223– 245.

Mintzel, Alf, 'Abschied von einem Phantom. Zu theoretischen Konzepten umd empirischen Analysen der "Volkspartei" in vergleichender Perspektive', In: Falter, Jürgen W., Fenner, Christian und Greven, Michael Th. (Hrsg.), *Politische Willensbildung und Interessenvermittlung : Verhandlungen der Fachtagung der DVPW vom 11.-13. Oktober 1983 in Mannheim / im Auftrag der Deutschen Vereinigung fur Politische Wissenschaft*, (Opladen: Westdeutscher Verlag, 1984), S. 61–77.

Mintzel, Alf und Oberreuter, Heinrich, 'Zukunftsperspektiven des Parteiensystems', In: Mintzel, Alf und Derselbe (Hrsg.), *Parteien in der Bundesrepublik Deutschland*, Band 282, (Bonn: Bundeszentrale für politische Bildung, ^{2}1992), S. 485–508.

Möller, Simon, *Netzsperren: Der neue Entwurf und seine Rechtmäßigkeit*, ⟨URL: http://www.telemedicus.info/article/1271-Netzsperren-Der-neue-Entwurf-und-seine-Rechtsmaessigkeit.html⟩ – Zugriff am 12.10.2010.

Müller-Rommel, Ferdinand, 'Parteien neuen Typs in Westeuropa: Eine vergleichende Analyse', In: *Zeitschrift für Parlamentsfragen*, (1982):3, S. 369–391.

Müller-Rommel, Ferdinand, *Grüne Parteien in Westeuropa: Entwicklungsphasen und Erfolgsbedingungen*, (Opladen: Westdeutscher Verlag, 1993).

Monarchiefreunde –Deutschlandverband, *Bürgervereinigung für die Wiederherstellung des deutschen Kaisertums*, ⟨URL: `http://monarchiefreunde.privat.t-online.de/`⟩ – Zugriff am 09.09.2010.

Moreau, Patrick, 'Arbeit & soziale Gerechtigkeit –Die Wahlalternative (WASG)', In: Decker, Frank und Neu, Viola (Hrsg.), *Handbuch der deutschen Parteien*, (Wiesbaden: VS Verlag für Sozialwissenschaften, 2007), S. 155–162.

Moreau, Patrick und Gleumes, Hermann, *Die PDS: Profil einer antidemokratischen Partei. Mit Beiträgen von Hermann Gleumes*, (München: Hanns Seidel Stiftung, 1998).

Morlok, Martin, 'Zur Notwendigkeit, kleine Parteien zum Gegenstand der Parteirechtswissenschaft zu machen', In: *Mitteilungen des Instituts für Deutsches und Europäisches Parteienrecht und Parteienforschung*, (1999), S. 92–100.

Muno, Wolfgang, 'Umweltpolitik', In: Hans-Joachim, Lauth (Hrsg.), *Vergleichende Regierungslehre*, (Wiesbaden: VS Verlag für Sozialwissenschaften, [2]2006), S. 309–331.

Naßmacher, Hiltrud, 'Auf–und Abstieg von Parteien. Ansätze zur vergleichenden Betrachtung von Aufstieg und Niedergang von Parteien im Wettbewerb.' In: *Zeitschrift für Politik (ZfP)*, 2 (1989):1, S. 169–190.

Namislo, Doreen, Schorn, Karin und Schwarzenberg, Margitta von, 'Wählerverhalten bei der Bundestagswahl 2005 nach Geschlecht und Alter. Ergebnisse der Repräsentativen Wahlstatistik', In: *Statistisches Bundesamt –Wirtschaft und Statistik*, (2006):3, S. 220–237.

Nandlinger, Gabriele und Kulick, Holger, *Nationaldemokratischer Hochschulbund (NHB)*, (Bonn, 2010) ⟨URL: `http://www.bpb.de/themen/CNCDW9,51,0,Glossar.html#art51`⟩ – Zugriff am 28.10.2010.

Nationaldemokratische Partei Deutschlands, *Das Parteiprogramm der NPD. Beschlossen auf dem Bundesparteitag am 04./05.06.2010 in Bamberg.* ⟨URL: `http://www.npd.de/inhalte/daten/dateiablage/br_parteiprogramm_a4.pdf`⟩ – Zugriff am 17.10.2010.

Neu, Viola, *NPD –DVU: Perspektiven und Entwicklungen*, (Sankt Augustin, November 2004) ⟨URL: `http://www.kas.de/wf/doc/kas_5749-544-1-30.pdf?041130155856`⟩. Arbeitspapier Nr. 140/2004

Neu, Viola, 'Linkspartei.PDS (Die Linke)', In: Decker, Frank und Derselbe (Hrsg.), *Handbuch der deutschen Parteien*, (Wiesbaden: VS Verlag für Sozialwissenschaften, 2007), S. 314–328.

Neu, Viola, *Bundestagswahl in Deutschland am 27. September 2009. Wahlanalyse*, (Berlin, 2009) ⟨URL: `http://www.kas.de/wf/doc/kas_18443-544-1-30.pdf?100809103242`⟩ – Zugriff am 10.11.2010.

Neu, Viola, *Landtagswahlen in Sachsen, Thüringen, dem Saarland, Brandenburg und Schleswig-Holstein 2009*, (Berlin, 2009) ⟨URL: http://www.kas.de/wf/doc/kas_18444-544-1-30.pdf?100809104435⟩ – Zugriff am 15.09.2010.

Neu, Viola, 'Parteien und Wähler im Wahljahr 2009', In: *Politische Studien*, 60 Mai/Juni (2009):425, S. 24–40.

Neue Westfälische Zeitung (12.12.2009), *Neue Partei "Die Westfalen" gegründet*, ⟨URL: http://www.nw-news.de/owl/3286826_Neue_Partei_Die_Westfalen_gegruendet.html⟩ – Zugriff am 25.08.2010.

Neugebauer, Gero und Stöss, Richard, *Die PDS: Geschichte, Organisation, Wähler, Konkurrenten*, (Opladen: Leske+Budrich, 1996).

Niedermayer, Oskar, *Parteimitglieder seit 1990*, (Berlin: Freie Universität Berlin, 2009), Arbeitshefte aus dem Otto-Stammer-Zentrum 15.

Niedermayer, Oskar, 'Von der Zweiparteiendominanz zum Pluralismus: Die Entwicklung des deutschen Parteiensystems im westeuropäischen Vergleich', In: *Politische Vierteljahresschrift*, 51 (2010), S. 1–13.

Nohlen, Dieter, 'Typologie', In: Derselbe und Schulze, Rainer-Olaf (Hrsg.), *Lexikon der Politikwissenschaft*, Band 1, (München: Verlag C.H. Beck, ^{2}2005), S. 1043–1044.

Oberreuter, Heinrich, 'Parteiensystem im Wandel –Haben die Volksparteien Zukunft?' In: Kronenberg, Volker und Mayer, Tilman (Hrsg.), *Volksparteien: Erfolgsmodell für die Zukunft? Konzepte, Konkurrenzen und Konstellationen.* (Freiburg: Herder Verlag, 2009), S. 43–59.

Pappi, Franz Urban, 'Cleavage', In: Nohlen, Dieter und Schulze, Rainer-Olaf (Hrsg.), *Lexikon der Politikwissenschaft*, (München: Verlag C.H. Beck, ^{2}2005), S. 104–106.

Pfahl-Traughber, Armin, 'Deutsche Volksunion (DVU)', In: Decker, Frank und Neu, Viola (Hrsg.), *Handbuch der deutschen Parteien*, (Wiesbaden: VS Verlag für Sozialwissenschaften, 2007), S. 250–255.

Pirate Parties International, *Website der PPInternational*, ⟨URL: http://www.pp-international.net/⟩ – Zugriff am 27.10.2010.

Piratenpartei Deutschland, *Bezirksverbände (Artikel in der Piratenwiki)*, ⟨URL: http://wiki.piratenpartei.de/Bezirksverbände⟩ – Zugriff am 13.10.2010.

Piratenpartei Deutschland, *Bundesgeschäftsstelle/Betrieb*, ⟨URL: http://wiki.piratenpartei.de/Bundesgeschäftsstelle/Betrieb⟩ – Zugriff am 27.10.2010.

Piratenpartei Deutschland, *Bundestagswahl 2009 / Wahlprogramm*, ⟨URL: http://wiki.piratenpartei.de/Bundestagswahl_2009/Wahlprogramm⟩ – Zugriff am 13.10.2010.

Piratenpartei Deutschland, *Crews (Artikel in der Piratenwiki)*, ⟨URL: http://wiki.piratenpartei.de/Crews⟩ – Zugriff am 13.10.2010.

Piratenpartei Deutschland, *Erster Pirat im Bundestag. Presseerklärung der Piratenpartei vom 20.6.2009*, ⟨URL: http://www.piratenpartei.de/node/779⟩ – Zugriff am 12.10.2010.

Piratenpartei Deutschland, *Geschichte*, ⟨URL: http://www.piratenpartei.de/navigation/partei/parteigeschichte⟩ – Zugriff am 12.10.2010.

Piratenpartei Deutschland, *Grundsatzprogramm der Piratenpartei Deutschland. Beschlossen auf der Gründungsversammlung am 10. September 2006, ergänzt auf dem Bundesparteitag am 05. Juli 2009 in Hamburg*, ⟨URL: http://wiki.piratenpartei.de/images/2/20/Parteiprogramm_LaTeX.pdf⟩ – Zugriff am 13.10.2010.

Piratenpartei Deutschland, *Häufig gestellte Fragen: Seid ihr nicht zu spezialisiert?* ⟨URL: http://wiki.piratenpartei.de/Häufig_gestellte_Fragen#Seid_ihr_nicht_zu_spezialisiert.3F⟩ – Zugriff am 13.10.2010.

Piratenpartei Deutschland, *Mitglieder (Artikel in der Piratenwiki)*, ⟨URL: http://wiki.piratenpartei.de/Mitglieder⟩ – Zugriff am 13.10.2010.

Piratenpartei Deutschland, *Piratenpartei Deutschland (PIRATEN) Rechenschaftsbericht für das Jahr 2008 gemäß §§ 23 ff. Parteiengesetz (PartG)*, ⟨URL: http://wiki.piratenpartei.de/wiki/images/e/e6/PIRATENrechenschaftsBericht2008.pdf⟩ – Zugriff am 27.10.2010.

Piratenpartei Hamburg, *Piratenpartei zieht in Hamburger Bezirksversammlungen ein*, ⟨URL: http://www.piratenpartei-hamburg.de/artikel/2011-02-25/piratenpartei-zieht-in-hamburger-bezirksversammlungen-ein⟩ – Zugriff am 13.04.2011.

Poguntke, Thomas, 'Parteiorganisation in der Bundesrepublik Deutschland: Einheit oder Vielfalt?' In: Gabriel, Oscar W., Niedermayer, Oskar und Stöss, Richard (Hrsg.), *Parteiendemokratie in Deutschland*, Band 372, (Bonn: Bundeszentrale für politische Bildung, ^{2}2001), S. 253–273.

Probst, Lothar, 'Bündnis 90', In: Decker, Frank und Neu, Viola (Hrsg.), *Handbuch der deutschen Parteien*, (Wiesbaden: VS Verlag für Sozialwissenschaften, 2007), S. 170 –172.

Probst, Lothar, 'Bündnis 90 / Die Grünen', In: Decker, Frank und Neu, Viola (Hrsg.), *Handbuch der deutschen Parteien*, (Wiesbaden: VS Verlag für Sozialwissenschaften, 2007), S. 173 –188.

Raschke, Joachim und Heinrich, Gudrun, *Die Grünen: Wie sie wurden, was sie sind*, (Köln: Bund Verlag, 1993).

Rattinger, Hans und Schoen, Harald, 'Ein Schritt vorwärts und zwei zurück? Stabiles und wechselndes Wahlverhalten bei den Bundestagswahlen 1994 bis 2005', In: Gabriel, Oscar W., Weßels, Bernhard und Falter, Jürgen W. (Hrsg.), *Wahlen und Wähler: Analysen aus Anlass der Bundestagswahl 2005*, (Wiesbaden: VS Verlag für Sozialwissenschaften, 2009), S. 78–102.

Reiser, Marion, 'Wählergemeinschaften in Ost–und Westdeutschland', In: Jun, Uwe, Kreikenbom, Henry und Neu, Viola (Hrsg.), *Kleine Parteien im Aufwind. Zur Veränderung der deutschen Parteienlandschaft*, (Frankfurt / New York: Campus Verlag, 2006), S. 277– 297.

Rheinische Post / OPINIO Redaktion, *Die Aussichtslosen*, ⟨URL: `http://www.rp-online.de/hps/client/opinio/public/pjsub/production_long.hbs?hxmain_object_id=PJSUB::ARTICLE::501851&hxmain_category=::pjsub::opinio::/home`⟩ – Zugriff am 12.02.2010.

Ring nationaler Frauen, *Über uns: Frauen für Deutschland*, ⟨URL: `http://ring-nationaler-frauen.de/?page_id=71`⟩ – Zugriff am 28.10.2010.

Roemheld, Regine, *Minorisierung als Herrschaftssicherung. Zur Innovationsfähigkeit des westdeutschen Parteiensystems*, Band 317, Campus Forschung, (Frankfurt / New York: Campus Verlag, 1983).

Rosenkranz, Jan, 'So sind die Deutschen', In: *Stern*, (2009):31, S. 34–44 ⟨URL: `http://www.sinus-institut.de/uploads/tx_mpdownloadcenter/Stern-Artikel_Ausgabe_230709.pdf`⟩ – Zugriff am 20.09.2010.

Rowold, Manfred, *Im Schatten der Macht : zur Oppositionsrolle der nicht-etablierten Parteien in der Bundesrepublik*, Band 9, Bonner Schriften zur Politik und Zeitgeschichte, (Düsseldorf: Droste Verlag, 1974).

Rowold, Manfred und Immerfall, Stefan, 'Im Schatten der Macht. Nicht-etablierte Kleinparteien', In: Mintzel, Alf und Oberreuter, Heinrich (Hrsg.), *Parteien in der Bundesrepublik Deutschland*, (Bonn: Bundeszentrale für politische Bildung, ^{2}1992), Schriftenreihe Studien zur Geschichte und Politik 282, S. 362–420.

Röpke, Andrea, *Frauen in der NPD: "Wäschewaschen für die Kameraden"*, ⟨URL: `http://www.bpb.de/themen/BC5PQ2,1,0,Frauen_in_der_NPD.html`⟩ – Zugriff am 20.09.2010.

Rudzio, Wolfgang, *Das politische System der Bundesrepublik Deutschland*, (Opladen: Leske + Budrich Verlag, ^{6}2003).

Ruf, Christoph und Sundermeyer, Olaf, *In der NPD. Reisen in die National Befreite Zone*, (München: Verlag C.H. Beck, 2009), Beck'sche Reihe.

Scarrow, Susan E., 'Parties without Members? Party Organisations in a Changing Electoral Environment.' In: Dalton, Russel J. und Wattenberg, Martin P. (Hrsg.), *Parties without Partisans. Political Change in Advanced Industrial Democracies.* (Oxford: Oxford University Press, 2000), S. 79–101.

Scheuch, Erwin K., 'Politischer Extremismus in der Bundesrepublik', In: Löwenthal, Richard und Schwarz, Hans-Peter (Hrsg.), *Die zweite Republik*, (Stuttgart: Seewald Verlag, 1974), S. 433–469.

Schölermann, Stefan, *NPD und DVU vor dem Zusammenschluss: Schuldenerlass macht Weg zur braunen Fusion frei*, ⟨URL: `http://www.tagesschau.de/ausland/npddvu106.html`⟩ – Zugriff am 13.10.2010.

Schneekloth, Ulrich und Leven, Ingo, 'Woran bemisst sich eine "gute"' allgemeine Bevölkerungsumfrage? Analysen zu Ausmaß, Bedeutung und zu den Hintergründen von Nonresponse in zufallsbasierten Stichprobenerhebungen am Beispiel des ALLBUS', In: *ZUMA-Nachrichten*, 27 November (2003):53, S. 16–57.

Schönenborn, Jörg, *ARD-DeutschlandTrend vom 07.10.2010*, ⟨URL: `http://www.tagesschau.de/inland/deutschlandtrend/deutschlandtrend1158.html`⟩ – Zugriff am 08.10.2010.

Schoen, Harald, 'Wahlsoziologie', In: Kaina, Viktoria und Römmele, Andrea (Hrsg.), *Politische Soziologie. Ein Studienbuch*, (Wiesbaden: VS Verlag für Sozialwissenschaften, 2009), S. 181–208.

Schorn, Karina und Gisart, Brigitte, 'Wählerverhalten bei der Bundestagswahl 2009 nach Geschlecht und Alter. Ergebnisse der Repräsentativen Wahlstatistik', In: *Statistisches Bundesamt –Wirtschaft und Statistik*, (2010):3, S. 219–236.

Schüttemeyer, Suzanne S., *Parliamentary Parties in the german Bundestag*, (Washington, D.C.: American Institute for Contemporary German Studies / Johns Hopkins University, 2001), German Issues 24.

Schulze, Andreas, *Kleinparteien in Deutschland: Aufstieg und Fall nicht-etablierter politischer Vereinigungen*, (Wiesbaden: Deutscher Universitäts-Verlag, 2004).

Schulze, Rainer-Olaf, 'Partei', In: Nohlen, Dieter und Derselbe (Hrsg.), *Lexikon der Politikwissenschaft*, Band 2, (München: Verlag C.H. Beck, ²2005), S. 656–658.

Süddeutsche Zeitung vom 25.07.2008, *Es war einmal die Volkspartei*, ⟨URL: `http://www.sueddeutsche.de/politik/cdu-mit-mehr-mitgliedern-als-die-spd-es-war-einmal-die-volkspartei-1.588525`⟩ – Zugriff am 12.09.2010.

Seuffert, Walter, 'Zu den Grundlagen des Begriffs der politischen Partei', In: Eschenburg, Theodor, Heuss, Theodor und Zinn, Georg August (Hrsg.), *Festgabe für Carlo Schmid zum 65. Geburtstag: dargebracht von Freunden, Schülern und Kollegen*, (Tübingen: Mohr, 1962), S. 199–212.

Sinus Institut / Sinus Sociovision GmbH, *Deutschland hat sich verändert*, ⟨URL: `http://www.sinus-institut.de/sinus-news/year/2010/month/08/backPid/67/news/deutschland-hat-sich-veraendert.html`⟩ – Zugriff am 20.09.2010.

Sinus Institut / Sinus Sociovision GmbH, *Die Sinus-Milieus: Update 2010 Hintergründe und Fakten zum neuen Sinus-Milieumodell*, ⟨URL: `http://www.sinus-institut.de/uploads/tx_mpdownloadcenter/Update_2010_Hintergruende_und_Fakten.pdf`⟩ – Zugriff am 20.09.2010.

Sociovision / Stern, 'Medienmentalitäten: Zwischen Virtualisierung und Bodenhaftung heute', In: *Markenprofile 12. Neue Medienmentalitäten. Wohin geht Ihre Zielgruppe?* (Hamburg: Stern Anzeigenabteilung, 2007) ⟨URL: `http://www.gujmedia.de/_components/markenprofile/mapro12/download/datein/MaPro12-Einfuehrung.pdf`⟩ – Zugriff am 13.10.2010, S. 28–39.

Sontheimer, Kurt, 'Für eine andere und bessere Politik', In: *Die Politische Meinung. Monatszeitschrift zu Fragen der Zeit*, 21. Jahrgang (1976):169, S. 45–52.

Spiegel online, *Gericht stoppt Fusion von DVU und NPD*, ⟨URL: http://www.spiegel.de/politik/deutschland/0,1518,742080,00.html⟩ – Zugriff am 27.01.2011.

Spiegel online, *Koch wettert gegen SSW*, ⟨URL: http://www.spiegel.de/politik/deutschland/0,1518,343773,00.html⟩ – Zugriff am 19.08.2010.

Spiegel online, *Landtagswahl: Grün-Rot triumphiert in Baden-Württemberg*, ⟨URL: http://www.spiegel.de/politik/deutschland/0,1518,753459,00.html⟩ – Zugriff am 27.03.2011.

Spiegel online, *NPD und DVU wollen bis Jahresende fusionieren*, ⟨URL: http://www.spiegel.de/politik/deutschland/0,1518,718082,00.html⟩ – Zugriff am 20.09.2010.

Spiegel online, *Strenges Rauchverbot in Bayern*, ⟨URL: http://www.spiegel.de/politik/deutschland/0,1518,704631,00.html⟩ – Zugriff am 05.07.2010.

Spiegel online, *Umfrage-Höhenflug: Grün ist das neue Schwarz Eine Analyse von Franz Walter*, ⟨URL: http://www.spiegel.de/politik/deutschland/0,1518,721664,00.html⟩ – Zugriff am 07.10.2010.

Spiegel online, *Vertrauensfrage: Rot-Grün auch bei Erfolg Schröders am Ende?* ⟨URL: http://www.spiegel.de/politik/deutschland/0,1518,167850,00.html⟩ – Zugriff am 07.10.2010.

Spiegel online, 'Wotans Wähler', In: *Der Spiegel*, (1966):15, S. 30–40 ⟨URL: http://www.spiegel.de/spiegel/print/d-46266294.html⟩ – Zugriff am 15.10.2010.

Stadt Bottrop, *Die Mitglieder des neuen Rats*, ⟨URL: http://www.bottrop.de/rathaus/wahlen/kommunalwahl_2009/090831_ratsnamen.php⟩ – Zugriff am 10.10.2010.

Stammen, Theo, 'Analyse der nationalen Parteiensysteme', In: Derselbe und Berg-Schlosser, Dirk (Hrsg.), *Parteien in Europa –Nationale Parteiensysteme, Transnationale Parteienbeziehungen, Konturen eines europäischen Parteiensystems*, (München: C.H. Beck, ²1978).

Staritz, Dietrich, 'Die Kommunistische Partei Deutschlands', In: Stöss, Richard (Hrsg.), *Parteien Handbuch: Die Parteien der Bundesrepublik Deutschland 1945 – 1980*, Band 2, (Opladen: Westdeutscher Verlag, 1984), S. 1663–1809.

Statistisches Bundesamt Deutschland, *Armutsgefährdung in den Bundesländern*, ⟨URL: http://www.destatis.de/jetspeed/portal/cms/Sites/destatis/Internet/DE/Content/Publikationen/STATmagazin/Sozialleistungen/2009__06/PDF2009__06,property=file.pdf⟩ – Zugriff am 20.09.2010.

Statistisches Landesamt Baden Wüttemberg, *Endgültiges Ergebnis der Landtagswahl am 27.03.2011 mit Vergleichsangaben von 2006*, ⟨URL: http://www.statistik.baden-wuerttemberg.de/wahlen/Landtagswahl_2011/Land.asp⟩ – Zugriff am 09.04.2011.

Statistisches Landesamt Sachsen-Anhalt, *Wahl des Landtages von Sachsen-Anhalt am 26. April 1998*, ⟨URL: `http://www.stala.sachsen-anhalt.de/wahlen/lt98/index.html`⟩ – Zugriff am 05.09.2010.

Steininger, Rudolf, *Soziologische Theorie der politischen Parteien*, (Frankfurt a. M., New York: Campus Verlag, 1984).

Stoklossa, Uwe, *Der Zugang zu den politischen Parteien im Spannungsfeld zwischen Vereinsautonomie und Parteienstaat*, Band 2, Schriften zum Parteienrecht, (Baden-Baden: Nomos, 1989).

Stöss, Richard, 'Terra incognita der Parteienforschung: Splitterparteien in der Bundesrepublik', In: *Zeitschrift für Parlamentsfragen*, (1975), S. 254–266.

Stöss, Richard und Niedermayer, Oskar, 'Einleitung', In: *Stand und Perspektiven der Parteienforschung in Deutschland* (Wiesbaden: VS Verlag für Sozialwissenschaften, 1993), S. 7–34.

Stuttgarter Zeitung (04.01.2011), *Gerhart Baum: FDP braucht eine Verjüngung*, ⟨URL: `https://www.stuttgarter-zeitung.de/inhalt.gerhart-baum-fdp-braucht-eine-verjuengung.3dbf5ab0-ead7-4afe-a7cc-c662761e6dd9.html`⟩ – Zugriff am 20.04.2011.

Terwey, Michael und Baltzer, Stefan, *Datenhandbuch ALLBUS 2008*, (Köln und Mannheim: GESIS, 2009).

Thielking, Kai Oliver, *Zwischen Bibel und Grundgesetz. Christliche Kleinparteien in der Bundesrepublik Deutschland*, (Marburg: Tectum Verlag, 1999).

van den Boom, Dirk, *Politik diesseits der Macht? Zu Einfluss, Funktion und Stellung von Kleinparteien im politischen System der Bundesrepublik Deutschland*,, (Opladen: Leske + Budrich Verlag, 1999).

van Hüllen, Rudolf, 'Marxistisch–Leninistische Partei Deutschlands', In: Decker, Frank und Neu, Viola (Hrsg.), *Handbuch der deutschen Parteien*, (Wiesbaden: VS Verlag für Sozialwissenschaften, 2007), S. 329–331.

Weber, Hermann, *Die DDR 1945 –1990*, (München: Oldenbourg Wissenschaftsverlag, 2006), Oldenbourg Grundriss der Geschichte.

Wehling, Hans-Georg, 'Freie Wähler (FW/FWG)', In: Decker, Frank und Neu, Viola (Hrsg.), *Handbuch der deutschen Parteien*, (Wiesbaden: VS Verlag für Sozialwissenschaften, 2007), S. 288–294.

Wehner, Markus, *Piraten mit Potential*, ⟨URL: `http://www.faz.net/-00mooh`⟩.

Wenzel, Eva und Rattinger, Hans, 'Nichtwähler und Protestwähler: Eine strategische Größe des Parteiensystems?' In: Zehetmair, Hans (Hrsg.), *Das deutsche Parteiensystem. Perspektiven für das 21. Jahrhundert*, (Wiesbaden: VS Verlag für Sozialwissenschaften, 2004), S. 28–44.

Werner, Tim C., 'Wählerverhalten bei der Bundestagswahl 2002 nach Geschlecht und Alter. Ergebnisse der Repräsentativen Wahlstatistik', In: *Statistisches Bundesamt –Wirtschaft und Statistik*, (2003):3, S. 171–188.

Wichmann, Jörg, *Die Renaissance der Esoterik: Eine kritische Orientierung*, (Stuttgart: Kreuz-Verlag, 1990).

Wiesendahl, Elmar, *Parteien und Demokratie*, Band 18, Sozialwissenschaftliche Studien, (Opladen: Leske und Budrich, 1980).

Wiesendahl, Elmar, *Parteien in Perspektive. Theoretische Ansichten der Organisationswirklichkeit politischer Parteien.* (Opladen: Westdeutscher Verlag, 1998).

Wiesendahl, Elmar, 'Parteitypen', In: Nohlen, Dieter und Schulze, Rainer-Olaf (Hrsg.), *Lexikon der Politikwissenschaft*, (München: Verlag C.H. Beck, ^{2}2005), S. 673–675.

Wiesendahl, Elmar, 'Volkspartei', In: Nohlen, Dieter und Schultze, Rainer-Olaf (Hrsg.), *Lexikon der Politikwissenschaft*, Band 2, (München: Verlag C.H. Beck, ^{3}2005), S. 1117–1119.

Wiesendahl, Elmar, *Mitgliederparteien am Ende? Eine Kritik der Niedergangsdiskussion*, (Wiesbaden: VS Verlag für Sozialwissenschaften, 2006).

Wietschel, Wiebke, *Der Parteibegriff. Zur verfassungsrechtlichen und verfassungspolitischen Funktion des Parteibegriffs unter besonderer Berücksichtigung der Verbotsproblematik.* (Baden-Baden: Nomos, 1996).

Wildenmann, Rudolf, *Gutachten zur Frage der Subventionierung politischer Parteien aus öffentlichen Mitteln*, (Meisenheim am Glan: Verlag Anton Hain, 1968).

Winkler, Jürgen R., 'Parteien und Parteiensysteme', In: Lauth, Hans-Joachim (Hrsg.), *Vergleichende Regierungslehre. Eine Einführung*, (Wiesbaden: VS Verlag für Sozialwissenschaften, ^{2}2006), S. 181–201.

Wissenschaftlicher Rat der Dudenredaktion (Hrsg.), *DUDEN Das große Fremdwörterbuch: Herkunft und Bedeutung der Fremdwörter*, (Mannheim; Leipzig; Wien; Zürich: Dudenverlag, 2000).

Zolleis, Udo, Prokopf, Simon und Stauch, Fabian, *Die Piratenpartei. Hype oder Herausforderung für die deutsche Parteienlandschaft?* Band 55, aktuelle analysen, (München: Hanns Seidel Stiftung, 2010).

Anhang

Folgend werden die aktuellen Daten zu den betrachteten Parteien in übersichtlicher Form präsentiert. Alle angegebenen Daten zu Mitgliederzahlen und organisatorischem Aufbau wurden im August 2010 direkt bei den einzelnen Parteien erfragt. Einzig die NPD antwortete nicht auf meine Anfrage, so dass die entsprechenden Daten möglichst aktuellen Veröffentlichungen entnommen werden mussten. Die angegebenen Wahlergebnisse wurden, sofern nicht anders angegeben, den Veröffentlichungen des Bundes- und der Landeswahlleiter entnommen.[721]

Bundesland	Grüne	Piraten	NPD	Die Linke/PDS
Baden-Württemberg	11,7 *(5)*	2,1 *(1)*	0,8 *(4)*	*2,95 (2)*
Bayern	6,4 *(5)*	-	0,2 *(3)*	4,4 *(1)*
Berlin	9,9 *(5)*	-	0,9 *(3)*	14,6 *(5)*
Brandenburg	3,6 *(5)*	-	1,65 *(2)*	23,3 *(5)*
Bremen	12,8 *(5)*	-	0,2 *(2)*	2,8 *(4)*
Hamburg	11,2 *(7)*	1,15 *(2)*	0,3 *(3)*	6,4 *(2)*
Hessen	9,45 *(6)*	0,4 *(2)*	0,6 *(4)*	5,25 *(2)*
Mecklenburg-Vorpommern	3,4 *(5)*	-	0,8 *(5)*	16,8 *(5)*
Niedersachsen	7,4 *(5)*	-	0,9 *(2)*	3,8 *(2)*
Nordrhein-Westfalen	7,1 *(5)*	1,6 *(1)*	0,7 *(3)*	1,1 *(3)*
Rheinland-Pfalz	6,5 *(5)*	1,6 *(1)*	0,9 *(5)*	2,8 *(2)*
Saarland	5,5 *(5)*	-	1,5 *(3)*	2,3 *(3)*
Sachsen	5,1 *(5)*	1,9 *(1)*	3,5 *(4)*	20,6 *(5)*
Sachsen-Anhalt	4,4 *(6)*	1,4*(1)*	2,4 *(2)*	20,2 *(6)*
Schleswig-Holstein	6,2 *(5)*	1,8 *(1)*	1,0 *(3)*	1,4 *(3)*
Thüringen	4,5 *(4)*	-	1,6 *(3)*	21,3 *(5)*

Tabelle 4: Durchschnittliche Zweitstimmenergebnisse (Median) bei den Landtagswahlen seit 1990 in Prozent. Die Anzahl der Wahlteilnahmen ist in Klammern angegeben.

[721] Bei den Wahlergebnissen der NPD wurden Wahlabsprachen mit der DVU nicht mitberücksichtigt; Bei vor der Fusion stattfindenden Wahlen (1990) wurden nur die Grünen ohne Bündnis 90 berücksichtigt.

Bündnis 90/Die Grünen

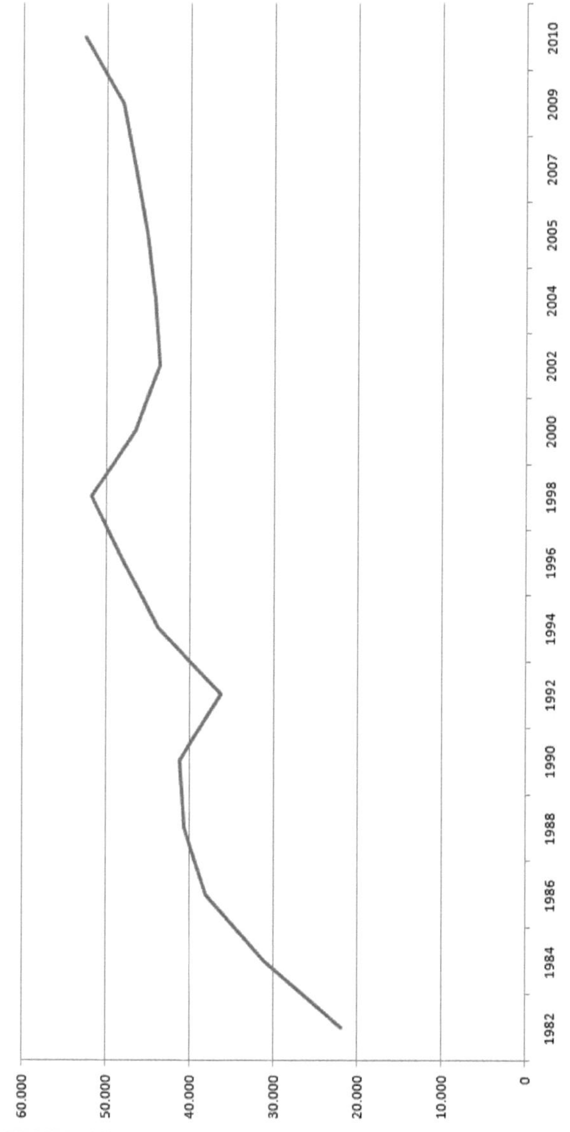

Abbildung 2: Mitgliederentwicklung der Partei *Die Grünen; Bündnis 90 / Die Grünen*

Bundestagswahl	Erststimmen in Prozent	Zweitstimmen in Prozent
2009	9,2	10,7
2005	5,4	8,1
2002	5,6	8,6
1998	5,0	6,7
1994	6,5	7,3
1990	4,4	3,8
1987	7,0	8,3
1983	4,1	5,6
1980	1,9	1,5

Tabelle 5: Ergebnisse der Partei *Die Grünen; Bündnis 90 / Die Grünen* bei Bundestagswahlen

Europawahl	Wahlergebnis in Prozent
2009	12,1
2004	11,9
1999	6,4
1994	10,1
1989	8,4
1984	8,2
1979	3,2

Tabelle 6: Ergebnisse der Partei *Die Grünen; Bündnis 90 / Die Grünen* bei Europawahlen

Nationaldemokratische Partei Deutschlands

Abbildung 3: Mitgliederentwicklung der *NPD*

Quelle der Daten:
Angaben der Verfassungsschutzbehörden und der Partei selbst

Bundestagswahl	Erststimmen in Prozent	Zweitstimmen in Prozent
2009	1,8	1,5
2005	1,8	1,6
2002	0,2	0,4
1998	0,1	0,3
1994	-	-
1990	0,4	0,3
1987	0,5	0,6
1983	0,1	0,2
1980	-	0,2
1976	0,4	0,3
1972	0,5	0,6
1969	3,6	4,3
1965	1,8	2,0

Tabelle 7: Ergebnisse der *NPD* bei Bundestagswahlen

Europawahl	Wahlergebnis in Prozent
2009	-
2004	0,9
1999	0,4
1994	0,2
1989	-
1984	0,8
1979	-

Tabelle 8: Ergebnisse der *NPD* bei Europawahlen

Piratenpartei Deutschland

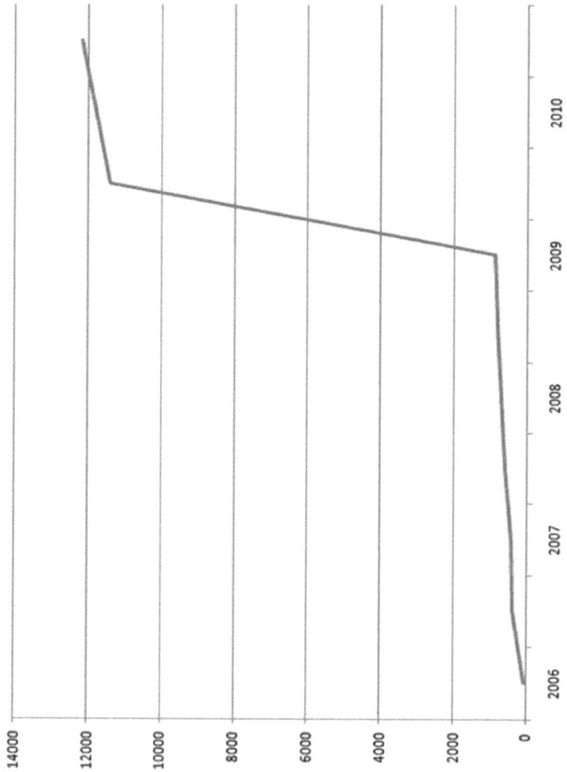

Abbildung 4: Mitgliederentwicklung der *Piratenpartei Deutschland*

Europawahl	Wahlergebnis in Prozent	
2009	0,9	
Bundestagswahl	**Erststimmen in Prozent**	**Zweitstimmen in Prozent**
2009	0,1	2,0

Tabelle 9: Wahlergebnisse der *Piratenpartei Deutschland* bei Bundestags- und Europawahl

Die Linke

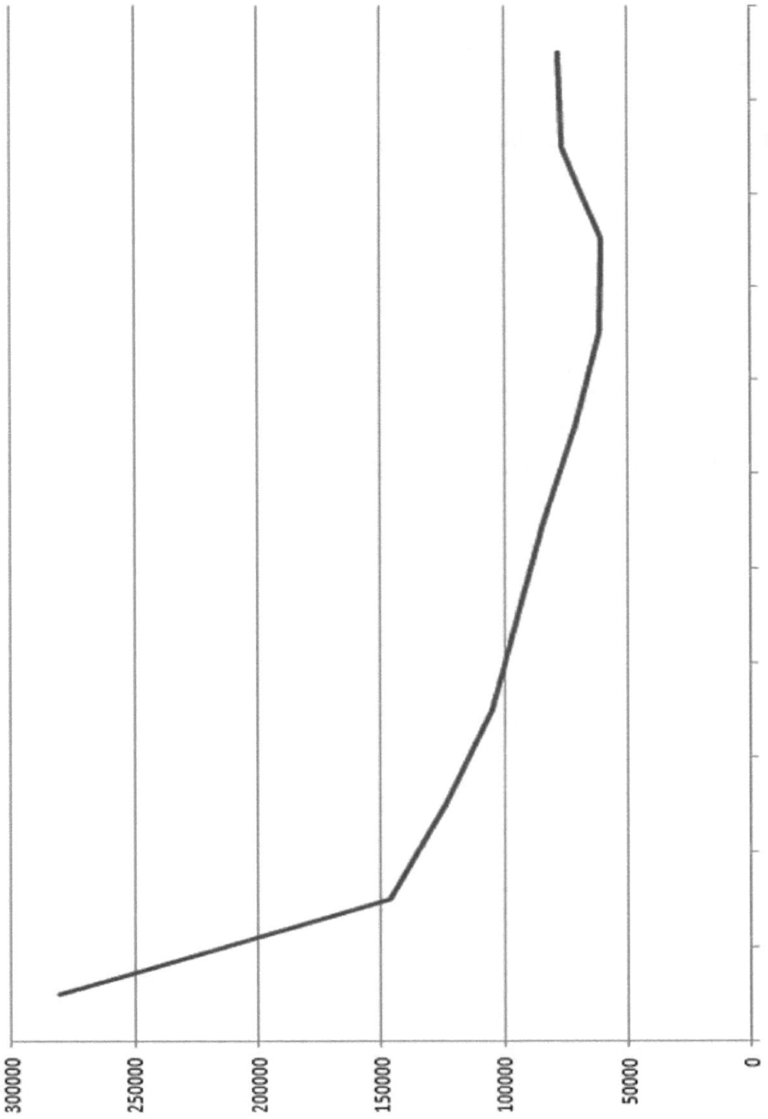

Abbildung 5: Mitgliederentwicklung der Partei *Die Linke*

Bundestagswahl	Erststimmen in Prozent	Zweitstimmen in Prozent
2009	11,1	11,9
2005	8,0	8,7
2002	4,3	4,0
1998	4,9	5,1
1994	4,1	4,4
1990	2,3	2,4

Tabelle 10: Ergebnisse der Partei *Die Linke* bei Bundestagswahlen

Europawahl	Wahlergebnis in Prozent
2009	7,5
2004	6,1
1999	5,8
1994	4,7

Tabelle 11: Ergebnisse der Partei *Die Linke* bei Europawahlen

Aktuelle Daten zu Vermögen und Mitgliederstruktur

Partei	Mitglieder	Durchschnittsalter	Frauenanteil	Durch. Formale Bildung
B90 / Die Grünen	48.069	47	37 %	Hoch
Die Linke	78.046	62	39 %	Hoch
NPD	6.800	37	27 %	Mittel
Piratenpartei	12.188	29	17 %	Hoch

Tabelle 12: Aktuelle Mitgliederstrukturen der untersuchten Parteien

Partei	Einnahmen	Anteil Spenden	Anteil staatl.Finanzierung	Gesamtvermögen
B90 / Die Grünen	27.372.254,73	14,28%	37,30%	26,8 Millionen
Die Linke	25.184.936,06	8,96%	37,59%	25,2 Millionen
NPD	3.108.975,48	26,49%	48,15%	1,2 Millionen
Piratenpartei	34.134,20	58,95 %	0	-15.665

Tabelle 13: Einnahmen und Vermögen der untersuchten Parteien